Kohlhammer

Konstantin Lindner
Ulrich Riegel
Andreas Hoffmann (Hrsg.)

Alltagsgeschichte im Religionsunterricht

Kirchengeschichtliche Studien und religionsdidaktische Perspektiven

Verlag W. Kohlhammer

Unter www.kohlhammer.de steht ein PDF-Reader mit den Quellenzitaten des Bandes und zusätzlichen Texten zum Download zur Verfügung.

Umschlag: Gestaltungskonzept Peter Horlacher
Gesamtherstellung:
W. Kohlhammer Druckerei GmbH + Co. KG, Stuttgart
Printed in Germany

ISBN 978-3-17-022238-0

Vorwort

Alltagsgeschichtliche Zugänge gehören mittlerweile in Geschichtswissenschaft und Kirchengeschichtsschreibung zu den etablierten Perspektiven. Sie nehmen neben herausgehobenen Personen, die mit ihren Entscheidungen und Handlungen zur Prägung des alltäglichen Lebens und damit von Geschichte beigetragen haben, auch die Menschen in den Blick, die durch ihre Alltagsgestaltung Geschichte gelebt haben. Oft ist es gerade der Blick auf die so genannten „kleinen Leute", der die soziale und religiöse Dimension historischer Aspekte sichtbar macht.

Im Religionsunterricht ist eine alltagsgeschichtliche Perspektive bislang kaum rezipiert. Das Gros kirchengeschichtsdidaktisch aufbereiteter Materialien orientiert sich an (kirchen-)historischen Brennpunkten, Ereignisfolgen oder Längsschnitten und elementarisiert sie über scheinbar entscheidende Handlungsträger. Hierzu will der vorliegende Band eine Alternative anbieten, indem er seinen Leserinnen und Lesern alltagsgeschichtliche Zugänge zu geschichtlichen Themen eröffnet, die für religiöses Lernen bedeutsam sind. Er versucht dies auf doppelte Weise. Zum einen werden in zehn fachwissenschaftlichen Kapiteln kirchenhistorische Themen aus einer Alltagsperspektive heraus vorgestellt, um das nötige Fachwissen für einen alltagsgeschichtlich orientierten Religionsunterricht zu bieten. Zum anderen werden in fünf Kapiteln fachdidaktisch-methodische Zugänge vorgestellt, mit denen die Erarbeitung kirchengeschichtlicher Inhalte aus alltagsgeschichtlicher Perspektive im Religionsunterricht geschehen kann. Zwei vorausgehende Kapitel zur kirchengeschichtsdidaktischen Verortung und zum historischen Bewusstsein der Schüler/innen wollen eine grobe Landkarte über historisches Lernen im Religionsunterricht zeichnen, in die die folgenden 15 Kapitel eingeordnet werden können.

Dieser Band wäre nicht möglich gewesen, hätten ihn die angefragten Kolleginnen und Kollegen aus Fachwissenschaft und Fachdidaktik nicht bereitwillig angenommen. Für ihre Bereitschaft zur Mitarbeit bedanken wir uns herzlich. Bei der Erstellung des Manuskripts haben Sarah Delling, Margarete Will-Frank und Elisabeth Gernert unschätzbare Arbeit geleistet. Auch ihnen ein herzliches Dankeschön. Schließlich gilt unser Dank Florian Specker, Lektor bei Kohlhammer, der sich schnell für das Projekt begeistert und mit vielen guten Ratschlägen zu seinem Gelingen beigetragen hat.

Der vorliegende Band muss sich auf wenige Themen und methodische Perspektiven beschränken, steckt also nicht die gesamte Breite eines alltagsgeschichtlichen Zugangs zur Kirchengeschichte im Religionsunterricht ab. Er will einen Impuls geben, der zu eigenen alltagsgeschichtlichen Gehversuchen auffordert, sei es in Fachwissenschaft und -didaktik, sei es im Religionsunterricht. In diesem Sinn wünschen wir der Leserin und dem Leser eine anregende Lektüre.

Die Herausgeber

Inhalt

I: Fachdidaktische Eckpunkte

II: Kirchengeschichtliche Studien

Fachdidaktische Eckpunkte

Religiöses Lernen mit Kirchengeschichte
Didaktische Verortungen und Perspektiven

Konstantin Lindner

Seit knapp 2000 Jahren prägt das Christentum Lebenswelten. Aus einer binnenjüdischen Splitterbewegung ist eine Weltreligion erwachsen, deren Anhänger sich unter dem Namen Kirche vergemeinschaften. Dass mittlerweile verschiedenste Denominationen die Botschaft Jesu Christi repräsentieren und Kirchen in sich wandelnder Intensität Gesellschaft und Biographien bis in die Gegenwart prägen, lässt sich als wechselvolle Kirchengeschichte nachzeichnen. Diesbezügliche Erkenntnisse werden nicht zuletzt im Religionsunterricht thematisiert. In dieser Hinsicht nimmt vorliegender Beitrag Kontexte eines Lernens mit Kirchengeschichte in den Blick (1) und legt Begründungslinien vor, gemäß denen Religionsunterricht mittels der Thematisierung kirchengeschichtlicher Inhalte einen wichtigen Beitrag zur Bildung der Schüler/innen leistet (2). Die Ausführungen münden in die Formulierung kirchengeschichtsdidaktischer Prämissen für den Religionsunterricht (3) und eine Bilanz des kirchengeschichtsdidaktischen Mehrwerts eines alltagsgeschichtlichen Zugangs (4).

1. Kontexte

Aufwachsen in posttraditionalen Zeiten

Die Postmoderne ist davon gekennzeichnet, dass vieles im Plural zugänglich ist, was zur Folge hat, dass sich das Individuum zwischen verschiedenen Optionen entscheiden muss, wie es sein Leben gestaltet. Im Interesse einer bestmöglichen Wahl wird infolge dessen alles hinsichtlich möglicher Chancen und Risiken abgewägt und von daher Überliefertes nicht mehr unhinterfragt übernommen, wenn es um die eigene Lebensgestaltung geht. Dieser „Enttraditionalisierungsprozess der Gesellschaft“[1] lässt sich unter anderem daran ablesen, dass es institutionalisierte Systeme wie Parteien oder die Kirchen, die davon leben, dass Menschen sich selbstverständlich und dauerhaft in ihrem Horizont verorten, gegenwärtig schwer haben. Schüler/innen sind posttraditional sozialisiert: Es gibt für die meisten unter ihnen keine unhinterfragbaren Gründe mehr, heute so zu handeln, wie es aus der

[1] *Giddens*, Leben 137.

Vergangenheit überliefert ist, oder gar das Gleiche zu tun wie gestern. Heranwachsende schreiben Überliefertem in der Regel keine selbstverständliche persönliche Relevanz zu und gehen an Geschichtliches mit Eigeninteressen heran. Das Vergangene wird aber nicht komplett ignoriert, sondern selektiv herangezogen, sofern es sich für den individuell gewählten Lebensstil als unterstützend erweist und angesichts sich stellender Herausforderungen Lösungsoptionen bereithält. Geschichtlich Überkommenes ist also für Heranwachsende nicht von vornherein persönlich unrelevant, sondern kann als bereichernd wahrgenommen werden – nicht zuletzt um mit dem Zwang zur Entscheidung im Angesicht der Pluralität umgehen zu können: Es präsentiert hinsichtlich der Suche nach Orientierungsgrößen Handlungsoptionen und eröffnet individuelle Verortungsmöglichkeiten.

Dieses Aufwachsen der Lernenden in einem posttraditionalen Kontext markiert den Horizont und zugleich eine Herausforderung kirchengeschichtsdidaktischer Überlegungen. Es gilt zu reflektieren, wie kirchengeschichtliche Lernprozesse im Religionsunterricht angelegt werden können, so dass sie die potentielle Skepsis auffangen, welche Schüler/innen dem Tradierten entgegen bringen, und Anknüpfungspunkte bieten, die es ihnen ermöglichen, mit dem aus der Vergangenheit Überlieferten in einen Dialog zu treten.[2]

Kirchengeschichte als Konstrukt aus verschiedenen Perspektiven

Was als Kirchengeschichte im Raum steht, ist Ergebnis historiographischer Forschungsprozesse und der dabei eingenommenen Perspektiven auf die Vergangenheit. Im Rahmen von Kirchengeschichtsschreibung werden mit spezifischen Interessen am Überlieferten bestimmte, bereits perspektivisch entstandene Quellen herausgegriffen, erforscht und interpretierend als Geschichte erzählt. Jede Darstellung von Kirchengeschichte ist daher im Grunde relativ und als perspektivische „Rekonstruktion dessen, was in der Vergangenheit … geschehen ist“[3], ernst zu nehmen. In Folge dieser Einsicht gilt es als ausgemacht, dass nicht objektivierbar dargelegt werden kann, wie die Vergangenheit tatsächlich gewesen ist.[4]

Diese Erkenntnis gilt es hinsichtlich der Thematisierung von Kirchengeschichte im Religionsunterricht zu berücksichtigen: Die eine Kirchengeschichte gibt es nicht, schon gar nicht als lediglich Aneinanderreihung von Jahreszahlen und Ereignissen. Vielmehr repräsentiert Kirchengeschichte eine Auswahl aus der Summe überlieferter Erfahrungen und Lebensäußerun-

---

2 Vgl. dazu auch *Riegel,* Subjekte in diesem Band.

3 *Rüsen*, Faktizität 21.

4 Der britische Geschichtstheoretiker Keith Jenkins verdeutlicht diese Grenze: „The past … has gone and can only be brought back by historians in very different media, for example in books, articles, documentaries, etc., not as actual events.“ (*Jenkins*, Re-Thinking 8).

gen von Menschen, die in der Vergangenheit Christliches in Anspruch genommen[5] und somit in das Beziehungsgeschehen Kirche eingebunden waren. Kirchengeschichtsschreibung jedoch hat bis in die jüngere Vergangenheit vornehmlich große – meist männliche – Gestalten und epochemachende Strukturen erforscht, welche infolge dessen auch im Religionsunterricht thematisiert wurden. Viele Aspekte blieben unerforscht, ja bisweilen systematisch von der (Kirchen-)Geschichtsschreibung ausgeschlossen.[6] In den letzten Jahren hat sich dies gewandelt: frauen-, mentalitäts- und alltagsgeschichtliche Perspektiven rückten in das Blickfeld.

Gerade der alltagsgeschichtliche Zugang erweist sich als kirchengeschichtsdidaktisch bedeutsam. Er bietet eine Vielfalt an Einblicken, wie der christliche Glaube das Leben, den Lebensalltag verschiedenster Bevölkerungsschichten geprägt hat. Sowohl den Perspektiven und Erfahrungen großer Persönlichkeiten als auch denen der „kleinen Leute“ wird dabei Bedeutung im Interesse an historischer Vergewisserung zugesprochen. Daran zeigt sich, dass Kirchengeschichte nur dann seriös zur Geltung kommt, wenn mehrere Blickwinkel erhellen, wie der christliche Glaube im Angesicht historischer Konstellationen in differenten Weisen praktiziert wurde. Alltagsgeschichtliche Zugänge können Schüler/innen eine Ahnung von der Geschichtlichkeit des Christentums geben, die bis in die Gegenwart ausgreift. Schließlich prägt diese bis heute – ob identifizierbar oder nicht – Alltagskontexte.

2. Kirchengeschichte im Religionsunterricht

Aufgrund seines vielfältigen Themenspektrums ist es gegenwärtig nicht selbstverständlich, dass kirchengeschichtliche Inhalte genuiner Bestandteil von Lehr- und Bildungsplänen für den Religionsunterricht sind. Es stellt sich die Frage nach deren Stellenwert, nicht zuletzt weil auch der Geschichtsunterricht Kirchengeschichte thematisiert. Während Geschichtsunterricht die Schüler/innen befähigen will, „Religionen und Kirchen als wirksame Kräfte zu erkennen, die historische Ereignisse, Strukturen und Prozesse … geprägt und beeinflusst haben“[7], ist Religionsunterricht religiösen Lern- und Bildungsprozessen verpflichtet.

Religionskulturelles Argument

Spätestens seit dem Würzburger Synodenbeschluss „Der Religionsunterricht in der Schule“ (1974) hat sich die kulturgeschichtliche Begründung etabliert:

---

5 Vgl. *Beutel*, Nutzen 88.

6 Vgl. u.a. Jenkins Hinweis: „Women have been ‚hidden from history‘“ (*Jenkins*, Re-Thinking 9).

7 *Schönemann*, Dimension 430.

Religionsunterricht muss es in der öffentlichen Schule geben, weil er mit religiösen Kultur- und Wissensbeständen vertraut macht, deren Kenntnis Schüler/innen hilft, die in ihrem Lebensumfeld wahrnehmbare, religiös geprägte Kultur zu verstehen und in Gebrauch zu nehmen. Mittlerweile prägt aber nicht mehr vornehmlich eine religiöse Denomination einen Kulturraum; verschiedene Konfessionen und Religionen existieren nebeneinander. Zugleich nimmt im Zuge des Rückgangs religiöser Sozialisation die Kompetenz ab, religiöse Phänomene zu identifizieren, zu deuten oder gar religiöse Praxis zu gestalten.

Will aber „Schule die Lernenden zu einer kompetenten, subjektiv gestalteten Teilhabe an der gegenwärtigen Religionskultur … befähigen“[8], ist ein Thematisieren kirchengeschichtlicher Aspekte im Religionsunterricht unverzichtbar. Der von gegenwärtigen Gegebenheiten ausgehende Blick zurück in die Vergangenheit eröffnet Einsichten in historisch-religiöse Zusammenhänge und ermöglicht den Lernenden, Verfügungswissen aufzubauen. Dies ist eine Voraussetzung für die Ausprägung von religiösem Orientierungswissen, das auf Lebenspraxis zielt. Denn nicht zuletzt kann das Verstehen der religiösen Prägung des eigenen Umfeldes Lernende motivieren, ihre persönliche Religionsgeprägtheit zu ergründen und sich kulturell-religiös zu verorten.

Theologisches Argument

Als „Offenbarungsreligion ist [das Christentum] nicht anders denn als Erinnerungsreligion zu denken. Erinnerung gehört zum Wesen“[9] dieser Religion, insofern die Anamnese des Christusereignisses den Urgrund der Gemeinschaft der Christen darstellt. Im Laufe der Jahrhunderte reicherte sich der christliche Erinnerungsschatz an und ist bis heute gemeinschaftskonstituierend und -prägend. Vor diesem Hintergrund erweist sich ein Thematisieren von Kirchengeschichte im Religionsunterricht theologisch als geboten: Es entspricht den typisch-christlichen Modi „Erinnerung und Erzählung“, indem es für Schüler/innen auf narrative Weise „lebendig“ werden lässt, wie Menschen die jüdisch-christliche Glaubensbotschaft wahrgenommen, interpretiert und gelebt haben.[10] Kirchengeschichte kommuniziert damit die weltliche Inanspruchnahme einer eigentlich unbeschreibbaren transzendenten Wirklichkeit und ist selbst ein „*locus theologicus*“[11]. Sie verweist auf das geglaubte Heilshandeln Gottes in Jesus Christus, das in der Beschäftigung mit ihr er-innert, also verinnerlicht werden kann.

---

8 *König*, Religion 109.

9 *Markschies/Wolf*, Christentum 11.

10 Harry Noormann erhebt den Kontext Erinnerung hinsichtlich der Thematisierung von Kirchengeschichte zum Leitmotiv einer „christlichen Erinnerungsdidaktik in religiöser Pluralität“ (*Noormann*, Geschichte 15). Von dieser Perspektive her entfaltet das von Noormann herausgegebene, zweibändig angelegte „Arbeitsbuch Religion und Geschichte“ Kernthemen der Kirchengeschichte.

11 Vgl. *Wolf*, Kirchengeschichte, 59f.

Die Auseinandersetzung mit kirchengeschichtlichen Aspekten bietet Lernenden die Chance, sich in den Resonanzraum der Vergangenheit zu begeben, und eröffnet dadurch die Option, den persönlichen anamnetischen Vorrat durch zusätzliche Erinnerungen zu erweitern und im „Horizont Gott" gelebtes Leben kennenzulernen. Nicht zuletzt kirchengeschichtliches Wissen über die Entfaltung der jüdisch-christlichen Religion unterstützt Menschen bei ihrer anamnetischen Vergewisserung in den Spuren der Vergangenheit. Dabei geht es neben identitätsbildender Rückschau auch um ein kritisches Anfragen der Gegenwart aus der Erinnerung heraus. Johann Baptist Metz' Kategorie der „gefährlichen Erinnerung"[12] verweist darauf, dass im Verlauf der Kirchengeschichte auch viel Leid akkumuliert wurde. Dieses nicht zu vergessen, sondern mitzudenken kann helfen, die Gegenwart aus christlichem Bewusstsein heraus kritisch wahrzunehmen und die Zukunft humaner zu gestalten; nicht zuletzt die eschatologische Hoffnung gebietet dies.

Bildungstheoretisches Argument

Insofern religiöse Weltdeutungen den Erfahrungsraum von Menschen prägen, ist es Aufgabe von Bildung, Räume aufzutun, diesen Deutungshorizont zu reflektieren. Jürgen Baumert verweist darauf, dass es vier verschiedene Weisen gibt, der Welt zu begegnen: den kognitiv-instrumentellen, den ästhetisch-expressiven, den normativ-evaluativen und den konstitutiv-rationalen Weltzugang. Sie „eröffnen jeweils eigene Horizonte des Weltverstehens, die für Bildung grundlegend und nicht wechselseitig austauschbar sind"[13]. Die konstitutiv-rationale Weltzugangsweise präzisiert das Deutsche PISA-Konsortium, indem es von „religiös-konstitutiver" Rationalität spricht,[14] also davon, dass Welt auch über eine „religiöse Brille" wahrgenommen werden kann. Beachtenswert: Dies ist kein Zugang, der der Vernunft entbehrt, sondern rational nachvollzogen werden kann. Will Schule also ihrem Auftrag zu umfassender Bildung nachkommen, muss den Lernenden im unterrichtlichen Zusammenhang der religiös-konstitutive Weltzugang eröffnet werden.

Religionsunterricht kann dieser Aufgabe unter anderem durch die Beschäftigung mit Kirchengeschichte nachkommen. In einer Gesellschaft, in der Religion nachweislich nicht verschwindet, sondern vielmehr im Plural anzutreffen ist, wird es immer wichtiger, sich begründet und persönlich zu Religion positionieren zu können. Viele Heranwachsende gehören nominell zwar noch einer Religionsgemeinschaft an, sind jedoch in der Handhabung und Beantwortung religiöser Fragestellungen kaum kompetent. Dabei geht es insgesamt nicht nur um ein ledigliches Bescheidwissen über Religion, sondern darum, sich anzueignen, was es heißen kann, die Welt und sich selbst in christlich-religiöser Hinsicht zu verstehen und zu deuten. Über all-

---

12 *Metz*, Glaube 77-86.

13 *Baumert*, Deutschland 113.

14 *Deutsches PISA-Konsortium*, Pisa 2000 21.

tagsgeschichtliche Verortungen tun sich den Schüler/innen im Religionsunterricht Beispiele auf, wie Menschen vor ihnen die Welt im Lichte der christlichen Botschaft gedeutet und gestaltet haben. Durch einen Perspektivenwechsel können die Lernenden gewissermaßen probehalber die religiöse Brille anderer aufsetzen und sich mit Motivationen und Konkretionen religiöser Weltdeutung auseinandersetzen. Eventuell erschließen sich ihnen dabei Optionen und Alternativen, das eigene Leben religiös zu verorten – unter anderem, indem sie von religiösen Riten erfahren oder gar lernen, religiöse Sprache zu dechiffrieren und selbst in Gebrauch zu nehmen.

3. Kirchengeschichtsdidaktische Prämissen

Ein Religionsunterricht, der die oben aufgezeigten Kontextualisierungen ernst nimmt und durch die Thematisierung kirchengeschichtlicher Inhalte einen Beitrag zur religiösen Bildung der Schüler/innen leisten will, ist von mehreren Prämissen her anzulegen.[15]

Als Ausgangs- und Zielpunkt des Lernens mit Kirchengeschichte sind die Lernenden als Subjekte ernst zu nehmen und nicht lediglich als Adressaten von auswendig zu Lernendem. Bei der Gestaltung von Lernarrangements gilt es daher zu berücksichtigen, welche Affinitäten die Schüler/innen in ihrer Lebenswelt hinsichtlich religiöser Tradition und geschichtlich Vorausliegendem besitzen[16] und inwiefern die Beschäftigung mit kirchengeschichtlichen Inhalten einen Beitrag zur Bewältigung ihrer (religiösen) Lebensfragen, zur „Subjektwerdung“[17] leisten kann. Es bedarf deutungsoffener Lernwege, die motivieren, das bezüglich der Vergangenheit Angeeignete in den Kontext der eigenen Gegenwart zu stellen.

Subjektorientierung intendiert gleichwohl keine Funktionalisierung der Kirchengeschichte für lediglich pädagogische Zwecke. Vielmehr ist sie im Interesse eines reflektierten Umgangs mit Lerninhalten auf ein historiographisch stimmig erschlossenes Fundament und ebenso stimmige Lernwege angewiesen. Deshalb sollte Religionsunterricht im Interesse wissenschaftsorientierten Lernens in Auseinandersetzung mit verschiedenen Quellen – z.B. Briefausschnitte, Akten, Bildmaterial, steinerne Zeugnisse etc. – für den rekonstruktiven Charakter von Kirchengeschichtsschreibung sensibilisieren. Zentrale Schritte sind dabei Analyse, Sachurteil und Wertung. Historische Phänomene, die aufgrund von (Quellen-)Analysen rekonstruiert werden, gilt es in ihrer Zeitgebundenheit und der daraus resultierenden historischen Bedeutung zu erfassen (= Sachurteil). Im Rahmen der Wertung wird von den Schüler/innen das Vergangene sodann bezüglich seiner Bedeutung für deren

15 Vgl. u.a. auch *Jendorff*, Grundregeln; *König*, Grundregeln; *Lindner*, Kirchengeschichte.
16 Vgl. *Riegel*, Subjekte in diesem Band.
17 *Metz*, Glaube 66.

Gegenwart und Zukunft eingeordnet. Diese Schrittfolge unterstützt die Ausbildung von Geschichtsbewusstsein[18], das nicht bei einer unreflektierten Vorstellung von Kirchengeschichte stehen bleibt, sondern historische Erkenntnisse bewusst mit persönlichen Kontexten verknüpft und von daher befragt.[19] Auch im Religionsunterricht, der Kirchengeschichte primär im Interesse an religiösem Lernen thematisiert, ist es wichtig, entsprechende Anreize zu setzen. Ohne geschichtsbewusste Grundlegung bliebe religiöses Lernen, das auf kirchengeschichtlichen Inhalten fußt, verkürzt.

Im Zeitalter der Enttraditionalisierung aufwachsende Schüler/innen haben Bedarf an Orientierungsoptionen hinsichtlich der Frage, wie sie ihr Leben gestalten können. „Orientierungsgewinn durch Herkunftsvergewisserung"[20] lautet ein wesentliches Motiv, mit welchem sich nicht zuletzt Heranwachsende der Geschichte zuwenden. Kirchengeschichte als Rekonstruktion auf der Basis erfahrungsgesättigter Lebensgeschichten hält in dieser Hinsicht ein Angebot bereit. „Orientierungsbedürfnisse der menschlichen Lebenspraxis, die durch Kontingenzerfahrungen im zeitlichen Wandel der menschlichen Welt hervorgerufen werden"[21], können im Rekurs auf Vergangenes aufgefangen werden, indem eine Einbettung eigener Erfahrungen und Bedürfnisse in das geschichtliche Kontinuum Sinn stiften und Handeln orientieren kann. Im Religionsunterricht gilt es daher Kirchengeschichte so zu thematisieren, dass die Lernenden in einen Dialog mit den Inhalten treten können. Dieser Dialog sollte zum einen zum Hinterfragen einladen, zum anderen die Chance bieten, sich probeweise im lebensprägenden Zusammenhang des Thematisierten zu verorten. Wichtig dabei ist es unter anderem, die Kirchengeschichte nicht um ihre sperrigen Aspekte zu bringen. Dies bedeutet, problematische Themen – wie z.B. die Rolle der Kirche im Rahmen von Hexenverfolgungen – im Religionsunterricht zum einen nicht auszublenden, zum anderen aber auch nicht abseits einer neutral-abwägenden Beschäftigung damit zu überstrapazieren.

Gerade das Er-Innern von kritisch zu bewertender Vergangenheit trägt dazu bei, dass Heranwachsende ihre Gegenwart, ihre Lebenskontexte aufmerksam wahrnehmen, prüfen und vor dem Hintergrund der verinnerlichten Vergangenheit produktiv gestalten können. Das Ergebnis eines derartigen über lediglich Wissen kirchengeschichtlicher Aspekte hinausgehenden Lernens muss dabei offen bleiben. Bereits der orientierungsstiftende Charakter einer Abarbeitung an den Inhalten im Rahmen der Klassengemeinschaft ist wertvoll. Über Akzeptanz oder Ablehnung der durch die Kirchenge-

18 Geschichtsbewusstsein als Fundmentalkategorie der Geschichtsdidaktik meint die Befähigung der Lernenden dahingehend, „dass Geschichte nicht als naturhaft verfügbare oder objektiv gegebene Größe begriffen wird, sondern als retrospektives Konstrukt, das sich jede Gegenwart und jeder Einzelne neu erarbeitet respektive aneignet" (*Schönemann*, Geschichtsbewusstsein 102).

19 Vgl. *Zülsdorf-Kersting*, Individuen 184.

20 *Lübbe*, Modernisierungsgewinner 119.

21 *Rüsen*, Sinnbildung 515.

schichte tradierten Handlungsoptionen hinsichtlich der eigenen Lebensgestaltung entscheiden die einzelnen Schüler/innen letztlich außerhalb des Religionsunterrichts.

Im Sinne einer Bildung des religiösen Rationalitätsmodus sollte die Thematisierung von Kirchengeschichte im Religionsunterricht einen Beitrag zur religiösen Selbstvergewisserung der Schüler/innen leisten. Dies bedarf kirchengeschichtlicher Lernprozesse, die wahrnehmbar werden lassen, wie Menschen ihren Glauben und damit ihr Leben im Horizont Gottes als letztem, unbedingtem Grund gestaltet haben. Es gilt, die alltagsprägende Dimension des christlichen Glaubens wie auch dessen unterschiedliche Deut- und Lebbarkeit nachvollziehbar zu machen. Der Blick „auf die Christen früher" und insbesondere darauf, „wie sie mit ihrer spezifischen Situation mit den Problemen umgegangen sind", bietet „Inspiration und Orientierung …, um heute, in einer ganz anderen Zeit, denselben Glauben zu leben".[22] Dabei geraten nicht lediglich positiv bewertbare, sondern auch problematische Formen der Realisierung von Christsein in den Blick. Ausgehend davon können Lernende motiviert werden, über ihre eigene Position bzgl. Religion und Glaube zu reflektieren. Gerade die über Kirchengeschichte transportierten Erfahrungen fordern durch ihre bisweilen eklatante Fremdheit dazu heraus; nicht zuletzt bewirkt diese Alterität Neugier und macht einen Reiz zur Beschäftigung mit der Vergangenheit aus.[23] Schließlich gilt es, im Religionsunterricht ausgehend von Spuren der kirchengeschichtlichen Vergangenheit den Blick auf gegenwärtige Tendenzen zu richten und zu differenzieren, was entscheidend christlich ist oder nicht. Kirchengeschichtliches Lernen fordert somit zu einer verantworteten Glaubensreflexion heraus. Dass Schüler/innen in diesem Zusammenhang gar Erfahrungen machen, die ihren Glauben bereichern, ist möglich, aber nicht planbar, nicht zuletzt deshalb, weil Religionsunterricht an der öffentlichen Schule zum einen als institutionalisierter Lernkontext nur bedingt Praxis realisieren kann und zum anderen keine Katechese, also keine Einführung in den gläubigen Vollzug von Religion sein will.

Nicht selten finden sich Unterrichtsmodelle, aber auch Lehr- bzw. Bildungsplanvorgaben, die Kirchengeschichte lediglich als Beispielarsenal für die Diskussion moralisch-ethischer Fragestellungen nutzen. Dies jedoch wird der Vergangenheit kaum gerecht. Vielmehr funktionalisiert ein entsprechendes Vorgehen die Thematisierung kirchengeschichtlicher Inhalte, insofern es diese zu wenig in ihrem historischen Erkenntniswert respektiert. Wenngleich das Fällen von Werturteilen bei einem Lernen an der Kirchengeschichte nicht außen vor gelassen werden kann, so ist dieses gleichwohl nicht abseits des jeweiligen historischen Kontextes zu initiieren. Letzterer erst ermöglicht den Nachvollzug, warum in einer bestimmten Weise gehandelt wurde. Religionsunterricht sollte es daher vermeiden, Kirchengeschichte als „Aufhänger" für Lernprozesse zu instrumentalisieren, die primär darauf-

22 *Schillebeeckx*, Tradition 760.
23 Vgl. *Schreiber*, Dimension 23.

hin angelegt sind, dass Schüler/innen ethische Maximen daraus bzw. in Abgrenzung davon ableiten – was aber nicht bedeutet, dass kirchengeschichtliches Lernen nicht auch zu ethischen Einsichten führen kann.[24]

4. Der Mehrwert alltagsgeschichtlicher Perspektiven

Religionsunterricht, der Schüler/innen die Gelegenheit bietet, Kirchengeschichte unter alltagsgeschichtlichem Fokus zu erschließen, arbeitet den dargelegten kirchengeschichtsdidaktischen Prämissen zu. Indem sich dabei zeigt, wie Menschen das Christliche auf unterschiedliche Weise für sich in Anspruch genommen haben, bekommt Kirchengeschichte viele Gesichter. Sie bleibt nicht menschenleer wie etwa strukturgeschichtliche Zugänge, die vornehmlich Jahreszahlen und Ereignisse ins Zentrum des Lerngeschehens rücken. Auch tangiert Kirchengeschichte im alltagsgeschichtlichen Duktus mehr Aspekte als lediglich das Ableiten historischer Begebenheiten von den Handlungen einzelner Akteure her. Dieser Modus, der Kirchengeschichte dadurch lebendig macht, dass Einblicke in deren lebensprägende Dimensionen ermöglicht werden, fördert die subjektorientierte Thematisierung kirchengeschichtlicher Inhalte im Religionsunterricht. Insofern auf diese Weise historischer und lebensweltlicher Alltag aufeinander treffen, wird es Lernenden erleichtert, sich der Vergangenheit anzunähern und Parallelisierungen oder auch Abgrenzungen zur eigenen Gegenwart vorzunehmen. Gelingt dieser Annäherungsprozess, wird Kirchengeschichte zu mehr als nur Information „von gestern“ und rückt somit näher an lebensweltliche und religiöse Orientierungsfragen der Schüler/innen heran.

Die kirchengeschichtsdidaktische Grundfigur entfaltet sich dabei in einer wechselseitigen, kritisch-produktiven Lernbewegung: Christlich-religiöse Artikulationen, die über alltagsgeschichtliche Perspektiven zugänglich werden, fragen Lernende in ihrer Alltagsbewältigung an und umgekehrt. Dadurch initiierte Reflexionen und Artikulationen motivieren Schüler/innen zu positionierender religiöser Selbstvergewisserung und erweisen von daher, dass die Thematisierung von Kirchengeschichte im Religionsunterricht einen Beitrag zu religiöser Bildung leistet.

Literatur

Baumert, Jürgen: Deutschland im internationalen Bildungsvergleich, in: Kilius, Nelson, u.a. (Hg.): Die Zukunft der Bildung, Frankfurt/Main 2002, 100-185.

Beutel, Albrecht: Vom Nutzen und Nachteil der Kirchengeschichte, in: ZThK 94 (1997), 84-110.

Deutsches PISA-Konsortium (Hg.): Pisa 2000. Basiskompetenzen von Schülerinnen und Schülern im internationalen Vergleich, Opladen 2000.

[24] Vgl. *Dierk*, Kirchengeschichte 268.

Dierk, Heidrun: Kirchengeschichte elementar. Entwurf einer Theorie des Umgangs mit geschichtlichen Traditionen im Religionsunterricht, Münster 2005.

Giddens, Anthony: Leben in einer posttraditionalen Gesellschaft, in: Beck, Ulrich/ders./Lash, Scott (Hg.): Reflexive Modernisierung. Eine Kontroverse, Frankfurt/Main 1996, 114-194.

Jendorff, Bernhard: Kirchengeschichtsdidaktische Grundregeln, in: rhs – Religionsunterricht an höheren Schulen 38(1995), 282-290.

Jenkins, Keith: Re-thinking History, London 2003.

König, Klaus: Mehr Religion. Die Bedeutung der Religionskultur für den Religionsunterricht, in: Kropač, Ulrich/Langenhorst, Georg (Hg.): Religionsunterricht und der Bildungsauftrag der öffentlichen Schulen, Babenhausen 2012, 98-112.

König, Klaus: Kirchengeschichtsdidaktische Grundregeln, in: Groß, Engelbert/ders. (Hg.): Religionsdidaktik in Grundregeln. Leitfaden für den Religionsunterricht, Regensburg 1996, 182-202.

Lindner, Konstantin: In Kirchengeschichte verstrickt. Zur Bedeutung biographischer Zugänge für die Thematisierung kirchengeschichtlicher Inhalte im Religionsunterricht (ARP 31), Göttingen 2007.

Lübbe, Hermann: Modernisierungsgewinner. Religion, Geschichtssinn, Direkte Demokratie und Moral, München 2004.

Markschies, Christoph/Wolf, Hubert: „Tut dies zu meinem Gedächtnis“. Das Christentum als Erinnerungsreligion, in: dies. (Hg.): Erinnerungsorte des Christentums, München 2010, 10-27.

Metz, Johann B.: Glaube in Geschichte und Gesellschaft. Studien zu einer praktischen Fundamentaltheologie, Mainz 1977.

Noormann, Harry: Christliche Geschichte erinnern lernen in Gegenwart des Anderen, in: ders. (Hg.): Arbeitsbuch Religion und Geschichte. Das Christentum im interkulturellen Gedächtnis, Stuttgart 2009, 9-23.

Rüsen, Jörn: Historische Sinnbildung durch Erzählen, in: Internationale Schulbuchforschung 18(1996), 501-543.

Rüsen, Jörn: Faktizität und Fiktionalität der Geschichte – Was ist Wirklichkeit im historischen Denken?, in: Schröter, Jens/Eddelbüttel, Antje (Hg.): Konstruktion von Wirklichkeit. Beiträge aus geschichtstheoretischer, philosophischer und theologischer Perspektive, Berlin u.a. 2004, 19-32.

Schillebeeckx, Edward: Tradition und Erfahrung. Von der Korrelation zur kritischen Interrelation, in: KatBl 119(1994), 756-762.

Schönemann, Bernd: Die Dimension des Religiösen. Historisch-didaktische Befunde und Reflexionen, in: Schreiber, Waltraud (Hg.): Die religiöse Dimension im Geschichtsunterricht, Neuwied 2000, 411-431.

Schönemann, Bernd: Geschichtsbewusstsein – Theorie, in: Barricelli, Michele/Lücke, Martin (Hg.): Handbuch Praxis des Geschichtsunterrichts 1, Schwalbach/Ts. 2012, 98-111.

Schreiber, Waltraud: Die religiöse Dimension im Geschichtsunterricht, in: dies. (Hg.): Die religiöse Dimension im Geschichtsunterricht, Neuwied 2000, 15-31.

Wolf, Hubert: Was heißt und zu welchem Ende studiert man Kirchengeschichte? in: Kinzig, W. u.a. (Hg.): Historiographie und Theologie, Leipzig 2004, 53-64.

Zülsdorf-Kersting, Meik: Zwei Seiten einer Medaille – oder: Wie konstruieren Individuen Geschichte?, in: Zeitschrift für Geschichtsdidaktik 7(2008), 184-197.

Kinder und Jugendliche als Subjekte des Religionsunterrichts zu kirchengeschichtlichen Inhalten

Ulrich Riegel

Schüler/innen sind Ko-Konstrukteure der Auseinandersetzung mit der Geschichte des Christentums. Deshalb werden in diesem Kapitel zuerst die Einstellungen von Kindern und Jugendlichen zu Kirchengeschichte beschrieben (1). Es folgen kurze Abrisse über die geschichtsrelevante Sozialisation der Schüler/innen durch Medien (2) und das Verständnis von Vergangenem im Kindes- und Jugendalter (3). Beides mündet in eine Beschreibung des Geschichtsbewusstseins von Kindern und Jugendlichen (4). Ein Fazit beschließt dieses Kapitel (5).

1. Einstellungen gegenüber Kirchengeschichte als Thema des Religionsunterrichts

Wie beurteilen Schüler/innen die Auseinandersetzung mit Kirchengeschichte im Religionsunterricht? Nimmt man die Wahrnehmung der Lernenden zum Ausgangspunkt, werden kirchengeschichtliche Themen vergleichsweise selten unterrichtet. In der deutschlandweiten Studie Anton Buchers rangieren derartige Themen auf unteren Plätzen in den Häufigkeitsranglisten.[1] Auf den ersten Blick konträr dazu fällt der Befund einer repräsentativen Befragung Klaus Petzolds in Thüringen aus. „Entstehung und Geschichte des Christentums (Augustinus, Luther, etc.)“ wird in den Augen der Befragten am häufigsten unterrichtet.[2] Allerdings ist die Formulierung des Items wenig spezifisch. Es liegt nahe, dass im ev. Religionsunterricht, aus dem die Daten stammen, Luther der Referenzpunkt für viele systematisch-theologische Inhalte ist und die Befragten solche Inhalte unter dieses Item subsummieren.

Eindeutig ist dagegen der Befund, welche Bedeutung Schüler/innen kirchengeschichtlichen Themen im Religionsunterricht zuschreiben. In der Bucher-Studie steht die Kirchengeschichte stets am Ende der Rangliste. Erachten sie in der Sekundarstufe I immerhin noch 32% der befragten Jugendlichen für wichtig, sinkt dieser Wert in der Sekundarstufe II auf 29% und in der Berufsschule auf 17%.[3] Analog gehört die Kirchengeschichte zu den

---

1 Vgl. *Bucher*, Religionsunterricht 84; 102; 114.

2 *Petzold*, Religion 41.

3 Vgl. *Bucher*, Religionsunterricht 87; 103; 115.

Themen, die sich die von Uwe Böhm und Manfred Schnitzler befragten Jugendlichen am wenigsten wünschen.[4] Die Studien geben keinen Aufschluss darüber, worin die Marginalisierung kirchengeschichtlicher Themen gründet. Es bleibt beim Befund, dass Kirchengeschichte im Religionsunterricht eher selten thematisiert und von vielen Schüler/inne/n auch nicht vermisst wird.

2. Geschichtsrelevante Sozialisation

Worin könnte diese Einstellung gegenüber Kirchengeschichte gründen? Kinder und Jugendliche bringen ihre Vorstellungen über Geschichte, wie sie ihnen in Spielfilmen, Fernsehdokumentationen, Computerspielen, Romanen etc. entgegen tritt, in den Unterricht ein. Eindeutige Indizien für eine derartige geschichtsrelevante Sozialisation finden Bodo von Borries und Rainer Lehmann in ihrer Hamburger Studie.[5] Zum einen haben bereits Sechstklässler eine Vorstellung von Themen, die im Geschichtsunterricht erst später behandelt werden, zum anderen entsprechen diese Vorstellungen in der Regel älteren Geschichtsbildern, welche noch im Geschichtsunterricht der Eltern vorgeherrscht haben dürften. Um dieser Sozialisation auf die Spur zu kommen, wird die Darstellung von Geschichte im Fernsehen und in Computerspielen skizziert, weil beide Leitmedien unter Schüler/inne/n sind.

Geschichte wird im Fernsehen vor allem als „historisches Eventfernsehen“[6] oder als zeitgeschichtliche Dokumentation präsentiert. Wird beim ersten Vergangenes mit den Mitteln eines Spielfilms inszeniert, kompiliert das zweite originales Film- und Fotomaterial, rekonstruierende Filmszenen und Augenzeugenberichte zu einer Dokumentation. Beide Gattungen erzählen Geschichte und stellen somit eine Konstruktion von Vergangenem dar, wobei die Dokumentation grundsätzlich den Prinzipien der Geschichtswissenschaft verpflichtet ist.[7] Beide Genres zielen auf eine größtmögliche Breitenwirkung, so dass sie sich in der Darstellung von Geschichte an den technischen und ästhetischen Standards des Kinos orientieren. Das führt zum einen dazu, dass originales Material und cinematographische Rekonstruktion eng aufeinander bezogen sind. Zum anderen fließen Dokumentation und emotionale Dramatisierung ineinander. Inhaltlich bezieht sich das Gros der Geschichtsdarstellungen im deutschen Fernsehen auf die NS-Zeit, die Aufbaujahre der BRD und die DDR.[8] Für die geschichtsrelevante Sozialisation ist hierbei von Interesse, wie besagte Begebenheiten dargestellt werden. Insbesondere im Eventfernsehen wird die Verantwortung für die NS-Verbrechen

---

4 Vgl. *Böhm/Schnitzler*, Religionsunterricht 108.

5 Vgl. *Borries*, Geschichtslernen.

6 *Ebbrecht*, History 226.

7 Vgl. *Fischer*, Ereignis und Erlebnis 193-198.

8 Vgl. *Steinle*, Geschichte im Film 151-155.

auf wenige Funktionsträger geschoben und die deutsche Bevölkerung als Opfer dargestellt. Für die Zeit danach konzentrieren sich diese Formate auf Ereignisse, in denen Krisen kollektiv bewältigt wurden (z.B. Das Wunder von Bern, Die Sturmflut etc.). Die DDR wird vor allem als repressives System dargestellt, gegen das man sich auflehnt (z.B. Der Tunnel, Die Mauer – Berlin 61 etc.). Nach Steinle dient diese thematische Auswahl dem öffentlichen Bedürfnis nach „nationaler Mythenbildung"[9]. Es geht um die Konstruktion einer kollektiven Identität nach dem Umbruch von 1989. Deshalb geht insbesondere historisches Eventfernsehen selten kritisch mit deutscher Zeitgeschichte um.

In PC-Spielen wird Geschichte in der Regel funktional herangezogen, um die zentrale Spielidee zu illustrieren. Seit der Einführung des PC 1981 sind über 1600 PC-Spiele mit historischen Inhalten herausgebracht worden.[10] Mit dem Zweiten Weltkrieg bildet ein Ereignis der jüngeren Vergangenheit den häufigsten historischen Rahmen für ein PC-Spiel (29%), gefolgt von Szenarien aus dem 20. Jahrhundert (ohne WK II: 21%) und dem 19. Jahrhundert (11%). Die Designer solcher Spiele bemühen sich in der Regel um größtmögliche Authentizität, wobei diese sich vor allem auf Details der Darstellung und eine Fülle an historisch korrekten, jedoch isoliert gegebenen Hintergrundinformationen bezieht.[11] Ansonsten wird Geschichte in den Dienst des Spiels gestellt, so dass historische Ereignisse aus ihrem Kontext gerissen und funktional in den Spielfluss eingebaut werden. So kommen Waffen verschiedener Epochen in einer Schlacht zum Einsatz oder nehmen Schlachten einen anderen Ausgang als in Wirklichkeit. Epochenbegriffe werden in der Regel korrekt verwendet, im Gegensatz zum historischen Geschehen stellen Epochenwechsel in PC-Spielen jedoch eine klare Zäsur im Spiel dar.[12] Für die Spieler wird Geschichte in PC-Spielen unmittelbar erlebbar und man erfährt sich als jemand, der Geschichte formt und gestaltet.

Religion ist in diesen Medien in der Regel ein Phänomen einer vergangenen, längst überwundenen Zeit. Die Kirche erscheint vor allem als Machtapparat, ihre Vertreter besetzen negativ konnotierte Rollen. Moderne Medien bilden somit den zeitgenössischen Blick auf Religion und Geschichte ab. Sie liefern unter Umständen präzise historische Informationen und erweitern damit das historische Faktenwissen der Schüler/innen. Zu einem historisch verantworteten Denken tragen sie aber nur eingeschränkt bei.

---

9 Ebd. 153.

10 Vgl. *Schwarz*, Computerspiele 10-14.

11 Vgl. *Pasternak*, 500.000 Jahre 31-40.

12 Vgl. ebd. 44-49.

3. Das Verständnis von Vergangenem bei Kindern und Jugendlichen

Neben außerschulischen Lernerfahrungen ist die Auseinandersetzung mit Vergangenem durch die Fähigkeit bedingt, wie Vergangenes gedacht wird. Traditioneller Weise gilt die Pubertät als Beginn historisch verantwortlichen Denkens, weil erst dann die elementaren Kategorien von Vergangenheit, Gegenwart und Zukunft sicher beherrscht würden.[13] Ein differenziertes Entwicklungsschema bietet Christian Noack, der in Anlehnung an Kohlberg fünf Stufen unterscheidet.[14] Auf der *intuitiv-projektiven Stufe* findet eine affektive Bindung an einzelne historische Ereignisse oder Personen statt, die dezidiert egozentrisch wahrgenommen werden. Vergangenes hat märchenhafte Züge und Geschichten stehen unverbunden nebeneinander. Es folgt die *konkret-narrative Stufe*, in der Geschichte in Geschichten repräsentiert wird. Kinder erschließen Vergangenes, indem sie sich mit historischen Personen identifizieren und außergewöhnliche Leistungen bewundern. Die zeitliche Anordnung in der Vergangenheit bereitet noch Schwierigkeiten. Auf der *konventionell-affirmativen Stufe* werden die geschichtlichen Deutungsmuster des kulturellen Umfelds übernommen. Geschichte wird aus einem Reservoir historischer, durch das Umfeld tradierter Erzählungen konstruiert, welche bedeutende Persönlichkeiten oder Ereignisse illustrieren. Auf der *kritisch-reflektierenden Stufe* werden diese konventionellen Narrative hinterfragt. Die Einsicht in die Vielschichtigkeit historischer Prozesse wird zum Anlass, unterschiedliche Deutungen vergangener Begebenheiten miteinander zu vergleichen und auf ihre Angemessenheit hin zu befragen. Geschichte wird in Strukturen wahrgenommen. Auf der *historisch-universellen Stufe* werden historische Deutungsmuster als kognitive Modelle wahrgenommen, welche Vergangenes auf unterschiedliche Wiese rekonstruieren. Die kulturelle Gebundenheit dieser Deutungen ist bewusst und relativiert den Blick auf Geschichte.

Natürlich können derartige Modelle nur eine grobe Orientierung über die Entwicklung historischen Denkens geben und der Einzelfall weicht eventuell stark von ihnen ab. Deshalb werden im Folgenden empirische Studien referiert, die Einblick in die Entwicklung von Teilkompetenzen historisch verantwortlichen Denkens geben. Eine britische Studie untersuchte die Empathiefähigkeit von Lernenden verschiedener Altersstufen anhand der Frage, warum Kaiser Claudius trotz Warnungen aus seinem Umfeld Britannien erobern will.[15] 8-Jährige nannten vor allem persönliche Gründe und Wünsche. Mit zehn Jahren wurde hauptsächlich eine einzige Ursache genannt, die sich aus der Funktion des Claudius als Kaiser ableitete. Mit 14 Jahren schließlich

---

13 Vgl. u.a. *Roth*, Kind und Geschichte 43-61.

14 Vgl. *Noack*, Stufen 29-31.

15 Vgl. *Lee/Dickinson/Ashby*, Understanding 204-212.

waren die Befragten in der Lage, mehrere Gründe zu nennen, welche sie aus einer Analyse der historischen Situation abgeleitet haben. Mit dem Alter steigt somit die Fähigkeit zum Perspektivenwechsel.

Im selben Forschungsprogramm gingen Rosalyn Ashby und Peter Lee der Frage nach, wie Kinder und Jugendliche mit der Pluralität historischer Deutungen umgehen. Sie konfrontierten die Lernenden mit Material, das das Römische Reich einmal mit der Absetzung des Romulus Augustus (476 n. Chr.), das andere Mal mit der Eroberung Konstantinopels (1453 n. Chr.) enden ließ.[16] Mit sieben und mit zehn Jahren begriff die Mehrheit der Kinder Geschichte als Wiedergabe realer Fakten, so dass sie beide Deutungen nicht miteinander vereinbaren konnten. Mit zwölf Jahren begannen die Kinder Vergangenheit als vielschichtiges Phänomen wahrzunehmen, welches von unterschiedlichen Personen aus unterschiedlichen Perspektiven erzählt werden kann. Erst mit 14 Jahren argumentierte eine Mehrheit der Befragten damit, dass beide Deutungen unterschiedliche Maßstäbe benutzen. Die Konstruktivität von Geschichte scheint somit erst am Beginn des Jugendalters ein kognitiv fassbares Phänomen zu sein.

Bodo von Borries wiederum urteilt auf der Grundlage von Fragebogenerhebungen: „Die befragten Jugendlichen in Europa sind nicht fähig und/oder nicht willens, sich in eine ihnen fremde Zeit hineinzuversetzen und aus dieser hypothetisch zu argumentieren und probeweise zu handeln."[17] Historischen Personen werden moderne Denk- und Verhaltensmuster zugeschrieben und historische Entscheidungssituationen nach modernen Wertmaßstäben gelöst. Allerdings konnten Kölbl und Straub in ihren Gruppendiskussionen durchaus Ansätze historisch verantwortlichen Denkens beobachten. Bedenkt man die beiden Erhebungsformen, so deutet einiges darauf hin, dass eine intuitive Aufmerksamkeit für kulturelle Differenz in verschiedenen Epochen Jugendlichen eher selten zur Verfügung steht, diese Aufmerksamkeit aber aktiviert wird, wenn man sich intensiver auf die Sache selbst einlässt.

4. Das Geschichtsbewusstsein von Kindern und Jugendlichen

Auf der Grundlage der bisherigen Überlegungen lässt sich nun beschreiben, wie Kinder und Jugendliche Geschichte wahrnehmen. Geschichtsbewusstsein wird in der aktuellen Geschichtsdidaktik verstanden als die Fähigkeit, erinnerte Vergangenheiten mit Gegenwartsdeutungen und Zukunftserwartungen zu einer komplexen, zeitlich geordneten Erzählung zu verknüpfen und

---

16 Vgl. *Lee/Ashby*, Progression.

17 *Borries*, Jugend 196.

das eigene Handeln mit dieser Erzählung in Beziehung zu setzen.[18] Damit ist das Geschichtsbewusstsein kulturell eingebunden, d.h. es beruht auf den im sozialen Umfeld gültigen Überzeugungen, was die Wirklichkeit ausmache und der Zweck menschlichen Seins sei. Demnach zeichnet sich das moderne Geschichtsbewusstsein durch eine „Bezugnahme auf unser wissenschaftliches Weltbild und die methodisch-rationale Begründung von Aussagen"[19] sowie ein „allgemeine[s] Differenz- und Alteritätsbewusstsein"[20] aus.

Das Geschichtsbewusstsein von Kindern

Ein solches Geschichtsbewusstsein zeigen Kinder in der Grundschule erst in Ansätzen.[21] Die basalen Kategorien von Vergangenheit, Gegenwart und Zukunft werden im Wesentlichen richtig verwendet, wobei insbesondere die Vergangenheit häufig in die Zeit dessen zerfällt, was man selbst noch erlebt hat, und in eine Zeit jenseits dieses eigenen Erlebens, welche dann als weit zurückliegend begriffen wird. Kompetentere Kinder können mit einzelnen Epochenbegriffen oder historisch relevanten Ereignissen operieren (z.B. Steinzeit, Mittelalter, WK II) und unterscheiden fiktionale Personen der Vergangenheit (z.B. Fred Feuerstein) von historischen Personen.

Am Beginn der Grundschulzeit gelten historische Kenntnisse als Fakten und geschichtliche Entwicklung wird mit Erfindungen oder durch Lernprozesse erklärt. Gegen Ende der Grundschulzeit betonen Kinder immer häufiger den hypothetischen Charakter von Geschichte. Auch wird Geschichte vermehrt als kontinuierliche Entwicklung begriffen, die unter Umständen als Fortschritt oder Rückschritt gedeutet wird. Kompetentere Kinder ziehen zur Erklärung historischer Entwicklungen Analogieschlüsse zwischen der Gegenwart und der Vergangenheit, wobei in der Regel heute Vertrautes versuchsweise in die Vergangenheit projiziert wird.

Das Geschichtsbewusstsein von Jugendlichen

Jugendliche zeigen dagegen ein durch und durch modernes Geschichtsbewusstseins.[22] Geschichte weckt ihr Interesse, wenn sie entweder die eigene Lebenswelt erklärt oder aber unerklärlich Fremdes zum Inhalt hat. Die befragten Jugendlichen nehmen Aussagen über die Vergangenheit nicht einfach hin, sondern prüfen diese kritisch auf historische Plausibilität. Letztere entsteht durch Zeugenschaft, d.h. zeitgenössische Quellen oder Informationen, welche sich auf derartige Quellen beziehen. Sie bilden den Maßstab, mit denen Jugendliche die Thematisierung vergangener Zeiten in Romanen, Spielfilmen oder Computerspielen auf historische Plausibilität hinterfragen.

---

18 Vgl. *Jeismann*, Geschichtsbewusstsein; *Rüsen*, Geschichtsbewusstsein.

19 *Kölbl/Straub*, Geschichtsbewusstsein Abs. 14.

20 Ebd. Abs. 15.

21 Vgl. *Kölbl*, Aufbau 40-46.

22 Vgl. *Kölbl/Straub*, Geschichtsbewusstsein Abs. 53-100; *Borries*, Jugend.

Dabei ist den Jugendlichen bewusst, dass Vergangenheit selektiv erinnert und dokumentiert wird und dass Geschichte selbst bereits ein spezifisches Arrangement und eine Deutung dieser erinnerten Vergangenheit darstellt. Oft wurde dieses Bewusstsein im Nachdenken darüber operationalisiert, wie spätere Generationen über die Gegenwart und das eigene Handeln in dieser urteilen.

Schließlich begreifen Jugendliche Geschichte als eine zeitliche Entwicklung, welche sich basal in Vergangenheit, Gegenwart und Zukunft unterteilen, aber auch durch andere temporale Ordnungskategorien wie etwa Epochenbegriffe gliedern lässt. Ein der Geschichte eingeschriebenes Ziel wird nicht erkennbar, auch wenn bestimmte Phasen von Geschichte im Sinn eines Fortschritts oder eines Verfalls gedeutet werden. Beide Beobachtungen sind nicht trivial, da z.B. viele mythische Geschichtsbilder zirkulär angelegt sind, während im christlichen Verständnis Geschichte auf die Vollendung in Gott zuläuft.

Für den Religionsunterricht ist einschlägig, dass Religion für die befragten Jugendlichen eine untergeordnete Rolle spielt; sie wird vor allem mit dem Mittelalter assoziiert. Für die Gegenwart erwarten sie nicht, dass religiöse Führer oder Gruppen den Lauf der Geschichte beeinflussen.[23] Auch würden sie eher den Bau einer Autobahn verändern, um ein 300 Jahre altes Bauernhaus zu erhalten, als eine mittelalterliche Kirche oder Moschee.[24]

Spezialfall: Jugendliche mit Migrationshintergrund

Bisher wurde das Geschichtsbewusstsein Jugendlicher im Allgemeinen beschrieben. Den konfessionellen Religionsunterricht besuchen aber zunehmend mehr Schüler/inne/n mit Migrationshintergrund, welche aus verschiedenen, oftmals heterogenen geschichtlichen Traditionen und Erinnerungsmilieus schöpfen können bzw. müssen. Der Umgang mit diesen so genannten „geteilten Erinnerungen"[25] kann vielfältig ausfallen, was hier am Umgang mit der NS-Zeit exemplarisch ausgeführt wird.

Grundsätzlich ist die Auseinandersetzung mit der NS-Zeit für alle Jugendliche in Deutschland essentiell, weil sie einen Eckpfeiler kollektiver Identität in diesem Land darstellt. Deshalb müssen auch Jugendliche aus Familien, die erst nach dieser Zeit nach Deutschland zugezogen sind, eine Haltung zur NS-Zeit finden.[26] Viola Georgi identifiziert in dieser Auseinandersetzung vier Typen, nämlich (I) die Identifikation mit den Opfern des Holocaust, mit der selbst erlebte Diskriminierung bearbeitet wird, (II) die Identifikation mit den Mitläufern und Tätern, um die Perspektive der Mehrheitsgesellschaft auszuprobieren, (III) die Identifikation mit der Geschichte der ei-

---

23 Vgl. *Borries*, Jugend 221. Allerdings fand die Befragung vor 2001 und seinen religiös motivierten Terroranschlägen statt.

24 Vgl. ebd. 146.

25 *Motte/Ohliger*, Geschichte 47.

26 Vgl. *Kölbl*, Migrationshintergrund 67-69.

genen ethnischen Gruppe als Minderheit innerhalb der Mehrheitsgesellschaft, für die das Schicksal der Juden in der NS-Zeit eine Referenzfolie darstellt, und (IV) die Identifikation mit der gesamten Menschheit, aus der heraus universale Maßstäbe jenseits ethnischer Differenz abgeleitet werden.[27] Das Geschichtsbewusstsein migrierter Menschen steht somit in einem komplexen Wechselspiel unterschiedlicher historischer Traditionen, wobei keine dieser Traditionen ungebrochen auf die individuelle Lebenslage übertragen werden kann.

Religion kann in diesem Bewusstsein eine entscheidende Rolle spielen. So fungiert der Islam für viele Migranten aus muslimischen Ländern als Referenzfolie, anhand derer sie ihre individuelle und kollektive Identität gegenüber einer Mehrheitsgesellschaft wahren, die ihnen ambivalent bis ablehnend begegnet.[28] Die religiös durchwirkte geschichtliche Tradition des ursprünglichen Heimatlandes legitimiert in diesem Fall das eigene Empfinden und Handeln in der neuen Umgebung. Im Unterschied zu den meisten autochthonen Jugendlichen spielen Religion und religiös motivierte Geschichtsdeutungen für viele Jugendliche mit Migrationshintergrund eine existentielle Rolle.

5. Fazit

Kinder und Jugendliche verstehen Vergangenes auf je eigene Weise. Historisch verantwortliches Denken im geschichtswissenschaftlichen Sinn bildet sich in der Sekundarstufe I aus. Die Erarbeitung kirchengeschichtlicher Themen im Religionsunterricht kann hier ansetzen. Das sich in diesem Alter ausbildende Bewusstsein für die Konstruktivität von Geschichte erlaubt die Dekonstruktion vorherrschender Deutungsmuster und die Einsicht in die Mannigfaltigkeit historischer Plausibilität. Das kann insbesondere für den Religionsunterricht fruchtbar sein, weil viele Schüler/innen ein negatives Bild von der Kirche und ihrer Geschichte haben. Alternative Deutungsmuster und irritierende historische Begebenheiten können diese Vor-Einstellung durchbrechen. Alltagsgeschichtliche Begebenheiten eignen sich hier besonders, weil sie normale Menschen und ihren Umgang mit Religion thematisieren. Sie bieten nicht nur einen bislang eher wenig angebotenen Zugang zu Geschichte, sondern erlauben bei geschickter Auswahl auch Parallelen zur Lebenswelt der Lernenden – was für viele Schüler/innen der einzige interessante Zugang zu Geschichte ist.

Besondere Brisanz erhält diese Auseinandersetzung, wenn Jugendliche verschiedener Kulturen im Religionsunterricht versammelt sind. Deutsche, polnische, kroatische und philippinische Jugendliche können alle derselben

---

27 Vgl. *Georgi*, „Ich kann …“ 103-105.
28 Vgl. *Herbert*, Islam 160.

Kirche angehören, stehen aber für unterschiedliche geschichtliche Traditionen und Erinnerungsmilieus innerhalb dieser Kirche. Geht der Religionsunterricht auf die Mannigfaltigkeiten in diesen Vergangenheiten ein, können die Jugendlichen Religion als plurales Gewebe aus Vergangenem und Gegenwärtigem erleben. Fremdes und der eigene Alltag werden miteinander in Beziehung und in einen (kirchen-)geschichtlichen Zusammenhang gesetzt.

Kinder nehmen Vergangenes in Geschichten wahr und neigen dazu, sich mit den Hauptpersonen dieser Geschichten zu identifizieren. Wer Kinder als Subjekte der Auseinandersetzung mit Vergangenheit im Religionsunterricht ernst nimmt, wird kirchengeschichtliche Themen somit narrativ und personifiziert präsentieren, gleichwohl darauf achten, dass „unkritische Identifikationen" ausbleiben. Diese Form der Erarbeitung entspricht geschichtswissenschaftlichen Standards, wenn bspw. die dargebotene Erzählung der geschichtswissenschaftlichen Rekonstruktion der betreffenden Begebenheit gerecht wird. Außerdem erschließt die so genannter Oral History Zeitgeschichte auf narrative und personifizierte Weise. Alltagsgeschichte stellt eine vorzügliche Quelle derartiger Geschichten dar, denn die handelnden Personen kommen aus Milieus, die – bei aller mentalen Differenz zwischen „Gestern" und „Heute" – mit den Kontexten der Lernenden vergleichbar sind. Kinder können in diesen Geschichten erleben, wie Geschichte „gemacht" wird und sich selbst als Mit-Gestalter von (Kirchen-)Geschichte wahrnehmen.

Literatur

Böhm, Uwe/Schnitzler, Manfred: Religionsunterricht in der Pubertät. Eine explorative Studie in den Klassen 7 und 8, Stuttgart 2008.

Borries, Bodo von: Geschichtslernen und Geschichtsbewusstsein. Empirische Erkundungen zu Gebrauch und Erlernen von Historie, Stuttgart 1988.

Borries, Bodo von: Jugend und Geschichte. Ein europäischer Kulturvergleich aus deutscher Sicht, Opladen 1999.

Bucher, Anton: Religionsunterricht zwischen Lernfach und Lebenshilfe, Stuttgart 2000.

Ebbrecht, Tobias: History, Public Memory and Media Event, in: Media History 13 (2007) 2/3, 221-234.

Fischer, Thomas: Ereignis und Erlebnis: Entstehung und Merkmale des zeitgenössischen dokumentarischen Geschichtsfernsehens, in: Korte, Barbara/Paletschek, Sylvia (Hg.): History goes Pop. Zur Repräsentation von Geschichte in populären Medien und Genres, Bielefeld 2009, 191-202.

Georgi, Viola: „Ich kann mich für Dinge interessieren, für die sich jugendliche Deutsche auch interessieren". Zur Bedeutung der NS-Geschichte und des Holocaust für Jugendliche aus Einwandererfamilien, in: dies./Ohliger, Rainer (Hg.): Crossover Geschichte. Historisches Bewusstsein Jugendlicher in der Einwanderungsgesellschaft, Hamburg 2009, 90-108.

Herbert, David: Islam, Identity and Globalisation, in: Coleman, Simon/Collins, Peter (Hg.): Religion, Identity and Change, Bodmin 2004, 155-173.

Jeismann, Karl-Ernst: Geschichtsbewusstsein als zentrale Kategorie der Geschichtsdidaktik, in: Schneider, Gerhard (Hg.): Geschichtsbewusstsein und historisch-politisches Lernen, Pfaffenweiler 1988, 1-24.

Kölbl, Carlos/Straub, Jürgen: Geschichtsbewusstsein im Jugendalter. Theoretische und exemplarische empirische Analysen, in: Forum Qualitative Sozialforschung 2(2001)3, Art. 9 [http://nbn-resolving.de/urn:nbn:de:0114-fqs010397 (abgerufen: 11/2011)].

Kölbl, Carlos: Mit und ohne Migrationshintergrund. Zum Geschichtsbewusstsein Jugendlicher in der Einwanderungsgesellschaft, in: Georgi, Viola/Ohliger, Rainer (Hg.): Crossover Geschichte. Historisches Bewusstsein Jugendlicher in der Einwanderungsgesellschaft, Hamburg 2009, 61-74.

Kölbl, Carlos: Zum Aufbau der historischen Welt bei Kindern, in: Journal für Psychologie 12(2004)1, 25-49.

Lee, Peter/Ashby, Rosalyn: Progression in Historical Understanding among Students Ages 7–14, in: Stearns, Peter/Seixas, Peter/Wineberg, Sam (Hg.): Knowing, Teaching, and Learning History, New York 2000, 199-222.

Lee, Peter/Dickinson, Alaric/Ashby, Rosalyn: "Just Another Emperor": Understanding Action in the Past, in: International Journal of Educational Research 27 (1997), 233-244.

Motte, Jan/Ohliger, Rainer: Geschichte und Gedächtnis in der Einwanderungsgesellschaft. Einführende Betrachtungen, in: dies. (Hg.): Geschichte und Gedächtnis in der Einwanderungsgesellschaft, Essen 2004, 7-49.

Noack, Christian: Stufen der Ich-Entwicklung und Geschichtsbewusstsein, in: Borries, Bodo von/Pandel, Hans-Jürgen (Hg.): Zur Genese historischer Denkformen. Qualitative und quantitative empirische Zugänge, Pfaffenweiler 1994, 9-46.

Pasternak, Jan: 500.000 Jahre an einem Tag. Möglichkeiten und Grenzen der Darstellung von Geschichte in epochenübergreifenden Echtzeitstrategiespielen, in: Schwarz, Angela (Hg.): „Wollten Sie auch immer schon einmal pestverseuchte Kühe auf Ihre Gegner werfen?" Eine fachwissenschaftliche Annäherung an Geschichte im Computerspiel, Münster 2010, 29-62.

Petzold, Klaus: Religion und Ethik hoch im Kurs. Repräsentative Befragung und innovative Didaktik, Leipzig 2004.

Roth, Heinrich: Kind und Geschichte. Psychologische Voraussetzungen des Geschichtsunterrichts in der Volksschule, München [2]1955.

Rüsen, Jörn: Geschichtsbewusstsein thematisieren – Problemlagen und Analysestrategien, in: ders. (Hg.): Geschichtsbewusstsein. Psychologische Grundlagen, Entwicklungskonzepte, empirische Befunde, Köln 2001, 1-14.

Schwarz, Angela: Computerspiele – ein Thema für die Geschichtswissenschaft?, in: dies. (Hg.): „Wollten Sie auch immer schon einmal pestverseuchte Kühe auf Ihre Gegner werfen?", Münster 2010, 7-28

Steinle, Matthias: Geschichte im Film: Zum Umgang mit den Zeichen der Vergangenheit im Dokudrama der Gegenwart, in: Korte, Barbara/Paletschek, Sylvia (Hg.): History goes Pop. Zur Repräsentation von Geschichte in populären Medien und Genres, Bielefeld 2009, 147-166.

Kirchengeschichtliche Studien

Kinder und Christentum
Spätantike Einblicke, mittelalterliche Ausblicke

Hubertus Lutterbach

„In allen Bereichen der internationalen Politik – von der Entwicklungspolitik bis hin zur Sicherheitspolitik – werden die Kinderrechte aufgegriffen. Selbst der UN-Sicherheitsrat hat damit begonnen, die Angelegenheiten der Kinder in seine Überlegungen einzubeziehen, wie er in verschiedenen Resolutionen zugunsten der Kinder zum Ausdruck bringt."[1] Was die britische Politologin Vanessa Pupavac hier mit Blick auf die Weltpolitik formuliert, lässt sich auch für die nationale Öffentlichkeit (Presse, Fernsehen, Funk, Internet) nachzeichnen:[2] Die Sorge um Kinderschutz, Kinderförderung und Kinderpartizipation prägt die Diskussion unter Politikern und Pädagogen, unter Menschenrechtlern und Bildungsexperten, unter Journalisten und Tourismusfachleuten.

Während die Sorge um den Kinderschutz und die bildungsbezogene Kinderförderung über eine lange Tradition verfügt,[3] ist die öffentlich gestellte Frage nach einer kindgerechten Partizipation der Kleinen am gesellschaftlichen Leben erst seit den 1970er Jahren virulent. Da sich die folgenden Ausführungen auf die Bedeutung des Christentums zwischen Spätantike und Mittelalter beziehen und sich damit auf den Kinderschutz und die Kinderbildung konzentrieren müssen, kann die aktuelle Relevanz der Kinderpartizipation an dieser Stelle nicht diskutiert werden.[4]

1. Die Wurzeln der Wertschätzung von Kindern in der antiken Welt

Die alten Kulturen waren in der Regel kinderreiche und vom Altersdurchschnitt her gesehen sehr junge Gesellschaften. Doch wie stand es in diesen Kontexten um die Wertschätzung der Kinder? Eine kurze kulturvergleichende Skizze mag hier grundlegende Orientierungen bieten.

---

1 *Pupavac*, Children's Rights Regime 57.
2 Vgl. dazu u. a. *Schneekloth*, Die „großen Themen" 167.
3 Vgl. *Lutterbach*, Kinder.
4 Vgl. ebd. 99-110.

1.1 Der griechisch-römische Hintergrund

Die aktuelle sozialgeschichtliche Forschung ist sich darin einig, dass man in den Überlieferungen der griechisch-römischen Antike nach einer uneingeschränkten Wertschätzung des Kindes vergeblich sucht.[5] Innerhalb der „Großfamilie", zu der selbstverständlich auch Knechte und Sklaven gehörten, durfte das Familienoberhaupt im Sinne eines autokratischen Herrschers fast ohne Einschränkungen walten.[6] Das Regiment reichte so weit, dass heutige Altertumshistoriker das heidnische Familienoberhaupt sogar als Herr über Leben und Tod charakterisieren. Tatsächlich war der Hausvater befugt, das Kind nach seinem Ermessen zu züchtigen oder es im äußersten Falle zu töten.[7] Überdies durfte er das Neugeborene aussetzen[8] sowie Kinder jeden Alters verkaufen, verpfänden oder anderen Menschen als Dienstleister überlassen.[9] Ohne dass aus den Jahrhunderten vor der christlichen Zeitrechung präzise Zahlen vorlägen, lässt sich bereits von einem frühen Zeitpunkt an das mit der hausväterlichen Gewalt verbundene Tötungsrecht als Legitimierung für das Aussetzen von Kindern ausmachen.

1.2 Das biblische Zeugnis

„Das Leben der Kinder steht gemäß dem Alten Testament nicht zur Disposition der Eltern. Es ist in dem von Gott gegebenen Recht der Tora von gleicher Dignität und Unantastbarkeit wie das der Eltern. In diesem Schutz der Kinder vor der Tötung durch die Eltern oder zugunsten der Eltern besteht die Anwaltschaft des biblischen Gottes für die Kinder nach den Rechtssätzen der Tora."[10] Jedes Kind verfügt über eine den Eltern ebenbürtige Würde und ihm kommt ein ebenso grundsätzliches Recht auf Leben zu; diese Dignität galt den Israeliten als Ausdruck jener Unmittelbarkeit, in der Gott zu jedem Menschen – unabhängig von dessen Alter oder Sozialsituation – steht.[11] Die im Alten Testament vorgezeichnete Linie wird in den Schriften des Neuen Testaments aufgegriffen und weitergeführt. Maßgeblich ist als erstes das neutes-

---

5 Vgl. zur gewandelten Einstellung zum Kind im Sinne „einer gewissen Idealisierung" seit dem 5. Jahrhundert v. Chr., besonders seit dem Hellenismus im 4. Jahrhundert v. Chr. *Müller*, Kindheit und Jugend in der griechischen Frühzeit 52-54.

6 Vgl. (Überblick und Details) *Schumacher*, Rechtsverhältnis 5-50; 48-50; *Hiltbrunner*, Patria potestas 552.

7 Vgl. *Müller*, Kindheit 56f.; zur Relevanz dieser Möglichkeit vgl. auch *Klejwegt* (zus. mit Amedick), Kind 891-893.

8 Für einen grundlegenden Überblick vgl. *Olsen*, La femme et l'enfant 132.

9 Vgl. *Hiltbrunner*, Patria potestas 552.

10 *Crüsemann*, Gott 197.

11 Vgl. *Conrad*, Generation 304-308.

tamentliche Vater- bzw. Gottesverständnis, als zweites die in einigen Evangelienperikopen überlieferte Zuwendung Jesu gegenüber den Kindern.[12]

Die von der griechisch-römischen Überlieferung abweichende christliche Sonderentwicklung zugunsten der Kinder wurde möglich durch einen hintergründigen „argumentativen Trick“: In der Spur jüdischen Gedankengutes gingen die Christen rechtskonkret derart vor, dass sie zwar den in der zeitgenössischen heidnischen Umwelt wohlbekannten Grundgedanken des Hausvaters (*pater familias*) übernahmen, diesen aber in seiner Bedeutung nicht auf den irdischen Hausvater begrenzten. Damit übertrugen sie die Hausvaterschaft – also unter anderem die rechtliche Verfügungsgewalt über die Kinder – exklusiv auf den christlichen Vatergott als den Schöpfer allen Lebens.[13] In der Konsequenz war den Menschen jedwede Verfügungsgewalt über das Leben von vornherein abgesprochen. Das geborene wie das ungeborene Leben unterstand allein der Hausvaterschaft Gottes.[14] Grundlegender noch: Weil alle Menschen aus göttlichem Samen hervorgegangen seien – so die leitende Überzeugung –, hätten alle Menschen auch Gott als ihren gemeinsamen Vater (Mt 23,9) und dürften sich als Gotteskinder gewürdigt sehen.

Die zentrale neutestamentliche Perikope zu Jesu Umgang mit den Kindern handelt zwar nicht eigentlich vom Kinderschutz, sondern bezieht sich auf die Kinder in einem metaphorischen Sinne. Nichtsdestoweniger wertschätzten die Christen ihren Religionsstifter Jesus – ausgehend von den synoptischen „Kinderperikopen“ – bereits seit altkirchlicher Zeit als göttlichen Kinderfreund, dem das Leben der Kinder heilig war. In diesem Verhalten glaubten sie den Ausspruch Jesu angesichts des Rangstreites unter seinen Jüngern zum Ausdruck gebracht: „‚Amen, das sage ich euch: Wer das Reich Gottes nicht annimmt, als wäre er ein Kind, wird nicht hineinkommen.‘ Und Jesus nahm die Kinder in seine Arme. Dann legte er ihnen die Hände auf und segnete sie“ (Mk 10,15-16; Lk 18,15-17).

Kurzum: Ebenso wie sich das christliche Gebot der Nächstenliebe zugunsten der Wertschätzung von Kindern auswirkte, sollte sich auch die Hochachtung Jesu gegenüber den Kindern als bahnbrechend für den Lebensschutz und die Lebensförderung von Kindern erweisen.

2. Kinderschutz und Kinderförderung in der Spätantike

Wie alt mögen die Menschen gewesen sein, die zur Zeit Jesu und darüber hinaus als Kinder galten? Auf wen bezog sich der christliche Lebensschutz und die christliche Lebensförderung zugunsten der Kinder genauerhin?

---

12 Vgl. *Klejwegt* (zus. mit Amedick), Kind 930.

13 Vgl. *Vanoni*, Vaterschaft Gottes 545; *Avemarie*, Vaterschaft Gottes, 545f.; *Schlosser*, Vaterschaft Gottes 546f.

14 Dazu vgl. grundlegend *Alexandre-Bidon*, Images 41-60; *Jerouschek*, Mittelalter 45.

In der Antike wird das Lebensalter auf verschiedene Weise unterteilt: Aristoteles spricht von einer Dreiteilung aus Kindheit und Jugend, Mitte des Lebens und Alter. Eine ebenfalls in der Antike anzutreffende Vierteilung differenziert die menschlichen Lebensalter gemäß den Jahreszeiten: Kind (*puer*), junger Mann (*iuvenis*), Mensch im gesetzten Alter (*constans aetas*) und Person im hohen Alter (*senectus*).[15] – „Die im Kontext der Lebensalter seit der Antike dominierende Zahl, die an Verbreitung und Einfluss alle anderen schließlich hinter sich lässt, ist die Sieben“[16].

Die angesprochene Einteilung der menschlichen Lebensalter nach Siebener-Perioden ist übrigens noch bis in das Barockzeitalter hinein gängig gewesen. Erst ab dem 19. Jahrhundert wich man von der symbolbesetzten Zählung der Lebensalter ab, so dass sich auch in diesem Bereich zunehmend die empirische Auffassung des Lebens widerspiegelte.[17] Heutzutage gilt ein Mensch nach deutschem Recht (Strafgesetzbuch § 176 Absatz 1) bis zum Alter von 14 Jahren als Kind, während im Jugendarbeitsschutzgesetz (§ 2) die Grenze erst bei 15 Jahren gezogen ist. Vor diesem Hintergrund lässt sich im Sinne eines „Vorher-Nachher-Kontrastes“ bilanzieren: Während über Jahrhunderte hinweg der Status der frühen Kindheit mit dem siebenten und die spätere Kindheit mit dem 14. Lebensjahr an sein Ende kam, fasst die UN-Kinderrechtskonvention jeden Menschen, der das 18. Lebensjahr noch nicht vollendet hat, als Kind auf.

2.1 Die Unterstützung behinderter Kinder – Ein Beispiel für christlichen Lebensschutz

Die aus dem Neuen Testament herausgelesene Maßgabe der Nächstenliebe konkretisierten die Christen schon in altkirchlicher Zeit hin auf das Engagement zugunsten von Waisen oder Findelkindern, von unehelichen oder verkauften Kindern. Dieser lebensschützende Einsatz, der den Kampf gegen die Abtreibung ebenso umfasste wie die Tötung der Kinder, lässt sich exemplarisch an der Unterstützung von behinderten und missgestalteten Kindern ablesen, wie sie auch in der UN-Kinderrechtskonvention festgeschrieben ist.

Die philosophisch legitimierte Tötung behinderter Kinder

Wie wenig selbstverständlich lebensschützende Maßnahmen zugunsten geschwächter Kinder waren und sind, sei mit einem Zitat des Anthropologen Klaus E. Müller belegt, der seine Untersuchung zum Umgang mit behinderten Kindern auf der Basis einer Vielzahl von Ethnien wie folgt bilanziert: „Bei Naturvölkern wurden Kinder, die mit sichtlichen Anomalien, vor allem

---

15 Vgl. *Neumann/Sigismund*, Mensch 52f.

16 Vgl. *Boll*, Lebensalter 183.

17 Vgl. *Will*, „Was ist des Lebens Sinn?“ 88; 91.

schweren Verunstaltungen zur Welt kamen, in der Regel gleich nach der Geburt getötet. Man bestrich dazu etwa, wie bei den Apinayé in Nordostbrasilien, die Brustwarzen der Mutter mit einer giftigen Salbe, erstickte, erwürgte oder ertränkte die Kleinen, begrub sie bei lebendigem Leibe, verbrannte sie oder setzte sie irgendwo in der Wildnis aus. Die Mütter, die das gewöhnlich selbst besorgten, zeigten weder Schmerz noch Trauer. ‚Krüppel' waren des Teufels, sie konnten nur Unheil über die Ihren bringen; also schied man sie aus, zertrat sie, machte ihnen vollends den Garaus. ... Man warf ihre Leichname in den Busch oder verscharrte sie flüchtig."[18]

„Man hat sich", so der Althistoriker Josef N. Neumann, „in der historischen Forschung gegen die Behauptung gewandt, die Aussetzung bzw. Tötung missgebildeter Kinder sei in der griechisch-römischen Antike allgemein üblich gewesen. Gleichwohl", so fährt er programmatisch fort, „wird aber eingeräumt, dass es Tötung und Beseitigung behinderter Kinder in Griechenland und Italien in der Antike gegeben hat, von Staats wegen und privat, in einem uns unbekannten Ausmaß."[19]

Von den beschriebenen Maximen ließen sich auch die Philosophen unter den Alten Griechen leiten. Sie fixierten derartige Praktiken geradezu gesetzlich-säuberlich:[20] Platon († 347 v. Chr.) bezeugt derlei Tun mehrfach im Sinne einer „puren Selbstverständlichkeit"[21]; auch Sokrates († 399 v. Chr.) zufolge müssten sich Mütter eines missgestalteten Kindes „umgehend ‚entledigen'"[22]. In Sparta musterten die Ältesten jedes Neugeborene, ob es „‚fest' und ‚stark' genug sei zum Aufziehen"; war es behindert oder missgestaltet, so wurde es in eine tiefe Kluft am Berg Taygetos geworfen.[23] Auch Aristoteles zufolge sollten verkrüppelte Kinder sofort ausgesondert und keinesfalls aufgezogen werden; dergleichen unterstreicht er für „überzählige" Kinder:

> „Was Aussetzung oder Aufnahme der Kinder anlangt, so soll es Gesetz sein, dass nichts Verstümmeltes aufgezogen wird; wenn dagegen die Zahl der Kinder zu groß wird, so verbietet zwar die Ordnung der Sitten, irgendein Geborenes auszusetzen, aber dennoch soll die Zahl der Kinder eine Grenze haben, und wenn ein Kind durch die Vereinigung über diese Grenze hinaus entsteht, so soll man es entfernen, bevor es Wahrnehmung und Leben erhalten hat. Denn was erlaubt ist oder nicht, soll sich nach dem Vorhandensein von Leben und Wahrnehmung richten."[24]

---

18 *Müller*, Krüppel 48.

19 *Neumann*, Kindheit 124.

20 Vgl. *den Boer*, Private Morality 98-103; *Tuor-Kurth*, „Dein Leben verachtend" 47f.

21 *Müller*, Krüppel 49.

22 Plat., Theait. 148D-151C, ed. Olof Gigon – Rudolf Rufener, Platons Spätdialoge 1 (Bibliothek der Alten Welt. Griechische Reihe o. Nr.), Zürich u.a. 1965, 14-19.

23 Plut., Lyc. 16, ed. Karl Simmen (BiTeu 12), ND Berlin 1952, 247; vgl. auch Ernst Kessler, Plutarchs Leben des Lykurgos (Quellen und Forschungen zur alten Geschichte und Geographie 23), Berlin 1910, 73.

24 Arist., resp. Ath. VII 16. 1335b, 20f., ed. Olof Gigon, Aristoteles. Politik (BAW.GR), Zürich 1955, 302.

Dieser Umgang mit behinderten Kleinkindern vermochte sich weit über Griechenland hinaus durchzusetzen: „Der Maxime der Tötung von behinderten Kindern folgten im Übrigen auch die Römer.“[25]

Die christliche Überzeugung: Alle Menschen sind Menschen

Angesichts des beschriebenen sozialgeschichtlichen Hintergrundes lässt sich das – womöglich „sehr zentral aus dem antiken Judentum erwachsene“ – christliche Mühen um den Lebensschutz des Kindes umso deutlicher ermessen.[26] Immerhin – so nochmals Klaus E. Müller: „Die Christen erst – oder richtiger die Geistlichkeit – suchten dieser Art von ‚Rassenhygiene' Einhalt zu gebieten.“[27] Über das Gebot der alle Menschen umfassenden Nächstenliebe und der Jesus besonders zugeschriebenen Kinderliebe hinaus wandte sich maßgeblich Augustinus von Hippo († 430 n. Chr.) gegen die Tötung behinderter Kinder; schließlich seien doch alle Menschen von gleicher Abkunft: „Wer immer irgendwo auf Erden als Mensch, also als sterbliches vernunftbegabtes Lebewesen geboren ist, er mag eine für unsere Begriffe noch so ungewohnte Körperform haben, an Farbe, Bewegung, Stimme, Kraft und Teilen seiner natürlichen Eigenschaften noch so sehr von anderen abweichen; kein Gläubiger soll zweifeln, dass er seinen Ursprung aus jenem einen zuerst gebildeten Menschen herleitet. ... Die Missgebildeten sind Menschen, und sie stammen wie alle anderen Menschen von Adam ab.“[28]

Angesichts dieses Hintergrundes lässt sich kaum überschätzen, dass im Mittelalter behinderte Kinder nicht selten in Klöstern unterkamen und dort bisweilen sogar als Dichter, Lehrer, Forscher oder Musiker bekannt wurden. Ebenso berichten zeitgenössische Heiligenviten oftmals, wie Eltern ihre von Geburt an behinderten Kinder großzogen und auf Pilgerfahrten mitnahmen. Viele dieser Kinder waren von Anfang an taub, stumm oder blind. Nicht selten ist die Rede davon, dass Eltern mit ihren Kindern zum Schrein der Heiligen pilgerten, um dort Heilung zu finden für die Lähmungen der Kleinen oder für deren körperliche Fehlbildungen (Klumpfuß, Hasenscharte, fehlende Gliedmaßen etc.).[29] Einige Beispiele: *„Item quidam puer de eadem villa rupturam in suo corpore patiebatur. Qui cum devotione, propter hanc causam, fuit delatus ad sanctum virum. Qui pro eo oravit et locum infirmitatis signavit, qui statim per Dei gratiam et sancti viri Petri Caelestini orationem sanatus fuit.*“[30] Die Heilung am Grab des Heiligen wird auch für einen Jun-

---

25 *Müller*, Krüppel 49.

26 Vgl. *Tuor-Kurth*, „Dein Leben verachtend“ 49.

27 *Müller*, Krüppel 49.

28 *Aug.*, ciu. 16,8, übers. v. Wilhelm Thimme (Die Bibliothek der Alten Welt. Reihe: Antike und Christentum o. Nr.) 2 Bde., Zürich 1955, hier 2, 297f.

29 Vgl. zahlreiche Belege bei *Shahar*, Kindheit 177; 351.

30 Vita et miracula S. Petri Caelestini 51 und 52, ed. Carolus de Smedt (Analecta Bollandiana 9,1), Paris – Brüssel 1890, 187. Übersetzung: Ebenso litt ein kleiner Junge aus derselben Stadt an einer Fleischwunde an seinem Körper. Deswegen wurde er mit einem Gebet auf den Lippen zu einem zu Wundertaten fähigen Mann gebracht. Der

gen beschrieben, der lepraähnlich erkrankt war: „*Item quidam alius puer de eadem terra per unum annum et dimidium passus fuit quandam infirmitatem, quae vocatur gutta salsa, ita quod totum corpus suum a capite usque ad pedes rupturas carnis habebat, quasi esset leprosus. Quem parentes illius detulerunt ad sanctum virum, quem vir sanctus signavit et tertia die non perpendit, qua hora vel quomodo fuit sanatus, quia in corpore ejus nulla vestigia remanserant cicatricum.*“[31] – Selbst wenn zu gewärtigen ist, dass es diesen legendarischen Schilderungen vor allem um die Strahlkraft der auf Krankheiten folgenden Heilungswunder geht, geben sie doch etwas von der christlichen Sorge um behinderte Kinder zu erkennen; denn als Gotteskinder – so die hintergründige Überzeugung – sind alle Menschen Kinder des göttlichen Vaters.

Wie mühevoll die angesprochene Grundüberzeugung, dass behinderte Menschen auch innerhalb der an materiellen Ressourcen armen mittelalterlichen und frühneuzeitlichen Gesellschaften ein Recht auf Leben und Unterstützung haben, selbst unter den Christen durchzusetzen war, ja welche zivilisationsgeschichtliche „Leistung“ insgesamt notwendig war, so dass das Lebensrecht von behinderten Menschen heutzutage zu den Menschenrechten zählt, mag exemplarisch ein knapper Blick auf den Reformator Martin Luther veranschaulichen; denn er erblickte in behinderten Kindern klare Ausdrucksformen des moralisch Schlechten („Teufelsgeburten“ oder „Teufelskinder“), so dass man sich ihrer möglichst zügig entledigen sollte („ersäufen“), zumal sie ohnehin nur eine begrenzte Lebensdauer von höchstens 19 Jahren zu erwarten hätten.

> „Vor acht Jahren war zu Dessau eines, das ich Doctor Martinus Luther gesehen und angegriffen hab, welches zwölf Jahr alt war, seine Augen und alle Sinne hatte, dass man meinete, es wäre ein recht Kind. Dasselbige that nichts, denn daß es nur fraß und zwar so viel, als irgends vier Bauern oder Drescher. Es fraß, schiß und seichte, und wenn mans angriff, so schrie es. Wenns ubel im Hause zuging, daß Schaden geschah, so lachete es und war fröhlich; gings aber wol zu, so weinete es. Diese zwo Tugend hatte es an sich. Da sagte ich zu den Fürsten zu Anhalt: Wenn ich da Fürst oder Herr wäre, so wollte ich mit diesem Kinde in das Wasser, in die Molda, so bei Dessau fleußt, und wollte das homicium dran wagen! Aber der Kurfürst zu Sachsen, so mit zu Dessau war, und die Fürsten zu Anhalt wollten mir nicht folgen.“[32]

Wunderheiler bat für ihn und machte auf die Stelle, die krank war, ein Kreuzzeichen, die sofort durch die Gnade Gottes und Fürsprache des heiligen Petrus Caelestinus geheilt worden war.

31 Ebd. Übersetzung: Ebenso litt ein anderer Knabe aus derselben Gegend eineinhalb Jahre lang an einer bestimmten Krankheit, die „gesalzene, tropenartige Flecken“ genannt wird, deswegen, da sein ganzer Körper von Kopf bis zu den Füßen offene Fleischwunden hatte, als ob er aussätzig wäre. Seine Eltern brachten ihn zu einem zu Wundertaten fähigen Mann. Der Wunderheiler versah ihn mit einem Kreuzzeichen und man untersuchte ihn gar nicht erst am dritten Tag, zu welcher Stunde oder auf welche Weise er geheilt worden sei, da auf seinem Körper überhaupt keine Spur narbiger Rückstände geblieben war.

32 *Luther*, Tischreden, Nr. 5207, WA 5, Weimar 1919, 8f.; vgl. *Josef*, Heilpädagogik 52f.

Diese im traditionellen magisch-dämonischen Denken verwurzelte Verhaltensanweisung, die mit der sonstigen Orientierung des Reformators am Neuen Testament wohl kaum zu vereinbaren ist, sollte nicht ungehört verhallen, wie Hermann Ploss († 1885 n. Chr.) zu belegen vermag. Als Arzt, Anthropologe und weithin bekannter Kompilator brachte er die folgenden Zeilen zu Papier: „Bis in das 19. Jahrhundert erhielt sich unter dem Landvolk in Schlesien und anderen Orten die Ansicht, die Eltern hätten über solche Wesen [i. e. behindert geborene Kinder] das Tötungsrecht."[33]

Wie nebenbei wirft die Erinnerung an diese seit urgemeindlicher Zeit gültige – wenn auch christlicherseits nicht immer befolgte – Grundüberzeugung der einen Abstammung aller Menschen zugleich ein bedrückendes Licht auf die nach 1933 in einer christlich geprägten Kultur verübten Greueltaten an kranken und geistig wie körperlich behinderten Kindern; gleichfalls tritt in diesem Zusammenhang in den Blick, wie sehr die auch in den Reihen der Christen vorfindlichen Gegner des nationalsozialistischen (Kinder-)Euthanasieprogramms in Übereinstimmung mit biblisch fundierten Traditionen handelten.[34] Immerhin: Der unterschiedliche Umgang mit behinderten Kindern unter den Alten Griechen und den Christen hallte bis in die in Deutschland geführten Euthanasieprozesse wider; denn in nicht wenigen Verfahren suchten Verteidiger der nationalsozialistischen Praktiken ihr Tun mit dem Hinweis auf die Alten Griechen zu rechtfertigen – und erreichten damit bisweilen sogar einen Freispruch.

2.2 *Das christliche Mühen um Bildung als Ausdruck der Kinderförderung*

Die neutestamentlich-christlich zentrale Rede von der Gotteskindschaft, um deren Veranschaulichung willen Jesus auf die empfangsbereiten Kinder verweist (Mt 19,13-15; Mk 10,13-16; Lk 18,15-17), sollte neue Bemühungen auch im Bereich der (Kinder-)Bildung zur Folge haben;[35] denn wer sein Leben als christlich Getaufter gestalten will, benötigt genaue Kenntnisse von den schriftlich überlieferten Grundurkunden christlicher Lebensgestaltung und ein Wissen um den biblisch vielfältig überlieferten Weg Gottes mit den Menschen. Entsprechend stellt ein namhafter Historiker fest: „Die Verachtung des Analphabetismus kommt zunächst aus dem kirchlichen Bereich. Denn das Christentum ist ... eine in Büchern fixierte, eine auf heiligen Schriften beruhende Religion."[36] So sei der Blick im Folgenden auf das christliche Mühen um die Ausbildung der Kinder gelenkt, weil diese An-

---

33 *Ploss*, Kind 162.

34 Vgl. *Lutterbach*, Kinder 90-94.

35 Zur Kinderbildung in alttestamentlicher Zeit vgl. *Davies*, Schools 199-211; *Dekurt*, Erziehung 227-253.

36 *Wendehorst*, Mittelalter 32.

strengungen die Jesus zugeschriebene Würdigung der Kleinen in besonderem Maße widerspiegeln[37] und sie sogar bis heute von Bedeutung sind.

Ohne Übertreibung kann man die schriftlich festgehaltenen Grundurkunden der jüdischen und christlichen Traditionen als Ausgangspunkt für ein folgenschweres „Erziehungschristentum" herausstellen.[38] Freilich erhebt sich hier die Frage, ob diese neuartige Programmatik vor dem Hintergrund einer gesamtgesellschaftlich geringen Lesefähigkeit überhaupt eine Chance auf Durchsetzung hatte. Immerhin gründete die Identität der Christen als Anhänger einer Buchreligion darauf, dass sie sich als „Textgemeinschaft" regelmäßig um das Schrift gewordene Wort Gottes versammelten. Zugleich ist hier das erstaunliche Faktum hervorzuheben, dass die Anzahl der Schreib- und Lesekundigen in der Gemeinschaft der Jesus-Anhänger mit etwa zehn Prozent nicht höher ausfiel als die Rate der Schreib- und Lesefähigen im Durchschnitt der sonstigen Bevölkerung innerhalb des Imperium Romanum.[39]

Christliche Kinder und heidnische Bildung

Auf der einen Seite hatten die meisten Christen in der Alten Kirche zumindest Grundzüge der heidnischen Bildung genossen, bevor sie – meist als Erwachsene – zum Christentum übertraten. Zum anderen führt kein Weg an der Feststellung vorbei, dass die Bemühungen der altkirchlichen Christen zugunsten der schulischen Ausbildung von Kindern nur begrenzten Erfolg hatten. Wenn also christliche Kinder eine Schule besuchten, waren sie allzumeist auf heidnische Einrichtungen ohne christlichen Religionsunterricht angewiesen: „Die christliche Erziehung in der heiligen und übersinnlichen Bedeutung des Wortes konnte nicht wie die weltliche Erziehung in der Schule, sie musste in der Kirche und durch die Kirche und außerdem im Schoße der Familie gelehrt werden."[40] So hätten damalige christliche Eltern ihre heutigen Nachfahren womöglich mit Strenge beurteilt, wenn diese glauben, die elterliche Verantwortung für die religiöse Erziehung ihrer Kinder in die Hände von Lehrern oder von erzieherischen Einrichtungen abgeben zu können.

Angesichts der nachvollziehbaren Sorge der christlichen Eltern gegenüber der weltanschaulichen Beeinflussung ihrer Kinder in heidnischen Schulen ist dennoch hervorzuheben, dass die Eltern ihre Sprösslinge nicht vor dem antik-heidnischen Bildungssystem abschotteten. Überdies fällt auf, dass sich Glieder der Christengemeinden offenbar kaum über die massive heidnisch-religiöse Prägung des Elementarunterrichts beschwert haben. Aus der Feder des vom Heiden- zum Christentum konvertierten Lactantius ist aus der Zeit zwischen 304 bis 317 sogar die Mahnung überliefert, dass die christlichen Schüler dem Elementarlehrer umfassende und jahrelange Aufmerksamkeit widmen sollten, um die rechte Art des Sprechens zu erlernen: „*Conati*

37 Vgl. *Orme*, Medieval Children 237-272.
38 Vgl. *Jentsch*, Erziehungsdenken 265; 271.
39 *Gamble*, Books 4f.
40 *Marrou*, Geschichte 455.

quidem sunt illi facere quod ueritas exigebat, sed non potuit ultra uerba procedi, primum, quia multis artibus opus est, ut ad philosophiam possit accedi. discendae istae communes litterae propter usum legendi, quia in tanta rerum uarietate nec disci audiendo possunt omnia nec memoria contineri. Grammaticis quoque non parum operae dandum est, ut rectam loquendi rationem scias; id multos annos auferat necesse est."[41] Ja, anstatt die christlichen Bildungsbemühungen als eine religiös-exklusive „antike Volkshochschulbewegung" zu überzeichnen,[42] gilt es vielmehr, den Blick auf ein weiteres überraschendes Faktum zu lenken: Obgleich manche Kirchenordnung des 2. und 3. Jahrhunderts davor warnt, Christen als Lehrer in heidnischen Elementarschulen arbeiten zu lassen, scheint dieser Einsatz von Christen im paganen Lebensumfeld dennoch üblich gewesen zu sein: „Die Tätigkeit von Mitchristen in pädagogischen Berufen hielten viele Christen für nicht problematisch."[43] – Im eigentlichen Sinne religiöse Schulen nach dem Vorbild des jüdischen „Hauses des Unterrichts" initiierten Christen nur in dem Fall, dass sie das Christentum in einem Land einwurzelten, das die klassische Bildung nicht aufgenommen hatte: „Die Christen haben sich [in altkirchlicher Zeit] damit begnügt, ihre spezifisch religiöse Ausbildung neben der klassischen Erziehung, die sie genau wie die Heiden in den herkömmlichen Schulformen erhielten, einher laufen zu lassen."[44]

Ein Beispiel aus Ägypten im 4. Jhd. mag erläutern, in welcher Weise christliche Kinder ihre religiöse Identität an einer heidnischen Schule gewissermaßen konspirativ zu behaupten suchten. So ziert das erhaltene Schulheft eines christlichen Schülers über dem ersten Blatt der programmatische Schriftzug: „Gelobt sei Gott!" Als „Kopfzeile" jeder weiteren Seite findet sich ein sorgfältig gezogenes monogrammatisches Kreuz, bei dessen Niederschrift das Kind wahrscheinlich leise ein christliches Stoßgebet (z. B. „Heiliges Kreuz, beschütze mich") vor sich hin sprach.[45] Ein anderes Schulheft, das im oberägyptischen Faijum gefunden wurde und nunmehr zu einer Papyrussammlung der Wiener Nationalbibliothek zählt, zeigt einige mit „ausgesprochener Schülerschrift" notierte Verse aus dem 33. Psalm, überdies – von anderer Hand – einige Versuche, das griechische Alphabet einzuüben.[46]

---

41 *Lact.*, inst. 3,25,10, ed. Samuel Brandt – Georg Laubmann (Corpus Scriptorum Ecclesiasticorum Latinorum 19) Prag u.a. 1890, 258; Z. 8-10.Übersetzung: Freilich haben jene versucht zu tun, was die Wahrheit verlangte, aber über die Wörter hinaus konnte kein Fortschritt erreicht werden, zuallererst, da viele Fertigkeiten erforderlich sind, dass man der Philosophie näher kommen kann. Dieses allgemeine Lehrwerk muss man erlernen, um das Lesen handhaben zu können, da bei so großer Verschiedenheit der Dinge weder alles durch Hören erlernt, noch im Gedächtnis bewahrt werden kann. Auch den Grammatiklehrern muss genügend Aufmerksamkeit geschenkt werden, damit man die richtige Art des Sprechens kennt. Dafür bedarf es vieler Jahre.

42 Der Ausdruck ist entliehen von *Markschies*, Theologie 64.

43 *Markschies*, Theologie 61.

44 *Marrou*, Geschichte 460.

45 Vgl. ebd. 470.

46 Vgl. *Markschies*, Theologie 50f.

Christliche Kinder und elterlich-häusliche Bildung

Obgleich also die durchschnittliche Lesefähigkeit unter Heiden wie unter Christen in etwa übereinstimmte, gelangten die Kinder der Christen abseits der heidnischen Schulen nichtsdestoweniger weitaus häufiger mit der Welt des geschriebenen Wortes in Kontakt als ihre heidnischen Altersgenossen. Ebenso wie die Erwachsenen hörten nämlich auch die Kleinen das Wort Gottes regelmäßig im sonntäglichen Gottesdienst.[47] Pointiert ausgedrückt: Die Kinder der Christen sahen sich häufiger und intensiver mit christlichem Textgut konfrontiert, als das bei Heidenkindern im Blick auf paganes Schrifttum jemals der Fall gewesen ist. Diese Differenz hat ihre Ursache darin, dass die Vertrautheit mit den biblischen Texten für die christlichen Kinder Gottes, einerlei welchen Alters, heilsnotwendig ist. Ohne Übertreibung muss die maßgebliche Motivation der Christen zugunsten der Bildung als eine durch und durch religiöse charakterisiert werden. Im Sinne einer Hinführung zu Leben und Lehre Jesu fordert ein so namhafter Kenner der christlichen Schriften wie Johannes Chrysostomus, dass ein kleiner Junge über seine eventuelle Schulbildung hinaus durch Kirche und Elternhaus zum christlichen Lebenswissen geführt werde. Genauerhin soll er sich in die Furcht Gottes einüben und die rechte Einschätzung der irdischen Dinge erlernen. Als unverzichtbare Voraussetzung für das Erreichen dieser Lernziele pocht Johannes Chrysostomus auf das frühzeitige und beständige Lesen in der Heiligen Schrift. Um der intensivierten kindlichen Kenntnis der biblischen Überlieferung willen weist er Eltern darüber hinaus an, mit ihren Kleinen im Anschluss an den Besuch des Gottesdienstes die gehörte Predigt nochmals zu besprechen. Zur Vertiefung, ja zur Abwehr des Teufels empfiehlt er schließlich die wiederholte Lektüre des zugrundegelegten Schrifttextes durch den Familienvater: „*Saepe hanc medicamentorum officinam adeat, divinas leges omni tempore audiat, et domum reversus, quae audivit, in mente describat: sicque in bona spe et securitate constituetur, et experientia profectum sentiet. Cum enim diabolus legem Dei in anima descriptam videbit, et tabulas esse cor illius, non accedet ulterius. Ubi enim literae regiae, non in aereo cippo sculptae, sed in religioso animo a Spiritu sancto efformatae multa.*“[48] – Kurzum: Der Weg von einer ursprünglich allein religiös motivierten Bildung bis zum Recht auf (Allgemein-)Bildung

---

47 Vgl. *Lutterbach*, „... zum Leben aufgeschrieben!“ 340-342.

48 *Joh. Chrys.*, hom. in Io. 3,1 (PG 59, 37f.); hom. in Mt. 5,1 (PG 57, 55f.). Übersetzung: Oft möge er (= der Familienvater) sich an diese Werkstätte der Heilmittel wenden, möge er die göttlichen Gesetze jederzeit hören und, was er gehört hat, soll er sich, wenn er nach Hause zurückgekehrt ist, fest einschreiben: und auf diese Weise wird er auf feste Hoffnung und Sorglosigkeit gegründet werden, und durch die Erfahrung wird er den Fortschritt erkennen. Denn wenn nämlich der Teufel sehen wird, dass das Gesetz Gottes in die Seele eingeschrieben ist und sein Herz die Tafeln sind, dann wird er nicht weiter herantreten. Denn wo die königlichen Zeichen nicht in einen ehernen Grabstein gemeißelt worden sind, sondern in eine fromme Seele, sind sie vom Heiligen Geist in vielem geformt worden.

für jedes Kind, wie es die UN-Kinderrechtskonvention vorsieht, war noch weit.

Christliche Kinder und klösterlich-kirchliche Bildung

Mit dem Beginn des 4. Jahrhunderts verlor die Unterrichtung christlicher Kinder an heidnischen Schulen ihre Selbstverständlichkeit: „Wir sehen [nunmehr] einen Typ der christlichen Schule auftreten, der ganz auf das religiöse Leben gerichtet ist und nichts Antikes mehr hat. Es handelt sich um die Klosterschule."[49] Indem die Christen die „Techniken" der heidnischen Schulen für ihre Zwecke übernahmen, die schulischen Inhalte der paganen Schule allerdings mit Blick auf ihre religiösen Lernziele abänderten, bewirkten sie über das Mittelalter hinweg ein neues Verständnis des Lehrers, des Schülers und des Unterrichtsgeschehens insgesamt.

Die spätantiken Schulen in „christlicher Trägerschaft" unterschieden sich vom heidnischen Schultyp dadurch, dass die Texte der Heiligen Schrift von Anfang an die Lerngrundlage bildeten. Darüber hinaus schätzten die Christen ihre Lehrer höher, als das unter den Heiden der Fall war; denn unter den Christen galt der Lehrer nicht länger als niedriger und sozial beinahe deklassierter Handwerker, sondern als Erzieher, dessen Kernaufgabe darin bestand, das Leben der Kinder im christlichen Sinne zu formen: Die Kinder sollten in die Lage versetzt werden, ihr Leben in Wissen und Alltagsgestaltung an den Weisungen des Evangeliums auszurichten. Ebenso wie auf die Klosterschule trifft diese Charakterisierung sowohl auf die Bischofs- oder Kathedralschule als auch auf die Dorf- oder Presbyterialschule zu.[50]

Nach dem Verfall der politisch-sozialen Strukturen der Spätantike sowie der damit verbundenen Verländlichung und Barbarisierung der Lebensverhältnisse im Westen finden sich die „ersten expliziten Belege für kirchliche Schulen" – hier im Sinne von nicht-klösterlichen Schulen – zum einen in den Kanones des Konzils von Toledo (527 n. Chr.), welche von Bischofsschulen handeln, an denen die Bischöfe nicht selten persönlich den Elementarunterricht erteilten. Zum Zweiten ist auf die Bestimmungen des 529 n. Chr. abgehaltenen Konzils von Vaison in der Provence zu verweisen, die sich mit der Errichtung von Schulen in Pfarreien, sogenannten Presbyterialschulen, befassen.[51] Das Ziel dieser Schulen, dem Aufbau des christlichen Lebens zu dienen, zeigt sich anhand des „Lehrplans", auf dem vor allem Grammatik, Komputistik und liturgischer Gesang standen. Mehr noch besteht das Ergebnis schulvergleichender Forschungen darin, dass die Bischofsschule und die Presbyterialschule parallel organisiert waren: Auf der einen Seite mühte man sich an den Kathedralschulen um die Ausbildung des zukünftigen Kathedralklerus, auf der anderen Seite setzten sich die Priester in den Gemeinden an

---

[49] *Marrou*, Geschichte 477.
[50] Vgl. *Währ*, Bildungswesen 487.
[51] Vgl. *Verger*, Schule 1582.

ihren Presbyterialschulen dafür ein, dass dort die niederen Kleriker liturgisch möglichst gut ausgebildet wurden.[52] Jedenfalls blieb im einen wie im anderen Fall der klare Zusammenhang von Ausbildung und Gemeinschaftsleben erhalten. Mehr noch: Die Teilnahme am Gemeinschaftsleben war sogar integraler Bestandteil der Ausbildung.[53]

Die zivilisationsgeschichtlichen Langzeitwirkungen der christlichen „Schultypen" waren weitreichend: Die Bischofsschule darf als „Urzelle unseres gesamten westlichen Schulsystems"[54] gelten, überdies als „Keim unserer späteren mittelalterlichen Universitäten"[55] wertgeschätzt werden; denn die an „alle Pfarrgeistlichen" ergangene Anweisung zur Errichtung von Presbyterialschulen ist „nichts weniger als die Geburtsurkunde unserer modernen Schule, jener volkstümlichen Dorfschule, welche selbst die Antike nicht in dieser regelmäßigen, systematisch verallgemeinerten Form gekannt hatte."[56] Tatsächlich sind die Presbyterialschulen als „die allerersten Anfänge der Landschule zu sehen, die die antike Welt nicht gekannt hatte."[57] Auch wenn die überlieferten Zeugnisse „kaum genauere Aussagen über die Organisationsform" der Pfarrschule erlauben, lässt sich immerhin festhalten, dass die christliche Erziehung dort etwa zwischen dem zehnten und dem 15. Lebensjahr begann.[58] Vor diesem Hintergrund ergab sich, was über mehr als ein Jahrtausend hinweg zur Normalität gehören sollte: „Die beiden Funktionen des Dorfpfarrers und des Volksschullehrers sind von nun an aufs engste verbunden."[59] Freilich ist für die zweite Hälfte des ersten Jahrtausends einschränkend zu sagen, dass die Pfarrschule, für deren Verbreitung sich Karl der Große († 814 n. Chr.) in seiner Gesetzgebung stark machte, noch keineswegs als eine Art „Volksschule" im modernen Sinne angesehen werden darf. Vielmehr ging es hier alleine darum, möglichst für alle Christen eine Art religiöses Basiswissen zu ermöglichen: Wer in der Taufe zum Gotteskind gesalbt worden war, so die hintergründige Überzeugung, musste sich mit der Geschichte und den Ausdrucksformen dieser göttlich-menschlichen Beziehungskonstellation auskennen. So ging es dem Herrscher um „nichts anderes als die primitivste religiöse Schulung der Gläubigen in der Kenntnis des Vater unser und des Credo."[60] Zwar sahen die Bestimmungen Karls ursprünglich die Beherrschung dieser Schlüsseltexte in der lateinischen Sprache vor, was man im Ernstfall sogar mit Gewalt durchzusetzen beabsichtigte; doch zeigten sich spätere Gesetzgebungsmaßnahmen milder und nahmen die be-

---

52 Vgl. *Paul*, Sozialisation 934.
53 Vgl. *Ehlers*, Dom- und Klosterschulen 52.
54 *Ariès*, Geschichte 223.
55 *Marrou*, Geschichte 585.
56 Ebd. 485.
57 *Ariès,* Geschichte 223.
58 Vgl. *Illmer*, Formen 112f.
59 *Marrou*, Geschichte 485f.
60 *Wühr*, Bildungswesen 55f.

sagte Maßgabe zurück. Fortan sollte eine gedächtnismäßige Kenntnis beider Gebete in der Volkssprache ausreichen.[61]

Im resümierenden Blick auf die drei christlichen „Schultypen" stellt Irénée Marrou kulturvergleichend die Besonderheit heraus, dass die christliche Religion bereits den Kindern eine Lehre vom Sein und vom Leben mitgibt und sie einer geistlichen Leitung unterwirft, wie sie in der antiken Schule allein den Philosophen vorbehalten geblieben sei: „In der engen Vereinigung des literarischen Unterrichts und der religiösen Erziehung auch auf der untersten Stufe in der Zusammenfassung des Elementarlehrers und des geistlichen Vaters in der Person eines Lehrers scheint mir das eigentliche Wesen der christlichen Schule, der mittelalterlichen Pädagogik im Gegensatz zur antiken zu liegen."[62] Diese mittelalterliche Tradition sollte sich – nicht zuletzt forciert durch die Schubwirkung der Reformation[63] und durch die Einführung der Schulpflicht für alle Kinder (Preußen 1825) – bis heute als wirkmächtig erweisen: „Während wir zwischen der antiken und der mittelalterlichen Schule einen Bruch konstatieren mussten, können wir eine, von unmerklichen Korrekturen abgesehen, kontinuierliche Fortentwicklung der mittelalterlichen Schule zu unserem heutigen Lehrsystem verzeichnen."[64]

Christliche Kinder und altersspezifische Bildung

Schließlich wurzelt in dem christlichen Engagement zugunsten der Bildung auch eine neue Sicht auf die Kinder. Dieser Perspektivwechsel, der die geradezu als göttlich eingestufte Würde des Lernens, überdies der Schüler und Lehrer zum Ausdruck bringt, führte nämlich im Spätmittelalter unter anderem dazu, dass aufmerksame Lehrkräfte scheinbar vertraute biblische Texte plötzlich auf gänzlich neue Weise wahrzunehmen begannen. So ergab sich für spätmittelalterliche Pädagogen aus der Begegnung mit dem biblischen Vers „Wenn ihr nicht werdet wie die Kinder" die Frage, welche Eigenschaften denn die Kinder im Vergleich zu den Erwachsenen näherhin verkörperten. Durch die genaue Beobachtung der Kinder gelangten diese christlichen Lehrer zu der Feststellung, dass Kinder nicht einfach weiterhin als kleine Erwachsene gelten könnten, sondern sich von Erwachsenen vielfältig unterschieden und daraus Konsequenzen auch für das schulische Lernen erwachsen müssten: „Der Übergang von der freien [früh- und hoch-]mittelalterlichen Schule zum reglementierten Kolleg des 15. Jahrhunderts ist das sichtbare Zeichen der parallelen Bewegung in der Gefühlswelt; er ist Ausdruck einer neuen Einstellung gegenüber der Kindheit und der Jugend, die sich damals manifestiert", wie Philippe Ariès unterstreicht.[65]

---

61 Vgl. ebd. 56.
62 *Marrou*, Geschichte 480.
63 Vgl. *Lutterbach*, Weg 207-219.
64 *Ariès*, Geschichte 225.
65 Ebd. 246.

Erst im 18. Jahrhundert griffen aufklärerische Pädagogen die damals bereits drei Jahrhunderte alte Vorstellung vom Kindsein als eigengeprägter menschlicher Daseinsstufe auf und „übersetzten" sie in das Konzept eines je altersgemäß aufgebauten schulischen Unterrichts. Umfassender noch mit Blick auf die Grundlegung der Reformpädagogik: So unterschiedlich die Erziehungskonzepte eines Jean-Jacques Rousseau, eines Johann Heinrich Pestalozzi oder eines Friedrich Fröbel auch sind, so ist ihnen ihr inhaltlicher Ausgangspunkt doch gemeinsam: „Wir sind Kinder Gottes."[66]

Ebenso wie bereits im 14. Jahrhundert bezog das als „sakral" zu charakterisierende Selbstverständnis des Lehrers seine Kraft auch seit dem 18. Jahrhundert aus der Überzeugung, dass der Lehrer seinen Dienst an der Stelle des göttlichen Kinderfreundes verrichtet. So leiten sich die „Vergöttlichung" des Kindes und die Divinisierung pädagogischen Wirkens gleichermaßen von der Kinderbegegnung Jesu her, wie man den Ausführungen von Johannes Gerson exemplarisch entnehmen kann. Als Rektor der Universität Paris und als Elementarpädagoge hält er fest: „Vor allem hege der Lehrer eine väterliche Gesinnung gegen seine Schüler und betrachte sich als Stellvertreter derjenigen, von welchen ihm die Kinder übergeben werden."[67] Damit stellt Gerson die Lehrer an die Stelle Christi und der Eltern, wie er ausführlich dartut. Er fordert die Lehrer auf, im Unterricht die Vorbildlichkeit des eigenen Verhaltens zu beachten, um die Kinder, ihrerseits noch formbar wie Wachs, nicht durch ein schlechtes Vorbild zu beschädigen; die Kinder hätten Anspruch auf einen ihrer Altersstufe gemäßen Unterricht und auf einen Lehrer, der den rechten Weg zwischen übermäßiger Strenge und kraftloser Laxheit sicher finde. Immer halte er sich die gottesdienstliche Dimension seiner Vermittlungstätigkeit gewissenhaft vor Augen.[68]

Im Ergebnis konnte das neuzeitliche Mühen um einen kindorientierten Unterricht an eine gewisse, bis in das 14. Jahrhundert zurückreichende Vorläufertradition anknüpfen. Auf dieser Einsicht, die besonders die Reformpädagogen unter den Aufklärern mit zuvor unbekannter Breitenwirkung propagierten, ruhte fortan das Mühen um den Schutz, die Förderung und die Partizipation der Kinder – eine Trias, die schließlich in der UN-Kinderrechts-Gesetzgebung aufgipfeln sollte.

---

66 *Rousseau*, Emil 5 414; *Pestalozzi*, Abendstunde (1779/80) 281; *Fröbel*, Aufsätze 341.

67 *Gerson*, Sermo in festo S. Ludovico regis 162.

68 Vgl. *Gerson*, Sermo in festo S. Ludovico regis 162 (unter Berufung auf Mt 18,10 und Mt 18,6); dazu auch *Lutterbach*, Gotteskindschaft 206-209.

3. Fazit: Kinderschutz und Kinderförderung als humanisierende Beiträge des Christentums zum globalen Wertediskurs

Im Rückblick auf die 2000-jährige Christentumsgeschichte darf herausgestellt werden, dass die Religion Wesentliches zugunsten der Wertschätzung und des Lebensschutzes von Kindern beigetragen hat. Dieser humanisierende Beitrag unterliegt der Gefahr, sowohl innerkirchlich als auch außerkirchlich in Vergessenheit zu geraten. Innerhalb der Kirche ist die für den Kinderschutz und die Kinderförderung grundlegende Metapher „Gotteskindschaft" allzu häufig im Sinne eines negativen Ideals missverstanden worden; außerkirchlich hält man die christlich mit bewirkten Errungenschaften zugunsten der Kinder nicht selten allein für ein Ergebnis der Aufklärung. Zugleich wirft das säkulare Kurzzeitgedächtnis den Kirchen vor, die Kinder seit jeher zu wenig in ihren Eigenarten gefördert, sondern sie vielmehr vornehmlich um der kirchlichen Indoktrination willen sozial unterstützt zu haben.

Als Ergebnis zum Thema „Kinder und Christentum – Spätmittelalterliche Einblicke, mittelalterliche Ausblicke" sei festgehalten: Einerseits können Christen und Kirchen von heute die eigene lange Tradition des Kinderschutzes und der Kinderförderung als Impuls zum fortdauernd-humanisierenden Engagement für den Kinderschutz und die Kinderförderung in den (globalen) Wertediskurs einspeisen. Andererseits sollte sich auch der christlich-kirchlich bisher allzu sporadische (und im vorliegenden Aufsatz nicht weiter einbezogene) Einsatz für die Kinderpartizipation als Mahnung auswirken, um hier die Zusammenarbeit mit anderen gesellschaftlichen Gruppen im Dienste der UN-Kinderrechtskonvention vertieft zu suchen. Und drittens ruft das christentumsgeschichtliche Engagement für die Kinder die Frage nach den bislang wissenschaftlich noch kaum untersuchten Beiträgen der übrigen Weltreligionen zugunsten der Kinder wach.

Literatur

Alexandre-Bidon, Danièle: Images du père de famille au Moyen Age, in: Cahiers de Recherches médiévales (XIIIe-XVe siècles) 4(1997), 41-60.

Ariès, Philippe: Geschichte der Kindheit, München 1978.

Avemarie, Friedrich: Art. Vaterschaft Gottes II. Biblisch-theologisch, 2. (Früh-)Judentum, in: LThK^3 10(2001), 545f.

den Boer, Willem: Private Morality in Greece and Rome, Leiden 1979.

Boll, Franz: Die Lebensalter. Ein Beitrag zur antiken Ethologie und zur Geschichte der Zahlen, in: ders.: Kleine Schriften zur Sternkunde des Altertums, Leipzig 1950, 156-225.

Conrad, Joachim: Die junge Generation im Alten Testament. Die Stellung und Beurteilung der Jugend als Beitrag zum Thema Menschenbild im Rahmen der alttestamentlichen Theologie (Diss. masch.), Leipzig 1953.

Crüsemann, Frank: Gott als Anwalt der Kinder?, in: Jahrbuch für biblische Theologie 17(2002), 183-197.

Davies, Graham: Were there Schools in Ancient Israel?, in: Day, John, et. al. (Hg.): Wisdom in Ancient Israel, Cambridge 1998 (1. Aufl. 1995), 199-211.

Dekurt, Holger: Erziehung nach dem Alten Testament, in: Jahrbuch für biblische Theologie 17(2002), 227-253.

Ehlers, Joachim: Dom- und Klosterschulen in Deutschland und Frankreich im 10. und 11. Jahrhundert, in: Kintzinger, Martin/Lorenz, Sönke/Walter, Michael (Hg.): Schule und Schüler im Mittelalter (Archiv für Kulturgeschichte. Beihefte 42), Köln u.a. 1996, 29-52.

Fröbel, Friedrich: Aufsätze aus dem Jahre 1826, ed. Wichard Lange, Friedrich Fröbel's gesammelte pädagogische Schriften, 2 Bde., Osnabrück 1862-1874 [ND 1966].

Gamble, Harry Y.: Books and Readers in the Early Church. A History of Early Christian Texts, New Haven u.a. 1995.

Gerson, Johannes: Sermo in festo S. Ludovico regis, ed. P. Glorieux (oeuvres complètes 5), Paris u.a. 1963.

Hiltbrunner, Otto: Patria potestas, in: Der Kleine Pauly 4(1972), 552f.

Illmer, Detlef: Formen der Erziehung und Wissensvermittlung im frühen Mittelalter (Münchener Beiträge zur Mediävistik und Renaissance-Forschung 7), München 1971.

Jentsch, Werner: Urchristliches Erziehungsdenken. Die Paideia Kyriu im Rahmen der hellenistisch-jüdischen Umwelt (Beiträge zur Förderung christlicher Theologie 45,3), Gütersloh 1951.

Jerouschek, Günter: Mittelalter. Antikes Erbe, weltliche Gesetzgebung und kanonisches Recht, in: Jütte, Robert (Hg.): Geschichte der Abtreibung. Von der Antike bis zur Gegenwart (Beck'sche Reihe 1018), München 1993.

Josef, Konrad: Geschichte der Heilpädagogik, in: Jussen, Heribert (Hg.): Handbuch der Heilpädagogik in Schule und Jugendhilfe, München 1967, 44-80.

Klejwegt, Marc (zus. mit Rita Amedick): Art. Kind, in: RAC 20(2004), 865-947.

Lutterbach, Hubertus: Der Weg in das Täuferreich von Münster. Ein Ringen um die heilige Stadt (Geschichte des Bistums Münster 3), Münster 2005.

Lutterbach, Hubertus: Gotteskindschaft. Kultur- und Sozialgeschichte eines christlichen Ideals, Freiburg u.a. 2003.

Lutterbach, Hubertus: Kinder und Christentum. Kulturgeschichtliche Perspektiven auf Schutz, Bildung und Partizipation von Kindern zwischen Antike und Gegenwart, Stuttgart 2010.

Lutterbach, Hubertus: „... zum Leben aufgeschrieben!" Das Christentum – Eine Buchreligion, in: Geist und Leben 72(1999), 338-351.

Marrou, Henri-Irénée: Geschichte der Erziehung im klassischen Altertum, Freiburg u.a. 1957.

Markschies, Christoph: Kaiserzeitliche christliche Theologie und ihre Institutionen. Prolegomena zu einer Geschichte der antiken christlichen Theologie, Tübingen 2007.

Müller, Claudia: Kindheit und Jugend in der griechischen Frühzeit. Eine Studie zur pädagogischen Bedeutung von Riten und Kulten, Gießen 1990.

Müller, Klaus E.: Der Krüppel. Ethnologia passionis humanae, München 1996.

Neumann, Josef N.: Kindheit in der griechisch-römischen Antike. Entwicklung – Erziehung – Erwartung, in: Kunz-Lübcke, Andreas/Lux, Rüdiger (Hg.): „Schaffe mir Kinder...“. Beiträge zur Kindheit im alten Israel und in seinen Nachbarkulturen (Arbeiten zur Bibel und ihrer Geschichte 21), Leipzig 2006, 119-133.

Neumann, Josef N./Sigismund, Marcus: Der Mensch in seinen Lebensphasen. Geburt, Kindheit und Jugendzeit, in: Scherberich, Klaus (Hg.): Neues Testament und Antike Kultur, Bd. 2: Familie – Gesellschaft – Wirtschaft, Neukirchen-Vluyn 2005, 52-57.

Olsen, Lise Arens: La femme et l´enfant dans les unions illégitimes à Rome. L'évolution du droit jusqu'à début de l'Empire (Publications Universitaires Européennes Sér. 2 [Droit] 2714), Bern u.a. 1999, 130-132.

Orme, Nicholas: Medieval Children, New Haven 2001.

Paul, Eugen: Religiös-kirchliche Sozialisation und Erziehung, in: Brandmüller, W. (Hg.): Handbuch der bayerischen Kirchengeschichte, St. Ottilien 1998, 929-975.

Pestalozzi, Johann H.: Die Abendstunde eines Einsiedlers (1779/80), ed. Walter Feilchenfeld, (Sämtliche Werke 1), Berlin u.a. 1927.

Ploss, Heinrich: Das Kind in Brauch und Sitte der Völker. Völkerkundliche Studien in zwei Bänden (hrg. v. B. Renz), Berlin [3]1911.

Pupavac, Vanessa: The International Children´s Rights Regime, in: Chandler, David (Hg.): Rethinking Human Rights. Critical Approaches to International Politics, Basingstoke u.a. 2002, 57-75.

Rousseau, Jean-Jacques: Emil, ed. Ludwig Schmidts (Schöninghs Sammlung pädagogischer Schriften), Paderborn 1971.

Schlosser, Jacques: Art. Vaterschaft Gottes II. Biblisch-theologisch, 3. Neues Testament, in: LThK[3] 10(2001), 546f.

Schneekloth, Ulrich: Die „großen Themen“: Demografischer Wandel, Europäische Union und Globalisierung, in: Shell Deutschland Holding (Hg.): Jugend 2006. Eine pragmatische Generation unter Druck, Frankfurt a. M. 2006, 145-167.

Schumacher, Silvia: Das Rechtsverhältnis zwischen Eltern und Kindern in der Privatrechtsgeschichte (Europäische Hochschulschriften. Rechtshistorische Reihe 186), Frankfurt a. M. 1999.

Shahar, Shulamith: Kindheit im Mittelalter, München u.a. 1991.

Tuor-Kurth, Christina: „Dein Leben verachtend“. Antike Stellungnahmen zur Aussetzung von Neugeborenen, in: Kirche und Israel. Neukirchener theologische Zeitschrift 19(2004), 47-60.

Vanoni, Gottfried: Art. Vaterschaft Gottes II. Biblisch-theologisch, 1 Altes Testament, in: LThK[3] 10(2001), 545.

Verger, Jacques: Art. Schule A (Abendland), in: Lexikon des Mittelalters 7(1995), 1582-1586.

Wendehorst, Alfred: Wer konnte im Mittelalter lesen und schreiben?, in: Freid, Johannes (Hg.): Schulen und Studium im sozialen Wandel des hohen und späten Mittelalters (Vorträge und Forschungen 30), Sigmaringen 1986, 9-33.

Will, Cornelia: „Was ist des Lebens Sinn?“ Lebensalterdarstellungen im 19. Jahrhundert, in: Die Lebenstreppe. Bilder der menschlichen Lebensalter (Schriftenreihe des Rheinischen Museumsamtes 23), Köln 1984, 73-92.

Wühr, Wilhelm: Das abendländische Bildungswesen im Mittelalter, München 1950.

Der junge Augustinus – Sinnsuche zwischen Philosophie, Religion und Karriere in der Spätantike

Andreas Hoffmann

Augustinus gehört sicherlich zu den bekanntesten und wirkmächtigsten Gestalten der Alten Kirche. Der vorliegende Beitrag setzt allerdings nicht bei dem Heiligen, bewunderten Theologen oder kämpferischen Bischof an, sondern beim jungen Augustinus. Auch wenn der junge Augustinus sicherlich keine ganz „alltägliche" Erscheinung war, bietet er doch aufgrund der vergleichsweise breiten Quellen vor allem in den eigenen Schriften gute Chancen für einen alltagsgeschichtlichen Zugang. Hier zeigen sich vor allem zwei Perspektiven. Zum einen spiegelt die Biographie des jungen Augustinus in den Grundzügen den typischen Werdegang eines männlichen Nachkommens aus einer Familie, die der Oberschicht einer kleinen Provinzstadt im westlichen Teil des spätantiken römischen Reiches angehört. Zum anderen erweist sich Augustinus als junger Mann, der sich mit grundlegenden Fragen seiner Existenz beschäftigt, der in einer Zeit des gesellschaftlich-kulturellen Umbruchs nach Orientierung, „Sinn" und tragfähiger Gewissheit sucht und sich in einer Vielzahl von Sinnangeboten entscheiden muss.[1]

1. Vorgeschichte – Ausbildung und religiöse Prägung

Vor allem in der Zeit seines Rhetorikstudiums in Karthago trifft Augustinus existenziell wichtige Entscheidungen. Um sie verstehen zu können, muss man sich zunächst einige Voraussetzungen klar machen.[2] Er wächst in der kleinen Stadt Thagaste in einem Elternhaus auf, das ihm die gründliche Ausbildung der gesellschaftlichen Oberschicht bietet. Die Familie gehört zu den *curiales*, aus deren Reihen die Mitglieder des Stadtrates und Träger öffentlicher Ämter kommen.[3] Hiermit sind Privilegien, aber auch vielfältige, zum

---

1 Vgl. *Feldmann*, Sinn-Suche 100-117; *Müller*, Sinnsuche und postmoderne Gegenwart.

2 Aus der Fülle der Darstellungen und Biographien seien hier nur genannt: *Brown*, Augustinus; *Bonner*, Augustinus (uita) 519-550; *Drecoll*, Augustin Handbuch bes. 20-247; *Geerlings*, Augustinus 27-33; *Fuhrer*, Augustinus.

3 Vgl. Poss., vita 1,1 (AOW p. 28,11f). – Die Schriften Augustins werden im Folgenden nach dem Augustinus-Lexikon (AL) abgekürzt; die Belege beziehen sich auf die gängigen Textausgaben im Corpus Christinanorum. Series Latina (CCL) und Corpus Scriptorum Ecclesiasticorum Latinorum (CSEL) (vgl. AL 1, XXVI-XLIV) bzw. auf die zweisprachigen Ausgaben in den Fontes Christiani (FC) sowie Augustinus Opera. Werke

Teil recht kostspielige Pflichten verbunden. Voraussetzung ist daher u.a. ein Mindestvermögen, das allerdings in kleinen Städten deutlich niedriger liegt als in den größeren. Dennoch versucht man natürlich, den privilegierten Stand zu halten, auch für die nächste Generation zu sichern und nach Möglichkeit die Voraussetzungen für eine weitergehende Karriere zu schaffen. Erfolgversprechende Wege dorthin sind zum einen die Tätigkeit als Redner und Redelehrer, die eine eigene Schule betreiben und vielleicht eine lukrative öffentliche Stelle erhalten können, zum anderen die Tätigkeit als Anwalt oder Richter. Letzteres kann das Sprungbrett für eine Verwaltungslaufbahn sein.[4] Die finanziellen Mittel der Familie Augustins sind recht bescheiden. Dennoch ermöglichen die Eltern die kostspielige Ausbildung, um dem begabten Sohn gute Aufstiegschancen zu bieten.[5] In der Heimatstadt Thagaste erhält Augustinus Elementarunterricht und erste Schulung in Literatur beim *grammaticus*, dann Literatur- und Rhetorikunterricht im nahe gelegenen Madaura. Weil die Mittel des Vaters für die externe Unterbringung und das Schulgeld nicht ausreichen, muss der 16-Jährige die Ausbildung für ein Jahr unterbrechen.[6] Dann aber kann er mit Förderung des reichen Gönners Romanianus in der Provinzhauptstadt Karthago sein Rhetorikstudium fortsetzen.[7]

Ein zweiter prägender Einfluss Augustins ist die christliche Erziehung. Immer wieder betont Augustinus die tiefgehende, christliche Prägung der Kindheit. Er habe das Christentum „mit der Muttermilch“[8] eingesogen und es sei ihm „in Mark und Bein“[9] übergegangen. Während der Vater Patricius erst ein Jahr vor seinem Tod Katechumen wird,[10] stammt die Mutter Monnica aus einer christlichen Familie.[11] Sie vertritt offenbar einen einfachen, an Autoritäten orientierten Glauben. Sie sorgt dafür, dass Augustinus schon bald nach der Geburt Katechumen wird. Die Taufe selbst zögert sie aber hinaus. Als Augustinus im Kindesalter schwer erkrankt und selbst getauft werden will, lehnt Monnica ab. Sie will zumindest die „Gefahren“ der Jugend – gemeint sind vor allem sexuelle Erfahrungen – umgehen.[12] Jedenfalls lernt Augustinus als Kind die Grundaussagen christlichen Glaubens kennen: Gott Vater, die Erlösung durch Christus, ewiges Leben, Gebote und Sünde, Heili-

---

(AOW). Die Zeilenzählung folgt der jeweiligen Ausgabe (CCL i.d.R. nach Kapiteln [c.], CSEL, FC, AOW nach Seiten [p.]). Bei den Confessiones werden Buch und Paragraph, in Klammern Kapitel und Zeilen aufgeführt. Die Übersetzung folgt: Augustinus, Bekenntnisse, übers. von *Flasch, Kurt/Mojsisch, Burkhard*, Stuttgart 1989.

4 Vgl. *Trelenberg*, Augustin als Rhetor 144.

5 Vgl. Aug., conf. 2,5 (CCL 27 c. 3,4f.11-17); 2,8 (c. 3,60-66).

6 Vgl. Aug., conf. 2,5f.

7 Vgl. Aug., conf. 2,5; 3,1; Acad. 2,3. Augustinus steht exemplarisch für den Bildungsgang seiner Zeit, der keineswegs starr festgelegt ist, vgl. *Vössing*, Schule 565-574.

8 Vgl. Aug., conf. 3,8 (CCL 27 c. 4,34-36)

9 Vgl. Aug., Acad. 2,5 (CCL 29 c. 1,61f.); vgl. duab. an. 1 (CSEL 25 p. 51,7f.); util. cred. 2 (FC 9 p. 80,20; 82,13f.); 20 (FC 9 p. 134,20f.).

10 Vgl. Aug., conf. 2,6 (CCL 27 c. 3,28f.); 3,7 (c. 4,12f.); 9,19.

11 Vgl. Aug., conf. 9,17 (CCL 27 c. 8,14-16).

12 Vgl. Aug., conf. 1,17f. (CCL 27, bes. c. 11,14-35).

ge Schrift – das alles sind Vorstellungen, die Augustinus als Kind verinnerlicht.

2. Der Student Augustinus und die „Initialzündung“ für die Wahrheitssuche

2.1 Der Student in der Großstadt

Im 17. Lebensjahr (370) wechselt Augustinus nach Karthago. Die Stadt ist seit der Wiedergründung durch Cäsar zur zweitgrößten Metropole im Weströmischen Reich gewachsen, deren Bevölkerungszahl vermutlich 300.000 oder mehr betrug.[13] Sie ist in mehrfacher Hinsicht das Zentrum des römischen Nordafrika: politisch und administrativ als Hauptstadt der Provinz Africa Proconsularis mit dem Amtssitz des Provinzstatthalters und der Garnison einer Legion, wirtschaftlich als hauptsächlicher Umschlagplatz von agrarischen Produkten (Öl, Getreide) und Keramik sowie Textilien, die in der aufblühenden Provinz produziert und über den großen Hafen exportiert werden, kulturell als Stadt mit zahlreichen Schulen bis hin zum rhetorischen Studium, Bibliotheken, Theatern usw.

In diese Metropole kommt der junge Augustinus, um Rhetorik zu studieren, und genießt das großstädtische Leben. Wie er es später als Bischof in seinen „Bekenntnissen“ darstellt, erlebt Augustinus die Stadt als einen „Kessel“, der überall von ausschweifenden Leidenschaften nur so brodelt.[14] Augustinus zeichnet von sich das Bild eines jungen Mannes, der den Verlokkungen der sinnlichen Welt und seiner auflebenden Sexualität erliegt, so dass er von „Begierden“ und „Leidenschaften“ bestimmt wird. Er begeistert sich für das Theater, das heftige Gefühle wie Mitleid und Schmerz, Liebe und Lust wachruft.[15] Den Andeutungen der Bekenntnisse zufolge gibt es eine Vielzahl von Liebschaften und Abenteuern. Doch dauert es vermutlich kaum ein Jahr, bis er eine feste Verbindung eingeht, die immerhin etwa 14 Jahre lang Bestand hat und aus der der gemeinsame Sohn Adeodatus hervorgeht. Augustinus erwähnt den Namen seiner Lebensgefährtin nie, aber an der engen Bindung zu ihr besteht kein Zweifel. Er sei ihr die ganzen Jahre treu geblieben, so notiert der Bischof später, und die Trennung von ihr habe ihm das Herz zerrissen.[16] Dies spricht dafür, dass die Zeit des jungen Studenten Augustinus nicht so „wild“ war, wie er es in den Bekenntnissen darstellt.

---

13 Vgl. *Jacques/Scheid*, Rom 327. Zum Folgenden vgl. *Lepelley*, Regionen 81-107.
14 Vgl. Aug., conf. 3,1 (CCL 27 c. 1,1f.) („sartago flagitiosorum amorum“).
15 Vgl. Aug., conf. 3,1-4.
16 Vgl. Aug., conf. 4,2; 6,25.

Ein weiterer Zug des jungen Augustinus ist offenbar die Leidenschaft, sich Wissen anzueignen und den Dingen auf den Grund zu gehen – Augustinus spricht später negativ von *curiositas*. Sie zeigt sich etwa in seinem zunehmenden Interesse an der Astrologie,[17] richtet sich aber auch auf die Gegenstände seines Rhetorikstudiums. Wissbegierde verbindet sich hier mit einem ausgeprägten Ehrgeiz. Der junge Augustinus will, wie es sich auch seine Eltern wünschen, Karriere machen und erfolgreich sein. Im Studium gelingt ihm dies offenbar gut. Er fällt positiv auf und kann sich innerhalb der Rhetorenschule eine herausgehobene Position erarbeiten.[18] Das Studium vermittelt das „wissenschaftliche" Bildungsgut der Antike durch Beschäftigung mit den *artes liberales*, den „Künsten" und Wissensgebieten, wie sie einem „Freien" zukommen. Es beschränkt sich also nicht auf die Technik wirkungsvoller Rede, sondern vermittelt darüber hinaus weitreichende Kenntnisse einschließlich der Philosophie und des Rechts. Diese umfassende Bildung qualifiziert für ein Wirken in der Öffentlichkeit wie für die Übernahme von Führungsfunktionen in der städtischen oder reichsweiten Verwaltung.

2.2 Die Lektüre des ciceronischen Dialogs „Hortensius"

Im Studienplan nehmen die Schriften Ciceros einen wichtigen Rang ein.[19] Anhand der rhetorischen Schriften wird mit der Theorie der kunstgemäßen Rede sowie den Aufgaben, Kompetenzen und Arbeitsschritten des Redners vertraut gemacht. Ausgewählte Reden dienen als vorbildliche Muster für die Praxis. Zum gewöhnlichen Lehrplan, den Augustinus mit seinen Kommilitonen durchläuft, gehört aber auch ein Dialog Ciceros mit dem Titel „Hortensius".[20] Als Augustinus diese Schrift im Jahr 373 liest, wird dies zu einem einschneidenden Erlebnis, das seinem weiteren Werdegang eine entscheidende Wendung gibt. Nicht der Stil, sondern der Inhalt fasziniert den Studenten.

Der Hortensius ist eine Werberede für die Beschäftigung mit Philosophie. Cicero lässt darin bekannte Zeitgenossen, darunter den berühmten Redner Hortensius und sich selbst, über die Frage diskutieren, worauf es ankommt, um ein „gutes", erfülltes Leben zu führen. Nach Cicero kann dies nur gelingen, wenn man sich ganz der Philosophie widmet. Als Ausgangspunkt seiner Argumentation wählt er ein Axiom, das bis heute gültig ist: Alle Menschen wollen glücklich sein. Worin das Glück besteht, ist aber strittig. Als Grundlage von Glück gelten gemeinhin vor allem äußere Güter wie Besitz und Reichtum, Lustgewinn, also „so zu leben, wie es mir gefällt", „Spaß zu haben" und die eigenen Bedürfnisse zu befriedigen, oder auch Ansehen

---

[17] Vgl. Aug., conf. 3,5.

[18] Vgl. Aug., conf. 3,6.

[19] Vgl. *Hübner*, Literatur 50.

[20] Vgl. Aug., conf. 3,7. Zur ciceronischen Schrift vgl. *Schlapbach*, Hortensius 425-436; *Feldmann*, Einfluss 77-100; *Straume-Zimmermann*, Rekonstruktion 327-370.

und gesellschaftlicher Einfluss. Cicero stellt dem die kritische Frage gegenüber, ob diese Werte wirklich tragfähig sind. Er verneint dies, weil all diese „Glücksgüter" verloren gehen können und den Menschen eher ins Unglück stürzen. Wahres Glück kann nur auf Beständigem beruhen. Das einzig Beständige aber ist die „Wahrheit". So steuert Cicero auf die These zu, dass das Glück des Menschen im Streben nach Wahrheitserkenntnis liege. Die „Liebe zur Wahrheitssuche"[21] oder die „Liebe zur Weisheit"[22] ist die Lebensaufgabe des Menschen; hierin kommt sein Wesen zur Erfüllung. Die „Weisheit" definiert Cicero im Anschluss an ältere Philosophen als „Wissen um die göttlichen und menschlichen Dinge sowie ihre ursächlichen Zusammenhänge".[23] Bemerkenswert ist der ausdrückliche Einschluss des göttlichen Bereiches. Der Mensch muss also, wenn er glücklich werden will, Philosophie betreiben. Dies ist für Cicero ein „ganzheitliches" Unternehmen. Es geht um eine intellektuelle Anstrengung, aber sie kann nur gelingen, wenn sie in eine entsprechende Lebensform eingebettet ist. Nach Ciceros Ansatz kann dies nur eine weltabgewandte, asketische Lebensweise sein. Wahrer Reichtum liegt im Besitz der Tugenden. Alles andere führt in „Lust" und „Leidenschaften", die gefährlich und mit der Wahrheitssuche völlig unvereinbar sind:

> „Sind denn tatsächlich ... die Formen körperlicher Lust erstrebenswert, die Platon zutreffend und nachdrücklich Lockungen und Köder für das Schlechte genannt hat? Gibt es denn irgendeine Schwächung ... der Gesundheit, irgendeine Entstellung der Gesichtsfarbe und des Körpers, schließlich irgendeinen schimpflichen Verlust, irgendeine Entehrung, die nicht durch die Lust hervorgerufen und hervorgelockt wird? Je größer die Erregung ist, die sie hervorruft, desto feindseliger steht sie der Philosophie gegenüber; denn mit vernünftigem Denken kann große körperliche Lust nicht zusammengehen. Wer kann sich nämlich, wenn er jene Lust genießt, die größer ist als jede andere, mit dem Geist auf etwas zu konzentrieren, einen vernünftigen Gedanken fassen oder überhaupt irgendetwas denken? Wer ist so unersättlich, dass er Tag und Nacht ohne die kleinste zeitliche Unterbrechung seine Sinne derart erregen wollte, wie sie in der höchsten Lust erregt werden? Wer, mit gutem Menschenverstand ausgerüstet, wünscht sich da nicht eher, dass uns von der Natur überhaupt keine Lust gegeben worden wäre?"[24]

Stattdessen muss man sich „Tag und Nacht" um Erkenntnis bemühen:

> „Wenn wir solche Überlegungen Tag und Nacht anstellen und unser Einsichtsvermögen schärfen, was soviel wie Geistesschärfe bedeutet, und darauf achten, dass es nicht irgendwann abstumpft, d.h. wenn wir in der Philosophie leben, dann besteht eine große Hoffnung: Wenn das, womit wir empfinden und Einsicht gewinnen, sterblich und vergänglich ist, werden wir, nachdem wir alle menschlichen Aufgaben

---

21 Cicero, Hortensius, ed. *Grilli*, Albertus, Mailand u.a. 1962 und Cicero Hortensius. Lucullus. Academici libri, übers. von *Straume-Zimmermann*, Laila/*Broemser*, Ferdinand/ *Gigon*, Olof, München 1990; hier: Cic., Hort. frg. 52 (*Grilli*) = 52 (*Staume-Zimmermann*).

22 Cic., Hort. frg. 93 (*Grilli*) = 50A (*Straume-Zimmermann*).

23 Cic., Hort. frg. 94 (*Grilli*) = 6 (*Straume-Zimmermann*): „sapientia autem est … rerum divinarum et humanarum causarumque, quibus eae res continentur, scientia".

24 Cic., Hort. frg. 84 (*Grilli*) = 84 I (*Straume-Zimmermann*) (zur Übersetzung vgl. *dies.*, Hortensius 89).

erfüllt haben, einen angenehmen Tod, ein Verlöschen ohne Mühsal und gleichsam ein Ausruhen vom Leben haben; wenn wir aber – und diese Ansicht vertreten die alten Philosophen, und hier die größten und weitaus berühmtesten – ewige, ja göttliche Seelen haben, dann muss man annehmen: Je mehr diese Seelen stetig auf ihrer Bahn blieben, d.h. bei der Vernunft und dem Forscherdrang, und je weniger sie sich auf die Laster und Irrtümer der Menschen eingelassen und in sie verstrickt haben, um so leichter wird für sie der Aufstieg und die Rückkehr in den Himmel sein."[25]

2.3 *Die unmittelbaren Folgen der Hortensius-Lektüre: Die Notwendigkeit der Wahrheitssuche und die ersten Schritte*

Der Hortensius begeistert Augustinus für die Wahrheitssuche:

„Im Verlauf des herkömmlichen Studiengangs stieß ich nun auf ein Buch eines gewissen Cicero, dessen Sprache im Gegensatz zu seinem Charakter nahezu ausnahmslos bewundert wird. Dieses Buch aber – es trägt den Titel *Hortensius* – enthält eine Aufforderung zur Philosophie. Es war dieses Buch, das meinen Sinn veränderte, gerade dir, Herr, meine Gebete zukehrte und mein Wünschen und Verlangen andere werden ließ. Plötzlich war all meine eitle Erwartung für mich ohne Wert, und mit unglaublicher Inbrunst begehrte ich nach der unsterblichen Weisheit; ich begann mich aufzurichten, um zu dir zurückzukehren. Denn nicht um meinen Stil zu glätten, wozu ich, so schien es, das Geld meiner Mutter verwandte, da ich neunzehn Jahre alt und mein Vater bereits zwei Jahre zuvor verstorben war, nicht also um meinen Stil zu glätten, lag mir an dem erwähnten Buch, nicht seine Ausdrucksweise war es, die mich überzeugte, sondern was es zum Ausdruck brachte.
8. Wie brannte ich, mein Gott, wie brannte ich darauf, vom Irdischen fort wieder zu dir zu eilen, selbst ohne zu wissen, was du mit mir vorhattest! Denn bei dir ist die Weisheit. Die Liebe zur Weisheit [*amor sapientiae*] aber heißt auf griechisch Philosophie; sie war es, zu der jene Schrift meine Begeisterung entzündete."[26]

Die Wahrheit zu erkennen, das Erkannte zu vertiefen, weiter zu suchen, wenn sich das Gefundene als Scheinwahrheit herausstellt, für die erkannte Wahrheit einzutreten und für sie zu werben – das kennzeichnet die geistige Existenz Augustins bis zu seinem Lebensende.

Mit dieser Einsicht ist grundsätzlich die Relativierung der bisher gültigen Werte und Sinnentwürfe verbunden. Dies führt aber nicht dazu, dass Augustinus sofort alle Karrierepläne aufgibt und die Ausbildung abbricht. Er bleibt insofern im „Alltagsleben" – mit Erfolg. Er schlägt zwar nicht die aussichtsreichere Juristenlaufbahn ein, sondern wird – vielleicht erzwungen durch den Umstand, nach dem Tod des Vaters die Familie versorgen zu müssen – in Thagaste als Grammatiklehrer berufstätig, unterrichtet dann in Karthago und später in Rom Rhetorik. Schließlich wird er zum Rhetor und öffentlichen Redner in der kaiserlichen Residenz Mailand berufen.[27] Ehrgeiz, materielle und körperlich-sexuelle Bedürfnisse halten ihn in der „alltäglichen" Orien-

---

25 Cic., Hort. frg. 115 (*Grilli*) = 102 (*Straume-Zimmermann*) (zur Übers. vgl. *dies.*, Hortensius 107;109).

26 Aug., conf. 3,7f. (Übers. *Flasch/Mojsisch* 75f.).

27 Vgl. *Trelenberg*, Augustin als Rhetor 144-147; *Fuhrer*, Augustinus 26f.

tierung.[28] Monnica unterstützt seine Karriere. Als Augustinus die prestigeträchtige Stellung in Mailand erhalten hat, veranlasst sie ihn zur Trennung von der Lebensgefährtin und Mutter des Adeodatus, weil die nicht standesgemäße Verbindung der weiteren Karriere im Weg steht.[29]

Die Hortensius-Lektüre bringt aber intellektuell eine Neuorientierung, insofern Augustinus mit der Wahrheitssuche beginnt – allerdings an einem für den zeitgenössischen Kontext erstaunlichen Punkt. Man sollte vermuten, dass sich der Student jetzt näher mit den philosophischen Schriften Ciceros beschäftigt. Hier konnte der Student zahlreiche Brücken zur dominierenden platonischen Philosophie finden. Das Erbe Platons war sammelnd und systematisierend fortgeführt und denkerisch gerade durch die „Neuplatoniker" Plotin und Porphyrios weiterentwickelt worden, die für Augustinus etwa zehn Jahre später in Mailand höchst bedeutsam werden sollten. Ebenso konnte er bei Cicero vielfache Verweise auf die Lehre der Stoiker finden, die er z.B. durch die Lektüre Senecas oder auch Marc Aurels hätte vertiefen können. Weiter konnte er durch Cicero auf die Philosophie der Epikureer verwiesen werden, die – insbesondere durch Lukrez vermittelt – zur Zeit Augustins auch in der einfachen Bevölkerung weithin bekannt ist und „als Bildungsgut zur ‚praeparatio philosophica'" [30] zählt. Über die Schriften Ciceros konnte Augustinus auch mit dem Ansatz der Skeptiker konfrontiert werden, der von einigen wichtigen Philosophen der platonischen Schule entwickelt worden war und dem auch Cicero selbst grundsätzlich folgte.[31] Damit wäre ihm ein prinzipieller Vorbehalt gegenüber der Erkennbarkeit der Wahrheit vermittelt worden, ohne dass dadurch allerdings das Bemühen um eine möglichst große Annäherung an die Erkenntnis in Frage gestellt worden wäre. Denkbar ist auch, dass sich Augustinus gleich direkt mit den etablierten Philosophien befasst und einer der verbreiteten philosophischen Schulen anschließt. Sie vermitteln unterschiedliche Weltbilder und Sinnentwürfe, die seinen weiteren Lebenslauf in verschiedene Richtungen hätten lenken können.

Tatsächlich wendet sich Augustinus dem Christentum zu. Nach seinen „Bekenntnissen" vermisst er im Hortensius einen Hinweis auf Christus.[32] Natürlich war ihm klar, dass in einer Schrift Ciceros aus rein historischen Gründen nicht von Christus die Rede sein konnte. Die Bemerkung verweist vielmehr darauf, dass der junge Augustinus offenbar durch den Hortensius an die Religion seiner Kindheit erinnert wird. Was genau diese Erinnerung auslöst, ist nicht klar. Der Gesamtduktus des Hortensius bietet zumindest gu-

---

[28] Vgl. Aug., conf. 6,9 (CCL 27 c. 6,1); util. cred. 3 (FC 9 p. 86,2-6); nach sol. 1,17 (CSEL 89 p. 26,12-18) dagegen habe er das Streben nach Reichtum bereits mit der Hortensiuslektüre aufgegeben.

[29] Vgl. Aug., conf. 6,25. Ein Posten als Provinzleiter scheint möglich (vgl. conf. 6,19), ist aber bei nicht standesgemäßer Ehe ausgeschlossen, vgl. *Fuhrer*, Augustinus 27.

[30] *Erler*, Epicurei 859.

[31] Vgl. *Fuhrer*, Skepsis 60f.

[32] Vgl. Aug., conf. 3,8 (CCL 27 c. 4,32-37).

te Voraussetzungen: Die Weisheitsdefinition schließt ausdrücklich die göttlichen Verhältnisse in ihrer Beziehung zum menschlichen Bereich ein. Darüber hinaus wird eine gute, tugendhafte Lebensweise gefordert und bei Erfüllung dieser Anforderungen Hoffnung auf ein Weiterleben der Seele nach dem Tod gemacht. Vielleicht erinnert sich Augustinus auch an die paulinische Rede von Christus als Gottes Kraft und Weisheit (1Kor 1,24). Möglicherweise ruft der Schluss des Hortensius, wo von der leichteren Rückkehr der Seele in den Himmel (*reditus in caelum*) die Rede ist, die Erinnerung an Christi „Aufstieg in den Himmel" (*ascensus in caelum*) bei der Himmelfahrt wach.[33] In jedem Fall zeigt sich, dass Augustinus die Grundaussagen des ciceronischen „Weckrufs" mit der Religion in Verbindung bringt, die er „mit der Muttermilch" [34] eingesogen hat – ein Hinweis auf die Nachhaltigkeit einer intensiven religiösen Sozialisation von früher Kindheit an. Zudem ist klar, dass für Augustinus und seine Zeit die für uns gängige Trennung zwischen Religion und Philosophie nicht besteht. Im Kern geht es stets um die Wahrheitsfrage – und diese Wahrheit kann durchaus als göttlich bestimmt oder mit dem Göttlichen identifiziert werden.

Konsequent greift Augustinus zur Bibel. Die Lektüre scheitert auf ganzer Linie. Aus der Rückschau bemerkt der Bischof Augustinus dazu, dass ihm die biblischen Schriften nicht mit der „ciceronischen Würde" vergleichbar erschienen.[35] Dieses Urteil betrifft sicherlich nicht nur den Stil, sondern auch die Inhalte. Wir wissen nicht, welche biblischen Schriften er liest. Möglicherweise fallen ihm Widersprüche zwischen Matthäus und Lukas in den Stammbäumen Jesu auf,[36] vielleicht stößt er sich aber auch an den alttestamentlichen Schöpfungserzählungen oder Patriarchengeschichten.[37] Im Hintergrund steht allerdings eine tiefere Problematik. Nach der Hortensius-Lektüre erwartet Augustinus philosophische Literatur, die begrifflich exakt, sprachlich anspruchsvoll formuliert und abstrahierend-rational argumentiert. Stattdessen findet er Erzählungen vor, die von menschlichen Erfahrungen in Geschichte berichten und sehr unterschiedliche Entwürfe der Selbst- und Weltdeutungen zum Ausdruck bringen.[38] Hierfür fehlt dem Studenten die angemessene Hermeneutik.

Der Versuch der Bibellektüre zeigt aber: Augustinus sucht nach einem Denk- und Lebensentwurf, der das von Cicero propagierte Ideal der philosophischen Lebensweise mit dem Christentum verbindet – also ein Christentum, das ein rational überzeugendes Wahrheitsangebot macht und höheren ethischen Ansprüchen genügt.

---

33 Vgl. *Feldmann*, Sinn-Suche 108f.
34 Aug., conf. 3,7 (CCL 27 c. 4,35f.).
35 Aug., conf. 3,9 (CCL 27 c. 5,7).
36 Vgl. Aug., s. 51,6, dazu *Courcelle*, Recherches 60-64.
37 Vgl. *Feldmann*, Einfluss 518-526; *Wurst*, Augustin als ›Manichäer‹ 150.
38 Vgl. *Feldmann*, Einfluss 526-529; *ders.*, Sinn-Suche 111.

3. Die Entscheidung für die Manichäer – Augustins Ablehnung der *catholica*

In dieser Situation stößt der Student Augustinus in Karthago auf die Manichäer und ist schnell der Überzeugung, bei ihnen genau dieses „höhere" Christentum zu finden. Ihr Gründer Mani (216-276/277) wächst im Zweistromland auf, in dem sich unterschiedliche Religionen mischen.[39] Er gehört in seiner Jugend der judenchristlichen Sekte der Elkesaiten an. Er lernt aber auch iranisch-gnostisches Denken kennen und entwickelt einen eigenen religiösen Ansatz, in den er Elemente anderer Religionen wie etwa des Zoroastrismus und Buddhismus, denen er auf Missionsreisen begegnet, integriert. Der Kerngedanke ist ein Dualismus von zwei sich gegenüberstehenden Prinzipien, nämlich Licht und Finsternis, Gut und Böse, Geistig-Göttlichem und „Hyle" (Materie).[40] In der Urzeit sind die beiden Prinzipien getrennt. Durch einen Angriff der Finsternismächte kommt es zur Vermischung der beiden Prinzipien, aus der die bestehende Welt hervorgeht. Diese Welt und insbesondere der Mensch sind Kampfplatz der beiden Prinzipien. Alles kommt darauf an, das Licht aus der Gefangenschaft der Materie zu befreien. Hierbei trägt die Führungselite der „Auserwählten", die durch Manis Lehre zur vollen Erkenntnis gelangt sind und nach seinen ethischen Grundsätzen streng asketisch leben, eine Schlüsselrolle. Ziel der Weltgeschichte ist der bleibende Sieg des Lichtreiches über die Finsternis, indem die Lichtelemente so weit wie möglich befreit und die Trennung der beiden Prinzipien wieder hergestellt wird, ohne dass die Finsternis nochmals gefährlich werden könnte. Mani selbst versteht sich als den letzten Propheten, den Abschluss aller Religionsstifter, ja als den von Jesus verheißenen Parakleten, der in alle Wahrheit einführt. Seine Religion breitet sich in der Folgezeit nach Westen in die hellenistisch-römische Welt, nach Osten bis nach China aus und wächst zu einer Weltreligion heran.

Diese Lehre ist mit jüdisch-christlichem Denken eigentlich unvereinbar. Doch Mani und seine Anhänger sind der Überzeugung, mit ihrer Lehre das Christentum (wie andere Religionen) von Irrtümern zu befreien und zur end-

---

[39] Zu Person und Umwelt vgl. nur *van Oort*, Mani(chaeus) 1123-1125; *Wurst*, Manichäismus 85f.; *Böhlig*, Manichäismus 25-45. Ausführlich *Lieu*, Samuel N.C.: Manichaeism in the Later Roman Empire and Medieval China (WUNT 63), Tübingen ²1992.

[40] Überblicke zu Lehre, Ausbreitung und kirchlicher Organisation: *van Oort*, Mani(chaeus) 1125-1130, mit Schwerpunkt beim nordafrikanischen Manichäismus bes. *Wurst*, Manichäismus 85-92; *Drecoll/Kudella*, Augustin 9-58; *Drecoll*, Manichaei 1132-1137. Ausführlich *Decret*, François: L'Afrique Manichéenne (IVᵉ – Vᵉ siècles). Étude historique et doctrinale 1-2, Paris 1978.

gültigen wahren, vollkommenen Gestalt zu bringen.[41] Mit diesem Anspruch treten sie in Nordafrika so überzeugend auf, dass auch Augustinus hiervon beeindruckt ist und glaubt, hier das höhere Christentum zu finden, das er nach der Hortensius-Lektüre sucht.[42]

Dass die Manichäer Christen sind, scheint auf den ersten Blick klar zu sein. Wiederum aus der Rückschau auf sein Bekanntwerden mit den Manichäern – mit der entsprechend negativen Wertung – charakterisiert Augustinus sie in seinen Bekenntnissen als Menschen,

> „in deren Mund Teufelsstricke waren und eine Leimrute [sc. mit der man Vögel fängt], hergestellt aus einer Mischung von Deinem [sc. Gottes] Namen, dem Namen Jesu Christi und des Parakleten, unseres Trösters, des Heiligen Geistes. Diese Namen fehlten nie in ihrem Mund …“[43]

Die Manichäer bekennen sich also, so der Eindruck des jungen Augustinus, zur christlichen Trinität von Gott Vater, Jesus Christus und Heiligem Geist. Durch viele manichäische Quellen wird dies eindrucksvoll bestätigt. So spricht z.B. der Manichäer Fortunatus in einer öffentlichen Diskussion, die er mit dem zur *catholica* zurückgekehrten Augustinus in Hippo Regius führt, folgendes „Glaubensbekenntnis“:

> „Auch unser Bekenntnis ist: Gott ist unzerstörbar, lichthaft, unzugänglich, unfassbar, leidensunfähig, er wohnt im ewigen, ihm eigenen Licht; er bringt aus sich nichts Zerstörbares hervor; weder Finsternis noch Dämonen, weder der Satan noch anderes Feindliches ist in seinem Reich zu finden; er hat einen ihm ähnlichen Erlöser entsandt; das Wort, geboren vor der Einrichtung der Welt, als es die Welt machte, kam nach der Schaffung der Welt unter die Menschen und erwählte sich für sein heiliges Vorhaben würdige Seelen, die geheiligt sind durch seine himmlischen Weisungen; durchtränkt vom Glauben und der Erkenntnis der himmlischen Dinge, werden sie unter seiner Führung wieder zum Reich Gottes zurückkehren gemäß der heiligen Verheißung dessen, der gesagt hat: ‚Ich bin der Weg, die Wahrheit und die Tür’ und ‚Niemand kann zum Vater kommen außer durch mich’ (Joh 14,6). An diese Dinge glauben wir, weil anders, d.h. durch Mittlerschaft eines anderen, die Seelen nicht zum Reich Gottes werden zurückkehren können, wenn sie nicht ihn selbst finden, die Wahrheit, den Weg und die Tür. Denn so sagte er selbst: ‚Wer mich gesehen hat, hat auch den Vater gesehen’ (Joh 14,9) und ‚Wer an mich glaubt, wird auf ewig den Tod nicht schmecken, sondern der geht aus dem Tod ins Leben hinüber und wird nicht ins Gericht kommen’ (Joh 5,24). An diese Dinge glauben wir, dies ist die Grundformel unseres Glaubens, und wir bemühen uns nach unseren geistigen Kräften, seinen Geboten zu gehorchen; dabei folgen wir dem einen Glauben (*fides*) an diese Trinität, nämlich den Vater, Sohn und Heiligen Geist.“[44]

---

41 Der christliche Anspruch der nordafrikanischen Manichäer ist in den letzten Jahren der Forschung immer deutlicher herausgearbeitet worden, vgl. dazu nur *van Oort*, Mani(chaeus) 1130f.; *Wurst*, Manichäismus 91f.

42 Zu Prozess und Motiven vgl. *Feldmann*, Sinn-Suche 112-117; *ders.*, Übertritt 103-128; *Wurst*, Augustin als ›Manichäer‹ 149-151; *Drecoll/Kudella*, Augustin 58-80.

43 Aug., conf. 3,10 (CCL 27 c. 6,2-5).

44 Fortunatus in Aug., c. Fort. 3 (CSEL 25 p. 85,16-86,12), vgl. *Rutzenhöfer*, Contra Fortunatum 18. Ähnlich der manichäische Bischof Faustus in Aug., c. Faust. 20,2; vgl. *Wurst*, Glaubensbekenntnis 648-657.

Man muss schon sehr genau hinhören (und nachlesen), um die spezifisch manichäischen Lehraussagen zu entdecken. Ein „durchschnittlicher" Christ, der – wie auch der Student Augustinus – theologisch-„dogmatisch" wenig geschult ist, registriert sicherlich vor allem die ihm bekannten Bezeichnungen der göttlichen Personen, die christlichen Bekenntnisformeln einschließlich des Stichwortes *trinitas* sowie die biblischen Zitate und Anspielungen. Dies alles ist charakteristisch für die Verkündigung der nordafrikanischen Manichäer insgesamt. Auch wenn Fortunatus in der Öffentlichkeit sicherlich besonders auf den „katholisch-christlichen" Charakter seiner Aussagen achtet, muss man doch feststellen, dass die christlichen Elemente nicht reine Fassade, sondern in das manichäische Denksystem wie auch die religiösen Vollzüge integriert sind, wenngleich sie dadurch massiv umgedeutet werden. Ihre Sprache ist biblisch geprägt mit einer besonderen Vorliebe für Paulus und Johannes, so dass ihre Positionen durch die Heiligen Schriften gedeckt erscheinen. Darüber hinaus sprechen sie von Erlösung, sie fasten und beten, bekennen ihre Sünden, sie kommen zusammen, um Psalmen, Hymnen und Lieder zu singen – so auch der Manichäer Augustinus.[45] In ihnen kommt auch eine tiefe Christusfrömmigkeit zum Ausdruck, die den Studenten Augustinus beeindruckt hat.[46] Hinzu kommt, dass die Manichäer sich wie die *catholica* als „Kirche" verstehen[47] und kirchliche Strukturen haben, die zumindest grob denen der *catholica* ähneln. In den Gemeinden gibt es eine grundsätzliche Zweiteilung zwischen einfachen Gläubigen, die „Hörer" oder auch „Katechumenen" heißen, und der geistig-ethischen Führungsschicht der wenigen „Auserwählten" (*electi*). Auch die Manichäer haben Bischöfe, die dem Kreis der *electi* angehören, sowie Presbyter und Diakone.[48]

Aufgrund all dieser Aspekte musste die Christlichkeit der Manichäer für den Studenten Augustinus unzweifelhaft sein, so dass er sich vor die Wahl zwischen beiden Formen des Christentums gestellt sieht. Was aber macht für Augustinus die manichäischen „Christen" denen der „katholischen" Kirche überlegen? Hier sind vor allem drei Punkte zentral:

1. Der manichäische Anspruch auf vernunftbegründete Erkenntnis der (christlichen) Wahrheit:[49] Die manichäische Wahrheitslehre bezieht sich auf das Wesen Gottes wie auch auf die „Elemente dieser Welt" und ist in ihren „vielen, ungeheuer großen Büchern" enthalten.[50] In diesen Bemerkungen spiegelt sich der Anspruch der Manichäer, mit dem Dualismus geradezu eine Weltformel zu haben, die das Wesen Gottes wie auch des Bösen erklärt, die über Ursprung, Beschaffenheit, Abläufe und Ziel der gesamten Wirklichkeit

45 Vgl. Aug., conf. 3,14 (CCL 27 c. 7,49).

46 Vgl. *Feldmann*, Christus-Frömmigkeit 198-216, bes. 208f.

47 Faustus in Aug., c. Faust. 15,1 (CSEL 25 p. 416,8) spricht von „unserer Kirche, der Braut Christi" („ecclesia nostra, sponsa Christi").

48 Vgl. Aug., haer. 46,16.

49 Vgl. *Feldmann*, Einfluss 591-599; *Hoffmann*, Einsehen 67-112; *ders.*, Augustins Schrift 171-186; *Drecoll/Kudella*, Augustin 63-66.

50 Vgl. Aug., conf. 3,10 (CCL 27 c. 6,8-14).

aufklärt und auch das zerrissene Wesen des Menschen selbst einsichtig macht. Vor allem das schwierige und für Augustinus seit seiner Jugend zentrale Problem, woher das *malum*, d.h. das physisch Schlechte und moralisch Böse stammt, wird mit dem Hinweis auf das Finsternisreich klar beantwortet. Die Welterklärung reicht sogar so weit, dass kosmische Erscheinungen wie der Wechsel von Sonne und Mond sowie die Mondphasen mit der Rückkehr der befreiten Lichtteile zum Lichtreich verständlich gemacht werden. Alle diese Fragen können so nach manichäischer Auffassung rational beantwortet werden. Diesem Anspruch kann die *catholica* nicht standhalten. Augustinus hat sie bisher als engstirnig, autoritär und gegenüber Fragen wenig aufgeschlossen kennengelernt. Noch in seiner ersten antimanichäischen Schrift (387/388) befürchtet er, dass ein Fragender an Bischöfe, Presbyter oder andere kirchliche Funktionsträger gerät, die nicht willens oder in der Lage sind, Fragen zu beantworten, und der deshalb zweifelt, dass hier überhaupt die Wahrheit erkannt ist.[51]

> „Dabei versprechen sie aber denen, die sie anlocken, Vernunfteinsicht in die dunkelsten Gegenstände zu geben. Der katholischen Kirche machen sie vor allem zum Vorwurf, dass von denen, die zu ihr kommen, Glauben verlangt wird, während sie sich rühmen, nicht das Joch des Glaubens aufzuerlegen, sondern die Quelle der Belehrung zu eröffnen."[52]

Die Manichäer wollen die klare, reine Wahrheit auf dem Wege der rationalen Argumentation und durch vernunftgestützte Einsicht vermitteln. Diese Wahrheitserkenntnis überzeugt aus sich heraus und wird daher gerne und freiwillig aufgenommen. Damit grenzen sich die Manichäer offensiv gegen die *catholica* ab.

2. Die Bibelkritik:[53] Die Manichäer erkennen die Heiligen Schriften des Christentums, deren Kanon sich weitgehend stabilisiert hat, nicht ungeprüft an. Ihre Kritik an diesen Schriften basiert auf zum Teil sehr genauen Beobachtungen und scheint ihren rationalen Anspruch durchaus zu bestätigen. Sie messen die „Richtigkeit" der Schriftaussagen an den Inhalten der Lehre Manis. Daher verwerfen sie grundsätzlich das AT. Vor allem die Lehre von dem einen guten Schöpfergott, auf den die gesamte Wirklichkeit zurückgehen soll, ist für die Manichäer inakzeptabel. Auch der junge Augustinus stößt sich daran, dass so das *malum* „wie mit einer Kette"[54] an Gott gebunden erscheint. Die Schöpfungserzählungen werden von Manichäern teils mit beißender Ironie als in sich widersprüchlich und unsinnig kritisiert. Inakzeptabel ist auch das Bild eines naiv anthropomorph gedachten, eifersüchtigen, zornigen, gewalttätigen Gottes, der eine ganze Generation in der Wüste um-

---

51 Vgl. Aug., mor. 1,1 (AOW 25 p. 42,12-44,3).

52 Aug., util. cred. 21 (FC 9 p. 136,10-14; Übers. ebd. 137).

53 Vgl. Aug., conf. 3,12f. Zum manichäischen Umgang mit den Heiligen Schriften der catholica vgl. *Feldmann*, Einfluss 540-588; *Hoffmann*, Augustins Schrift 68-104; d*ers.*, Verfälschung bes. 149-170.

54 Vgl. Aug., duab. an. 10 (CSEL 25 p.63, 19f.).

kommen lässt und die Feinde eines einzelnen Volkes vernichtet. Und die Patriarchen sollen „Gerechte“ sein – dabei sind sie auf Landbesitz, Reichtum, große Nachkommenschaft und angenehmes Leben aus, haben z.T. mehrere Frauen und Geliebte, schrecken selbst vor Krieg und Mord nicht zurück. Die neutestamentlichen Schriften dagegen werden grundsätzlich akzeptiert. Besonders schätzen die Manichäer das Johannesevangelium sowie die Paulusbriefe. Allerdings werden Stellen, die dem AT zu eng verhaftet sind und sich ausdrücklich positiv darauf beziehen, als nachträgliche „judaisierende“ Fälschung gestrichen. Im Gegenzug verweisen Manichäer wie etwa der hochgeachtete Adimantus, aber auch Faustus auf Widersprüche zwischen der Jesustradition und den alttestamentlichen Schriften und ziehen hieraus ein weiteres Argument für die Verwerfung des AT.[55] Der junge Student Augustinus konnte also bei den Manichäern seine Vorbehalte gegenüber den Heiligen Schriften der *catholica* voll bestätigt finden.

3. Ethischer Anspruch: Die „Manichäer-Christen“ scheinen auch dem ethischen Anspruch des Hortensius zu genügen. Während die einfachen „Hörer“ vergleichsweise gemäßigte Anforderungen an ihr Verhalten erfüllen müssen, gelten für die „Auserwählten“ harte asketische Standards.[56] Sie müssen sexuell vollkommen enthaltsam leben und dürfen nur bestimmte Speisen zu sich nehmen; insbesondere Fleisch und alkoholische Getränke sind ihnen untersagt. Sie dürfen die Lichtpartikel, die in unterschiedlichem Maß in der Natur verteilt sind, nicht schädigen. Daher sind sie auf die Hörer angewiesen, die die mit der Beschaffung und Zubereitung der Nahrungsmittel verbundenen Sünden auf sich nehmen. Die „Auserwählten“, oft blass und hager, erscheinen als „Hochleistungsasketen“. Da sie zugleich in die Wahrheit eingeweiht sind, entsprechen sie offenbar dem ciceronischen Ideal philosophischer Existenz. Augustinus wird später bemerken, dass neben der Schriftkritik die demonstrative Askese gerade der *electi* das zweite wesentliche „Lockmittel“ der Manichäer darstellt.[57] Demgegenüber erscheinen die „katholischen“ Christen als lau und verweltlicht.

Darüber hinaus sind auch die eher emotionalen Elemente nicht zu unterschätzen, die auf den jungen Augustinus wirken: die tiefe Frömmigkeit, wie sie gerade in den Christuspsalmen und der Liturgie zum Ausdruck kommt, der beeindruckende Gesang, die Entlastung von der eigenen Sündhaftigkeit durch den Glauben an eine aggressive, im Inneren des Menschen wirkende böse Macht, das Bewusstsein, einer intellektuell wie ethisch elitären kleinen Gemeinschaft anzugehören.

---

55 Zu Adimantus und seinen Antithesen (in der Tradition Marcions) vgl. bes. *van den Berg*, Jakob A. Biblical Argument in Manichaean Missionary Practice. The Case of Adimantus and Augustine (NHMS 70), Leiden 2010.

56 Zu Grundsätzen manichäischer Ethik vgl. im Überblick *van Oort*, Mani(chaeus) 1129f.; *Wurst*, Manichäismus 88f.

57 Vgl. Aug., mor. 1,2 (AOW 25 p. 44,5-8).

Auf diesem Hintergrund wird verständlich, warum sich Augustinus „innerhalb weniger Tage“[58] den Manichäern anschließt. Zumindest in der Anfangszeit ist er ein überzeugter Verfechter der Lehre Manis. Er glaubt an das Leiden des Lichtes in dieser Welt, seine Erlösung und Rückkehr zur himmlischen Heimat, studiert die Schriften der Manichäer, nimmt an liturgischen Feiern und Festen teil, singt ihre Hymnen und Psalmen, betet, beichtet und fastet.[59] Vermutlich setzt er auch die manichäische Mahnung um, Empfängnis zu vermeiden, um das Licht nicht durch neue Bindung an den Körper zu quälen – das Paar hat nur den einen Sohn, der wohl vor Augustins Anschluss an die Manichäer gezeugt wurde.[60] In Diskussionen mit katholischen Christen und im privaten Umfeld wirbt er für seinen Glauben und führt eine Reihe von Freunden, so auch seinen Förderer Romanianus, zu den Manichäern.[61] Allerdings kommt es auch zum Bruch mit der Mutter, die ihm zeitweise die häusliche Gemeinschaft aufkündigt.[62]

4. Schluss

Der junge Augustinus ist durchaus keine „alltägliche“ Gestalt, und doch spiegelt sich in seinem Werdegang das Alltäglich-Menschliche seiner Zeit. Erkennbar ist das Profil eines Heranwachsenden, der die für die lokalen Oberschichten typische Ausbildung erhält, Ziele, Werte und Überzeugungen seiner Umwelt übernimmt und sich, unterstützt von den Eltern, gängige Karriereziele steckt. Aufgrund seiner persönlichen Voraussetzungen, der standesgemäßen Ausbildung und guten Verbindung zu höchsten Gesellschaftskreisen gelingt ihm der Aufstieg. Angeregt durch die intellektuellen Anstöße des Studiums stellt er die typischen existenziellen Fragen nach Sinn und Lebensorientierung und sucht sie in der Pluralität möglicher Antworten von Philosophie, Religion und gesellschaftlichen Werten zu beantworten. Dabei verbinden sich die Prägungen seiner frühen religiösen Sozialisation mit neuen Denkanstößen. Er entscheidet sich sehr bewusst für die Manichäer, in denen er das höhere, wahre Christentum mit intellektuellem und ethischem Anspruch sieht, das auch dem ciceronischen Ideal philosophischer Existenz entspricht. In seinem Alltag setzt er die neue Überzeugung um, allerdings nicht mit letzter Konsequenz. Er bleibt in der Stellung als manichäischer „Hörer“. So kann er seine bisherige Lebensform im Wesentlichen – mit einigen Einschränkungen der Askese – fortführen und seine Karriere weiter betreiben.

---

58 Aug., duab. an. 1 (CSEL 25 p. 51,6f.).

59 Vgl. *Wurst*, Augustin als ›Manichäer‹ 151; *BeDuhn*, Manichaean Dilemma 42-69.

60 Vgl. Aug., c. Faust. 15,7; 22,30, dazu *BeDuhn*, Manichaean Dilemma 48-50.

61 Vgl. *Wurst*, Augustin als ›Manichäer‹ 148f.

62 Vgl. Aug. conf. 3,19 (CCL 27 c. 11,7-10).

Literatur

BeDuhn, Jason D.: Augustine's Manichaean Dilemma 1. Conversion and Apostasy, 373-388 C.E., Philadelphia 2010.

Böhlig, Alexander: Art. Manichäismus, in: TRE 22(1992), 25-45.

Brown, Peter: Augustinus von Hippo. Eine Biographie, München 2000 (erw. ND Frankfurt [2]1982).

Brown, Peter: Macht und Rhetorik in der Spätantike, München 1995.

Bonner, Gerald: Art. Augustinus (uita), in: Augustinus-Lexikon 1(1986-1994), 519-550.

Courcelle, Pierre: Recherches sur les Confessions de Saint Augustin, Paris [2]1968.

Drecoll, Volker H. (Hg.): Augustin Handbuch, Tübingen 2007.

Drecoll, Volker H./Kudella, Mirjam: Augustin und der Manichäismus, Tübingen 2011.

Drecoll, Volker H.: Art. Manichaei, in: Augustinus-Lexikon 3(2004-2010), 1132-1159.

Erler, Michael: Art. Epicurei, Epicurus, in: Augustinus-Lexikon 2(1996-2002), 858-861.

Feldmann, Erich: Der Einfluss des Hortensius und des Manichäismus auf das Denken des jungen Augustinus von 373, Münster (masch.) 1975.

Feldmann, Erich: Sinn-Suche in der Konkurrenz der Angebote von Philosophien und Religionen, in: Mayer, Cornelius/Chelius, Karl Heinz (Hg.): Homo Spiritalis. FS Luc Verheijen, Würzburg 1987, 100-117.

Feldmann, Erich: Christus-Frömmigkeit der Mani-Jünger. Der suchende Student Augustinus in ihrem „Netz"? in: Dassmann, Ernst/Frank, Karl-Suso (Hg.), Pietas. FS B. Kötting (JAC.E 8), Münster 1980, 198-216.

Feldmann, Erich: Der Übertritt Augustins zu den Manichäern, in: van Tongerloo, Alois (Hg.): The Manichaean ΝΟΥΣ. Proceedings of the International Symposium organized in Louvain from 31 July to 3 August 1991, Louvain 1995, 103-128.

Flasch, Kurt: Einleitung, in: ders./Schäfer, Walter: Logik des Schreckens. Augustinus von Hippo. De diversis quaestionibus ad Simplicianum I 2, Mainz 1990, 7-138.

Fuhrer, Therese: Die akademische Skepsis, in: Drecoll, Volker H. (Hg.): Augustin Handbuch, Tübingen 2007, 60-66.

Fuhrer, Therese: Augustinus, Darmstadt 2004.

Geerlings, Wilhelm: Augustinus – Leben und Werk. Eine bibliographische Einführung, Paderborn 2002.

Hoffmann, Andreas: Augustins Schrift „De utilitate credendi". Eine Analyse (MBT 58), Münster 1997.

Hoffmann, Andreas: Erst einsehen, dann glauben. Die nordafrikanischen Manichäer zwischen Erkenntnisanspruch, Glaubensforderung und Glaubenskritik, in: Oort, Johannes van/Wermelinger, Otto/Wurst, Gregor (Hg.): Augustine and Manichaeism in the Latin West. Proceedings of the Fribourg-Utrecht Symposium of the International Association of Manichaean Studies (IAMS) (NHMS 49), Leiden 2001, 67-112.

Hoffmann, Andreas: Verfälschung der Jesus-Tradition. Neutestamentliche Texte in der manichäisch-augustinischen Kontroverse, in: Cirillo, Luigi/Tongerloo, Alois van (Hg.): Atti del Terzo Congresso Internazionale di Studi „Manicheismo e oriente cristiano antico“, Arcavacata di Rende – Amantea, 31 agosto – 5 settembre 1993, Louvain 1997, 149-182.

Hübner, Wolfgang: Klassische lateinische Literatur und Rhetorik, in: Drecoll, Volker H. (Hg.), Augustin Handbuch, Tübingen 2007, 49-60.

Jacques, François/Scheid, John: Rom und das Reich in der Hohen Kaiserzeit 44 v. Chr. – 260 n. Chr., Bd. 1: Die Strukturen des Reiches, Stuttgart u.a. 1998.

Lepelley, Claude (Hg.): Rom und das Reich. Die Regionen des Reiches, München u.a. 2001.

Müller, Christof: Spätantike Sinnsuche und postmoderne Gegenwart, in: http://www.augustinus.de/bwo/dcms/sites/bistum/extern/zfa/texteueber/vortragbeitrag/sinnsuche.html [abgerufen 06/2012].

Oort, Johannes van: Art. Mani(chaeus), in: Augustinus-Lexikon 3(2004-2010), 1121-1132.

Rutzenhöfer, Elke, Contra Fortunatum Disputatio. Die Debatte mit Fortunatus, in: Augustiniana 42 (1992) 5-72.

Schlapbach, Karin: Art. Hortensius, in: Augustinus-Lexikon 3(2004-2010), 425-436.

Straume-Zimmermann, Laila: Hortensius, Versuch einer Rekonstruktion, in: Cicero, Hortensius. Lucullus. Academici libri, übers. von Straume-Zimmermann, Laila/Broemser, Ferdinand/Gigon, Olof, München 1990, 327-370.

Trelenberg, Jörg, Augustin als Rhetor vor 386, in: Drecoll, Volker H. (Hg.), Augustin Handbuch, Tübingen 2007, 144-148.

Vössing, Konrad: Schule und Bildung im Nordafrika der Römischen Kaiserzeit (Collection Latomus 238), Brüssel 1997.

Wurst, Gregor: Augustin als ›Manichäer‹, in: Drecoll, Volker H. (Hg.): Augustin Handbuch, Tübingen 2007, 148-153.

Wurst, Gregor: Manichäismus um 375 in Nordafrika und Italien, in: Drecoll, Volker H. (Hg.): Augustin Handbuch, Tübingen 2007, 85-92.

Wurst, Gregor: Bemerkungen zum Glaubensbekenntnis des Faustus von Mileve (Augustinus, Contra Faustum 20,2), in: Emmerick, Ronald E./Sundermann, Werner/Zieme, Peter (Hg.): Studia Manichaica IV. Internationaler Kongreß zum Manichäismus, Berlin 14.-18. Juli 1997 (Berlin-Brandenburgische Akademie der Wissenschaften. Berichte und Abhandlungen Sonderband 4), Berlin 2000, 648-657.

Die Christianisierung der Germanen durch Bonifatius

Lutz E. von Padberg

1. Eingrenzungen: Worum es in diesem Beitrag geht

Die Christianisierung der Germanen ist ein zentraler Aspekt in der Geschichte Europas. Sie beginnt in der Spätantike, als die sich auf dem Gebiet des ehemaligen Römischen Reiches herausbildenden germanischen Völker das Christentum entweder in römisch-katholischer oder in homöischer Form annahmen.[1] Da ein Religionswechsel immer in einen lang andauernden Prozess der kulturellen Umgestaltung mündet, umspannt die Christianisierung nahezu das ganze Mittelalter von den Anfängen der Mission bei den Goten im 4. Jahrhundert bis zur Christianisierung der baltischen Staaten im 14. Jahrhundert. Auch wenn der Begriff „Europa" sowohl in inhaltlicher wie auch in geographischer Hinsicht umstritten ist, beruht doch die Idee der geistigen Einheit des Kontinents auf der Grundlegung durch die Christianisierung.[2]

Genauer betrachtet ist zwischen Mission und Christianisierung zu unterscheiden, auch wenn die Begriffe meist synonym gebraucht werden. Mission bezeichnet die Erstbegegnung zwischen Christen und Heiden, wobei die einen die anderen von der Notwendigkeit und dem Nutzen eines Religionswechsels überzeugen wollen.[3] Unter Christianisierung versteht man den Prozess der nachhaltigen Verankerung des neuen Glaubens im Denken und Handeln der Menschen. Im Bild gesprochen ist Mission die Geburt und Christianisierung das Leben.[4] Das kann bekanntermaßen ganz unterschiedliche Entwicklungen nehmen und deshalb ist die Geschichte der Ausbreitung des Christentums höchst spannend.

Ausgangspunkt ist der Missionsauftrag nach Mt 28,19. Ein solcher allgemeiner Bekehrungsbefehl war unter den Hochreligionen einmalig. Er widersprach so sehr den Gepflogenheiten, dass sich die Christen selbst erst daran gewöhnen mussten.[5] Der Auftrag zur Vermittlung der Heilsbotschaft an alle

---

1 Vgl. *Brown*, Entstehung; *Borgolte*, Christen (Nicht berücksichtigt ist hier der Bereich der Ostkirche.).

2 Vgl. *Banniard*, Europa; *Fletcher*, Conversion; *Mitterauer*, Europa; *Weltecke*, Grenzgänge.

3 „Heide" wird hier nicht als Wertbegriff, sondern als Entsprechung zu „Christ" mit entsprechender theologischer Konnotation benutzt, vgl. dazu *von Padberg*, Mission 29f.

4 Vgl. einführend *von Padberg/Sawyer/Sawyer*, Mission.

5 Vgl. *Reinbold*, Propaganda.

Menschen sollte von allen Gläubigen wahrgenommen werden. Mission verbindet die Erinnerung an den gekreuzigten und auferstandenen Christus mit der Aufforderung zur Bekehrung. Nach christlichem Selbstverständnis ist „Missionar" daher keine Berufsbezeichnung, sondern Ausdruck der Stellung eines jeden Christen. Das ist im Mittelalter nicht mehr so, denn auch wenn die Rolle der Laien keineswegs unterschätzt werden darf, ist man nun meist planmäßig vorgegangen und hat die Sache den Klerikern überlassen.

Ziel der Mission war immer die Taufe. Sie beinhaltet zugleich die Abgrenzung gegenüber anderen Religionen (Entpaganisierung) und die Einordnung in die Kirche als Institution (Christianisierung). Theoretisch verbindet sich damit ein radikaler Bruch mit den bisherigen Kultur- und Lebensformen. Dabei ist freilich zu berücksichtigen, dass der Wandel der religiösen Vorstellungswelten nie klar abgegrenzt vonstatten gegangen sein dürfte, zumal bei Christen und Heiden in frühmittelalterlicher Zeit von einem weithin gleichen Denken auszugehen ist.[6] Insgesamt betrachtet handelt es sich um ein Verkündigungsgeschehen, dessen kommunikatives Beziehungsgefüge durchaus dramatische Formen annehmen konnte. Aufgezeichnet ist es in Schriftquellen unterschiedlicher Gattungen. Sie sind allerdings fast ausnahmslos von Kirchenleuten geschrieben worden, deren Aussagebereitschaft begrenzt war, weil sie immer vom Sieg des Christentums ausgingen.

Um eine Vorstellung von dem Ausmaß dieser Geschichte im Mittelalter zu bekommen, muss man sich nur einen Teil des geographischen und chronologischen Rahmens bewusst machen: Die Christianisierung der Franken, erleichtert durch die Kontinuität der Kirchenorganisation in provinzialrömischem Gebiet, schuf die Voraussetzung für den Anschluss West- und Nordeuropas an die lateinisch geprägte katholische Kirche. Im 5./6. Jahrhundert erreichte die Mission Irland und ab 597 die Angelsachsen. Von dort zogen Missionare wie Willibrord (658-739) und Bonifatius (672/675-754) auf den Kontinent und hatten an der Reform der fränkischen Kirche sowie der Christianisierung der neu eroberten Gebiete wesentlichen Anteil. Die im 10. Jahrhundert von den Ottonen vorangetriebene Mission bei den Slawen stand oft in Konkurrenz mit den Aktivitäten der Ostkirche. Die Christianisierung Skandinaviens durch deutsche und englische Kräfte verband sich mit dem Aufstieg der einigenden Königsmacht und zog sich aufgrund struktureller Sonderheiten lange hin (10.-12. Jh.).[7]

Dieser Beitrag behandelt also nur einen kleinen, aber durchaus exemplarischen Ausschnitt der Geschichte von Mission und Christianisierung bei den Germanen, nämlich die von Bonifatius bei den Franken in der ersten Hälfte des 8. Jahrhunderts.[8] Dabei geht es nicht um Haupt- und Staatsaktionen, sondern um den Alltag eines Missionars.

---

6 Vgl. *Goetz*, Gott 39.

7 Vgl. *Fletcher*, Conversion; *von Padberg*, Christianisierung.

8 Die folgende Darstellung basiert auf *von Padberg*, Bonifatius; *ders.*, Inszenierung; *ders.*, Christianisierung. Zur Problematik des Germanenbegriffs *Pohl*, Germanen 45-65.

2. Entwicklung: Vom Werden eines Missionars

Zum Missionar und erst recht zu einem der berühmtesten Männer des Frühmittelalters wird man nicht geboren. Bei dem Angelsachsen Bonifatius dauerte es rund 35 Jahre, bis er zu dem wurde, wofür er bis heute bekannt ist. Geboren 672/675 in der Nähe von Exeter und aus niederem Adel stammend, wurde Wynfreth, so sein Geburtsname, schon als siebenjähriger Junge einem Kloster zur Erziehung und Ausbildung übergeben. Schon als Kind sei er bemüht gewesen, „sich dem Dienst Gottes zu weihen“.[9] So erzählt zumindest der Priester Willibald von Mainz († nach 769), der rund sechs Jahre nach dem Tod des Bonifatius im Jahre 754 dessen Biographie geschrieben hat. Wissen konnte er das natürlich nicht, denn er hat seinen Helden persönlich nicht gekannt und musste sich auf die Informationen seines Auftraggebers Lul (um 710-786) verlassen. Der war Bischof von Mainz und hatte als Vertrauter seines Landsmannes vor allem ein Interesse: Bonifatius in der Erinnerung zu einem Heiligen aufzubauen. Das ist ihm gelungen, auch wenn er dafür die Lebensgeschichte bisweilen etwas beschönigt haben wird. Die Kindheitsgeschichte Wynfreths ist jedenfalls hübsch erfunden und entsprach dem, wie man sie sich bei einem Heiligen vorstellte.[10]

Dass Kinder früh einem Kloster übergeben wurden, war allerdings nicht ungewöhnlich. Das gilt auch für Bonifatius, der demnach eine ganz normale Entwicklung durchmachte. Bis 718 blieb er im Kloster und hat sich in dieser langen Zeit all das angeeignet, was ihm später bei seinen Aktivitäten auf dem Kontinent von Nutzen sein konnte: umfassende Vertrautheit mit den biblischen Schriften und den Werken der sie auslegenden Kirchenväter, seelsorgerliche Fähigkeiten, Verkündigung des Evangeliums in der Predigt, Gelehrsamkeit auf den verschiedensten Feldern, gehorsame Verankerung im benediktinischen Mönchtum, Kenntnisse des Kirchenrechts, das Wissen um die Notwendigkeit einer festgefügten kirchlichen Ordnung und Struktur, Sicherheit auf dem diplomatischen Parkett und nicht zuletzt das lebendige Bewusstsein des christlichen Absolutheitsanspruches, bestimmt von der universalkirchlichen Verbundenheit mit den römischen Päpsten als den Leitern der einen Christenheit.[11]

Bonifatius war auf dem besten Wege, in der Kirche Karriere zu machen, aber das genügte ihm nicht. Im Alter von über 40 Jahren verließ er 718 endgültig seine Heimat, pilgerte nach Rom und wurde von Papst Gregor II. (669-731) zum Missionar bei den Heiden ernannt. Natürlich fragt man sich, was Bonifatius zu dieser überraschenden Lebenswende veranlasst hat. Als

---

9 Vita Bonifatii auctore Willibaldi, ed. Rau, Reinhold (AQDGMA 4b), Darmstadt 1968, 451-525; hier: c. 1 (AQDGMA 4b, 461,20).

10 Vgl. *Schieffer*, Bonifatius 103-109; *von Padberg*, Bonifatius 17-27; *Yorke*, Background 23-27.

11 Vgl. *von Padberg*, Bonifatius 22.

Kind seiner Zeit lag ihm individuelle Gewissenserforschung nicht, aber immerhin hat er in einem späteren Brief Rechenschaft über seinen Lebensentwurf abgelegt. Darin beklagt er zunächst, seine Arbeit habe Ähnlichkeit mit der eines Hundes, „der bellt und sieht, wie Diebe und Räuber das Haus seines Herrn ... verwüsten, aber weil er keine Helfer zur Verteidigung hat, nur knurrend wimmert und jammert".[12] Dann aber beruft er sich darauf, wie einst Paulus den ganzen Ratschluss Gottes verkündet zu haben. Durchaus selbstbewusst sieht er sich in der Nachfolge des Apostels und erklärt, was ein Lehrer des Evangeliums und Wächter der Kirche zu tun und zu lassen habe. Der Brief gipfelt in dem Ausdruck seines Lebensziels, nämlich „den Frieden auf Erden den Menschen guten Willens" bringen und das „Wort des Lebens verkünden" zu wollen. Deshalb wolle er kein „stummer Hund sein, ... sondern ein besorgter Hirt, der über die Herde Christi wacht".[13]

Was hat Bonifatius denn nun zu dem berühmten Missionar gemacht, den man später den Apostel der Deutschen[14] nennen sollte? Wir wissen es nicht, und er selbst, oft genug von Selbstzweifeln gequält, wohl auch nicht. Aber eindeutig ist, dass er in der Nachfolge Jesu Christi den Missionsbefehl als persönlichen Auftrag empfand. Deshalb verließ er den geschützten Raum des Klosters, um auf dem Kontinent als Missionar und Reformer zu wirken.

3. Alltag: Vom Ablauf der Christianisierung

Wie sah der Alltag eines Missionars im Frühmittelalter aus? Wie muss man sich ganz praktisch den Ablauf der Christianisierung vorstellen? Bonifatius als päpstlich bestallter Heidenmissionar sollte nach den Worten seines Biographen Willibald „die wilden Völker Germaniens besuchen und erforschen, ob die unbeackerten Gefilde ihrer Herzen von der Pflugschar des Evangeliums zu beackern seien".[15] Im Arbeitsgebiet des Angelsachsen, den Stämmen der Franken, gab es allerdings kein reines Heidentum mehr. Sie galten als christianisiert, auch wenn der neue Glaube noch nicht fest im Volk verankert gewesen war. Grundlage des folgenden Überblicks sind daher alle Quellen zur Missions- und Christianisierungsgeschichte.

---

12 S. Bonifatii et Lulli epistolae, ed. Rau, Reinhold (AQDGMA 4b, 238-255), Darmstadt 1968, 1-356; hier: epist. 78 (AQDGMA 4b, 245,25-28). Der 747 geschriebene Brief ist gerichtet an Erzbischof Cuthberht von Canterbury († 760), vgl. *von Padberg*, Inszenierung 332-337.

13 Bonifat., epist. 78 (AQDGMA 4b, 249,16-19, 251,40-253,2).

14 Vgl. *Weichlein*, Apostel.

15 Willib., Vita Bonifat. 5 (AQDGMA 4b, 483,30-32).

3.1 Mission in Wort und Tat

Von der missionarischen Kleinarbeit berichten die Quellen mangels fehlender Möglichkeiten zur Glorifizierung kaum. Glaubensboten wie Augustin († 604) im angelsächsischen Kent, Willibrord in Friesland, Bonifatius in Hessen und Thüringen, Liudger (742-809) in Sachsen sowie Ansgar (um 801-865) in Dänemark und Schweden besorgten sich zunächst eine Predigterlaubnis von dem zuständigen Herrscher. Dann zogen sie kreuz und quer durch die Landschaft, riefen in den Dörfern die Leute auf dem Marktplatz zusammen und verkündigten ihnen das Evangelium. Das konnten sie natürlich nicht alles allein bewerkstelligen, dazu brauchten sie Mitarbeiter, die zunächst erst einmal ausgebildet werden mussten.

Was aber ist gepredigt worden? Die Frage ist nicht leicht zu beantworten, weil sich in den Quellen keine entsprechenden Texte finden.[16] Das ist nicht verwunderlich, denn erstens handelt es sich dabei um mündliche Kommunikation, deren Ablauf ohnehin nur indirekt wiedergegeben werden könnte, und zweitens wird kaum einer der Zuhörer mitstenographiert haben. Eine große Variationsbreite hatten die Ansprachen nicht, ging es doch um die Vermittlung weniger Grundsatzaussagen. Bonifatius beispielsweise hatte wahrscheinlich ebenso wie die anderen Missionare seiner Zeit eine Standardpredigt im Gepäck, die er an den verschiedenen Orten frei vorzutragen wusste. Darin wurden die Zuhörer aufgefordert, sich nicht verführen zu lassen, „in irgendwelchem Metall Euer Heil zu suchen, indem Ihr von Menschenhand gemachte Bilder anbetet, die aus Gold, Silber, Erz, Stein oder sonst einem Stoff gemacht sind. Solche Truggottheiten wurden von den Heiden ehedem als Götter bezeichnet, aber in ihnen wohnen bekanntlich Dämonen".[17] Kernbestand der Predigten waren in der Regel die Elemente Götzenkritik, monotheistische Verkündigung des Schöpfergottes, Aufruf zur Umkehr, Gerichtsandrohung und Einsetzung Jesu Christi sowie dessen Beglaubigung durch die Auferstehung. Auf dogmatische Feinheiten kam es dabei kaum an, entscheidend war eben die Konfrontation der Religionen und ihrer jeweiligen Benutzungsregeln. Was schlussendlich zählte, war der Erfolg, der Vollzug der Taufe also.

Die Besiegelung des Religionswechsels durch die Taufe bestand grundsätzlich aus zwei Teilen, der Absage an die jetzt als nichtig erkannten paganen Götter und dem Bekenntnis zum Christengott.[18] Das wurde ganz konkret vollzogen durch eine Art Frage- und Antwortspiel, wie es das altsächsische Taufgelöbnis überliefert. Zuerst kam die Absage an den Teufel und die namentlich aufgeführten Stammesgötter (*forsàchistu diobolae? et respondeat: ec forsacho diobolae*), danach das Bekenntnis zu Gott dem Vater, dem Sohn

16 Vgl. ausführlich *von Padberg*, Inszenierung 105-218.

17 Bonifat., epist. 21 (AQDGMA 4b, 75,12-16). Zur Dämonenlehre *Angenendt*, Geschichte 151-156.

18 Vgl. *Angenendt*, Geschichte 463-471.

und dem Heiligen Geist (*gelobistu in got alamehtigan fadaer? ec gelobo in got alamehtigan fadaer*).[19] Diese Befragung musste natürlich ebenso wie die vorangegangene Predigt in der Volkssprache erfolgen. Darüber hinaus genügte es freilich nicht, dass die Täuflinge nur die Worte verstanden, auch der damit gemeinte Inhalt musste ihnen zuvor begreiflich gemacht werden.[20] Im Eifer des Gefechts wird es dabei bisweilen an der nötigen Sorgfalt gefehlt haben, und bei Massentaufen mögen die Antworten auch schon einmal im Chor nachgesprochen worden sein. Dann aber waren die Täuflinge Christen und konnten geradezu wie in einem Vertragsverhältnis auf Gottes Zuwendung hoffen, waren selber allerdings verpflichtet, seine Gebote einzuhalten.

Mitunter reichten bloße Worte nicht aus, um den Menschen die Macht des Schöpfergottes vor Augen zu stellen, es musste auch schon einmal handfest bewiesen werden, dass die Götter Nichtse waren. Eine solche Tat ereignete sich 723 in Hessen. In einer Aufsehen erregenden Aktion fällte Bonifatius die dem Gott Donar geweihte heilige Eiche bei Geismar. Willibald malt die Szene mit großem Pathos aus. Die Heiden, so erzählt er, hätten Bonifatius als Feind ihrer Götter verwünscht, die Eiche sei, kaum dass die Axt an sie gelegt worden sei, in für einen Kirchenbau genau passende Stücke zerborsten und die Heiden seien sofort zum neuen Glauben gewechselt.[21] Manches davon ist sicher übertrieben, aber ein Höhepunkt der missionarischen Arbeit des Bonifatius war es gleichwohl. Diese sogenannte Tatmission war aus Sicht der Kirchenleute kein Problem. Wenn die Götter von Menschenhand geformt worden waren, dann konnte man sie auch ohne Gefahr mühelos vernichten.[22]

Die Frage war nur, ob die Heiden, deren Kultstätte zerstört wurde, das auch so sahen. Wenn den christlichen Frevlern nicht der Himmel auf den Kopf fiel, konnte der Effekt solcher Aktionen in der Tat groß sein. In der stark auf äußere Formen konzentrierten frühmittelalterlichen Gesellschaft konnte diese Methode mehr bewirken als Predigten und ist daher häufig angewandt worden. Bei der Fällung der Donareiche musste sich Bonifatius übrigens keine Sorgen um seine körperliche Unversehrtheit machen, denn für alle Fälle stand in der Nähe eine fränkische Garnison bereit.

3.2 Wandel durch Annäherung

Damit die Christianisierung eines Volkes überhaupt gelingen konnte, waren zwei Voraussetzungen nötig: Erstens musste die wie auch immer vermittelte Botschaft die Heiden zum Religionswechsel veranlassen – dem diente wie

---

19 Vgl. *Schäferdiek*, Quellen 85. Der Text ist vor 800 aufgezeichnet worden, war aber schon früher in Gebrauch.

20 Vgl. *von Padberg*, Inszenierung 212-218; *Haubrichs*, Wörter 121-124.

21 Vgl. Willib., Vita Bonifat. 6 (AQDGMA 4b, 495,4-30).

22 Vgl. *Goetz*, Gott 153.

eben beschrieben die Mission in Wort und Tat – und zweitens musste dieser Schritt nachhaltig gefestigt werden. Ohne intensive Nacharbeit war jeder missionarische Einsatz zum Scheitern verurteilt, deshalb war sie mit der wichtigste Teil eines erfolgreichen Konzeptes zur Christianisierung. Nur so konnte der neue Glaube auf Dauer in Leben und Denken der Menschen wie auch der Gesellschaft verankert werden. Das Fürwahrhalten dogmatischer Lehrsätze reichte dafür bei Weitem nicht aus, es kam auf die lebenspraktische Effizienz an, mit der sich das Neue beweisen musste. In einer Zeit weitgehend symbolischer Kommunikation, in der die Schriftlichkeit ohnehin nur Sache der gebildeten und meist monastisch orientierten Elite war, hatten Kultstätten, Zeichen und Rituale eine besondere Bedeutung. Alles das sollte nun mit einem neuen Vorzeichen, eben dem christlichen, versehen werden, um die Vorstellungswelt der Menschen zu prägen. In den Quellen ist das nicht immer direkt zu beobachten, zumal es erhebliche Unterschiede durch konkrete Umstände gegeben hat. Aber einige Aspekte lassen sich generell erkennen.

So haben die Kirchenleute überlegt, wie sie den Heiden den Übergang zum Christentum erleichtern konnten. Ein solches Konzept war es, zwar die paganen Götter zu verurteilen, aber Anknüpfungspunkte im Kult zu suchen. Für diese Methode der Akkommodation gibt es ein bekanntes Beispiel aus der Zeit der Mission bei den Angelsachsen. Es zeigt zugleich, wie mühsam oft die Anfänge waren. Als 597 römische Missionare in Kent landeten und bald erste Erfolge verbuchen und nach Rom melden konnten, wurde von dort Verstärkung auf die Insel geschickt und mit dem Aufbau einer Bistumsorganisation begonnen. Trotzdem entwickelte sich die Durchsetzung des neuen Glaubens nur zögernd und offensichtlich existierten Heiden und Christen in Kent für einige Jahre schiedlich-friedlich nebeneinander. Mit Rücksicht auf die Unbeweglichkeit des Volkes war Æthelberht († 616), der König der Kenter, ohnehin der Meinung, der „Dienst für Christus müsse freiwillig, nicht erzwungen sein."[23] Man kann eben ein ganzes Volk nicht im Handumdrehen bekehren, dafür fehlten schon die strategischen Voraussetzungen. In Rom sah man das anders, deshalb drängte Papst Gregor der Große (590-604) zu energischerem Vorgehen. Unverblümt legte er Æthelberht nahe, die Mission mit allen nur denkbaren Mitteln voranzutreiben, und verlangte die Zerstörung der heidnischen Kultstätten.[24]

---

23 Venerabilis Bedae historia ecclesiastica gentis Anglorum, ed. Spitzbart, Günter (TzF 34), Darmstadt 1982; hier: 1,26 (TzF 34, 83); vgl. *von Padberg*, Inszenierung 318-322.

24 Beda, Hist. eccl. 1,32 (TzF 34, 114-119, hier 117): „Beeile Dich, den christlichen Glauben bei den Dir untertanen Völkern zu verbreiten; vergrößere den Eifer Deiner Rechtschaffenheit bei ihrer Bekehrung; verfolge die Götzenverehrung; zerstöre die Gebäude der Heiligtümer; stärke die Sitten der Untertanen aus großer Lauterkeit des Lebens durch Ermahnung, Schrecken, Schmeichelei, Zurechtweisung und Vorführen von Beispielen guter Werke." Den Papstbrief vom 22. Juni 601 hat Beda in seine Kirchengeschichte eingefügt.

Nun war der Papst ein kluger Missionstaktiker, und deshalb empfahl er seinen Leuten, die als friedliche Prediger sowieso nicht so hart durchgreifen konnten wie ein König, gleichzeitig ein behutsameres Vorgehen. Am 18. Juli 601 schrieb er an den nach Kent entsandten Mellitus († 624), den späteren Erzbischof von Canterbury, man solle in der Anfangsphase der Mission den Heiden durch Anknüpfung an ihre traditionellen Kultgebräuche den Übertritt zum Christentum erleichtern. Denn, so argumentiert er, „es ist zweifellos unmöglich, schwerfälligem Verstand alles auf einmal wegzunehmen, da ja auch derjenige, der den höchsten Gipfel besteigen möchte, Schritt für Schritt und nicht in Sprüngen nach oben kommt". Deshalb regte Gregor an, wohl die Götzenbilder zu zerstören, nicht aber die Kultgebäude selbst, weil die Neuchristen dann „mit mehr Zutrauen an den Orten zusammenkommen, an die sie gewöhnt" seien.[25] Außerdem könne man die traditionellen Kultfeste in solche mit christlichem Hintergrund umwandeln.

Diese Methode der Akkommodation entsprang wohl der pastoralen Fürsorge des Papstes, war aber ebenso von dem Ziel bestimmt, der anderen Religion die Anhänger abzuwerben. Bei dieser Form der Anknüpfung setzte Gregor daher weniger auf eine radikale Abkehr von der bisherigen Kultur als vielmehr auf einen langfristigen Prozess der Christianisierung, gefördert eben durch die Überlagerung heidnischer Kultstätten mit christlichen Inhalten. Die „Exklusivität des Christentums in Sachen des Glaubens und seine Toleranz hinsichtlich des Kultes"[26] waren ein gewagter Ansatz, weil es sich im Polytheismus genau umgekehrt verhielt und deshalb die Erwartungen der Missionare und die Reaktionen der Bevölkerung nicht immer in Einklang zu bringen waren. Gleichwohl wird dieses Vorgehen in der Praxis häufig erfolgreich angewandt worden sein, freilich auch um den Preis einer Veränderung des Christentums.

Gleichsam eine Kombination dieser Konzepte ist die Zerstörung von Kultstätten und die Errichtung von Kirchen an derselben Stelle. So ist Bonifatius mit der Donareiche verfahren. Liudger, der erste Bischof von Münster, zerstörte bei einer Missionsreise nach Helgoland ein Heiligtum des Gottes Fosite und errichtete eine dem Salvator geweihte Kirche. Dabei gelang es ihm außerdem, den Sohn des dortigen Herrschers für das Christentum zu gewinnen und ihn sogar zum Missionar bei den Friesen ausbilden zu lassen.[27] Nebenbei bemerkt war die Rekrutierung von Kindern zur Ausbildung auch eine gängige Methode. So vermochte Willibrord bei einer Reise nach Dänemark zwar den König nicht zu überzeugen, aber er konnte dreißig Knaben mitnehmen. Sie wurden getauft und unterrichtet, um dann als Glaubensboten

25 Vgl. Beda, Hist. eccl. 1,30 (TzF 34, 110-113). Auch dieses Schreiben lag Beda als Quelle vor.

26 *Ljungberg*, Religion 216.

27 Vgl. Vita Liudgeri auctore Altfrido, ed. Diekamp, Wilhelm (Die Geschichtsquellen des Bisthums Münster 4), Münster 1881, 3-53; hier: c. 22 (Die Geschichtsquellen des Bisthums Münster 4, 27); vgl. *von Padberg*, Inszenierung 101f.

in ihre Heimat zurückzukehren.[28] Auch Ansgar hat in Skandinavien häufiger Knaben gekauft und Sklaven ausgelöst, um sie in seinem Kloster Torhout „für den heiligen Streit heranzubilden".[29]

Die Beispiele für die sogenannte Kultplatzkontinuität ließen sich vermehren.[30] Generell dürfte beim Bau der Kirchen nicht so sehr die augenfällige Ablösung der paganen Kultplätze als vielmehr die Positionierung in den Siedlungen im Vordergrund gestanden haben. Eine missionarische Tat war die Errichtung eines Kirchengebäudes in noch weitgehend heidnischem Umland allemal. Allerdings funktionierte das nicht immer, und so schuf man bisweilen auch bewusste Konkurrenzsituationen. Ließ sich ein paganes Kultzentrum nicht einfach beseitigen, so baute man gleichsam in Sichtweite eben ein christliches auf, so geschehen in Schweden mit den Zentren Uppåkra und Lund sowie Uppsala und Sigtuna.[31]

Ein weiteres Mittel zur Verdrängung des Heidentums durch Wandel und damit zur Christianisierung war der Einsatz von Heiligen und ihren Reliquien durch Translationen.[32] Vor allem mit Hilfe der zu erwartenden Wunderereignisse wollte man die alte Helden- und Göttervielfalt ersetzen. Den Kirchenleuten war offenbar die beschränkte Wirkung der Predigt bewusst, und deshalb setzten sie zur Sichtbarmachung des neuen Glaubens und zur Möglichkeit der Erfahrung seiner Nützlichkeit auf das Missionskonzept der Heiligenverehrung und begründeten somit neue sakrale Landschaften.[33] All diese Formen des Wandels durch Annäherung brauchten viel Zeit. Nicht immer wurde in dieser Übergangszeit das Ziel der Christianisierung erreicht, gelegentlich waren auch Rückfälle in das Heidentum zu beobachten, die manchem Priester das Leben gekostet haben.

3.3 Überzeugungsarbeit und Strukturaufbau

Die Christianisierung ist nicht in allen Regionen friedlich vonstatten gegangen. Während die Missionare zumindest von ihrem Auftrag her keine Gewalt anwenden durften, haben einige Herrscher damit keine Probleme gehabt. Im Großen und Ganzen ist die Christianisierung im Mittelalter jedoch weitgehend friedlich abgelaufen. Anders sah es bei der Mission der Sachsen unter

---

28 Vgl. Vita Willibrordi archiepiscopi Traiectensis auctore Alcuini, ed. Levison, Wilhelm (MGH SRM 7), Hannover 1920, 81-141; hier: c. 9 (MGH.SRM 7,124, 3-5). Besonders erfolgreich scheint die Sache nicht gewesen zu sein, denn von den Knaben ist in den Quellen nicht mehr die Rede.

29 Vita Anskarii auctore Rimberto, ed. Waitz, Georg (MGH.SRG 55), Hannover 1884, 16-79; hier: c. 8 und 36 (MGH.SRG 55, 36,26-28 und 116,17-21).

30 Vgl. *von Padberg*, Inszenierung 251-260 (mit Beispielen aus dem skandinavischen Raum).

31 Vgl. *Hårdh*, Uppåkra 518f.; *Steuer*, Zentralorte 889-909; *Tesch*, Sigtuna 7-21.

32 Vgl. *Röcklein*, Reliquientranslationen; *von Padberg*, Inszenierung 260-263; 405f.

33 Vgl. *Sharpe/Thacker*, Saints.

Karl dem Großen (747-814) aus, bei der religiöse und imperiale Motive unzulässig vermischt worden sind. Diese Geschichte ist komplizierter als oft dargestellt und auch vorurteilsbeladen.[34] Aber an der Tatsache, dass Zwang ausgeübt wurde, ist nicht zu rütteln. Typisch war das auch für diese Zeit nicht, wie die Diskussionen über das richtige Missionsprogramm zeigen. Vor allem der Angelsachse Alkuin (um 740-804) drängte darauf, dass die Annahme des Christentums freiwillig geschehen müsse. Nicht durch Zwang, sondern allein durch die einladende Missionspredigt könnten die Menschen von der Notwendigkeit des Glaubenswechsels überzeugt werden. Auch dürfe man, wie bei den Sachsen geschehen, den neuen Christen nicht sofort Lasten wie den Zehnten, eine Art Kirchensteuer, auferlegen.[35]

Alkuin hatte klare Vorstellungen vom Ablauf der Mission. Vor allem kam es ihm auf die richtige Reihenfolge von Glaubensunterweisung und Taufe an, eben weil man einen Menschen zwar zur Taufe, nicht aber zum Glauben treiben könne. Nach dem Missionsbefehl Christi müssten deshalb zuerst die Grundlagen der Glaubenslehre durch die Missionspredigt vermittelt werden. Dem könne, wenn die Menschen diese verstanden hätten, die Taufe folgen.[36]

Der Erfolg der Christianisierung, das macht Alkuin deutlich, hängt auch ab von geduldiger Überzeugungsarbeit. Sein Konzept besteht aus den drei Schritten *fides, baptismi sacramenta* und *evangelica praecepta*, also einem gedehnten Verkündigungsgeschehen mit fließendem Übergang von der Mission zur Christianisierung. Erstens seien die Menschen zu belehren über „die Unsterblichkeit der Seele, das zukünftige Leben, die Vergeltung für Gutes und Böses und die beiden Wege der Ewigkeit“. Nach diesen Grundlagen der christlichen Lehre sei zweitens darüber aufzuklären, „für welche Sünden und Vergehen man mit dem Teufel ewige Strafen zu erleiden hat und für welche guten Taten man mit Christus die ewige Seligkeit genießen kann.“ Im dritten Schritt sei dann „gewissenhaft der Glaube an die heilige Trinität zu lehren“, vor allem Menschwerdung, Leiden, Sterben, Auferstehung, Himmelfahrt und Wiederkunft Jesu Christi.[37] Auf diesem Fundament von Glaubensgrundlage, Verantwortlichkeit und Dogma sei der Mensch in rechter Weise auf die dann zu vollziehende Taufe vorbereitet. Erst danach, beim Übergang von Mission zur Christianisierung, seien durch die Unterweisungspredigt die *evangelica praecepta* zu lehren, damit die Neuchristen

---

34 Vgl. aus der nicht mehr überschaubaren Literatur einführend *von Padberg*, Christianisierung 73-82; *Fried*, Geschichte 248-254; *Springer*, Sachsen 166-261.

35 Vgl. zum Folgenden *Alberi*, Evolution; *von Padberg*, Inszenierung 349-358.

36 Vgl. Alcvini sive Albini epistolae, ed. Dümmler, Ernst (MGH.Ep 4), Berlin 1895; hier: Nr. 113 (MGH.Ep 4, 163-166, hier 164,10-14). Schreiben an Bischof Arn von Salzburg vom August 796. Eigene Übersetzungen mit Hilfe von Übertragungen einzelner Abschnitte in der Literatur, eine vollständige deutsche Übersetzung der Briefe Alkuins liegt nicht vor.

37 Alc., epist. 110 (MGH.Ep 4, 156-159, hier 158,38-159,2; 159,2f.; 159,3-9). Schreiben an Karl den Großen vom August 796.

in einem zeitlich gestreckten Prozess zu „vollkommenen Kindern Gottes in den Werken der Barmherzigkeit“ [38] heranreifen könnten. Das war das Idealbild eines Theologen. Er hatte zweifelsohne recht, aber die Praxis wird in den meisten Fällen schlichter ausgesehen haben.

Um überhaupt diese Überzeugungsarbeit leisten zu können, bedurfte es etlicher äußerer Voraussetzungen. Sie waren abhängig von den jeweiligen regionalen Gegebenheiten und vornehmlich von dem erreichten Grad der Durchsetzung des neuen Glaubens. Natürlich musste dort, wo das Christentum zum ersten Mal verbreitet werden sollte, praktisch alles von Grund auf errichtet werden. Bonifatius war mehr mit Reformen beschäftigt, anders seine Kollegen im 7. Jahrhundert in England. Die christliche Erziehung eines Volkes war alles andere als leicht, handelte es sich dabei trotz aller Anpassungen doch letztlich um eine Kulturrevolution.[39]

Zu predigen war allemal einfacher als dauerhafte kirchliche Strukturen aufzubauen. Das verlangte eine ungeheuere Kraftanstrengung, musste doch von der Versorgung der Ortschaften mit Priestern und deren Ausstattung mit liturgischem Gerät über den Kirchenbau bis hin zur Schaffung von Diözesanverbänden alles gleichsam aus dem Nichts geschaffen werden. An erster Stelle musste die Versorgung möglichst vieler Orte mit Priestern stehen. Flächendeckend war das kaum durchzuführen, sollte aber so arrangiert werden, dass jeder Bewohner in erreichbarer Nähe eine Kirche vorfinden konnte. Eine solche Leistung beanspruchte nicht nur viel Zeit, sondern bedurfte auch vielfältiger sachlicher und personeller Hilfe. Sie musste von Rom und vor allem von den Landesherren gewährt werden, denn nur von ihnen konnten Finanzmittel und Grundstücke kommen, um Kleriker ausbilden und Kirchengebäude errichten zu können. Sie haben diese Hilfe in der Regel gerne gegeben, wussten sie doch um den Nutzen einer gut funktionierenden Kirchenordnung für die Stabilisierung ihrer Herrschaft.

Es versteht sich von selbst, dass die notwendige Überzeugungsarbeit ebenso wie der erforderliche Strukturaufbau die Christianisierung zu einem überaus langwierigen Prozess gemacht hat. Er hat die Menschen verändert, sicher aber auch das Erscheinungsbild des Christentums.

4. Ergebnis: Von der Veränderung

Die Epoche von Mission und Christianisierung hat eine Fülle von Veränderungen gebracht, im Großen für die germanischen Ethnien, die nun zu einem Kulturkreis zusammenwuchsen, im Kleinen für die Menschen, deren Vorstellungs- und Lebenswelt eine andere Orientierung bekam.[40] Verändert hat

---

[38] Ebd. 159,10-14.

[39] Vgl. *Alberi*, Evolution; *Angenendt*, Karl 268-278; *Hartmann*, Karl 159-205.

[40] Vgl. *König*, Bekehrungsmotive 521-548.

sich aber auch das Erscheinungsbild des Christentums. Beispielsweise sind Glaubensverkündigung und Durchführung des Religionswechsels im Frühmittelalter als Arbeit der Kirche, genauer der Priester, Mönche und Bischöfe angesehen worden. Das sah in den ersten Jahrhunderten des Christentums ganz anders aus, denn da waren es vornehmlich die Laien, die mit ihrem persönlichen Einsatz für die Ausbreitung des Glaubens gesorgt haben.[41] Die Trennung der Christen in die Masse der Laien und die Elite der religiösen Spezialisten ist erst im Mittelalter endgültig festgelegt worden. Die bekannten Missionarsgestalten waren deshalb auch Repräsentanten einer neuen kirchlichen Elite, die mit großer Selbstverständlichkeit für sich in Anspruch nahm, den Menschen vorschreiben zu können, was und wie sie zu glauben hatten. Der Preis dafür bestand in einem fest an die Kirchengesetze gebundenen großen Laienpublikum, das zwar nicht mehr heidnisch, aber zumindest anfänglich noch längst nicht wirklich christlich war.

Die unheilige Allianz zwischen Missionaren, Machthabern und Militärs entsprach oft genug nicht dem friedlichen Geist des Evangeliums. Man muss aber zugestehen, dass erstens nur dadurch Mission in manchen Gegenden möglich war und zweitens die Leute kein Problem damit hatten, weil sie Religion und Politik bzw. Kirche und Staat nicht zu trennen vermochten.[42] In der Phase der Christianisierung waren außerdem beide Seiten Gewinner, wie man am Beispiel des Bonifatius und der Franken sehen kann. Die Franken nutzten den einen Glauben der einen Kirche unter einem Herrscher zur Stabilisierung ihrer Herrschaft und Bonifatius profitierte bei seinem Reformwerk von deren Schutz und konnte so die romverbundene fränkische Landeskirche aufbauen.[43]

Entscheidend aber waren die Veränderungen für die einzelnen Menschen. Leider ist vom einfachen Volk in den Quellen kaum die Rede. Aber vor allem auf sozialem und ethischem Gebiet hat die Christianisierung erhebliche Vorteile gebracht, wie etwa Armenfürsorge, Erhöhung der Lebensqualität, kulturellen Ausbau des Landes, Schriftkultur und Maßnahmen zur Friedenssicherung.[44] Manche dieser Errungenschaften sind durch die Verkrustung der Institution Kirche bald wieder gefährdet worden. Gleichwohl ist das Christentum in der Auseinandersetzung mit dem Heidentum siegreich gewesen, was sich mit wissenschaftlichen Kategorien nicht vollkommen erklären lässt. Unübersehbar ist jedoch, dass die Menschen das Christentum meistens freiwillig angenommen haben. Der christliche Glaube war offensichtlich im Gegensatz zu ihrem heidnischen Glauben attraktiver, bot er doch bessere Hilfen zur Bewältigung des Alltags und man konnte mit und in ihm besser leben und vor allem auch sterben.

---

41 Vgl. *Ritter*, Laie 379f.

42 Vgl. *von Padberg*, Inszenierung 359-390; *König*, Bekehrungsmotive 430-487.

43 Vgl. *Schieffer*, Bonifatius 256-264.

44 Vgl. *Meens*, Aspekte; *Semmler*, Kloster.

Schließlich stellt die Mission auch eine immense Kulturleistung dar, weil sie den neu christianisierten germanischen Ethnien den Anschluss an die entwickelten Länder des ehemaligen römischen Imperiums ermöglicht hat. Der die Stürme der Völkerwanderungszeit überwindende Kulturtransfer der Kirche von der Spätantike zum Mittelalter ist durch die Mission im Nordwesten und später im Osten Europas gleichsam verlängert worden. Weil dem Christentum eine übergentile Idee zu Grunde lag, konnte es nach der Abwendung von regionalisierten Formen des Heidentums zur Identitätsstiftung beitragen. Für die neu hinzu gekommenen Ethnien bedeutete das den weitgehenden Zusammenbruch ihrer bisherigen und die Integration in eine neue Kultur, die freilich von der bisherigen in einem Prozess von Kontinuität und Diskontinuität mitgeprägt wurde.[45] Der Aufbau von Kirchen und Klöstern trug als Innovationsschub wesentlich zum Gelingen dieser Entwicklung bei, und das dadurch entstandene Kommunikationsnetz förderte die Eingewöhnung. Trotz der Problematik solch hehrer Begriffe lässt sich nicht leugnen, dass die Mission die Entfaltung der christlichen Kultur in Europa gefördert hat.[46]

Und wie ist die Geschichte des Bonifatius ausgegangen? Gegen Ende seines über 80-jährigen Lebens ist es einsam um den Angelsachsen geworden. Der Frankenherrscher Pippin der Jüngere (714/715-768) arbeitete direkt mit dem Papst in Rom zusammen und bedurfte seiner Vermittlung nicht mehr. Die fränkische Landeskirche gewann zunehmend an Profil und jüngere Kräfte übernahmen das Ruder. Bonifatius, dem diplomatisches Geschick und Kompromissbereitschaft abgingen, meinte nach manchen Konflikten, nicht viel erreicht zu haben. So wandte er sich noch einmal seinem eigentlichen Ziel zu, der Mission, und zog nach Friesland.[47] In der Gegend von Dokkum wollte er mit über 50 Begleitern einige Tage nach Pfingsten am 5. Juni 754 eine Schar von zuvor getauften Friesen firmen. Das weithin bekannt gemachte Großereignis rief eine Räuberbande auf den Plan, die in der Hoffnung auf reiche Beute die Christen überfielen und umbrachten. Der Tod eines der erfolgreichsten Kirchenmänner der Zeit erregte weithin Aufsehen, und bald wurde er als Heiliger verehrt.[48] Bonifatius wollte vor allem eines, das „Wort des Lebens“ [49] verkündigen. Damit und mit seinem Reformeifer hat er entscheidend zur Christianisierung der Germanen beigetragen.

Literatur

Alberi, Mary: The Evolution of Alcuin's Concept of the *Imperium christianum*, in: Hill, Joyce/Swan, Mary (Hg.): The Community, the Family and the Saint. Patterns of Power in Early Medieval Europe (International Medieval Research 4), Turnhout 1998, 3-17.

45 Vgl. *Borgolte*, Christen 517-561.
46 Vgl. *von Padberg*, Christianisierung 160-164.
47 Vgl. *von Padberg*, Studien 11-19; *ders.*, Bonifatius 102-106.
48 Vgl. *Kehl*, Kult; *von Padberg*, Studien.
49 Bonifat., epist. 78 (AQDGMA 4b, 249,18).

Angenendt, Arnold: Karl der Große als *rex et sacerdos*, in: Berndt, Rainer (Hg.): Das Frankfurter Konzil von 794. Kristallisationspunkt karolingischer Kultur (QMRKG 121), Mainz 1997, 255-278.

Angenendt, Arnold: Toleranz und Gewalt. Das Christentum zwischen Bibel und Schwert, Münster [5]2009.

Angenendt, Arnold: Geschichte der Religiosität im Mittelalter, Münster [4]2009.

Banniard, Michel: Europa. Von der Spätantike bis zum frühen Mittelalter, München 1993.

Borgolte, Michael: Christen, Juden, Muselmanen. Die Erben der Antike und der Aufstieg des Abendlandes 300 bis 1400 n. Chr., München 2006.

Brown, Peter: Die Entstehung des christlichen Europa, München 1996.

Fletcher, Richard: The Conversion of Europe. From Paganism to Christianity 371-1389 AD, London 1997.

Fried, Johannes: Der Weg in die Geschichte. Die Ursprünge Deutschlands bis 1024 (Propyläen Geschichte Deutschlands 1), Berlin 1994.

Goetz, Hans-Werner: Gott und Welt. Religiöse Vorstellungen des frühen und hohen Mittelalters I,1: Das Gottesbild (Orbis mediavalis 13,1), Berlin 2011.

Hårdt, Birgitta: Art. Uppåkra, in: RGA 31(2006), 516-520.

Hartmann, Wilfried: Karl der Große (Kohlhammer Urban TB 643), Stuttgart 2010.

Haubrichs, Wolfgang: Die Missionierung der Wörter. Vorbonifatianische und nachbonifatianische Strukturen der theodisken Kirchensprachen, in: Felten, Franz J./ Jarnut, Jörg/von Padberg, Lutz E. (Hg.): Bonifatius – Leben und Nachwirken. Die Gestaltung des christlichen Europa im Frühmittelalter (QMRKG 121), Mainz 2007, 121-142.

Kehl, Petra: Kult und Nachleben des heiligen Bonifatius im Mittelalter (754-1200) (QAGAF 26), Fulda 1993.

König, Daniel: Bekehrungsmotive. Untersuchungen zum Christianisierungsprozess im römischen Westreich und seinen romanisch-germanischen Nachfolgern (4.-8. Jahrhundert) (HS 493), Husum 2008.

Ljungberg, Helge: Die nordische Religion und das Christentum. Studien über den nordischen Religionswechsel zur Wikingerzeit, Gütersloh 1940.

Meens, Rob: Aspekte der Christianisierung des Volkes, in: Felten, Franz J./Jarnut, Jörg/von Padberg, Lutz E. (Hg.): Bonifatius – Leben und Nachwirken. Die Gestaltung des christlichen Europa im Frühmittelalter (QMRKG 121), Mainz 2007, 211-229.

Mitterauer, Michael: Warum Europa? Grundlagen eines Sonderwegs, München [4]2004.

von Padberg, Lutz E.: Mission und Christianisierung. Formen und Folgen bei Angelsachsen und Franken im 7. und 8. Jahrhundert, Stuttgart 1995.

von Padberg, Lutz E.: Studien zur Bonifatiusverehrung. Zur Geschichte des Codex Ragyndrudis und der Fuldaer Reliquien des Bonifatius, Frankfurt 1995.

von Padberg, Lutz E.: Bonifatius. Missionar und Reformer, München 2003.

von Padberg, Lutz E.: Die Inszenierung religiöser Konfrontationen. Theorie und Praxis der Missionspredigt im frühen Mittelalter (MGMA 51), Stuttgart 2003.

von Padberg, Lutz E.: Christianisierung im Mittelalter, Darmstadt 2006.

von Padberg, Lutz E./Sawyer, Birgit/Sawyer, Peter H.: Art. Mission, Missionar, Missionspredigt, in: RGA 20(2002), 81-94.

Pohl, Walter: Die Germanen (EDG 57), München [2]2003.

Reinbold, Wolfgang: Propaganda und Mission im ältesten Christentum. Eine Untersuchung zu den Modalitäten der Ausbreitung der frühen Kirche (FRLANT 188), Göttingen 2000.

Ritter, Adolf Martin: Art. Laie, in: TRE 20(1990), 378-385.

Röckelein, Hedwig: Reliquientranslationen nach Sachsen im 9. Jahrhundert. Über Kommunikation, Mobilität und Öffentlichkeit im Frühmittelalter (Beihefte der Francia 48), Stuttgart 2002.

Schäferdiek, Knut: Quellen zur Christianisierung der Sachsen, Leipzig 2010.

Schieffer, Theodor: Winfrid-Bonifatius und die christliche Grundlegung Europas, Freiburg 1954, ND mit Nachwort Darmstadt 1980.

Semmler, Josef: Kloster, Mission und Seelsorge im Frühmittelalter, in: Felten, Franz J./Jarnut, Jörg/von Padberg, Lutz E. (Hg.): Bonifatius – Leben und Nachwirken. Die Gestaltung des christlichen Europa im Frühmittelalter (QMRKG 121), Mainz 2007, 303-325.

Sharpe, R./Thacker, Alan: Local Saints and Local Churches in the Early Medieval West, Oxford 2002.

Springer, Matthias: Die Sachsen (Kohlhammer Urban TB 598), Stuttgart 2004.

Steuer, Heiko: Art. Zentralorte, in: RGA 35(2007), 878-914.

Tesch, Sten: Vyer från medeltidens Sigtuna, Sigtuna 2002.

Weichlein, Siegfried: Der Apostel der Deutschen. Die konfessionspolitische Konstruktion des Bonifatius im 19. Jahrhundert, in: Blaschke, Olaf (Hg.): Konfessionen im Konflikt. Deutschland zwischen 1800 und 1970: ein zweites konfessionelles Zeitalter, Göttingen 2002, 155-179.

Weltecke, Dorothea: Jenseits des „Christlichen Abendlandes“. Grenzgänge in der Geschichte der Religionen des Mittelalters, Konstanz 2010.

Yorke, Barbara: The Insular Background to Boniface's Continental Career, in: Felten, Franz J./Jarnut, Jörg/von Padberg, Lutz E. (Hg.): Bonifatius – Leben und Nachwirken. Die Gestaltung des christlichen Europa im Frühmittelalter (QMRKG 121), Mainz 2007, 23-37.

Frauen und Arme auf Kreuzzügen
Zwischen Normen und sozialer Wirklichkeit

Alexander Berner

Die erste Assoziation, die historisch interessierte und informierte Laien mit den Kreuzzügen des Mittelalters verbinden, beziehen sich in der Regel auf Ritter, die mit dem Kreuz auf der Brust gen Jerusalem ziehen, um dort das Heilige Land aus den Händen der Muslime zu befreien. Diese Assoziation ist vollkommen gerechtfertigt, insofern die Ritter als militärischer Kern eine Hauptrolle in der Geschichte der Kreuzzüge spielten. Dennoch waren diese Unternehmungen keineswegs ausschließlich ritterliche Angelegenheiten. Auf den folgenden Seiten soll deshalb der Versuch unternommen werden, Armen und Frauen im Kontext der Kreuzzüge nachzuspüren. Am Anfang steht die Erinnerung an eine Definition des Begriffs Kreuzzug, aus der die Unterscheidungsmerkmale zu einer unbewaffneten Pilgerfahrt sowie die zeitlichen und räumlichen Dimensionen der Kreuzzugsbewegung deutlich werden. In einem zweiten Schritt wird die Forschungslandschaft vorgestellt, um bisher erreichte Ziele, aber auch Defizite bei der Erforschung von Armen und Frauen in der Geschichte der Kreuzzüge sichtbar zu machen. Danach wird anhand eines Beispiels aus der Historia Ierosolimitana des Albert von Aachen aufgezeigt, dass moderne Deutungen mittelalterlicher Quellen bestimmten Schwierigkeiten unterliegen, wenn das Normsystem des Chronisten ignoriert wird. Konkret gefragt: Sind schlecht beleumundete Frauen auf Kreuzzügen das, wofür man sie vielleicht vorschnell halten möchte? Im letzten Abschnitt wird ein von Innozenz III. vorgenommener Paradigmenwechsel innerhalb päpstlicher Kreuzzugspolitik untersucht, nämlich seine 1213 verkündete Bulle *Quia maior*. Diese Bulle nimmt eindeutig Stellung zu Nichtkombattanten innerhalb der Kreuzzugsbewegung. Der dort formulierten Norm werden schließlich Beispiele aus der gesellschaftlichen Realität gegenübergestellt, um zu überprüfen, wie es um die Wirkung päpstlicher Verfügungen bezüglich der Teilnahme von Armen und Frauen an den Kreuzzügen bestellt war.

1. Die Kreuzzüge – was ist damit eigentlich gemeint?

Der zunehmende Ge- und Missbrauch des Kreuzzugsbegriffs in den letzten Jahren macht es noch einmal nötig, zu klären, was mit Kreuzzug eigentlich gemeint ist. Ernst-Dieter Hehls Aufsatz „Was ist eigentlich ein Kreuzzug?“[1] zufolge bestimmen gewisse Parameter, was einen profanen Kriegszug in einen Kreuzzug verwandelt – hervorzuheben sind dabei die päpstliche Initiative und die religiös motivierten, individuellen Kategorien Buße, Sühne und Ablass:[2] „Erst die innere Einstellung machte aus diesem gerechten Krieg einen heiligen Krieg, in dem man sich geistlichen Lohn erwarb – machte ihn vor den Augen Gottes zum Kreuzzug.“[3] Der kriegerische Aspekt unterschied den Kreuzzug aber auch von der seit langem bekannten Pilgerfahrt, wobei die zusätzliche Bereitschaft des Kreuzfahrers, sein eigenes Leben für andere Christen einzusetzen, beide Bewegungen weiter voneinander differenzierte.[4] Ein Kreuzzug war also mehr als eine bewaffnete Pilgerfahrt.

Für eine Definition des Begriffs Kreuzzug ist also der nahe liegende räumliche Aspekt, der das Heilige Land scheinbar untrennbar mit den Kreuzzügen verbindet, weniger wichtig. Daraus ergeben sich bestimmte Folgen für die zeitliche Dimension einer Untersuchung der Beteiligung von armen Frauen an den Kreuzzügen: Wenn man die Definition von Kreuzzügen auf das Heilige Land fokussiert,[5] dann umfasst die Geschichte der Kreuzzüge einen Zeitraum von mindestens zwei Jahrhunderten, nämlich von 1095 (Aufruf Papst Urbans II. während des Konzils von Clermont-Ferrand) bis 1291 (Eroberung der Hafenstadt Akkon, des letzten großen Stützpunktes in christlicher Hand, durch die Muslime). Wenn man den Kreuzzugsbegriff weiter fasst, also nicht nur die Kampagnen nach Palästina als Kreuzzüge begreift, dann wächst der zu untersuchende Zeitraum beträchtlich an: Die Versuche der Wiedergewinnung der heiligen Stätten besonders im 14. Jahrhundert waren zwar nicht von Erfolg gekrönt, bedienten sich allerdings eindeutig der Terminologie der Kreuzzüge. So nahmen die französischen Könige Philipp IV.[6] (1285-1314) und Philipp VI.[7] (1328-1350) beide das Kreuz, freilich ohne das Heilige Land je betreten zu haben. Die Plünderung Alexandrias durch König Peter von Zypern (1359-1369) im Jahr 1365 stand ebenso in der Tradition der Kreuzzüge wie die erfolglose Belagerung Mahdias durch Genuesen, Franzosen, Engländer und Spanier, besonders weil die Beherrschung Nordafrikas seit dem Fünften Kreuzzug (1217-1221) als Schlüssel zur Eroberung des Gelobten Landes angesehen wurde.[8] Auf anderen Schauplätzen dauerten die Kämpfe sehr viel länger an: Im Baltikum kämpfte der Deutsche Orden bis in das 15. Jahrhunderts gegen die heidnischen bzw. nur scheinbar getauften Litauer und erinnerte dabei stets an die auf seiner Grün-

1 Vgl. *Hehl*, Kreuzzug 297-336.
2 Vgl. ebd. 311.
3 Ebd. 312.
4 Vgl. ebd. 316.
5 Prominentester Vertreter dieser Forschungsrichtung in Deutschland ist Hans-Eberhard Mayer. Vgl. *Mayer*, Kreuzzüge 15.
6 Vgl. *Housley*, Crusades 29.
7 Vgl. ebd. 34.
8 Vgl. *Powell*, Anatomy 137f.

dung im Heiligen Land 1198 fußende Kreuzzugstradition. Auf der iberischen Halbinsel war die Ära der Kreuzzüge erst mit der Eroberung Granadas im Jahr 1492, dem Ende der sogenannten Reconquista, beendet. Auf dem Balkan kollidierte das expansive Osmanische Reich zunächst mit den Byzantinern, dann auch mit den lateinischen Christen, die in ihnen eine ernste Bedrohung christlicher Kerngebiete sahen. Die unternommenen Kriegszüge des westlichen Adels gegen die Osmanen wurden als Kreuzzüge geführt und endeten häufig in verheerenden Niederlagen, etwa als die Blüte des vor allem französischen und burgundischen Adels 1396 bei Nikopolis die harte Realität des Krieges jenseits eines westlich-ritterlichen Ehrverständnisses kennenlernen musste. Auch die Schlacht von Warna 1444, in der sich besonders Polen und Ungarn gegen die Osmanen wandten und eine vernichtende Niederlage erlitten, kann als Teil der Kreuzzugsbewegung gesehen werden, weil ihr ein Kreuzzugsaufruf Papst Eugens IV. vorausgegangen war. Auch innerhalb der westlichen Christenheit wurden bis in das 15. Jahrhundert hinein Kreuzzüge geführt, wobei besonders die sogenannten Hussitenkriege in Böhmen und Polen (1419-1439) hervorzuheben sind. Diese wenigen Beispiele sollen genügen, um die zeitlichen und räumlichen Ausmaße der Geschichte der Kreuzzüge zu verdeutlichen. Wenn also weibliche Unterschichten in relevantem Ausmaß Teilnehmer der Kreuzzüge stellten, dann ist dieses historische Phänomen auch Teil ihrer Geschichte. Anders ausgedrückt: Die lange Geschichte der Kreuzzüge ist nur unzureichend erforscht, wenn sie den Anteil der weiblichen Unterschichten – sofern sie involviert waren – ignoriert.

2. Arme, Frauen und die Kreuzzüge – zum Stand der Forschung

Die moderne Geschichtsschreibung der Kreuzzüge folgt immer noch größtenteils einem Narrativ, das die Kreuzzüge als vornehmlich ritterliches – und damit männlich-elitäres – Phänomen der mittelalterlichen Geschichte betrachtet. Dieser Befund erklärt sich aus den überkommenen Quellen, deren Verfasser zum einen selbst Angehörige einer Männerelite (in der Regel Geistliche) waren, zum anderen – und als Folge des gerade Angeführten – wenig Interesse daran hatten, gezielt nicht-männliche Perspektiven einzunehmen bzw. zu überliefern.[9] So entstand der Eindruck, dass sich – ganz gemäß der Überlieferung durch historiographische Quellen, auf die sich die ältere Forschung zunehmend konzentrierte – die Kreuzzugsbewegung mit Jerusalem als Ziel immer mehr zu einer Bewegung vornehmlich des männlichen Adels entwickelt hat. Die Beteiligung armer und weiblicher Pilger

9 Vgl. *Housley*, Crusades 376.

wurde nur für die ersten drei Kreuzzüge akzeptiert, allerdings selten tatsächlich untersucht. Bezeichnenderweise enthält die von Setton herausgegebene, sechsbändige Sammelschrift „A History of the Crusades“[10] keinen einzigen Beitrag über Arme oder Frauen als Teilnehmer der Kreuzzüge.

2.1 Pauperes als Kreuzzugsteilnehmer

Für den Ersten Kreuzzug wurden die Nichtkämpfer inklusive der Kleriker in einer Pilotstudie von Walter Porges zusammengefasst behandelt.[11] Norman Cohn untersuchte „the poor“ auf Kreuzzügen erstmals im Rahmen einer übergeordneten Fragestellung in seiner großen Studie über den Milleniarismus.[12] Wenn Cohn in Einzelfragen durchaus anfechtbare Aussagen tätigte, so ist es doch sein Verdienst, die spezifische Perspektive dieser Kreuzzugsteilnehmer eingenommen und teilweise dargelegt zu haben. Für den Zweiten Kreuzzug fehlt eine konzise Untersuchung der „kleinen“ Teilnehmer bis heute, wenngleich sich Cohn auch diesem Kreuzzug gewidmet hat – allerdings nur auf knapp zwei Seiten.[13] Der Dritte Kreuzzug ist in Grundzügen erst von Rudolf Hiestand auf die *pauperes* bzw. den *populus* im Heer Friedrichs Barbarossa durchleuchtet worden.[14] Eine sozialgeschichtliche Untersuchung der „kleinen“ Teilnehmer des Vierten Kreuzzugs fehlt meines Wissens, obwohl auch hier beispielsweise Prostituierte die Kreuzfahrer begleiteten, Angehörige der Unterschichten also beteiligt waren.[15] Selbst die hochinformative Darstellung des Fünften Kreuzzugs aus der Feder Powells ignoriert die Beteiligung der Unterschichten weitgehend. Die von ihm in seinem Kapitel über Rekrutierung untersuchten Gegensatzpaare sind nicht arm und reich, sondern ländlich (*milites*) und städtisch (*populares*).[16] Die von Painter 1969 veröffentlichte Darstellung der Kampagnen Theobalds von der Champagne und Richards von Cornwall in den Jahren 1239-41 liest sich wie die Geschichte eines Kreuzzugs der Barone – ausschließlich der Barone und ihrer Mannschaft.[17] Auch Strayers Arbeit über die Kreuzzüge Ludwigs des Heiligen ging in diese Richtung; neben einer Panegyrik auf den Kreuzzugshelden Ludwig lieferte er eine Schilderung der Verdienste (hoch-)adeliger

---

10 Vgl. *Setton*, A History of the Crusades (Vol. 1-6).

11 Vgl. *Porges*, The Clergy passim. Besonders prominent ist das Ultimatum des „populus“ an die „principes“, die gerade eroberte Stadt Antiochia zu schleifen, wenn nicht unverzüglich nach Jerusalem aufgebrochen werde; vgl. Fulcheri Carnotensis Historia Hierosolymitana (1059-1127), ed. Hagenmeyer, Heinrich, Heidelberg 1913; hier: 5; 28.

12 Vgl. *Cohn*, Pursuit 61-70.

13 Vgl. ebd. 68-70.

14 Vgl. *Hiestand*, Barbarossa 71-73.

15 Vgl. *Phillips*, Fourth Crusade 246.

16 Vgl. *Powell*, Anatomy 71; 81.

17 Vgl. *Painter*, Crusade 463-487.

Teilnehmer dieser Kreuzzüge.[18] Keine andere soziale Gruppierung wird über Randbemerkungen hinaus auch nur erwähnt. Auch Jordan befasste sich nicht mit den Angehörigen der Unterschichten, die Ludwig IX. nachfolgten, sondern beließ es bei einer Darstellung der Pastorellen als einzige Reaktion der „kleinen Leute".[19]

Lediglich bei den Kampagnen, deren Protagonisten offensichtlich nicht den zeitgenössischen Eliten angehörten, bestand das Interesse der älteren Forschung, diese sozialen Gruppen näher zu untersuchen. Ausnahmen gab es also, wenn sich mit einem „Kreuzzug" auseinandergesetzt wurde, der die Unterschichten bereits im Titel trägt („Volkskreuzzug", „Kinderkreuzzug", „Hirtenkreuzzug").[20] Dabei erschien es nebensächlich, dass diese Bezeichnungen irreführend sind: Der sogenannte Volkskreuzzug hatte starke adelige und klerikale Elemente[21] – Albert von Aachen geht davon aus, dass bei der Niederlage Peters in Kleinasien mindesten 500 *equites* im Heer der Christen gekämpft haben,[22] von denen einige dem Adel angehört haben dürften.[23] Außerdem sahen nicht alle zeitgenössischen Chronisten den Zug Peters des Einsiedlers als eigenständige Unternehmung, sondern als Teil des „regulären" lothringischen Kontingents.[24] Die Bezeichnung „Kinderkreuzzug" verdeckt die wohl primäre Zuordnung dieses Phänomens zur Armutsbewegung des frühen 13. Jahrhunderts,[25] und der „Hirtenkreuzzug", die Pastorellenbewegung des Jahres 1251, war eher ein Aufstand gegen Adel und Klerus in Frankreich.[26]

So konnte der Eindruck entstehen, die Unterschichten hätten das Gros der Teilnehmer der unautorisierten „Kreuzzüge" gestellt, wären in geringerem Maße an den ersten drei Kreuzzügen beteiligt gewesen und schließlich, sobald sich die Logistik der Kreuzzüge auf das Meer verlagerte, aus den professionellen Ritterheeren späterer Kreuzzüge verschwunden.

---

18 Vgl. Strayer, Crusades 487-521.

19 Vgl. *Jordan*, Louis IX 113-116.

20 Vgl. *Cohn*, Pursuit 89f.; 94-98.

21 Vgl. *Gabriele*, Enemies 63; 66. Die alle Teilnehmer über einen Kamm scherende Bezeichnung „mob" wird der Sache sicher nicht gerecht; *Cazel*, Financing 117.

22 Vgl. Hist. Hieros. 4; 6.

23 Kostick übersetzt „knights", vgl. *Kostick*, Social structure 108. So weit würde ich nicht gehen, denn um diese Zeit trennen sich *equites* und *milites* begrifflich voneinander. Während *equites* zunehmend den berittenen Krieger meint, ohne eine genauere soziale Zuordnung zu treffen, bezeichnet *milites* mehr und mehr den ritterlichen Reiter, der das bloße Kriegertum hinter sich gelassen hat; *Fleckenstein*, Rittertum 109. Auch Edgington übersetzt vorsichtig „cavalry"; Hist. Hieros. 255.

24 Vgl. Gesta Francorum 1,2; Bereits Duncalf hat dies bemerkt, allerdings zog er einige fragwürdige Schlüsse: *Duncalf*, Peasants Crusade 440-453.

25 Vgl. *Menzel*, Kinderkreuzzug 132f.

26 Vgl. *Bulst*, Pastorellen 1773f.; Jordan hat diese Sicht noch einmal unterstrichen: *Jordan*, Louis IX 113-116.

2.2 *Frauen als Kreuzfahrer*

Zentral für die Geschichte der Frauen auf Kreuzzügen ist Sabine Geldsetzers Dissertation aus dem Jahr 2003, allerdings widmet sie sich nur im Kontext der Prostitution den weiblichen Unterschichten, ohne sie darüber hinaus sozial zu erfassen oder die Quellensprache zu analysieren.[27] Wenig später lieferte sie eine sehr scharfsinnige Untersuchung zu den Reaktionen von Frauen auf die Kreuzzugspläne männlicher Verwandter, wobei diesmal auch die Unterschichten zu ihrem Recht kamen.[28] Außer Geldsetzer äußerte sich Brigitte Kasten 2006 in ihrem Aufsatz über Gründe, nicht auf den Kreuzzug zu gehen, knapp zu armen Frauen.[29]

Die anglophone Forschung bietet ebenfalls etwas Material: James Brundage lenkte 1967 erstmals in einer kanonistischen Untersuchung den Blick auf Frauen im Kreuzzugskontext, beschränkte sich dabei allerdings auf die Frau als Gattin des Kreuzfahrers, nicht als selbständige Teilnehmerin der Pilgerfahrten.[30] Maureen Purcell ging einen Schritt weiter und untersuchte 1980 Frauen als Kreuzfahrer, wenngleich sie wie Brundage einem kanonistischen Ansatz folgte.[31] Zu Beginn der Beschäftigung mit Frauen im Kontext der Kreuzzüge stand also eine normative Auseinandersetzung. James Powell fragte 1993 nach der Rolle der Frauen auf dem Fünften Kreuzzug, untersuchte dabei aber lediglich die Frauen der Genueser Oberschicht.[32] Yvonne Friedman setzte sich 1995 intensiv mit im Kontext der Kreuzzüge und Kreuzfahrerstaaten in Gefangenschaft geratenen und ausgelösten Frauen auseinander, wobei arme Frauen hier kaum eine Rolle spielten, weil sie kein Lösegeld einbrachten.[33] Helen Nicholson untersuchte 1997 insbesondere islamische Quellen zu Frauen auf dem Dritten Kreuzzug, wobei sie nach ihrem Beitrag zum tatsächlichen Kampfgeschehen fragte. In diesem Zusammenhang beschäftigte sich Nicholson auch kurz mit „non-noble women."[34] Große Aufmerksamkeit wurde der Rolle der Frau auf den Kreuzzügen durch den 2001 erschienen Sammelband „Gendering the Crusades" zuteil,[35] der verschiedene Aspekte zu diesem Thema, allerdings keine Untersuchung über arme Frauen enthielt. 2004 veröffentlichte Christoph T. Maier einen sehr hilfreichen Überblick zu Frauen auf Kreuzzügen, wobei er einen Schwerpunkt auf die Geschlechterrollen im Kreuzzugskontext legte.[36] Als für den Ersten Kreuzzug ungemein instruktiv erweist sich die 2008 erschienene Dis-

---

[27] Vgl. *Geldsetzer*, Frauen 144-151.
[28] Vgl. *Geldsetzer*, Reaktionen 81f.; 85-88.
[29] Vgl. *Kasten*, Liebe 92-95.
[30] Vgl. *Brundage*, Wife passim.
[31] Vgl. *Purcell*, Women passim.
[32] Vgl. *Powell*, Role passim.
[33] Vgl. *Friedman*, Women passim.
[34] Vgl. *Nicholson*, Women 349.
[35] Vgl. *Edgington/Lambert*, Gendering.
[36] Vgl. *Maier*, Roles 64.

sertation Conor Kosticks über die soziale Struktur des Ersten Kreuzzugs, in der er sich ausführlich den Frauen der Unterschicht widmet.[37] Im Wesentlichen baute er dabei auf seinen Vorarbeiten aus dem Jahr 2005 auf.[38]

Es gibt somit einige wenige Arbeiten, die sich dem Phänomen der armen Frauen widmen und hochinteressante Ergebnisse präsentieren, die sich folgendermaßen zusammenfassen lassen: Frauen nahmen an jedem Kreuzzug teil. Sie legten eigenständig Kreuzzugsgelübde ab, die sie in Einzelfällen auch ohne männliche Verwandte erfüllten. Ihre Funktionen im Feld waren vielfältig. Sie mahlten Korn, versorgten die Kämpfer mit Wasser, bewachten das Lager, töteten nach der Schlacht verwundete Gegner und wurden auch an der Beute beteiligt. Wahrscheinlich versorgten sie ebenfalls Kranke und Verwundete und begleiteten die Kreuzzugsheere als Prostituierte. Vereinzelt waren sie sogar aktiv am Kampfgeschehen beteiligt. Andererseits konnten Frauen Kreuzzugspläne ihrer Gatten wirkungsvoll durchkreuzen, wenn ihr eigenes leibliches Wohl dadurch gefährdet war.

3. Namenlose Frauen und die Sünde – ein Beispiel aus der Historia Ierosolimitana

Die Teilnahme von Frauen an den Kreuzzügen ist nie in Frage gestellt worden, dazu ist die Quellenlage zu eindeutig. Frauen waren, seit Urban II. 1095 erstmals zum Kreuzzug aufgerufen hatte, Teil der Kreuzzugsbewegung, und zwar in der ganzen Tiefe der sozialen Schichtung, von der Königin über Fürstinnen und Adelige bis hin zu Angehörigen der Unterschicht.[39] Strittig war bis in jüngere Zeit allerdings besonders die Rolle von Frauen aus den unteren Gesellschaftschichten auf den Kreuzzügen, die von den Chronisten häufig negativ beurteilt wurde. So schreibt Albert von Aachen – zwar kein direkter Augenzeuge des Ersten Kreuzzugs jenseits des Rheinlands, dort aber ein ausgezeichneter Kenner der Ereignisse – über die Zusammensetzung der ungeordneten Kreuzfahrerhaufen im Rheinland: „Menschenmengen aus verschiedenen Reichen und Städten waren zusammengekommen, aber sie nahmen keinen Abstand von unerlaubter und unzüchtiger Vermischung. Es gab hemmungslose Ausschweifungen mit Frauen und Mädchen, die sich allein mit der Liederlichkeit als Ziel auf den Weg gemacht hatten ...“[40] Diese Darstellung lässt auf den ersten Blick vermuten, dass Albert hier die Anwesenheit von Prostituierten beschreibt. Ausgehend von den Marketenderinnen der Frühen Neuzeit, die zum Tross der Heere gehörten wie der Tod zur

---

37 Vgl. *Kostick*, Social Structure 271-285.

38 Vgl. *Kostick*, Women passim.

39 Vgl. *Geldsetzer*, Frauen 12.

40 Historia Ierosolimitana, ed. Edgington, Susan, Oxford 2007 (=Albert); hier: 1; 25.

Schlacht, fiel es manchen Historikern leicht, diesen Befund auf die Kreuzzüge zurück zu projizieren. Das ist allerdings nicht ohne Weiteres zulässig: Kostick hat gezeigt, dass unbedingt Alberts geistlicher Hintergrund berücksichtigt werden muss, wenn man seine Äußerungen über Frauen auf dem Ersten Kreuzzug besser verstehen möchte. Für den Mönch Albert war der Kreuzzug als Pilgerfahrt eine Zeit der Abstinenz, womit eine klare Trennung der Geschlechter verbunden war. Insofern kann er mit seiner Tirade durchaus auch ehelichen Verkehr kritisiert haben. Zudem ging es Albert hintergründig wohl auch um die Tatsache, dass Frauen für die Teilnahme am Kreuzzug ihr bisheriges Leben – was bis dahin vollkommen tadellos gewesen sein konnte – hinter sich gelassen hatten,[41] was der nicht nur monastischen Tugend der *stabilitas*, die später als *staete* zu einer ritterlichen Tugend wird, vollkommen widerspricht. Zudem ist in Betracht zu ziehen, dass der Kontext der Historia Ierosolimitana ebenfalls über Alberts Kritik an den Frauen Aufschluss geben kann. Unmittelbar im Anschluss an das zitierte Kapitel schildert er die Pogrome an den Juden in Niederlothringen, wobei er betont, dass es wohl ein unergründbarer Ratschluss Gottes oder eine Verirrung des Geistes gewesen sein musste, die die Pilger zu solcher Grausamkeit angestiftet habe.[42] Außerordentliche Ereignisse wie die Pogrome bedurften einer Erklärung, und vielleicht kann man Albert unterstellen, hier durch die Abfolge der Kapitel eine gewisse Kausalität zu suggerieren: Die Sündhaftigkeit der nicht dem Anlass angemessen pilgernden Massen bewegt Gott dazu, ihren Geist dahingehend zu verwirren, dass jene in den Juden die Feinde Christi erblicken, die es niederzumachen gilt. Insofern dient die Schilderung des sündhaften Verkehrs – den die Anwesenheit von Frauen auslöst – möglicherweise auch als Erklärung für die Pogrome an den Juden. Diese angedeutete Argumentation passt gut zu einer später weit verbreiteten Deutung christlicher Niederlagen im Heiligen Land: *peccatis nostris exigentibus*, wegen der von uns begangenen Sünden.[43] Dass dieses Deutungsmuster des Unerklärlichen bereits zur Zeit Alberts nicht unbekannt war, zeigt seine oft übersehene Verwendung durch Fulcher von Chartres im Kontext des Makkabäeraufstandes, deren Protagonisten ihrerseits eng mit der Kreuzzugsbewe-

---

41 Vgl. *Kostick*, Social Structure 272.

42 Vgl. *Albert* 1, 26: „Ich weiß nicht, ob aufgrund eines Urteils des Herrn oder eines Irrtums des Geistes, doch die Pilger erhoben sich im Geiste der Grausamkeit gegen die Juden, die über die Städte verstreut waren, und ermordeten sie auf grausame Art, besonders im Reich Lotharingen, wobei sie behaupteten, dies sei der Beginn ihres Zuges und ein Dienst gegen die Feinde de christlichen Glaubens."

43 Vgl. Eugenii Papae Epistolae et Privilegia XLVIII (PL 180, 1064): „Nun aber ist wegen unserer Sünden – etwas, das nicht ohne großen Schmerz und Wehklagen vorgebracht werden kann – die Stadt Edessa, die in unserer Sprache Rohais genannt wird und einst allein unter der Herrschaft der Christen dem Herrn diente, als der ganze Orient von den Heiden beherrscht wurde, von den Feinden des Kreuzes Christi erobert worden, ebenso wie viele Burgen der Christen." Weitere Belege bei *Jäckel*, Deutungen 99f.; *Auffarth*, Wege 128, Anm. 18.

gung verbunden waren:[44] „Nach einer Zeitspanne von vielen Jahren bekämpfte Antiochos Epiphanes wegen der Sünden der Juden ihr Gesetz, wobei er die Makkabäer sehr bedrängte.“[45] Fulcher schrieb seine Historia Hierosolymitana zwischen spätestens 1101 bis 1127, also genau in der Zeit, in der auch Albert seine Kreuzzugschronik verfasste.

Auch wenn die Anwesenheit von Frauen – insbesondere von armen – immer wieder mit Niederlagen der Christen in Verbindung gebracht wurde, gingen geistliche wie weltliche Autoritäten lange Zeit nicht so weit, ein explizites Teilnahmeverbot zu verhängen. Erst 1188 lässt sich ein solches Verbot finden, das auf eine Initiative des englischen Königs Heinrich II. zurückzuführen ist. Allerdings blieb es eine singuläre Erscheinung ohne feststellbare Folgen.[46]

4. Die Kreuzzugsinnovation Innozenz III. und ihr Niederschlag in der Gesellschaft

Die geistigen Väter der Kreuzzüge des 12. Jahrhunderts beschäftigten sich nicht mit der „Frauen-“ bzw. „Armenfrage“. Der entscheidende Wandel setzte im Vorfeld des Fünften Kreuzzugs ein. Papst Innozenz III. hatte sich nach dem Fiasko des Vierten Kreuzzugs dazu entschieden, eine neue Form des Kreuzzugs unter päpstlicher Führung zu proklamieren. Er war fest dazu entschlossen, die gesamte lateinische *christianitas* für den Kreuzzug zur Wiedereroberung der Heiligen Stätten nutzbar zu machen, während weltliche Herrscher wie Friedrich I. Barbarossa zuvor noch versucht hatten, die armen Teile der Gesellschaft, Männer wie Frauen, von der Teilnahme am Kreuzzug generell auszuschließen.[47]

4.1 Quia maior

Die 1213 versandte Bulle *Quia maior* überliefert recht genau, wie sich Innozenz diesen Paradigmenwechsel vorstellte: „Jenen aber, die nicht in eigener Person dorthin [in das Heilige Land, A.B.] gehen können, aber immerhin auf ihre Kosten nach eigener Fähigkeit und eigenem Vermögen geeignete Män-

44 Vgl. *Auffarth*, Wege 123-150.
45 *Fulcher* 3, 30, 7:
46 Vgl. *Geldsetzer*, Frauen 38f.
47 *Ottonis de Sancto Blasio Chronica* (MGH SS rer. Germ. i.u.s. 47), ed. Adolf Hofmeister, Hannover 1912; hier: 45: „Er setzte den Mai als Zeit des Aufbruchs fest und untersagte den Armen, die weniger als drei Mark besaßen, unter Androhung des Banns die Teilnahme, weil er nicht wollte, dass sich das Heer mit weniger geignetem Volk belastet.”

ner ausstatten, und gleichermaßen jenen, die auf Kosten anderer, aber in eigener Person teilnehmen, gewähren wir die volle Vergebung ihrer Sünden."[48] Zur Präzisierung muss festgehalten werden, dass mit der *remissio peccatorum* die Vergabe der Sündenstrafen – und nicht der Sünden selbst – gemeint ist.[49] Abgesehen davon wird deutlich, dass Innozenz einerseits bemüht war, den Kreuzzug militärisch zu professionalisieren, indem er auf die Eignung der Teilnehmer abhob. Andererseits öffnete er die Unternehmung offiziell für soziale Gruppen, die bislang mangels Eignung prinzipiell ausgeschlossen gewesen waren, obwohl die Realität völlig anders ausgesehen hatte: Ungeeignete Kreuzfahrer, beispielsweise Arme und Frauen, hatten bislang an jedem Kreuzzug teilgenommen.[50] Der Papst umwarb diese Gruppen nun mit der gleichen Vergabe der Sündenstrafen, die auch geistlicher Lohn der (geeigneten) Teilnehmer war, wenn sie denn nur daheim blieben und geeignete Krieger ausrüsteten. Unter diesen sozialen Gruppen befanden sich auch die Frauen, von denen Innozenz in erster Linie erwartete, dass sie mit Spenden geeignete Männer für den Krieg finanzierten. Auf der Ebene der persönlichen Teilnahme erfuhren Frauen und Arme mangels Eignung also eine Exklusion, während sie auf der Ebene der Unterstützung des Kreuzzugs inkludiert wurden, deren Vollwertigkeit durch den gleichen geistlichen Lohn, wie er für Teilnehmer vorgesehen war, unterstrichen wurde.

4.2 Reaktionen der betroffenen sozialen Gruppen

Ein Beispiel für die Nutzbarmachung weiblicher Finanzpotentiale für den Fünften Kreuzzug hat Powell für die Genuesische Oberschicht erarbeitet. Er gelangte zu dem Befund, dass dort die päpstliche Idee von der finanziellen Partizipation im Austausch für geistlichen Lohn zunächst sehr gut funktionierte: Nach einer eindringlichen Predigt Jakobs von Vitry hatten die Ehefrauen der zu diesem Zeitpunkt auf einem Feldzug befindlichen Männerelite in großer Zahl das Kreuz genommen. Tatsächlich finden sich in zehn von fünfzehn Testamenten, die zwischen 1215 und 1221 in Genua aufgesetzt wurden und den Kreuzzug begünstigten, Frauen als Wohltäter.[51] Allerdings schloss eine testamentarische Verfügung zugunsten des Kreuzzugs die persönliche Teilnahme nicht aus, und so begleiteten einige Frauen ihre Gemahle nach Outremer oder pilgerten gar auf eigene Faust.[52]

Dieses Beispiel aus der Oberschicht einer blühenden Handelsstadt deutet es bereits an: Die soziale Realität der Kreuzzüge selbst hat Innozenz durch

---

48 Quia maior, in: Tangl, Georgine: Studien zum Register Innocenz III., Weimar 1929, 88-97, hier: 91f.

49 Vgl. *Völkl*, Muslime 57.

50 Vgl. für den Zweiten Kreuzzug: *Kostick*, Bounty 70f.; für den Dritten Kreuzzug: *Hiestand*, Barbarossa 71-73.

51 Vgl. *Powell*, Role 296.

52 Vgl. ebd. 299.

sein neues Konzept nicht grundlegend ändern können. Die Kreuzzüge wurden auch in der Folge stets als Pilgerfahrten wahrgenommen, an denen selbst dann noch Frauen teilnahmen, obwohl sie die Möglichkeit gehabt hätten, die *remissio peccatorum* durch von ihnen ausgestattete Stellvertreter zu erlangen.

Auch die Armen ließen sich nicht davon abhalten, wie bisher persönlich mit den Kreuzzugsheeren nach Palästina zu pilgern. Die Predigttätigkeit des päpstlichen Legaten Roberts de Courson in Frankreich kurz nach Veröffentlichung der Bulle ist besonders aufschlussreich, weil er – gegen den Willen des Papstes – unterschiedslos an alle das Kreuz verteilte, die es nehmen wollten. Er vergab es sogar an Kinder, Greise, Frauen, Blinde und Lepröse.[53] Das Bedürfnis und die Bereitschaft der Unterschichten, in eigener Person an diesem Kreuzzug teilzunehmen, war also vorhanden. Die Armen entzogen sich jeder Kontrolle, und das musste auch Honorius III., Nachfolger Innozenz III. auf dem Stuhle Petri, einsehen. Er richtete sich in einem Schreiben aus dem Jahr 1217 explizit an die Armen und Schwachen, worin er ihnen vorschlug, statt nach Palästina doch lieber nach Preußen zu ziehen, wobei der geistliche Lohn gleichwertig sein sollte.[54] Sein Versuch, die Armen und Schwachen durch alternative Angebote wenigstens vom militärischen Hauptziel des Kreuzzugs, nämlich der Rückeroberung Jerusalems, fernzuhalten, scheiterte.

Ein etwas späteres Beispiel aus Friesland zeigt, dass die päpstlichen Bemühungen zur Professionalisierung der Kreuzzugsheere bisweilen vollständig ignoriert und ins Gegenteil verkehrt wurden. Emo, Abt des Klosters von Wittewierum, schildert voller Stolz, wie ein friesisches Kontingent im Jahr 1227 von Borkum nach Palästina aufbrach: „Eines ihrer Schiffe war hergestellt und ausgerüstet vom Geld der reichen Männer und Frauen, zum Gebrauch der Armen“[55]. Annähernd 2000 Mark habe dieses Schiff gekostet, wobei das gesammelte Geld aus zwei friesischen Dekanaten zusammengelegt worden war. Nicht Arme hatten sich hier zusammengeschlossen, um geeignete Teilnehmer auszurüsten, sondern Reiche hatten zusammengelegt, um den *pauperes* die Reise nach den Heiligen Stätten zu ermöglichen. Entweder hatte die Initiative Innozenz III. Friesland auch fast 15 Jahre nach der Verkündigung von *Quia maior* nicht erreicht oder sie wurde ignoriert, weil sie den gesellschaftlichen Realitäten nicht gerecht wurde – die Unterschichten, Männer wie Frauen, strebten nach dem Heiligen Land.

Die ältere Forschung war zudem der Ansicht, die zunehmende Verlagerung der Kreuzzugsrouten auf das Meer seit dem Fünften Kreuzzug habe die Teilnahme der Unterschichten weitgehend ausgeschlossen, weil die Kosten des Transportes auf Schiffen das Budget dieser „kleinen Leute“ überstiegen

---

53 Vgl. *Mayer*, Kreuzzüge 257.

54 Vgl. Oorkondenboek van het sticht Utrecht tot 1301 2, bearb. v. Heeringa, Klaus, Utrecht [2]1940; hier: Nr. 655 119.

55 Emonis Chronicon 511.

habe. Die späteren Kreuzzüge seien zu einer „affaire des barons“[56] geworden. Die um *Quia maior* erweiterte ältere These lautet also: Zunehmende wirtschaftliche Hindernisse bei gleichzeitig bestehendem Alternativangebot, nämlich der Ausstattung eines Kreuzfahrers nach eigenen Möglichkeiten, minimierten die Teilnahme von Armen und Frauen an Kreuzzügen.

Benjamin Kedar gelangte 1972 zu einer anderen Einschätzung.[57] Die Basis seiner These war ein Glücksfall der Überlieferung, nämlich die Passagierliste des Handelsschiffs St. Victor.[58] Die St. Victor ankerte am 30. Juli 1250 vor Messina, um dort einen Streit zwischen den Schiffsbesitzern und den 453 namentlich genannten Passagieren über das Ziel der Reise – Damiette oder Akkon – schlichten zu lassen. Die Passagiere konnten nicht nur sicher als Kreuzfahrer identifiziert werden,[59] sondern sie ließen sich bestimmten sozialen Gruppen zuordnen: Neben einigen Rittern, deren Mannschaft und Klerikern verblieben 342 Personen (ca. 75%), die Kedar als „commoners“ bezeichnet.[60] Nun ist „Gemeine“ ein Sammelbegriff und verweist nicht unbedingt auf Arme, doch hebt er sich deutlich von Bezeichnungen für gesellschaftliche Eliten ab. Kedar macht es im Folgenden wahrscheinlich, dass auch Arme tatsächlich an Bord der St. Victor waren, indem er die täglichen Einkünfte kleiner städtischer Dienstleister (Köche: 2 sol parisis = 30 deniers tournois, und Schneider: 8 deniers parisis = 10 deniers tournois) dem Preis einer Passage ab Marseille in der Mitte des 13. Jahrhunderts gegenüberstellt. Eine Überfahrt dritter Klasse wird ungefähr 56 sol tournois (= 672 deniers tournois) gekostet haben wenn man dem Anbieter einen angenommenen Gewinn von 25% zugestehen will – diese Zahl ergibt sich aus den 45 sol tournois, die Garnerius de Marinhino 1248 in Marseille für 200 Plätze in der dritten Klasse angemietet hatte, um sie weiterzuverkaufen. 56 sol tournois entsprechen 22,4 durchschnittliche Tageseinkommen eines Pariser Kochs bzw. 67,2 eines Schneiders.[61] Unbezahlbar war eine Passage nach Outremer also nicht, wenngleich sie beinahe eiserne Spardisziplin voraussetzte. Von den 342 Gemeinen an Bord der St. Victor waren 42 Frauen, von denen wiederum 22 alleine reisten oder einander Gesellschaft leisteten.[62] Die Motive der Reisenden bleiben Spekulation, doch lassen sich einige Mutmaßungen anstellen: handwerkliche Tätigkeiten im Heer Ludwigs IX., Ansiedlung im Heiligen Land, aber auch die Teilnahme an dem Kreuzzug als Bußleistung.[63]

---

56 *Mollat*, Problèmes 350.

57 Vgl. *Kedar*, Passenger 267-279.

58 Vgl. *de Laborde*, Layettes 103a-106a.

59 Vgl. *Kedar*, Passenger 268f.

60 Vgl. ebd. 271.

61 Kedar gelangt zu einem anderen Ergebnis (112 Tageseinnahmen für den Scheider), das sich mir rechnerisch nicht erschließen will. Vgl. ebd. 271f.

62 Vgl. ebd. 272 u. 274.

63 Vgl. ebd. 275f.

Seit Benjamin Kedars Aufsatz über das „popular element“ auf dem Sechsten Kreuzzug (nach englischer Zählung Siebter Kreuzzug) ist es unstrittig, dass Angehörige der Unterschichten und Frauen wahrscheinlich an jedem Kreuzzug teilgenommen haben, wenngleich ihr quantitativer Anteil im Lauf der Zeit sank.[64] Nicht einmal kleine, rein königliche oder fürstliche Kampagnen werden hier die Ausnahme gebildet haben, denn die armen, kranken und schwachen Männer und Frauen entzogen sich jeder Kontrolle – konnten sie keine Passage auf einem fürstlichen Schiff ergattern, nahmen sie eben das nächste Handelsschiff mit Kurs auf die Levante. Die Preise und Löhne um 1250 ließen dies zu.[65] Diese Annahme stützt auch Housley, der die Konsequenz der Vernachlässigung der Unterschichten als „unacceptably narrow picture“[66] der späteren Kreuzzüge bezeichnet hat – er selbst ist einer der Wenigen, die dann auch den Versuch unternommen haben, den Unterschichten auf Kreuzzügen 1274-1580 nachzuspüren.[67] Kedars Studie belegt des Weiteren die zunehmende Relevanz anderer Quellengattungen, beispielsweise von städtischem Verwaltungsschriftgut oder eben Passagierlisten, die neben die historiographischen Quellen traten und eine andere Perspektive auf die „kleinen Leute“ als Teilnehmer der späteren Kreuzzüge gestatten.

Ein beträchtlicher Anteil an der maritimen Beförderung auch von Angehörigen der Unterschichten darf den geistlichen Ritterorden, besonders Johannitern und Templern, unterstellt werden. Beide Orden verfügten über entsprechende Privilegien, die einen zollfreien und kostengünstigen Transport von Kreuzfahrern, Pilgern, Handelsgütern und Geld in die Levante erlaubten. Von diesen Privilegien machten sie bis zum Fall Akkons 1291 Gebrauch.[68]

5. Zusammenfassung

Die vorangegangenen Seiten haben verschiedene Aspekte der Erforschung von Frauen und Armen als Kreuzzugsteilnehmer angesprochen. In einem ersten Schritt wurde eine Definition nebst der daraus folgenden zeitlichen und räumlichen Dimension der Kreuzzüge vorgestellt. In einem zweiten Schritt wurde die Forschungslandschaft in ihren Grundzügen vorgestellt. Die Erforschung von Frauen und Armen als Kreuzzugsteilnehmer muss als in Grundzügen vorhanden, aber ausbaufähig bewertet werden. Hinsichtlich der Quellenkritik hat es sich am Beispiel Alberts von Aachen als unverzichtbar

64 Vgl. ebd. 279.
65 Vgl. ebd. 271f.
66 *Housley*, Crusades 377.
67 Vgl. ebd. 376-420.
68 Vgl. *Jacoby*, Hospitaller 62-64.

herausgestellt, die negative Darstellung von Frauen auf Kreuzzügen vor dem geistlichen Hintergrund und dem damit verbundenen Normensystem des Chronisten zu lesen. Ohne die Berücksichtigung dieses Hintergrundes geht die klerikale Färbung der Quelle verloren, was die moderne Deutung des Phänomens in die Irre führen kann. Das Pontifikat Innozenz III. barg für die Entwicklung der Kreuzzüge einen deutlichen Einschnitt: In seiner Bulle *Quia maior* bemühte sich der Papst, die Kreuzzüge zu professionalisieren, ohne dabei ungeeignete Teilnehmer – Frauen und Arme – vollständig aus der Bewegung auszuschließen. Er bot ihnen attraktive Alternativen zu einer eigenen Teilnahme an, doch stellt sich bei stichprobenartiger Durchsicht der Quellen der Eindruck ein, dass die Zielgruppen dieses Angebot häufig ignorierten. Die persönliche Anwesenheit im Heiligen Land wog für Arme und Frauen offenbar schwerer als eine durch Stellvertreter erreichte *remissio peccatorum*. Die Schlüsselstudie Kedars hat gezeigt, dass bei Hinzuziehung alternativer Quellengattungen Einblicke in die Teilnahme von Kreuzfahrern in der zweiten Hälfte des 13. Jahrhunderts möglich sind, die nicht den männlichen Eliten angehörten, womit er grundsätzliche ältere Aussagen über die soziale Zusammensetzung der späteren Kreuzzüge revidierte. Auch die späteren Kreuzzüge waren gesamtgesellschaftliche Phänomene, an denen Frauen und Arme beteiligt waren.

Literatur

Auffarth, Christoph: Irdische Wege und himmlischer Lohn. Kreuzzug, Jerusalem und Fegefeuer in religionswissenschaftlicher Perspektive (Veröffentlichungen des Max-Planck-Instituts für Geschichte 144), Göttingen 2002.

Brundage, James A.: The Crusader's Wife revisited, in: Studia Gratiana 14(1967), 241-252.

Bulst, Neithard: Art. Pastorellen, in: Lexikon des Mittelalters 6(1993), 1773-1774.

Cazel, Fred A. jr.: Financing the Crusades, in: Setton, Kenneth M. (Hg.): A History of the Crusades 6: The impact of the crusades on Europe, London 1989, 116-149.

Cohn, Norman: The pursuit of the millennium: Revolutionary millenarians and mystical anarchists of the middle ages, London ^{3}1970.

Duncalf, Frederic: The Peasants Crusade, in: American Historical Review 26 (1920/21), 440-453.

Edgington, Susan B./Lambert, Sarah (Hg.): Gendering the crusades, Cardiff 2001.

Fleckenstein, Josef/Zotz, Thomas: Rittertum und ritterliche Welt, Berlin 2002.

Friedman, Yvonne: Women in Capitivity and their Ransom during the Crusader Period, in: Goodich, Michael/Menache, Sophia/Schein, Sylvia (Hg.): Cross cultural convergences in the crusader period. Essays presented to Aryeh Grabois on his sixty-fifth birthday, New York 1995, 75-117.

Gabriele, Matthew: Against the enemies of Christ: The role of count Emicho in the anti-Jewish violence of the first crusade, in: Frassetto, Michael (Hg.): Christian attitudes toward the Jews in the middle ages: A casebook (Routledge medieval casebooks 37), New York 2007, 61-82.

Geldsetzer, Sabine: Zwischen Enthusiasmus und Ablehnung. Reaktionen von Frauen auf Kreuzzugspläne (männlicher) Verwandter, in: Gestrich, Andreas/Krauss, Marita (Hg.): Zurückbleiben. Der vernachlässigte Teil der Migrationsgeschichte (Stuttgarter Beiträge zur historischen Migrationsforschung 6), Stuttgart 2006, 79-88.

Geldsetzer, Sabine: Frauen auf Kreuzzügen. 1096-1291, Darmstadt 2003.

Hehl, Ernst-Dieter: Was ist eigentlich ein Kreuzzug? Iin: Historische Zeitschrift 259 (1994), 297-336.

Hiestand, Rudolf: „precipua tocius christianismi columpna". Barbarossa und der Kreuzzug, in: Haverkamp, Alfred (Hg.): Friedrich Barbarossa. Handlungsspielräume und Wirkungsweisen des staufischen Kaisers (Vorträge und Forschungen 40), Sigmaringen 1992, 51-108.

Housley, Norman J.: The later crusades, 1274-1580. From Lyons to Alcazar, Oxford 1992.

Jacoby, David: Hospitaller ships and transportation across the Mediterranean, in: Borchardt, Karl/Jaspert, Nikolas/Nicholson, Helen J. (Hg.): The Hospitallers, the Mediterranean and Europe. Festschrift for Anthony Luttrell, Aldershot 2007, 57-72.

Jäckel, Dirk: Deutungen der christlichen Niederlagen im Heiligen Land (12. Jahrhundert). Ein Vergleich okzidentaler und christlich-orientalischer Bewältigungsstrategien, in: Drews, Wolfram/Oesterle, Jenny R. (Hg.): Transkulturelle Komparatistik: Beiträge zu einer Globalgeschichte der Vormoderne (Comparativ 18), Leipzig 2008, 95-107.

Jordan, William Ch.: Louis IX and the challenge of the crusade: a study in rulership, Princeton 1979.

Kasten, Brigitte: Liebe, Furcht und andere Gründe, nicht auf den fünften Kreuzzug (1217-1221) zu gehen, in: Gestrich, Andreas/Krauss, Marita (Hg.): Zurückbleiben. Der vernachlässigte Teil der Migrationsgeschichte (Stuttgarter Beiträge zur historischen Migrationsforschung 6), Stuttgart 2006, 89-124.

Kedar, Benjamin Z.: The passenger list of a crusader ship, 1250: towards the history of the popular element on the Seventh Crusade, in: Studi medievali Ser. 3, 13 (1972), 267-279.

Kostick, Conor: God's Bounty, Pauperes and the Crusades of 1096 and 1147, in: Clarke, Peter D. (Hg.): God's bounty? The churches of the natural world. Papers read at the 2008 summer meeting and the 2009 winter meeting of the Ecclesiastical History Society (Studies in church history 46), Woodbridge 2010, 66-77.

Kostick, Conor: The social structure of the First Crusade (The medieval Mediterranean 76), Leiden 2008.

Kostick, Conor: Women and the First Crusade: Prostitutes or Pilgrims? in: Meek, Christine E./Lawless, Catherine (Hg.): Studies on Medieval and Early Modern Women 4. Victims or Viragos? Dublin 2005, 57-68.

Maier, Christoph T.: The roles of women in the crusade movement: a survey, in: Journal of Medieval History 30(2004), 61-82.

Mayer, Hans E.: Geschichte der Kreuzzüge, Stuttgart ^{10}2005.

Menzel, Michael: Die Kinderkreuzzüge in geistes- und sozialgeschichtlicher Sicht, in: Deutsches Archiv für Erforschung des Mittelalters 55(1999), 117-156.

Mollat du Jourdin, Michel: Problèmes maritimes de l'histoire des croisades, in: Cahiers de civilisation médiévale 10(1967), 345-359.

Nicholson, Helen: The Role of Women on the Third Crusade, in: Journal of Medieval History 23(1997), 335-349.

Painter, Sidney: The Crusade of Theobald of Champagne and Richard of Cornwall 1239-1241, in: Setton, Kenneth M. (Hg.): A History of the Crusades 2: The later crusades 1189-1311, London 1969, 463-487.

Phillips, Jonathan P.: The Fourth Crusade and the sack of Constantinople, London 2005.

Porges, Walter: The Clergy, the Poor and the Non-Combatants on the First Crusade, in: Speculum 21(1946), 1-23.

Powell, James M.: The role of women in the Fifth Crusade, in: Kedar, Benjamin Z. (Hg.): The Horns of Hattin. Proceedings of the 2. Conference of the Society for the Study of the Crusades and the Latin East: Jerusalem and Haifa 2-6 July 1987, Jerusalem 1992, 294-301.

Purcell, Maureen: Women crusaders: a temporary canonical aberration?, in: Frappell, L. O. (Hg.): Principalities, Powers and Estates. Studies in Medieval and Early Modern Government and Society, Adelaide 1980, 57-64.

Setton, Kenneth M. (Hg.): A History of the Crusades (Vol. 1-6), Philadelphia, Pa. 1958-1989.

Strayer, Joseph R.: The Crusades of Louis IX, in: Setton, Kenneth M. (Hg.): A History of the Crusades 2: The later crusades 1189-1311, London 1969, 487-521.

Völkl, Martin: Muslime, Märtyrer, Militia Christi. Identität, Feindbild und Fremderfahrung während der ersten Kreuzzüge (Wege zur Geschichtswissenschaft), Stuttgart 2011.

Hexenverfolgung als Schuld der Kirche(n)? Die Handlungsoption „Hexenjagd“

Rita Voltmer

1. Klischees

Historische Romane bemühen oft regelrechte Versatzstücke aus der Kirchengeschichte, um jene Plots mit okkulten Geheimnissen und düsteren Rätseln anzureichern, von denen sich die Leserschaft so fasziniert zeigt: geheime Sekten, Bruderschaften und Verschwörungen, die bösen Machenschaften der Kirche und einer nicht minder mythomanisch aufgeladenen Inquisition. Vorzugsweise die (fälschlich) im Mittelalter angesiedelten Hexenverfolgungen erfahren eine ausgesprochene Beliebtheit, wenn es gilt, die Papstkirche als düsteren Machtapparat und ihre Vertreter als sexuell deformierte, pathologische Frauenhasser voller Profitgier und fanatisierter Grausamkeit zu diffamieren. Die Hexenverfolgung wird damit zur Chiffre, die quasi stellvertretend steht für die vermeintlich tödlichen Attacken von Staat und Kirche gegen Hebammen, Heilerinnen, weise Frauen, Kräuterfrauen oder Anhängerinnen eines „uralten“ paganen (wahlweise keltischen oder germanischen) Kultes um Fruchtbarkeit und libertäre Sexualität. Unterstellt wird, dass eben jene Frauen ins Visier der Hexenjäger gerieten, die gegen männliche Kontrolle aufbegehrten oder ihr spezifisches weibliches Wissen vor dem disziplinierenden Zugriff des Patriarchats in Gestalt missgünstiger Ärzte, lüsterner Inquisitoren und gieriger Amtsleute bewahren wollten. Kaum ein populistischer Allgemeinplatz wird bereitwilliger akzeptiert, als die falsche Behauptung, die päpstliche Amtskirche und die von ihr kontrollierte Inquisition trügen nicht nur die Schuld an den Hexenverfolgungen, sondern mit Vertuschungen, Schweigegeboten und Geheimniskrämereien ließen sie diese (vermeintliche) Wahrheit auch bis heute nicht ans Licht kommen.[1]

Eine solche Schwarzweiß-Malerei geht einher mit der Behauptung, Millionen von Frauen seien jenem, von Staat und Kirche komplizenhaft orches-

---

1 Entstanden sind jene „Hexenmythen“, welche um die Alleinschuld der katholischen Papstkirche kreisen, unter anderem im Umfeld einer protestantisch geprägten Aufklärung. Im Kulturkampf des 19. Jahrhunderts überboten sich dann katholische wie protestantische Autoren darin, die „Schuld“ an den Hexenprozessen der jeweils anderen Konfession anzulasten. Grundsätzlich verlief die Konstruktion dieser und anderer einschlägiger Hexenmythen in hochkomplizierten Vermittlungs-, Aneignungs- und Umdeutungs-Prozessen, deren verschlungene Wege hier nicht nachgezeichnet werden können; vgl. dazu nur *Behringer*, Millionen; *ders.*, Geschichte; *Voltmer*, Hebammen-Mythos; *Voltmer*, Hexen; und *Wiedemann*, Rassenmutter.

trierten Gynozid zum Opfer gefallen. Romanhandlungen geben sich dabei gerne den Anschein, als ob sie auf historisch korrekten Erkenntnissen basieren würden. Bestes Beispiel dafür ist der Bestseller „Sakrileg“ von Dan Brown, wo behauptet wird, die katholische Inquisition habe zunächst den „Malleus maleficarum“ als Richtschnur für eine großangelegte Verfolgung publizieren lassen, um dann gelehrte Frauen, Priesterinnen, Zigeunerinnen, Mystikerinnen, Naturliebhaberinnen, Kräutersammlerinnen, Hebammen, insgesamt fünf Millionen Frauen, als Hexen hinschlachten lassen.[2]

In seinen phantasievollen Verschwörungsszenarien verrührt Dan Brown die bekannten Halbwahrheiten, Fehlsichten und Klischees über die von der Kirche organisierte Hexenjagd zu einem farbigen Cocktail, doch selbst in Unterrichtsmaterialien und Schulbüchern lassen sich immer noch Bestandteile dieser irrigen „Hexenmythen“ finden.[3] Nüchtern betrachtet und mit Blick auf die neuesten Ergebnisse wissenschaftlicher Forschung bleibt jedoch festzuhalten, dass durch diese plakativ-eingängigen Behauptungen lediglich Fabulate, aber keine historischen Fakten vermittelt werden.

Um keine Zweifel aufkommen zu lassen: Sicher hat es ein nicht selten fanatisches Engagement von Theologen, Priestern, Klerikern und Pfarrern aller Konfessionen sowohl in einzelnen Hexereiverfahren wie auch in Kettenprozessen und großangelegten Hexenjagden gegeben. Besonders die von kurkölnischen und fränkischen Fürstbischöfen bzw. -pröpsten zu verantwortenden Verfolgungen kosteten tausende Leben. Mehrheitlich sind tatsächlich Frauen den Prozessen zum Opfer gefallen. Jedoch stellen die spätmittelalterlichen und frühneuzeitlichen Hexenjagden ein ungleich komplexeres Phänomen dar, als uns die klischeehaften Verschwörungsszenarien auf zweifelhaften Websites und in noch zweifelhafteren Kitsch- und Skandalromanen vormachen wollen. Es ist daher unumgänglich, den Behauptungen der „Hexenmythen“ noch einmal die in der modernen Hexenforschung gesicherten Fakten gegenüberzustellen.[4] Weder sollen damit der Schrecken der Verfolgun-

---

2 *Brown*, Sakrileg 174f. Zu den von Dan Brown konstruierten Verschwörungsszenarien vgl. *Pöhlmann/Ehrhardt/Ruch*, Code, bes. 5-8.

3 *Voltmer*, Hebammen-Mythos 23f.; *Voltmer*, Netzwerk 504f.

4 Die internationale, interdisziplinär angelegte „Hexenforschung“ hat in Deutschland ihre universitäre Heimat zumeist an landesgeschichtlichen Lehrstühlen gefunden (Tübingen, Saarbrücken, Trier); vgl. *Voltmer*, Hexenpolitik. Das Thema „Hexenverfolgung“ (inklusive aller weiteren okkult-magischen Implikationen) boomt nicht nur in den Unterhaltungsmedien, sondern auch in wissenschaftlichen Publikationen. Als Einstieg in die Thematik empfiehlt sich besonders das Themenportal „Hexenforschung“ (http://www.historicum.net/themen/hexenforschung/). Dort finden sich unter anderem ein Lexikon, Aufsätze, Abschlussarbeiten, Unterrichtsmaterialien und Quellen zum Thema. Einblick in die facettenreichen Aspekte von Zauberei, Hexerei und Magie liefern die Artikel in der von Richard Golden herausgegebenen vierbändigen „Encyclopedia of Witchcraft“. Unentbehrlich bleibt die von Wolfgang Behringer angelegte Quellensammlung zu den einschlägigen Vorkommnissen im Heiligen Römischen Reich deutscher Nation. Zuverlässige Editionen liefert darüber hinaus die von Jürgen Macha und dem von ihm geleiteten Forscherteam herausgegebene Zusammenstellung „deutsche Kanzleisprache in Hexen-

gen kleingeredet, noch die Schuldigen exkulpiert oder einem allzu sehr relativierenden „Verstehen aus der Zeit heraus“ das Wort geredet, hingegen aber auf die Komplexität der Phänomene aufmerksam gemacht werden.[5]

2. Fakten

Entstehung und Inhalt des Hexenglaubens

Die geistigen Wurzeln des Hexenglaubens reichen in die „mittelalterliche“ Zeit zurück. Das Delikt der Hexerei, bestehend aus den Vorwürfen Teufelspakt, Teufelsbuhlschaft, Hexenflug, Teilnahme am Hexensabbat sowie Planung und Ausführung von Schadenzaubern entstand um 1400. Man sah diese neuen Teufelsdiener weniger als „Einzeltäter“, sondern als Mitglieder einer geheimen, zerstörerischen Ketzersekte. Hexerei galt als ein „Bandendelikt“, als eine gegen Gottes Schöpfung gerichtete Verschwörung unzüchtiger, gotteslästerlicher, den Teufel anbetender Häretiker. Mithin schrieb man der Denunziation angeblicher Sabbatteilnehmer (und damit der vermeintlichen Enttarnung weiterer Anhänger der Hexenketzersekte) eine hohe indizienrechtliche Beweiskraft zu. Eindrucksvolles Beispiel liefern dafür die langen Listen angeblicher Komplizen, welche den der Hexerei Angeklagten unter der Folter abgepresst werden konnten. So nannte der ab 1588 in der Reichsabtei St. Maximin bei Trier gefangen gehaltene, noch minderjährige Hans Jacob Meisenbein die Namen von 150 Personen, die er angeblich auf dem Hexensabbat gesehen haben sollte, darunter – neben seiner Mutter und seinen drei Geschwistern – viele wohlhabende Trierer Bürger und Bürgerinnen sowie Kleriker. Immer wieder mit Verdächtigen konfrontiert, diente Hans Jacob als veritabler Zeuge der Anklage, bis er schließlich am 24. Oktober 1592 als vermeintlicher Hexenmeister hingerichtet wurde.[6]

Nach der Reformation entwickelten auch die neuen Konfessionen spezielle Hexerei-Imaginationen. Protestantische Theologen zweifelten nicht an der Existenz von Teufelspakt und Schadenzauber, jedoch am Hexenflug und am Sabbat. Allerdings stuften sie die Macht des Teufels niedriger ein und

---

verhörprotokollen“. Als allgemeine thematische Hinführung empfehlenswert sind die Artikel des Ausstellungskataloges „Hexen. Mythos und Wirklichkeit“.

5 In diesem synthetisierenden Beitrag können nicht alle Einzelnachweise geführt werden, zumal diese bereits in der zugrundliegenden Forschungsliteratur zu finden sind. Der Anmerkungsapparat beschränkt sich daher auf die notwendigsten Hinweise. Sofern nicht anders angegeben, wird der Leser auf die einschlägigen Einführungen zur Thematik verwiesen: *Rummel/Voltmer*, Hexen; *Voltmer*, Hexen; *Dillinger*, Hexen; *Behringer*, Hexen; *ders.*, Witches; *Levack*, Witch-Hunt. Auf die Schwierigkeiten, mithilfe einer sensiblen, kritischen Interpretation Strafgerichtsakten und verwandte Quellen zum „Sprechen“ zu bringen, kann an dieser Stelle ebenfalls nicht eingegangen werden; vgl. *Rummel/Voltmer*, Hexen 14-17; *Voltmer*, Kindern 254-261.

6 Vgl. *Voltmer/Weisenstein*, Hexenregister 240-244; *Voltmer*, Gott 205-209.

machten sein Wirken noch stärker von der *permissio dei*, der Zulassung Gottes, abhängig. Gleichwohl forderten auch protestantische Theologen und Juristen die Todesstrafe für Hexen.[7]

Verbreitung und Phasen der Verfolgungen

Erste Verfolgungen der als neu gedachten „Hexenketzersekte" sind nach 1430 vor allem in den Landstrichen um den Genfer See (Herzogtum Savoyen, Piemont, Dauphiné, die Schweizer Kantone Wallis, Waadtland und Bern) festzustellen. Die theologischen Konstrukte einer angeblich existierenden Hexensekte wurden (scheinbar) bestätigt durch die einsetzende Prozesspraxis. Kurz, wo man gerichtlich nach „Hexen" suchte, fand man auch, nicht zuletzt durch den Einsatz der Folter, entsprechend „schuldige" Personen. In Gebieten am Bodensee, am Oberrhein, aber auch in Oberitalien, im Baskenland und in Katalonien, in Lothringen, Luxemburg oder im Alten Reich lassen sich schon um 1500 zahlreiche Hexereiverfahren nachweisen. Nach 1520/1530 schwächte sich die Prozesstätigkeit ab. Erst um 1560 (wieder in Koinzidenz mit schweren Krisenphänomenen) setzten jene Hexenverfolgungen ein, die mit großen regionalen Unterschieden und zeitlichen Verschiebungen bis in die zweite Hälfte des 18. Jahrhunderts reichen sollten. Einen absoluten Höhepunkt fanden die Hexenjagden in der Periode zwischen 1580 und 1650.

Die europäischen Hexenjagden verliefen über die Jahrzehnte hinweg weder gleichzeitig noch flächendeckend oder kontinuierlich. Gründe für diesen ungleichmäßigen chronologischen Ablauf und für die unterschiedliche räumliche Verbreitung liegen in der großen Varianz der rechtlichen, sozialen, ökonomischen und politischen Rahmenbedingungen, welche nötig waren, um das Klima für eine Einzelprozesse überschreitende größere Hexenjagd zu bereiten. Sie liegen aber auch in der unterschiedlichen Bereitschaft der beteiligten Personen, Hexereianklagen vorzubringen oder Prozesse zu führen.

Beteiligte Gerichte

Spätmittelalterliche und frühneuzeitliche Hexenprozesse sind in ihrer absoluten Mehrzahl von weltlichen Gerichten nach Maßgabe des zeitgenössischen Strafrechts als legale Prozesse geführt worden. Schon in der frühen Phase zwischen 1430 und 1500 waren neben Inquisitoren auch weltliche Gerichte und die Bevölkerung an der Verfolgung angeblicher Hexen und Hexenmeister beteiligt. Formal richteten sich die Hexereiverfahren im Alten Reich mehrheitlich nach den einschlägigen Vorgaben der „Carolina" (Halsgerichtsordnung Karls V., 1532). Nur in Italien, Spanien und Portugal befassten sich

---

7 Zur „Erfindung" des Hexereideliktes zu Beginn des 15. Jahrhunderts und seiner weiteren Ausgestaltung bis hin zu unterschiedlichen konfessionellen Ausprägungen vgl. *Tschacher*, Formicarius; *Ostorero*, Diable; *Utz Tremp*, Häresie; *Behringer*, Hexen und Hexenprozesse 314-399; *Rummel/Voltmer*, Hexen 58-73.

die Gerichte der jeweiligen länderspezifischen, erst gegen Ende des Mittelalters bzw. nach 1500 eingerichteten kirchlichen Inquisitionsbehörden mit dem Hexereidelikt, die jedoch nur sehr wenige Todesurteile in Zauberei- bzw. Hexereifällen ausgesprochen haben.[8]

Die Konfession der Gerichtsherren spielte für die Bereitschaft, Hexenprozesse zuzulassen bzw. zu führen, nur eine untergeordnete Rolle. Die calvinistische Kurpfalz verhinderte grundsätzlich jede Verfolgungstätigkeit, die reformierten niederländischen Generalstaaten, lutherische Reichsstädte wie Nürnberg oder Rothenburg ob der Tauber standen den Hexenjagden eher ablehnend gegenüber. Die lutherischen Herzogtümer Mecklenburg-Güstrow bzw. Mecklenburg-Schwerin und Sachsen-Coburg, das reformierte Genf oder das calvinistische Schottland erlebten jedoch ebenso scharfe Verfolgungen wie beispielsweise die drei geistlichen Kurfürstentümer Mainz, Köln und Trier, die Reichsabtei St. Maximin vor Trier, die Fürstabtei Fulda, die Fürstpropstei Ellwangen, die Deutschordenskommende Mergentheim oder die fränkischen Hochstifte Bamberg, Würzburg und Eichstätt.[9]

Beteiligte Gruppen

Das Aufspüren, Enttarnen, Verfolgen und letztlich Hinrichten vermeintlicher Hexen mussten konkrete Personen übernehmen. Es handelte sich nicht um ein entpersonalisiertes schicksalhaftes Ereignis, das die Menschen überrollte, wie der Begriff „Verfolgungswelle" suggeriert. Vielmehr brauchte es Akteure und Akteursgruppen im Sinne handelnder Menschen, die bereit waren, Zeit, Geld und anderen Aufwand für diese Aufgabe zu investieren. Lokale Hexenjagden wurden oft initiiert von einer Bevölkerung, die sich durch die (vermeintlichen) Machenschaften der Hexen existentiell bedroht glaubte, wie eine Flugschrift aus dem Jahr 1590 thematisiert:

> „Dieweil dann zu unsern zeitten alle zaubereyen und Teufelsgespänst dermaßen uber hand nehmen / das schier alle Städt / Märckt und Dörffer im gantzen Teutschland ... desselbigen unzifers und Teuffels dienern voll seindt / welche nicht allein die liebe frucht auff dem Feldt ... mit ungewöhnlichen Donnern / Blitz / Schawr / Hagel / Sturmwinden / Reiffen / Wassersnöthen / Meüsen / Gewürm ... durch des Teuffels hilff und beystand / in den grundt verderben sich understehen: Sondern auch dem Menschen sein nahrung durch verderbung des Viechs / als Khü / Kelber / Pferdt / Schaff / und dergleichen zunemen ... thut ein Obrigkeit löblich / wol / und nach Gottes befelch / da sie solche Teuffels kinder ... von der Erden wegraumen / durch fewer und Schwert auß dem mittel nemen."[10]

Allerdings muss differenziert werden: Auf der einen Seite standen jene Einzelpersonen bzw. Gruppen, denen es gelang, ihr Interesse an entsprechenden Prozessen und Verfolgungen vor die Obrigkeit sowie deren Gerichte zu brin-

---

8 Zur Spanischen Inquisition vgl. *Henningsen*, Salazar Documents; zur Römischen Inquisition vgl. *Decker*, Päpste.

9 Zu den Staaten, Territorien und Herrschaftseinheiten vgl. *Golden*, Encyclopedia.

10 *Behringer*, Hexen und Hexenprozesse 218f.

gen. Dieses Interesse wurde als allgemeine Aufgabe zur Ehre Gottes und zur Erhaltung des Gemeinen Nutzes propagiert. Auf der anderen Seite findet sich jedoch die „schweigende" Mehrheit, die solches Verfolgungsdrängen lediglich in Passivität ertrug, bestenfalls als Mitläufer unterstützte. Im Westen des Alten Reiches finden sich so genannte Hexenausschüsse.[11] Das sind dörfliche oder kleinstädtische Klagekonsortien, die speziell von der Gemeinde beauftragt waren, vermeintliche Hexen aufzuspüren, Belastungsmaterial gegen sie zu sammeln und sie schließlich vor Gericht zu bringen.

Dort, wo es nicht zur Bildung von Hexenausschüssen oder anderen Bürgerinitiativen zur Hexenjagd kam, richteten die Untertanen nicht selten Petitionen[12] an die Obrigkeiten mit der dringenden Bitte um Hexereiverfahren:

> „Diesemnach … die kirchspiel nachbauren alhie gewesen, unnd sonderlich sambtliche heimburgen und schöffen vor gutt und radtsam erkendt, weilen bey den churtrierischen, Cöllischen, und theils nächst umbligenden graff- und herrschafften, die unholden [= Hexen] zu verbrennen nit allein angefangen, sonderen noch darmit continuieren … Als gelangt unser der heimburger schöffen und underthanen, undertheniges begehren und flehentliches bitten, eure gräffliche gnaden wollen unß die hochsten guodt beweisen und gleich obenberurten churfursten und herren ebenmessig die schuldigen brennen zu lassen gnädig vergönnen."[13]

Schon der wohl schärfste Verfolgungskritiker, der Jesuit Friedrich Spee, hatte 1631 dezidiert auf den „Pöbel" hingewiesen, der neben anderen Gruppierungen immer wieder neue Prozesstätigkeiten einfordern würde:

> „Die dritte Gruppe setzt sich zusammen aus dem unvernünftigen, in der Regel auch noch neidischen und niederträchtigen Pöbel, der sich ungestraft überall mit Verleumdungen an seinen Feinden rächt und seiner Schwatzhaftigkeit nur durch Verunglimpfungen Genüge tun kann. […] So ist es dem Volk schon zur Gewohnheit geworden: Wenn die Obrigkeit nicht sogleich auf jedes noch so haltlose Gerücht hin zugreift, foltert und brennt, dann zetert es alsbald hemmungslos, die Beamten hätten für sich selbst, ihre Frauen und Freunde zu fürchten; sie seien von den Reichen bestochen, alle angesehenen Familien der Stadt seien der Magie ergeben, man könne schon bald mit Fingern auf die Hexen weisen, – darum wage die Obrigkeit nicht, einzuschreiten, und Ähnliches mehr, das deutlich zeigt, wie unerhört die Niedertracht des Pöbels ist."[14]

Darüber hinaus verwies Friedrich Spee klarsichtig auf die unheilvolle Verquickung von Unwissenheit und Missgunst:

> „Dieser Glaube an eine Unmenge von Hexen in unserem Lande wird aus zwei wichtigen Quellen genährt. Deren erste heißt Unwissenheit und Aberglauben des Volkes. […] [B]ewölkt sich der Himmel, und stürmt es einmal heftiger als gewöhnlich;

---

11 Vgl. zusammenfassend *Voltmer*, Konspiration.

12 Zur Bedeutung von Petitionen bzw. Supplikationen in Hexereiverfahren vgl. *Voltmer/Kobayashi*, Supplikationen.

13 Leicht normalisierter Auszug aus einem circa 1652 erfolgten Schreiben an den Grafen von Virneburg mit der Bitte, doch auch in seinem Territorium Hexenverfolgungen nach den kurtrierischen und kurkölnischen Vorbildern durchführen zu lassen; Staatsarchiv Wertheim Abt. Freudenberg Rep. 103-114, Nr. 1169, fol. 106.

14 *Spee*, Cautio 47

kennt einmal der Arzt nicht eine neue Krankheit, oder weicht ein altes Leiden nicht gleich unter seiner Behandlung; – kurz, laßt irgendein Unglück sich ereignen, das ungewöhnlich erscheint, – und schon überläßt man sich Gott weiß welchem Leichtsinn, Aberglauben und Unsinn, denkt nur an Hexenwerk und schiebt die Schuld auf die Zauberer. [...] Da ist es denn kein Wunder, wenn das immer mehr um sich greifende Gerede uns in wenig Jahren Hexen in so reichlicher Anzahl schafft, zumal Prediger und Geistliche nichts hiergegen unternehmen, sondern eher noch selbst mit schuld daran sind, und sich, soviel ich weiß, noch keine Obrigkeit in Deutschland gefunden hat, die ihr Augenmerk auf diese unseligen Klatschereien gerichtet hätte. [...]
Die zweite Quelle des Glaubens an die unzähligen Hexen heißt Neid und Mißgunst des Volkes. In jedem anderen Land wird man zugeben, daß es immer wieder Leute gibt, die der Herrgott ein wenig reichlicher mit irdischen Gütern gesegnet hat [.] [...] Geschieht dies aber einmal im deutschen Volk, so stecken gleich ein paar Nachbarn, denen das Glück weniger hold ist, die Köpfe zusammen und setzen, von Hexerei raunend, haltlose Verdächtigungen in die Welt. Die verdichten sich dann, wenn einer von denen, die man beneidet, besondere Andacht in der Kirche merken läßt, wenn er seinen Rosenkranz außerhalb der Kirche betet, wenn er vielleicht auf dem Felde oder in seiner Schlafkammer zum Beten niederkniet, und so fort.“[15]

Trotz aller Beteiligung der Bevölkerung, trotz aller Zuarbeit von Denunzianten, Zeugen und Helfershelfern (zum Beispiel Wächter und Büttel) blieb aber ein obrigkeitlicher Justizapparat gefragt, dessen Amtsträger und Schöffen die Prozesse führten, begleitet von Spezialisten in der Person ausgebildeter Juristen, welche die Haft- und Folterbefehle begründeten, von Scharfrichtern und ihren Knechten, welche die Angeklagten zum Reden brachten und nicht zuletzt von Schreibern und Notaren, welche nicht selten die gütlichen Verhöre wie auch die Befragungen unter der Folter führten und dabei den Verfahrensgang protokollierten. Schlussendlich konnte die Hinrichtung von vermeintlich überführten Hexen und Hexenmeistern zu einem „Theater des Schreckens“ werden, an dem teilzunehmen die Bevölkerung nicht selten bei Strafe gezwungen wurde, damit sie den für alle sichtbaren Sieg ihrer christlichen Obrigkeit über die Hexen erfahren konnte:

„Da sieht der Pöbel, die Hexen und Zauberer auf der Schinderkarre zur Richtstätte geführt; oft sind alle Gliedmaßen von den Torturen zerrissen, die Brüste zerfetzt; der Einen hängt ein Arm auseinander, einem Andern ist das Knie gebrochen wie dem Schächer am Kreuz; sie können nicht mehr gehen und stehen, denn die Beine sind zerquetscht; werden dann angebunden an den Brandpfahl, heulen und jammern ob aller der erlittenen Martern; Diese ruft Gott an und die Strafgerechtigkeit Gottes mit lauter Stimme, eine andere im Widertheil ruft den Teufel an, flucht und schwört noch im Angesicht des Todes: das Volk aber, Vornehm und Gering, Alt und Jung, schaut dem Allem zu, spottet, höhnt oftmals und lästert die armseligen Opfer – was gläubest du, christlicher Leser, wer hier regiert? und wer jubilirt, wenn er all das Jammern und die Qualen sieht und das zuschauend Volk, in dem allbereit Viele sind, die selber für den nächsten Braten dienen; ist es nicht der Teufel? ... Es war kein vereinzelter Fall, wenn in Ortenberg eine Frau den Scheiterhaufen bestieg, welche von ihrem eigenen Sohne als Hexe deßhalb angegeben worden, weil sie mit Gotteslästern, Schwören und Balgen zu Hause ein unchristliches Leben führe.“[16]

---

15 Ebd. 3/4.

16 *Behringer*, Hexen und Hexenprozesse 313

Aufgrund der Aktenverluste bleibt die Hexenforschung auf vorsichtige Hochrechnungen angewiesen. Für Europa genannt werden 50.000 bis 60.000 Hinrichtungen, wobei sowohl Einzel- wie Kettenprozesse und Massenverfolgungen zusammengerechnet werden. Mit rund 25.000 Hinrichtungen steht das Heilige Römische Reich Deutscher Nation an der Spitze der Skala, wobei die Intensität der Verfolgungen regional sehr unterschiedlich ausfiel.

In der Schweiz sowie in den Herzogtümern Lothringen und Luxemburg wurden insgesamt um die 10.000 Personen als vermeintliche Hexen getötet. Im katholischen Irland gab es so gut wie keine Prozesse, in England wurden etwa 500, in Schottland dagegen mindestens 1.000 Menschen wegen angeblicher Hexerei zum Tode verurteilt. Im bevölkerungsreichen europäischen Flächenstaat, dem katholischen Königreich Frankreich, kam es bei einer Einwohnerzahl von rund 20 Millionen zu höchstens 1.000 Hinrichtungen, eher weniger.[17] Darüber hinaus müssen auch diejenigen als Opfer bezeichnet werden, die zwar lebend, physisch wie psychisch jedoch schwer gezeichnet, aus einem Hexereiverfahren herauskamen, sei es, weil sie die Folter ungeständig überstanden hatten, sei es, weil sie lediglich verbannt und nicht verbrannt worden waren. Von ihrer Umgebung oft gefürchtet und gemieden, wurden solche Freigelassenen nicht selten von ihren Nachbarn gesteinigt, ertränkt oder auf andere Weise gelyncht, wie zu Beginn des 17. Jahrhunderts in Dörfern der Ardennen, wo circa 300 der Hexerei verdächtigte Menschen ermordet worden sein sollen.[18]

Die im 18. Jahrhundert phantasiereich zusammengebrauten, völlig irrigen Hochrechnungen von angeblich 9.000.000 verbrannten Frauen müssen in den Bereich der Fabel verwiesen werden.[19]

Geschlechterverteilung und Rolle von Frauen in den Verfahren

Auch wenn in vereinzelten Gebieten die Quote der als vermeintliche Hexenmeister hingerichteten Männer auffällig hoch lag (z.B. in Island, in der Normandie oder im Waadtland), sind doch in der Mehrzahl Frauen den Hexenjagden zum Opfer gefallen, je nach Region zwischen 90 und 70 Prozent. Allgemein lag in katholischen Regionen mit bis zu 30 Prozent der Männeranteil unter den Hingerichteten höher als in protestantischen Gebieten und Territorien (80 bis 90 Prozent weibliche Hingerichtete).[20] Gründe für diese eklatanten konfessionellen Unterschiede scheinen zum einem in der Vorstellung von der Zusammensetzung der Hexensekte selbst zu liegen: Auf katholischer Seite ging man eindeutig von einem zweigeschlechtlich besetzten Hexensab-

17 Zu den Problemen bei der Ermittlung einigermaßen korrekter Zahlen vgl. *Rummel/Voltmer*, Hexen 74-79, 180-185.

18 Vgl. nur *Soman*, Sorcellerie.

19 Vgl. *Behringer*, Millionen; *Voltmer*, Hebammen-Mythos.

20 Zur Geschlechterverteilung unter den Opfer, besonders aber zu Ergebnissen der Gender- und Frauenforschung hinsichtlich der Hexenverfolgungen vgl. besonders *Opitz*, Hexenstreit; *Ahrendt-Schulte* u.a., Geschlecht.

bat aus, dessen Hexenkönige meist Männer waren.[21] Die frauenfeindlichen Zuspitzungen des Dominikaners Heinrich Institoris im *Malleus maleficarum* wurden von den führenden katholischen Dämonologen des 16. Jahrhunderts nicht in dieser Schärfe übernommen. Protestantische Theologen hingegen lehnten mehrheitlich die Vorstellung von einem tatsächlich stattfindenden Hexensabbat ab. Bedeutsam für die Ausbildung der konfessionellen Unterschiede blieb die uneinheitliche Übersetzung der fatalen Bibelstelle Ex 22,17. Während die katholische Vulgata das männliche Genus („die Zauberer sollst du nicht leben lassen“) gebrauchte, folgte Luther in seiner Übersetzung der aus dem hebräischen Original stammenden weiblichen Form („die Zauberinnen sollst du nicht leben lassen“). Danach verband sich das Delikt der Hexerei eher mit dem weiblichen, als mit dem männlichen Geschlecht.[22]

Misogyne Lehrsätze über eine grundsätzliche Inferiorität des weiblichen Geschlechts trafen auf eine soziale Praxis, wo Nahrungszubereitung, Geburtshilfe, Kindererziehung, Krankenpflege sowie die Versorgung des Milch- und Kleinviehs in der Verantwortung von Frauen lagen. Todesfälle und Schädigungen wurden daher leicht ihrer Verantwortung zugeschrieben und konnten als Ergebnisse magisch-zauberischer Aktionen gedeutet werden. Dabei kamen keineswegs nur alte Frauen aus den Unterschichten in Verdacht, sondern in großer Zahl Frauen aus der dörflichen wie städtischen Mittel- und Oberschicht. Wenn auch einige Dämonologen das Stereotyp der armen, alten Frau als angebliche Teufelsbuhlerin in den Vordergrund schoben, zeigte sich dieses Opfermuster jedoch schon bei frühen Verfolgungen wie auch den späteren massenhaften Hexenjagden gegen Ende des 16. und im Laufe des 17. Jahrhunderts als äußerst instabil. Junge und verheiratete Frauen, Kinder, Jugendliche, Männer, Amtsträger und Geistliche gerieten zunehmend unter Anklage. Insgesamt waren Frauen aufgrund ihrer rechtlichen, sozialen und ökonomischen Minderstellung aber immer die „leichteren“ Opfer.

Auf der anderen Seite nahmen Frauen maßgeblich Anteil daran, ihre verdächtigten Geschlechtsgenossinnen als Hexen öffentlich zu diffamieren und auszugrenzen. Am häufigsten waren Hexereibezichtigungen in den Nachbarschaften und zwischen den verschiedenen Bewohnern eines Haushalts. Alltägliche, von der wirtschaftlichen Notsituation verschärfte Streitereien, den gemeinschaftlichen Frieden störende Handlungen, alte Feindschaften, kleinste Auffälligkeiten begründeten häufig einen Anfangsverdacht. Schon der grundlose Aufenthalt einer bereits verdächtigten Person im Stall des Nachbarn oder der überraschende Tod eines Stücks Vieh, das sie zuvor noch berührt hatte, konnten hinreichende Verdachtsgründe liefern, die vor Gericht den Wert belastender Aussagen erhielten, wie das nachfolgende Beispiel zeigt:

---

21 Vgl. *Voltmer*, Witch-finders.

22 Vgl. grundlegend *Schulte*, Hexenmeister.

„Anfencklich will anwaldt cleger mit Severin, hieselbst wonhafft, und deßo haußfrauw Appolonia vermitz vurgehenden eyden, so sie presentieren werden, beweißen, das obgenannte Lorentz Dietzen Greth vur vier jaren ungefarlich morgens gar fro zu ungewohnlicher zeidt ausser dero kuhestall komen, ohne eyniches wissen, noch bewillligungh, auch ohne das dieselbige etwas des orts zu fordern, zu suchen, zu schaffen oder außzurichten gehapt, dahero sie dan nitt wenigh heimlich durch obgemelte zeugen in verdacht des abschaulichen lasters zaubereyen befleckt zu sein gehalten worden. ....
Zm dritten mitt Punckels Hanßen zu beweisen, ob nit wahr, das ehr ein rinth vur einem jar gehabt, welches an einen fueß lahm worden, und die obgenannte Lorentz Dietzen Greth das rinth zu verscheidenen mallen gesegnet und mit kreudern bereucht, das es als gleich nach dem segnen ist gestorbenn, dahero zeugh ein arghwon genohmen, das die Lorentz Dietzen frauw Greth das abscheuligenn lasters zaubereyen befleckt zu sein und zu thun habe."[23]

Die zum größten Teil von Frauen in Gestalt von Hausmüttern und Nachbarinnen ausgeübte informelle soziale Kontrolle zeigte sich nicht selten in missgünstiger Feindschaft, Bespitzelung und Überwachung, weshalb es häufig auch Frauen waren, die ihre verdächtigen Nachbarinnen bei den männlich dominierten Gerichtsinstanzen denunzierten. Dann fungierten sie zugleich als Zeuginnen der Anklage:

„Theobaldts Engel, wonhafftigh zu Breidt, alt ungefharlich 58 jhar, viertte zeugin dieses verhors, uff seiten der clager vorbescheiden, beeidiget, vor straff des meinaidts verwarnet, zeuget wie folgt. Beclagtin ist deponentin schwegerin und gevatters, deßen ehedoch ungeacht wolt die warheit sagen. Uff ubrige gemeine fragstuck antworth wie recht und woll ...
Bey dem dritten sagt, ihr zeugen mahn, der beclagtin bruder, hab des mehreren bey wehrender kranckheit außtrücklich zuverstehen geben, wie beclagtin, seine schwester, bey nachtlicher weill einen dranck eingeschut, darab er so kranck worden. Hette zwar ihr zeugin geruffen, solte zu hilff komen, sie aber solches nit gehort. Gemelter ihr man hab beclagtin, alß selbige ihnen besucht, deßtags wie verstorben und also kurtz vor seinem thodt, außdrucklich vorgeworffen, daß sie seines thodts ein ursach, solte sich auß dem hauß hinwegmachen, konte sie vor seinen augen nit sehen, gleichfals ahn zeugin begert, solt solches nit verweisen, die zeit werdt eß woll ahn tagh bringen ..."[24]

Das freilich zu beobachtende Übergewicht männlicher Zeugenschaft erklärt sich leicht: Obwohl Frauen vor Gericht das gleiche Zeugnisrecht wie Männer hatten, wurde den männlichen Aussagen mehr Gewicht und größere Beweiskraft beigemessen. Oftmals bestätigten die aufgerufenen Frauen nur die Aussagen ihrer Väter, Ehemänner oder Brüder. Allerdings bezogen die männlichen Zeugen ihr vorgebliches Wissen vor Gericht meist aus dem durch Frauen verbreiteten Klatsch und aus Gerüchten. Ohne Zweifel spielte

---

23 Teil der Anklageschrift gegen Greth Dietzen aus Oberkail (Eifel), in der sich der Vertreter der Anklage auf die Aussagen des Ehepaars Severin und Appolonia sowie des Hans Punckel beruft; Landeshauptarchiv Koblenz, Bestand 29a, Nr. 497, fol. 168. – Greth Dietzen wurde am 3. August 1592 wegen Hexerei hingerichtet.

24 Teil der im August 1629 erfolgten Zeugenaussage von Engel (Angelika) Theobalt aus Breit (Gebiet der Reichsabtei St. Maximin) gegen ihre Schwägerin Anna; Landshauptarchiv Koblenz 211, 2998, fol. 5v-6r. – Der Ausgang des Verfahrens ist unbekannt.

die soziale Praxis des Tratschens und der üblen Nachrede bei Frauen wie bei Männern eine wesentliche Rolle für die Verbreitung von Hexereigerüchten.

Das Bild von der Frau als Opfer einer männlich dominierten Hexenjustiz muss relativiert werden: Als Sachverständige in allen Fragen der weiblichen Physis waren es Nachbarinnen wie vereidigte Hebammen, die Hexereiverdächtige in den Gefängnissen untersuchten. So zog eine potentielle Schwangerschaft in der Regel eine Haft- und Folterverschonung bis nach der Geburt nach sich. Frauen agierten mithin als Helfer der Gerichtsinstanzen. Heilerinnen und Hebammen gehörten definitiv nicht zu den Zielgruppen der Hexenjagd. Gelegentlich traten Frauen auch als selbständige Privatkläger vor und brachten angebliche Hexen vor Gericht. Als Gutsherrinnen, als Äbtissinnen oder als Landesherrinnen initiierten Frauen im Übrigen auch Hexereiverfahren. Die simple Erklärung der Hexenverfolgungen als klerikale Männerverschwörung gegen das weibliche Geschlecht greift daher zu kurz.

3. Die Handlungsoption „Hexenjagd"

Die Fakten sprechen für sich: Die nach Zeit und Raum zu diversifizierenden Hexenverfolgungen waren keine konzertierte Aktion von der Papstkirche und *dem Staat*. Darüber hinaus ist die Bezeichnung Hexenwahn strikt abzulehnen. Verfahren und Verfolgungen waren nicht das Ergebnis kollektiver Verblendung und pathologischer Wahnzustände. Vielmehr engagierten sich hier konkrete Menschen mit konkreten Absichten, motiviert durch existentielle Ängste und durch eigene Interessen. Der Begriff „Hexenjagd" macht besser deutlich, dass es sich um ein auf unterschiedlichen Ebenen organisiertes und vom jeweiligen Justizapparat exekutiertes Vorgehen handelte.[25] Die zähe Langlebigkeit der „schwarzen Legende" von der Schuld der Kirche verdankt sich unter anderem dem Umstand, dass die Hexenjagden in den geistlichen Kurfürstentümern Trier, Mainz und Köln, vor allem aber jene in den fränkischen Hochstiften (Bamberg, Würzburg, Eichstätt) große zeitgenössische Aufmerksamkeit gefunden hatten.

Insgesamt geht man inzwischen von einem Faktorenbündel aus, mit dessen Hilfe das Einsetzen, das Ende wie das Fehlen von Verfolgungen erklärt werden können. Zu beachten sind:[26]

- einschlägige wirtschaftliche, konfessionelle und/oder politische Krisenszenarien und Konflikte,
- die Verbreitung des kumulativen Hexereibegriffs sowie die vollständige oder nur teilweise Akzeptanz seiner einzelnen Bestandteile (Teufelspakt und -buhlschaft, Hexenflug, Hexensabbat und Schadenzauber);

---

25 Vgl. dazu *Voltmer*, Hexenjagden.

26 Nähere Erläuterungen zu diesem Faktorenbündel finden sich bei *Voltmer*, Hexenjagden 5-7; *Rummel/Voltmer*, Hexen 86-113.

- die dem Hexereiverfahren zugrunde liegenden Rechtsnormen, die Maxime des *crimen exceptum* (Ausnahmeverbrechen) sowie Stellenwert und Ausmaß der angewandten Folter;
- das Verfolgungsdrängen spezifischer Bevölkerungsgruppen mit verschiedenen Stufen der Partizipation an den Hexereiverfahren bzw. entsprechende Passivität oder Widerstand der Untertanen;
- die aktive Verfolgungsbereitschaft der mediaten, partikularen oder noch autonomen Hochgerichtsherren in adligen, geistlichen oder städtischen Herrschaftseinheiten;
- die verfolgungsfördernden, -duldenden oder -abwehrenden Maßnahmen der Landesherrschaften;
- das Karriere-, Profilierungs- und Bereicherungsinteresse, welches lokale Gerichtsbeamte, Kommissare, Notare und andere Akteure an der Durchführung von Hexereiverfahren nehmen konnten;
- die Kommunikationsstrukturen[27] und Netzwerke, von denen die Wirkmacht einzelner Faktoren abhängig blieb (Klein- bzw. Großräumigkeit der Herrschaftsgebilde, Besiedlungsdichte, Wirtschafts- und Siedlungsstrukturen, Kirchenorganisation, Gelehrten- bzw. Juristendichte sowie geistliche und familiären Netzwerk- und Klientelsysteme).

Für sich genommen liefert jeder einzelne Faktor keine ausreichende, weil nur monokausale Erklärung. Hingegen konnte sich die Bündelung, die Kumulation, die Konstellation mehrerer (durchaus nicht aller) Faktoren zu einem wirkmächtigen Movens für Hexenverfolgungen entwickeln. Überdies wurden in manchen kleinen und mittleren geistlichen wie weltlichen Territorien Hexenverfolgungen im Sinne egoistischen Machtstrebens und zur Durchsetzung lokaler Autonomie initiiert, ja inszeniert.[28] Grundbedingung für groß angelegte Verfolgungen blieb weiterhin die Akzeptanz des Hexensabbat-Konstrukts, ein blindes Vertrauen in das Indiz der Besagung, die Bewertung des Hexereideliktes als Ausnahmeverbrechen und die Anwendung eines Ausnahmeverfahrens mit exzessiver Folter.[29] Kamen diese Elemente zusammen und gelang es, ein solches Prozessmilieu gegenüber dem Zugriff regulierender Kontrolle – sei es durch den Landesherrn und seine Regierungsgremien, die Reichsgerichte oder übergeordnete Gerichtsinstanzen – abzuschotten, dann konnten sich höchst opferreiche Verfolgungsschübe entwickeln, wie in der Reichsabtei St. Maximin, wo zwischen 1586 und 1596 mit rund 400 Hinrichtungen ein Fünftel der Bevölkerung ausgerottet wurde oder wie in den fränkischen Hochstiften, wo mindestens 2.000 Menschen innerhalb weniger Jahre (1626-1630) verbrannt wurden.[30]

---

27 Zur Rolle der frühneuzeitlichen Medien, die zum Transfer von „Hexenwissen" beitrugen, vgl. *Behringer*, Witchcraft.

28 Vgl. die Beiträge in *Voltmer*, Hexenverfolgung; *Voltmer*, Funktionen.

29 Vgl. besonders *Zagolla*, Folter; *Sauter*, Hexenprozess.

30 Vgl. *Voltmer/Weisenstein*, Hexenregister; *Gehm*, Bamberg; *Durrant*, Witchcraft.

Wichtig bleibt, Hexenverfolgung als eine Handlungsoption zu verstehen, die den beteiligten Gruppen und Einzelpersonen Erfolg versprechende Angebote zur Konfliktlösung auf der sozialen, herrschaftspolitischen wie auch der persönlichen Ebene machte. Fromme Religiosität und profane Funktionalität verschmolzen dabei nahezu untrennbar miteinander. Nur aus der Verbindung von religiös-existentiell definiertem Kampf gegen Hexerei und konkreten sozialen, ökonomischen und politischen Interessen lassen sich deshalb Intensität und Härte erklären, mit denen gegen vermeintliche Hexen vorgegangen werden konnte. Immerhin stellte der Hexenglaube hinreichende Erklärungsmuster bereit, mit deren Hilfe gesellschaftlich missliebige, als auffällig empfundene Personen mit dem Verdacht der Hexerei markiert werden konnten. Ähnlich wie der Vorwurf der Ketzerei wurde so das Etikett, eine Hexe, ein Hexenmeister zu sein, entweder vom sozialen Umfeld zugeschrieben oder durch in den Verhören erpresste Besagungen angehängt.[31]

4. Noch einmal: Die Schuld der Kirche(n)?

Kein Gesicht?

Nicht die Kirche als großer anonymer, gesichtsloser Machtapparat, sondern gelehrte Theologen und Inquisitoren, Beichtväter und Prediger, hohe Geistliche und einfache Dorfpfarrer aus allen konfessionellen Lagern waren in die Verfolgungen involviert, jedoch in sehr unterschiedlichen Rollen. Ganz sicher war das Hexereiverbrechen zunächst von katholischen Theologen definiert worden. Einzelne Dominikaner und Franziskaner betätigten sich als geistige Brandstifter, indem sie dämonologische Traktate verfassten, welche die teuflische Gefahr mit schauerlichen Geschichten ausmalten, die Existenz der schaden- und todbringenden Hexensekte damit vermeintlich „bewiesen“ und darüber hinaus die weltlichen Obrigkeiten zur unnachsichtigen Verfolgung aufriefen. In jenen zu Beginn des 15. Jahrhunderts zu beobachtenden Verfolgungen engagierten sich zunächst Inquisitoren, meist aus den Reihen der Dominikaner. Ihnen oblag seit 1232 die vom Papst übertragene Aufgabe, die Orthodoxie des christlichen Glaubens zu schützen und etwaige Feinde, Ketzer, Juden wie Heiden, aufzuspüren. Ohne die Unterstützung der weltlichen Gerichte wie auch der Bevölkerung vermochten sie nur wenig auszurichten, wie auch die ersten Hexenprozesse zeigen: Inquisitoren der Bettelorden arbeiteten mit weltlichen Gerichten, bischöflichen Amtsträgern und der Bevölkerung nicht selten Hand in Hand. Ein solcher „Wanderinquisitor“ war auch Heinrich Institoris, der sich mit erfolgreich durchgeführten Verfahren brüstete:

---

31 Zur Forschungsdebatte vgl. *Groß*, Hexerei 24-30; *Voltmer*, Funktionen 91-100.

> „So viele [= Hexen] sind nämlich von uns in den verschiedenen Diözesen dem weltlichen Arm zur Bestrafung überlassen worden. Besonders in der von Konstanz und in der Stadt Ravensburg sind … in fünf Jahren nicht weniger als 48 dem Feuer überliefert worden. … abgesehen davon, was unser Kollege, der Inquisitor von Como, in der Grafschaft Bormio vollbrachte, der im Zeitraum eines Jahres, welches 1485 war, 41 Hexen verbrennen ließ."[32]

Auch protestantische Geistliche wie der Hofprediger Nikolaus Hugo in Sachsen-Coburg erwiesen sich als „Chefideologen" hart gehandhabter Hexenjagden.[33] Die Hexerei-Imaginationen fanden hinlängliche Verbreitung durch die Schriften anderer Theologen, durch Weihbischöfe wie Peter Binsfeld oder Friedrich Förner, aber auch durch ungenannte Prediger, Pfarrer und Beichtväter, die ihre Gemeindekinder bei passender Gelegenheit über das üble Treiben der Hexen quasi aufklärten.

Diesseits der Alpen erhob das katholische Lager durch das Mundtotmachen kritischer Stimmen wie die des in Trier wirkenden holländischen Theologen Cornelius Loos die neue Hexenlehre bereits um 1600 zum festen Glaubensbestandteil, dessen Negation faktisch Ketzerei bedeutete. Jenseits der Alpen, in Rom und im Vatikan, erfuhr der Papst durch seine Nuntiaturen von den Hexenverbrennungen im Heiligen Römischen Reich deutscher Nation. Sein Nicht-Eingreifen war nicht nur ein deutliches Zeichen von Desinteresse, sondern dem Faktum geschuldet, dass der Papst keine politischen Möglichkeiten hatte, auf die weltlichen Gerichte jenseits des Kirchenstaates einzuwirken, erst recht nicht auf die Prozessführung lutherischer oder calvinistischer Fürsten. Innerhalb der protestantischen Kirchen bildete sich allemal kein einheitliches Vorgehen aus, jedoch vertraten führende lutherische Geistliche die Meinung, dass Hexen allein schon wegen ihrer bösen Absicht, dem Teufel zu dienen, hingerichtet werden müssten. Darüber hinaus waren Geistliche als Exorzisten und Beichtväter in die Verfahrenspraxis involviert.

Einige der größten Kritiker der Hexenprozesse kamen allerdings ebenfalls aus den Reihen der Geistlichkeit, wie auf katholischer Seite der holländische Theologe Cornelius Loos, die Jesuiten Adam Tanner und Friedrich Spee oder wie auf protestantischer Seite der reformierte Pfarrer Anton Prätorius oder der lutherische Theologe Johann Matthäus Meyfarth. Konfrontiert mit dem Elend der Kerker und Folterkammern, wurde mancher Hexen-Beichtvater, der zuvor die harte Linie der Verfolger unterstützt hatte, zum Umdenken gebracht. Schließlich gerieten nicht wenige Geistliche, Pfarrer, Stiftsherren, Mönche und Nonnen selbst in Hexereiverdacht und wurden hingerichtet. Auch protestantische Pfarrer finden sich – wenn auch in sehr geringer Anzahl – unter den wegen Zauberei oder Hexerei hingerichteten Personen.[34]

---

32 *Behringer/Jerouschek*, Hexenhammer 350f.

33 Vgl. *Füssel*, Hexenverfolgungen 53-66.

34 Zu den unterschiedlichen Rollen und Funktionen, welche Geistliche aller konfessionellen Lager in den Hexenverfolgungen spielen konnten, vgl. nur *Decker*, Päpste; *Schwillus*, Kleriker; *Wilbertz*, Pfarrer sowie die Beiträge in *Jost/Nieden*, Hexenwahn.

Die Rolle der Gesellschaft Jesu in den Hexenverfolgungen

Wie wichtig die persönliche Entscheidung blieb, zeigt exemplarisch die Haltung der Gesellschaft Jesu, die nie eine einheitliche Meinung in der Hexenfrage vertreten hat.[35] Nicht wenige Jesuiten schürten in ihrer Eigenschaft als Beichtväter von weltlichen und geistlichen Fürsten, als Mitglieder von Universitäten und theologischen Fakultäten oder als Prediger an städtischen Kirchen aktiv die Bereitschaft zu Hexenverfolgung. In den 1590er Jahren bspw. riefen die aus den Reihen der Jesuiten stammenden Prediger in der Stadt Trier offen zur Hexenverfolgung auf. Erst nach wiederholten strengen Rügen durch die Ordensaufsicht beendeten die Trierer Jesuiten ihr Tun und beteiligten sich nurmehr passiv als Beichtväter an den Hexereiverfahren. So soll der Jesuitenpater und Domprediger Lukas Ellenz mehr als 200 Hexen im Trierer Land zum Scheiterhaufen begleitet, Pater Petrus Kircher während der großen Bamberger Hexenverfolgung 400 wegen angeblicher Hexerei verurteilte Personen seelsorgerisch betreut haben. Den publizistischen Höhepunkt jesuitischer Polemik gegen vermeintliche Hexen und Hexenmeister bildete unzweifelhaft das 1599 zum ersten Mal und danach in insgesamt 20 Auflagen gedruckte Werk des spanischen Theologen und Juristen Martin Del Rio (*Disquisitionum magicarum libri sex*), das zum dämonologischen Standardwerk avancierte.[36]

Dominierten noch vor 1600 innerhalb der Jesuiten diejenigen Stimmen, welche Hexenprozesse rückhaltlos befürworteten, begannen nach 1602 allmählich erste Skepsis und Kritik an den Verfahren aufzukeimen, wie sie in den Schriften von Adam Tanner, Paul Laymann oder Nikolaus von der Leyen, gen. Cusanus, nachzuweisen sind. Betont wurde der trügerische Beweischarakter von Bezichtigungen, welche von verurteilten vermeintlichen Hexen gemacht worden waren. Die Folter wertete man als schlechtes Mittel zur Geständniserlangung. Vielmehr setzte man auf die Bekehrung reumütiger Hexen, auf christliche Erziehung und Disziplinierung:

> „Ich vernehme, daß der Fürst kürzlich nicht wenig beleidigt worden sei durch den unklugen Eifer des P. Kaspar Hell, der mit zu großer Freiheit dasjenige tadeln soll, was auf Befehl des erlauchten Fürsten bei der Untersuchung und Bestrafung der Hexen, Zauberer usw. geschieht. Und ich höre, der Pater sei so fest von seiner Ansicht überzeugt, daß er trotz der, wie man annimmt, von Ew. Hochw. erfolgten ernsten Mahnung dennoch von seinem Tadel der Maßregelndes Fürsten und seinen Bemühungen, auch andere für seine Meinung zu gewinnen, in keiner Weise abläßt.“[37]

Quasi als Reflex setzte sich nach 1600 die allgemeine Ansicht durch, Jesuiten stünden eher auf Seiten der Verfolgungsgegner. Deshalb forderten kurkölnische Hexenkommissare, Jesuiten nicht mehr als Beichtväter zuzulassen.

---

35 Vgl. noch immer *Duhr*, Stellung sowie *Behringer*, Hexenverfolgungen (u.a. auch zu den Aktivitäten der Jesuiten an der Universität Ingolstadt) und *Voltmer*, Herrschaftskrise (zur Involvierung der Trierer Jesuiten).

36 Zu Delrios Dämonologie vgl. bes. *Scholer*, Hexer.

37 *Behringer*, Hexen und Hexenprozesse 332.

Bspw. in Trier, Würzburg, Eichstätt oder Hildesheim kam es gerade in den von Jesuiten geführten Konvikten häufig zu Hexereiverdächtigungen gegen jugendliche Schüler. Nicht zuletzt waren diese Vorkommnisse durch die Jesuiten selbst ausgelöst worden, die in ihren Anstalten so genannte „Hexenbuben“ aufgenommen hatten, um diese zu verhören, zu exorzieren und zu unterweisen. In Würzburg, im Elsass und an anderen Orten wurden sogar einige Jesuitenschüler als vermeintliche Hexen hingerichtet.[38]

Die „Hexenbischöfe“

In den fränkischen Hochstiften Bamberg, Würzburg und Eichstätt[39] sind die Verfolgungen sicher in die Verantwortung einiger weniger Männer zu stellen. Zu nennen sind hier an erster Stelle die geistlichen Fürsten Johann Christoph I. von Westerstetten, Julius Echter von Mespelbrunn, seine beiden Neffen Johann Georg II. Fuchs von Dornheim und Philipp Adolf von Ehrenberg sowie der „Hexenweihbischof“ Friedrich Förner. Diese hohen Kleriker durchdrang ein eifernder gegenreformatorischer Aktionismus. Offenkundig blieb es ihr Ziel, in ihren Territorien einen Gottesstaat zu errichten, in dem allein das disziplinierende Regelwerk des neuen Katholizismus galt. Im Klartext bedeutete dies den radikalen Kampf zunächst gegen den Protestantismus und sodann gegen die Hexerei, die laut den Dämonologen Del Rio und Förner als schlimmste Form der Gotteslästerung dem Protestantismus immer auf dem Fuße folgte, denn der Teufel, dem die Seelen der Protestanten schon als sicher galten, vermochte die Katholiken nur durch die Verführung zur Hexerei an sich zu binden. Das psychologische Profil der Fürstbischöfe war geprägt von Glaubensfanatismus, Fundamentalismus, großer Härte, pathologischem Eifer, Pessimismus und der Furcht vor dem nahen Ende der Welt. Es kam daher zu einer kaum mehr zu trennenden Vermischung von religiösen Reformambitionen und machtpolitischen Attitüden. Die exorbitanten Verfolgungen in den fränkischen Hochstiften fanden die volle Billigung ihrer fürstbischöflichen Landesherren, die überdies publizistisch als Großtaten im Kampf gegen die Hexensekte gefeiert wurden:

> „Kurtzer und wahrhafftiger Bericht und erschreckliche Neue Zeitung Von sechshundert Hexen, Zauberern und Teuffelsbannern; welche der Bischoff zu Bamberg hat verbrennen lassen / was sie in guetlicher und peinlicher Frage bekannt. Auch hat der Bischoff im Stifft Wuertzburg ueber die neun hundert verbrennen lassen. Und haben etliche hundert Menschen durch ihre Teuffels-Kunst um das Leben gebracht, auch die lieben Fruechte auf dem Felde, durch Reiffen und Frost verderbet,darunter nicht alleine gemeine Personen, sondern etliche der vornehme Herrn, Doctor und Doctors-Wieber, auch etliche Raths-Personen, alle hingericht und verbrannt worden: welche so schreckliche Thaten bekannt, daß nicht alles zu beschreiben ist, die sie mit ihrer Zauberey getrieben haben, werdet ihr hierinnen allen Bericht finden. Mit

---

38 Vgl. nur *Schlaeffli*, Sorcellerie; *Beyer*, Hexen-Leut.

39 Als Überblick und Einstieg vgl. *Grießhammer*, Drutenjagd sowie alle relevanten Artikel in *Golden*, Encyclopedia.

> Bewilligung des Bischoffs [Johann Georg II. Fuchs von Dornheim] und gantzen Thum-Capitels in Druck geben.“[40]

Jedoch agierten die „Hexenbischöfe“ nicht allein, sie waren vielmehr umgeben von zum Teil eigens dafür bestallten Beratern, Spezialisten und Helfershelfern, welche die Hexenjagd äußerst effizient zu organisieren verstanden. Bei diesen Männern in der zweiten Reihe, meist weltliche Juristen, finden sich klar jene Motive, die bei allen größeren Verfolgungen eine Dynamisierung bewirken konnten: sozialer Ehrgeiz, Geltungsdrang, Streben nach Geld und Einfluss sowie die geradezu archaisch anmutende Ausübung von Macht, Zwang und Gewalt. In Ellwangen, Eichstätt, Bamberg und Würzburg sorgten spezielle Hexenkommissionen, besetzt mit ausgebildeten Juristen, für eine erhebliche Verfolgungsverdichtung, unterstützt von entsprechend erfahrenen Henkern. Grausam, perfide und sadistisch waren die Folterexzesse, wie das berüchtigte Bamberger Hexenbad, wobei die Verdächtigen in einen heißen Sud von ätzenden Stoffen, darunter ungelöschter Kalk, gesetzt wurden.

Chefideologe der Bamberger Vorgänge blieb Friedrich Förner, auf dessen Anregung 1627 ein Sondergefängnis für Hexen, das so genannte Malefiz- oder Drutenhaus mit speziellen Zellen und Folterkammern gebaut wurde. Dort konnten gleichzeitig 30 Angeklagte inhaftiert und befragt werden. In Sachsen-Coburg nahmen sich die protestantischen Hexenjäger daran ein Vorbild: Der die Verfolgung vorantreibende Centgraf Caspar Lang strebte dort ebenfalls durch den Bau eines Trutenhauses die langfristige Institutionalisierung der Hexenjagden an.[41]

Die fränkischen Hexenjagden in Bamberg und Würzburg konnten nur durch Mandate übergeordneter Reichsgerichte sowie durch den Einmarsch der Schweden gestoppt werden. Weder die Hexenbischöfe, noch Friedrich Förner oder die maßgeblichen weltlichen Juristen haben – zumindest nach außen – jemals einen Zweifel an der vermeintlich gottgewollten Rechtmäßigkeit ihres Tuns gezeigt, wie die Aussage des Bamberger Fürstbischofs 1631 zeigt:

> „Solche Processe habe ich allein zur Ausbreitung und Beförderung der Ehre Gottes und zum Heile vieler verführten Seelen, wie andere Churfürsten und Fürsten im römischen Reiche mehr, und sonst zu keinem andern Ende, nicht unzeitig angestellt und rechtmässig geführt, so dass ich desshalb vor Gott, Eurer Römisch-Kaiserlichen Majestät und der lieben Justitia Rechenschaft und Antwort zu geben mir getraue.“[42]

---

40 *Behringer*, Hexen und Hexenprozesse 261.
41 *Füssel*, Thüringen 57.
42 *Behringer*, Hexen und Hexenprozesse 390.

5. Schlussbemerkung

Nur wenige andere Feindbilder der christlich-abendländischen Kultur konnten ein solches Potential zur Legitimation von sozialem, gerichtlichem und herrschaftlichem Aktionismus sowie zur Bemäntelung von Opportunismus und vielfältiger Vorteilsnahme entfalten wie das Fahndungsbild der Hexerei. Dem noch immer zu lesenden Einwand, als „Kinder ihrer Zeit" hätten die wahnhaft verblendeten Verfolger kaum anders handeln können, ist nüchtern zu entgegnen, dass andere Kinder dieser Zeit (oft unter Lebensgefahr) gegen Hexenangst und Prozessterror argumentiert haben. Alternatives Denken und Handeln war demnach möglich. Kritische, besonnene, warnende Stimmen gab es in allen konfessionellen Lagern und in allen Bevölkerungsschichten, auch unter den so genannten einfachen Leuten. Selbst zunehmenden Repressalien gelang es nicht, den Chor von Skeptikern, Ungläubigen und Zweiflern völlig mundtot zu machen. Berührend und bedrückend bleiben aber vor allem jene in den Akten überlieferten Briefe und Kassiber, in denen die Angeklagten selbst verzweifelt ihre Unschuld beteuerten und offenlegten, mit welcher Gewalt man sie zum Hexereigeständnis zwingen wollte:

> „O Du mein auserwehlter schaz, sol ich mich so vnschuldig von dir scheiden muessen, - das sey Got ymer vnd ewig klagt, ... man hat mich gemartert, - ich bin so vnschuldig als Got im Himel, - wan ich nur ein pünktlin vmb solche sach wist, so wolt ich, das mir Got den Himel versaget, - o du herzlieber schaz, wie geschicht meinem Herz, - o we, o we meiner armen waisen, - vater, schickh mir etwas, das ich sterb, ich mueß sonst an der marter verzagen."[43]

Literatur

Ahrendt-Schulte, Ingrid u.a. (Hg.): Geschlecht, Magie und Hexenverfolgung, Bielefeld 2002.

Behringer, Wolfgang/Jerouschek, Günter (Hg.): Kramer, Heinrich (Institoris), Der Hexenhammer. Malleus Maleficarum, München ^{2}2001.

Behringer, Wolfgang: Geschichte der Hexenforschung, in: Lorenz, Sönke (Hg.): Wider alle Hexerei und Teufelswerk: Die europäische Hexenverfolgung und ihre Auswirkungen auf Südwestdeutschland, Ostfildern 2004, 485-668.

Behringer, Wolfgang: Hexen – Glaube, Verfolgung, Vermarktung, München ^{2}2000.

Behringer, Wolfgang: Hexen und Hexenprozesse in Deutschland. 4. überarb. Aufl., München 2000.

Behringer, Wolfgang: Hexenverfolgung in Bayern. Volksmagie, Glaubenseifer und Staatsräson in der Frühen Neuzeit. 3. um ein Nachwort erw. Aufl., München 1999.

Behringer, Wolfgang: Neun Millionen Hexen. Entstehung, Tradition und Kritik eines populären Mythos, in: GWU 49(1998), 664-685.

Behringer, Wolfgang: Witchcraft and the Media, in: Plummer, Marjorie Elizabeth u.a. (Hg.): Ideas and Cultural Margins in early Modern Germany. Essays in Honor of H.C. Erik Midelfort, Ashgate 2009, 217-236.

---

[43] Auszug aus dem Kassiber der Rebecca Lemp, 1590 hingerichtet in Nördlingen; *Behringer*, Hexen und Hexenprozesse 306. Eindrucksvolles Zeugnis legen auch die Briefe des Bamberger Bürgermeisters Johannes Junius (hingerichtet 1628) und der Kölnerin Katharina Henot (hingerichtet 1627) ab; vgl. ebd. 306-312.

Behringer, Wolfgang: Witches and Witch-Hunts. A Global History, Cambridge 2004.

Beyer, Christel: „Hexen-Leut, so zu Würzburg gerichtet“: Der Umgang mit Sprache und Wirklichkeit in Inquisitionsprozessen wegen Hexerei, Frankfurt/Main 1986.

Brown, Dan: Sakrileg. Thriller, Bergisch Gladbach ^{6}2009 (Orig. 2003).

Decker, Rainer: Die Päpste und die Hexen: Aus den geheimen Akten der Inquisition, Darmstadt 2003.

Dillinger, Johannes: Hexen und Magie, Frankfurt/Main 2007.

Duhr, Bernhard: Die Stellung der Jesuiten in den deutschen Hexenprozessen, Köln 1900.

Durrant, Jonathan B.: Witchcraft, Gender and Society in Early Modern Germany, Leiden/Boston 2007.

Füssel, Ronald: Die Hexenverfolgungen im Thüringer Raum, Hamburg 2003.

Gehm, Britta: Die Hexenverfolgungen im Hochstift Bamberg und das Eingreifen des Reichshofrates zu ihrer Beendigung, Hildesheim 2000.

Golden, Richard M. (Hg.): Encyclopedia of Witchcraft. The Western Tradition, St. Barbara 2006.

Grießhammer, Birke (Hg.): Drutenjagd in Franken, 16.-18. Jahrhundert, Pyrbaum ^{2}1999.

Groß, Barbara: Hexerei in Minden. Zur sozialen Logik von Hexereiverdächtigungen und Hexenprozessen (1584-1684), Münster 2009.

Henningsen, Gustav (Hg.): The Salazar Documents. Inquisitor Alonso de Salazar Frías and Others on the Basque Witch Persecution, Leiden/Boston 2004.

Hexen. Mythos und Wirklichkeit, hg. v. Historischen Museum der Pfalz, Speyer 2009.

Jost, Renate/Nieden, Marcel (Hg.): Hexenwahn. Eine theologische Selbstbesinnung, Stuttgart 2004.

Levack, Brian P.: The Witch-Hunt in Early Modern Europe, London ^{3}2006.

Macha, Jürgen u.a.: Deutsche Kanzleisprache in Hexenverhörprotokollen der Frühen Neuzeit. Bd. 1: Auswahledition, Bd. 2: Kommentierte Bibliographie zur regionalen Hexenforschung, Berlin/New York 2005.

Opitz, Claudia: Hexenstreit. Frauen in der frühneuzeitlichen Hexenverfolgung, Freiburg/ Breisgau u. a. 1995

Ostorero, Martine: Le diable au sabbat: Littérature démonologique et sorcellerie (1440–1460), Florenz 2011.

Pöhlmann, Matthias/Ehrhardt, Heiko/Ruch, Christian (Hg.): Der Dan Brown Code. Von Illuminaten, Freimaurern und inszenierten Verschwörungen, Berlin 2010.

Rummel, Walter/Voltmer: Rita, Hexen und Hexenverfolgung in der Frühen Neuzeit, Darmstadt ^{2}2012.

Sauter, Marianne: Hexenprozess und Folter. Die strafrechtliche Spruchpraxis der Juristenfakultät Tübingen im 17. und beginnenden 18. Jahrhundert, Bielefeld 2010.

Schlaefli, Louis: La sorcellerie à Molsheim (1589-1697), in: Société d'histoire et d'archéologie de Molsheim et environs (1993), 4-158.

Scholer, Othon: Der Hexer war's, die Hexe, ja vielleicht sogar der Dämon höchstpersönlich. Von der Nutzung der Hexenideologie zur Verdeckung und Vertuschung von Peinlichkeiten, Unarten, Vergehen und Verbrechen ..., Trier 2007.

Schulte, Rolf: Hexenmeister. Die Verfolgung von Männern im Rahmen der Hexenverfolgung von 1530–1730 im Alten Reich, Frankfurt/Main u. a. 2001.

Schwillus, Harald: Kleriker im Hexenprozeß: Geistliche als Opfer der Hexenprozesse des 16. und 17. Jahrhunderts in Deutschland, Würzburg 1992.

Soman, Alfred: Sorcellerie et justice criminelle. Le parlement de Paris (16e – 18e siècles), Hampshire 1992.

Spee, Friedrich: Abdruck mit freundlicher Genehmigung aus: Friedrich von Spee: Cautio criminalis. Oder Rechtliches Bedenken wegen der Hexenprozesse. Aus dem Lateinischen übertragen von Joachim-Friedrich Ritter. München: Deutscher Taschenbuch Verlag, 2000.

Tschacher, Werner: Der Formicarius des Johannes Nider von 1437/38. Studien zu den Anfängen der europäischen Hexenverfolgungen im Spätmittelalter, Aachen 2000.

Utz Tremp, Kathrin: Von der Häresie zur Hexerei. „Wirkliche" und imaginäre Sekten im Spätmittelalter, Hannover 2008.

Voltmer, Rita (Hg.): Hexenverfolgung und Herrschaftspraxis, Trier 2005.

Voltmer, Rita/Kobayashi, Shigeko: Supplikationen und Hexereiverfahren im Westen des Alten Reiches – Stand und Perspektiven der Forschung, in: Kurtrierisches Jahrbuch 51 (2011), 247-269.

Voltmer, Rita/Weisenstein, Karl: Das Hexenregister des Claudius Musiel. Ein Verzeichnis von hingerichteten und besagten Personen aus dem Trierer Land (1586-1594), Trier 1996.

Voltmer, Rita: „Gott ist tot und der Teufel ist jetzt Meister!" Hexenverfolgungen und dörfliche Krisen im Trierer Land des 16. und 17. Jahrhunderts, in: Kurtrierisches Jahrbuch 39 (1999), 175-223.

Voltmer, Rita: Der Hebammen-Mythos oder von den Chancen, Ergebnisse der modernen Hexenforschung zu popularisieren, in: GWU 56(2005), 20-30.

Voltmer, Rita: Die politischen Funktionen der frühneuzeitlichen Hexenverfolgungen. Machtdemonstration, Kontrolle und Herrschaftsverdichtung im Rhein-Maas-Raum, in: Ostorero, Martine u.a. (Hg.): Chasses aux sorcières et démonologie. Entre discours et pratiques (XIVe-XVIIe siècles), Florenz 2010, 89-115.

Voltmer, Rita: Hexen. Wissen was stimmt, Freiburg 2008.

Voltmer, Rita: Hexenjagden im Westen und Norden des Alten Reiches. Ein struktureller Vergleich, in: @KIH-eSkript. Interdisziplinäre Hexenforschung online 2(2010), 1-31.

Voltmer, Rita: Hexenpolitik im Saarraum? Zu Stand und Perspektiven landes- und kulturgeschichtlicher Hexenforschung in einer „passiven Geschichtslandschaft", in: Kasten, Ingrid (Hg.): Historische Blicke auf das Land an der Saar. 60 Jahre Kommission für Saarländische Landesgeschichte und Volksforschung. Saarbrücken 2012, 171-203.

Voltmer, Rita: Konspiration gegen Herrschaft und Staat? Überlegungen zur Rolle gemeindlicher Klagekonsortien in den Hexenverfolgungen des Rhein-Maas-Mosel-Raumes, in: Dillinger, Johannes/Schmidt, Jürgen Michael (Hg.): Staatsbildung und Hexenprozess, Bielefeld 2008.

Voltmer, Rita: Netzwerk, Denkkollektiv oder Dschungel? Moderne Hexenforschung zwischen „global history" und Regionalgeschichte, Populärhistorie und Grundlagenforschung, in: Zeitschrift für Historische Forschung 34(2007), 467-508.

Voltmer, Rita: Von den Kindern des Saturn und dem Kampf mit dem Schicksal – Lebenswege und Überlebensstrategien kleiner Leute im Spiegel von Strafgerichtsakten, in: Schmidt, Sebastian (Hg.): Arme und ihre Lebensperspektiven in der Frühen Neuzeit, Frankfurt/Main 2008, 237-293.

Voltmer, Rita: Witch-finders, witch-hunters or kings of the sabbath? The prominent role of men in the mass persecutions of the Rhine-Meuse area (16th-17th centuries), in: Rowlands, Alison (Hg.): Witchcraft and Masculinities in the Early Modern World, Basingstoke 2009, 74-99.

Voltmer, Rita: Zwischen Herrschaftskrise, Wirtschaftsdepression und Jesuitenpropaganda. Hexenverfolgungen in der Stadt Trier (15.-17. Jahrhundert), in: Jahrbuch für westdeutsche Landesgeschichte 27(2001), 37-107.

Wiedemann, Felix: Rassenmutter und Rebellin – Hexenbilder in Romantik, völkischer Bewegung, Neuheidentum und Feminismus, Würzburg 2007.

Wilbertz, Gisela: „... es ist kein Erretter da gewesen...". Pfarrer Andreas Koch, als Hexenmeister hingerichtet am 2. Juni 1666, Lemgo 1996.

Zagolla, Robert: Folter und Hexenprozess. Die strafrechtliche Spruchpraxis der Juristenfakultät Rostock im 17. Jahrhundert, Bielefeld 2007.

Das Ringen um den wahren Glauben
Ein Wirtshausgespräch

Susanne Schuster

Die Reformation verdankt sich religiösen, ökonomischen, sozialen, rechtlichen und politischen Impulsen, die schließlich zur Umformung des Kirchenwesens führten.[1] Die neuere Reformationsforschung hat gezeigt, dass das Neue sowohl in Kontinuität zum Alten steht als auch zu systemsprengenden Brüchen führte.[2] Das bereits im Spätmittelalter erkennbare Interesse der Laien an Bildung wird durch das Prinzip des Priestertums aller Getauften verstärkt. Gleiches gilt für den Bedarf an volkssprachlichen Bibeln, den Luther durch seine Bibelübersetzung nachhaltig stillt, da die Heilige Schrift zur zentralen Autorität (*sola scriptura*) wird und Papst, kanonisches Recht und Konzilien in ihrer Bedeutung abgewertet werden. Der Wunsch der politischen Obrigkeit, kirchliche Belange stärker mitzugestalten, wird ebenfalls durch verschiedene Impulse der Reformation bestärkt. Zum einen führt das Priestertum aller Getauften zur Aufhebung des Weihepriestertums und zum anderen fordert Luther die Obrigkeiten auf, die Verantwortung für das Kirchenregiment zu übernehmen, wo die Geistlichen in dieser Funktion versagen.[3] Die im Spätmittelalter dringenden Fragen um Buße und Rechtfertigung sowie die christozentrische Frömmigkeit bedingen Martin Luthers (1483-1546) Erkenntnis der Rechtfertigung allein aus Glauben, allein durch Gnade, allein durch Christus. Das Heil ist nun in einem persönlichen Gottesverhältnis begründet und nicht mehr an heilsvermittelnde Instanzen gebunden. Die systemsprengenden Veränderungen führen dazu, dass aus der westlichen Universalkirche verschiedene Partikularkirchen hervorgehen.

Der Umgang mit dem neuen Medium des Buchdrucks mit beweglichen Lettern lässt ebenfalls ein Zusammenwirken von Kontinuität und Diskontinuität erkennen. Die spätmittelalterliche Erfindung macht die Reformation zum Medienereignis und Luther wird durch die gezielte Verwendung des Buchdrucks zum Medienhelden. Im Zusammenspiel verschiedener medialer Formen entstand so etwas wie eine reformatorische Öffentlichkeit. Die Meinungsbildung erfolgt durch Predigt, Gespräch, Disputation, Gesang, aber auch durch den Einsatz visueller Medien (Bilder, Schauspiel). Der Buchdruck spielt dabei eine wesentliche Rolle und führt zur quantitativen Verän-

1 Zur Umgestaltung des Kirchenwesens vgl. *Hamm*, Emergenz 9; *Kaufmann*, Geschichte 22.

2 Vgl. *Kaufmann*, Geschichte 24-30.

3 Vgl. *Luther*, Martin: An den christlichen Adel deutscher Nation von des christlichen Standes Besserung. WA 6, Weimar 1888, 404-469.

derung des Kommunikationsprozesses. In der Frühzeit der Reformation steigt die Anzahl der veröffentlichten Druckschriften enorm an. Auf den Markt kommen die Druckerzeugnisse als illustrierte Einblattdrucke oder als Flugschriften. Auch die Qualität des Kommunikationsprozesses verändert sich wesentlich durch den Gebrauch der Volkssprache und die konsequente Einbeziehung des „gemeinen Mannes“ als Adressat und Autor der Druckerzeugnisse. Ziel ist es, das Evangelium ans Licht zu bringen, die Wahrheit des Wortes Gottes allgemein bekannt zu machen. Das *sola-scriptura*-Prinzip und Luthers Gedanke des allgemeinen Priestertums bieten hierfür die theologische Legitimation. Nun, da die Wahrheit für alle zugänglich ist, konnte und musste sich jeder dazu positionieren. Der Prozess des Offenbarmachens der Wahrheit und der entsprechenden Positionierung zu dieser Wahrheit zeigt sich besonders plastisch in den Dialogflugschriften.[4]

1. Reformation im Gespräch – Reformationsdialoge

Die Reformationsdialoge sind ein Phänomen der frühen Reformationszeit bis zum Bauernkrieg.[5] Aus literaturwissenschaftlicher Perspektive besteht kein Konsens darüber, welche literarischen Gattungen die Dialoge der Reformationszeit beeinflusst haben. Neben den Dialogen Lukians, die Ulrich von Hutten (1488-1523) in seinen humanistischen Dialogen aufgreift, wird das Fastnachtsspiel als die die Dialoge beeinflussende Gattung angenommen. Konsens besteht in der Forschung jedoch darüber, dass wir es mit fiktiven literarischen Erzeugnissen zu tun haben. Zwar nehmen die Dialoge Bezug auf aktuelle Geschehnisse, doch sie geben keine real geführten Diskussionen wieder. Zu diesem fiktiven Setting gehören entsprechend typologisierte Personen. Häufig trifft ein von der Wahrheit des Wortes Gottes überzeugter und in der Heiligen Schrift gut unterrichteter Bauer auf einen Geistlichen (Mönch oder Priester), der entsprechend die Negativfolie bietet. Die Geistlichen sind ungebildet, geldgierig und moralisch verdorben. Die ursprünglich diesen Personengruppen zugeordneten Attribute werden vertauscht, der rohe Bauer (Karsthans) wird zum gelehrten Vertreter der evangelischen Wahrheit, während auf den Kleriker das Sprichwort: „Die Gelehrten, die Verkehrten“ zutrifft. Ziel ist es, den Geistlichen von der Wahrheit des Wortes Gottes zu überzeugen. So können die Dialoge den Ordensmann zum Austritt aus dem Kloster bewegen, aber ebenso auch in seinem Stand beharren lassen. Auch andere Konstellationen der Gesprächspartner sind möglich, so z.B. dass zwei evangelisch Gesinnte aufeinandertreffen und in einem Konsensdialog sich gegenseitig belehren.

4 Vgl. *Wohlfeil*, Öffentlichkeit 41-52.
5 Vgl. *Zorzin*, Beobachtungen 77-117.

Auffällig ist neben dem engen Zeitfenster von ungefähr fünf Jahren, in dem die Dialoge auf dem Flugschriftenmarkt erschienen sind, auch der hohe Anteil an anonymen Verfassern. Kaufmann sieht in der Anonymität eine bewusst gewählte Strategie, die dem „gemeinen Mann" suggerieren soll, dass der Autor einer von ihnen ist, indem er sich als Bauer oder Handwerker ausgibt.[6] Die Anonymität bzw. Pseudonymität könnte aber auch als Vorsichtsmaßname zu interpretieren sein, denn das Wormser Edikt von 1521 verbot die Verbreitung der reformatorischen Gedanken.[7] Es muss davon ausgegangen werden, dass die meisten anonymen Reformationsdialoge von Geistlichen verfasst wurden, die sich der Reformation angeschlossen hatten und die theologischen Debatten ebenso kannten wie die frömmigkeitspraktischen Fragen, die den „gemeinen Mann" umtrieben. Hervorzuheben ist zudem, dass von Luther bzw. seinem Wittenberger Umfeld keine Dialogflugschriften überliefert sind. Dies spiegelt sich auch in der regionalen Verteilung wider. Ist Wittenberg nach Augsburg sonst zweitwichtigstes Druckzentrum der reformatorischen Propaganda, spielen die Pressen in Wittenberg für die Verbreitung der Reformationsdialoge kaum eine Rolle.[8]

Trotz des fiktionalen Charakters geben die Dialoge Einblicke in zum Teil alltagsweltliche Debatten der Reformation. Theologische Fragen werden nicht in gelehrter Form diskutiert, sondern von Laien, dem „gemeinen Mann". Das Gespräch findet dementsprechend in der Öffentlichkeit statt, auf der Straße oder im Gasthaus. Der Leser oder Hörer nimmt indirekt an der Disputation teil. Die Dialoge bieten in ihrer Personenkonstellation Identifikationsfiguren – von der Wahrheit des Evangeliums soll nicht nur der Dialogpartner überzeugt werden, sondern auch der Leser und Zuhörer. Zugleich liefert der Dialog auch ein breites Repertoire an Argumenten, die es den Lesern und Hörern ermöglichen, das Gespräch selbst fortzusetzen und als Multiplikatoren der reformatorischen Gedanken zu wirken. Bei aller Vielfalt der theologischen Themen, die in den Dialogen angesprochen werden, kommt der neu gewonnenen Autorität des Wortes Gottes die zentrale Bedeutung zu. Am Wort Gottes wird die religiöse Praxis geprüft und entsprechend revidiert. Es muss davon ausgegangen werden, auch wenn das quellenmäßig nur schwer nachweisbar ist, dass es neben der Predigt gerade auch die Dialoge waren, die die Veränderung der religiösen Praxis forcierten. Das Gespräch, das über die Wallfahrt nach Grimmenthal geführt wird, lässt die vielfältigen Themen der Reformation plastisch werden.

---

6 Vgl. *Kaufmann*, Flugschriften 191–267.

7 Vgl. Deutsche Reichstagsakten Jüngere Reihe 2: Unter Kaiser Karl V., hrsg. von der Historischen Kommission der Bayerischen Akademie der Wissenschaften, Gotha 1896, Nachdruck Göttingen 1962, Nr. 92, 640–659; *Leppin*, Kirchen- und Theologiegeschichte 67-69.

8 Vgl. *Zorzin*, Beobachtungen 77-117.

2. Ein Gespräch über die Wallfahrt nach Grimmenthal

Der Dialog „Ein Gespräch zwischen vier Personen … von der Wallfahrt ins Grimmenthal" wurde erstmalig von Wolfgang Stürmer aus Erfurt 1523 gedruckt.[9] Im gleichen Jahr besorgte die Erfurter Offizin von Matthes Maler einen Nachdruck.[10] Beide Drucke weichen nur geringfügig voneinander ab. Der Verfasser des Dialogs wird nicht genannt. Die Zuschreibung an Johann Eberlin von Günzburg (um 1470-1533), die Clemen vorgeschlagen hat, steht auf recht unsicheren Füßen, so dass es angebracht ist, bei der bisherigen anonymen Autorenschaft zu bleiben.[11] Im Dialog selbst erscheint der Handwerksmann als Ich-Erzähler und damit als potentieller Autor. Zwar gab es einige Handwerker, die Flugschriften verfassten,[12] aber wahrscheinlich ist auch für diesen Dialog ein Geistlicher, der sich der Reformation zugewandt hat, als Autor anzunehmen. Neben dem Handwerker nehmen an diesem Gespräch ein Bauer, ein Priester und ein Mönch teil. Nach der Nennung der Dialogpartner schließt sich eine Mahnung an die Handwerker an, sich vor Müßiggang zu hüten. So scheint vorerst der Leserkreis auf die Handwerker beschränkt, doch im abschließenden Redegang des Handwerkers wird der Adressatenkreis auf die zuhörenden Gäste des Wirtshauses und natürlich auf die Leser und Hörer des Dialogs erweitert. Damit ist zugleich der Ort des Gesprächs benannt: das Gasthaus. Hier sitzt der Handwerker, der auf der Heimreise von der Frankfurter Messe ist. Ebenso sind der Priester und der Mönch typisch-untypisch im Gasthaus beim Brettspiel anzutreffen. In der kurzen einleitenden Situationsbeschreibung hält der Verfasser fest: „das ist

---

9 Eyn gesprech zwyschen vyer Personen wye sie eyn getzengk haben/ von der Walfart ym Grim=metal/ was fur vnradt odder buberey/ dar aus entstanden sey. Hantwerckßmant Bawer. Pfaff. Munch. Eyn trew Christlich vermanung/ an alle Hantwercks leut vor mußiggang sich tzu huten. [Erfurt: Wolfgang Stürmer 1523] VD16 G 1888, Herzog August Bibliothek Wolfenbüttel, Ratsschulbibliothek Zwickau.

10 Eyn gesprech zwyschen vyer Personen/ wie sie ein gezengk haben/ von der walfart ym Grimetal/ was fur vnnradt odder büberey dar ausz entstandenn sey Hantwerckszman. Pawer. Pfaff. Munch. Eyn trew Christlich vermanung/ an alle Hantwercksleute vor mueszigang sich zcu huetten [Erfurt: Matthes Maler 1523] VD16 G 1887, Ratsschulbibliothek Zwickau, Union Theological Seminary New York.

11 Eberlin ließ zwar 1523 und 1524 auch andere Schriften bei Wolfgang Stürmer in Erfurt drucken und auch die Offizin von Matthes Maler druckte Eberlins Schriften. Der Günzburger hielt sich von Ende April 1524 bis zum Frühsommer 1525 als Prediger in Erfurt auf. Christian Peters geht in der aktuellsten Untersuchung zu Johann Eberlin von Günzburg jedoch nicht auf den Dialog „Von der Wallfahrt nach Grimmental" ein und führt diese Schrift auch nicht unter den Druckschriften Eberlins auf, so dass auch er nicht Eberlin als Autor des Dialogs annimmt. Vgl. *Peters*, Johann Eberlin von Günzburg.

12 Zu den Handwerkern, die Reformationsdialoge verfassten, gehören neben Hans Sachs (1494-1576) der Weber Ulrich Richsner, der Bäcker Hans Staygmayer sowie der Kürschner Peter Reychart. Nur von dem Kürschner Peter Reychart lässt sich bereits 1523 eine Dialogflugschrift nachweisen. Die anderen Handwerker veröffentlichen erst 1524 ihre Reformationsdialoge. Vgl. *Arnold*, Handwerker.

der Pfaffen vnd Münchichen studium vnd yr Bibel lesen“[13]. Schließlich gesellt sich noch der Bauer dazu. Das Titelblatt bildet die Gesprächskonstellation entsprechend im Bild ab und soll damit das Interesse an diesem Dialog wecken. Der Handwerker lädt den Bauern zum Wein ein, doch der Bauer schlägt diese Einladung mit der Begründung aus, dass er sich auf der Wallfahrt befinde. Die Wallfahrt des Bauern ist der Aufhänger für das folgende Gespräch. Der Handwerker reist von der Messe in Frankfurt über Grimmenthal und vergleicht seinen schlechten Handelserfolg auf der Frankfurter Messe mit der Wallfahrt nach Grimmenthal. Der Bauer widerspricht ihm in dieser Einschätzung, denn er hat Neuigkeiten über die in Grimmenthal verehrte Mutter Gottes vernommen, die ihn zu seiner Wallfahrt veranlasst haben. Wie häufig in den Dialogen bietet die Mitteilung einer Neuigkeit den Gesprächsimpuls, denn auch die beiden Geistlichen sind an dieser neuen Botschaft interessiert.

Eyn gesprech zwyschen || vyer Personen/ … von der walfart ym Grimetal[14]

[13] *Lenk*, Reformation 179-196 287-290, hier 179,12f. Auf Grund der leichten Zugänglichkeit wird nach der Textausgabe von Lenk zitiert. Eine weitere Ausgabe besorgte *Clemen*, Flugschriften 134-167; *Bentzinger*, Wahrheit 270-295.

[14] Titelblatt des Druckes von Matthes Maler Erfurt 1523, VD16 G 1887. Exemplar der Ratsschulbibliothek Zwickau, Signatur 16.11.12 (6).

Ende des 15. Jahrhunderts war auf Initiative des Laien Heinrich Teufel der vorhandene, aber in schlechtem Zustand befindliche Bildstock der Mutter Gottes in Grimmenthal durch eine Kapelle geschützt worden. Heinrich Teufel war in diesem Vorhaben von Graf Wilhelm IV. von Henneberg-Schleusingen (1478-1559)[15] und dem Pfarrer Johann Mollner/Molitor († 1530) unterstützt worden. 1498 begann die Wallfahrt nach Grimmenthal. Das Gnadenbild zog zahlreiche Pilger an und so wurde es in kurzer Zeit notwendig, die Kapelle zu vergrößern. An der Kapelle und den weiteren Einrichtungen am Pilgerort wurde immer wieder gebaut. Mit der Weihe des Chores 1506[16] konnte die Kapelle/Kirche als vollendet gelten, auch wenn in der Folgezeit die Arbeiten am Turm weitergingen. Graf Wilhelm von Henneberg förderte den Ausbau des Wallfahrtsortes, weil er ihm gleichzeitig als sichere Einnahmequelle diente. Grimmenthal war ein vielbesuchter Wallfahrtsort. Die hohen Einnahmen, die für die Jahre 1512 und 1519/1520 ausgewiesen sind, lassen Rückschlüsse auf den Pilgerzustrom zu, der in diesen Jahren Rekordhöhe erreicht haben muss.[17] Der Besuch des Wallfahrtsortes durch hochadlige Pilger regte wahrscheinlich auch deren Landeskinder zur Wallfahrt an. Aber es gab auch Faktoren, die den Pilgerstrom nach Grimmenthal negativ beeinflussten. Dazu gehörte die 1519 eingerichtete Wallfahrt zur schönen Maria von Regensburg, die reformatorische Predigt und Flugschriftenpropaganda sowie der Bauernkrieg 1525. Die Wallfahrt wurde jedoch erst 1545 durch die Umwandlung der Pilgerherberge in ein Spital beendet. Aus der Kirche wird der Bildstock entfernt und das Marienbild nach Meinigen verbracht.[18]

Die reformatorische Kritik, die stagnierende Pilgerzahlen zur Folge hatte, bildet den Hintergrund für die Dialogflugschrift und den darin geschilderten Betrug mit der weinenden Madonna.[19] Der Bauer macht Luther[20] für die Geringschätzung der Wallfahrt verantwortlich und berichtet, dass ein Bauer seines Dorfes die Maria in Grimmenthal habe weinen sehen, weil kaum noch Pilger zu ihr kommen. Der Mönch fasst die Kritik an Luther zusammen und benennt sogar die Quintessenz der lutherischen Theologie: „man acht keines heyligen mehr, keynes pfaffen mehr, keynes munches mehr, keynes weychwassers, weder gewicht wachs, kreuter, palm, feuer

15 *Germann*, Grafen von Henneberg 26-27.

16 Vgl. *Mötsch*, Wallfahrt 24.

17 Vgl. ebd. 39.

18 Vgl. ebd. 44f.

19 Das Wunder der weinenden Mutter Gottes lässt sich quellenmäßig nicht nachweisen. Das vom Handwerker als Betrug entlarvte Wunder muss als reformatorische Propaganda angesehen werden, die im Dialog geschickt eingesetzt wird und durch das Beispiel des Jetzerhandels (vgl. Fn. 27) an Plausibilität gewinnen soll.

20 „(L)auff nit hin und her als inß Grimental, gen OEtingen, gen Einsidel, gen Ach lauff in dienes nechsten nach paurn haus der dein notturfftig ist, und waß du doert hin vertzeren und geben wilt, das gibt hie her.“ *Luther*, Martin: Sermon von der Geburt Mariä. WA 10.3, Weimar 1905, 312-331; hier: 325bf.

noch nichts auf erdtrich, sollen nun allein gott ahnhangen“[21]. Die Argumente des Mönches aufnehmend, bezieht der Handwerker Position für Luther: „Wan wir got allein glaubten vnd vertrawten, so hett dye sach keyn nott. Durch den glauben werden wir selig.“[22] Der Priester hingegen hofft auf die Gewohnheit der Laien, die die Heiligen auch weiterhin verehren. Damit die Wallfahrt weiterhin prosperiert, setzt er auf ein erdachtes Wunder, das dem Papst und seinen Anhängern zu Gute kommt. Der Handwerker deckt den Schwindel der weinenden Maria in Grimmenthal auf und erklärt rational die technische Konstruktion, die das Wunder bewirkt. Er rät dem Bauern die Wallfahrt abzubrechen und stattdessen seiner ehrlichen Arbeit nachzugehen. Der Priester ist empört, er reagiert mit einer Frage, die für ihn zur Leitfrage an den Handwerker wird: „Warumb macht jhr den bawern abwendig von seynem furnehmen?“[23] und droht ihm anschließend mit dem Bann. Der Handwerker belehrt nun den Priester über den rechten Gebrauch des Bannes und kritisiert die herrschende Praxis, die Laien wegen ausstehender Geldzahlungen zu bannen. Mit dem Verweis auf die Autorität der Heiligen Schrift im Umgang mit dem Bann setzt der Handwerker ein Signal, das der Mönch aufgreift: „Ich mein, jhr seyt Luttrisch.“[24] Der Handwerker weist diese eingrenzende Zuweisung zurück: „nit Luthrisch, sunder Christisch“[25] sei er. Dem Mönch offenbart er die Quellen seines Wissens – es sind die Schriften Luthers. Zugleich verteidigt er Luther gegen den Ketzervorwurf des Mönches. Sein Argument stammt von Luther selbst: „Luther ist kein ketzer, weyl er mit gotlicher schrifft nit vberwunden wirdt, aber jhr prediger münche seyt ketzer.“[26] Auch hier wird noch einmal die Norm bestimmt, die für das folgende Gespräch gilt – *sola scriptura*.

Anknüpfend an den Betrug mit der weinenden Madonna in Grimmenthal berichtet der Handwerker nun über den Berner Jetzerhandel.[27] Beide Aktionen diskreditieren die Geistlichen als betrügerisch, listig und geldgierig. Der Bauer wagt einen weiteren Schluss und zweifelt die Stigmata des Heiligen Franz von Assisi an.[28] Ganz deutlich stellt der Verfasser die Wahrheit des

---

21 [G]esprech 180,10-13.

22 Ebd. 180,15f.

23 Ebd. 181,5f.

24 Ebd. 181,15.

25 Ebd. 181,16. Indirekt scheint der Handwerker die Argumentation des Paulus aus 1Kor 1,11-17 aufzunehmen, indem er wie der Apostel innerchristliche Parteienbildung zurückweist.

26 Ebd. 181,24-26.

27 Im Jetzerhandel geht es um die Kontroverse bezüglich der befleckten Empfängnis Mariens, die die Dominikaner gegen die Franziskaner vertraten. In diesem Zusammenhang wurden dem Dominikanerkonversen Hans Jetzer Erscheinungen durch die Mitbrüder vorgegaukelt, die die Position der Dominikaner bestätigten. Der Betrug der Erscheinungen wurde aufgedeckt und reichsweit mittels Flugschriften publik gemacht.

28 „Yr habt mir do kurtzlich tzwü legnde gesagtt, vom Grimetal vnd vom schneyder von Beren, ich möchte denken, es hetten die Barfüßer Münch jren Franciscum auch also gethan.“ [G]esprech 183,20-23.

Wortes Gottes den Betrügereien der Geistlichen gegenüber. Der Handwerker rät dem Bauern darum, sein Geld lieber den Armen und Kranken zu geben als den Priestern und Mönchen.[29]

Das folgende Gespräch verläuft nach einer klaren Rollenaufteilung. Der Bauer stellt die impulsgebenden Fragen, die der Handwerker im reformatorischen Sinn beantwortet. Dem Priester kommt die Funktion der kritischen, ablehnenden Intervention zu, während der Mönch eine zweifelnde Haltung einnimmt. Inhaltlich wird ein breites Spektrum an Themen verhandelt: die Frage nach dem rechten Priester, Seelenmesse, Fegefeuer, Beichte, Buße, Beachtung der Feier- und Fastentage, die Zehntabgabe, die Frage nach dem Nutzen der Mönche und der Funktion des Ablasses, schließlich wird noch die Siebenzahl der Sakramente verhandelt. Nach dieser Unterweisung in der evangelischen Lehre bricht der Bauer seine Wallfahrt ab und verspricht die neue Botschaft zu bewahren und zu verkünden.[30] Daraufhin scheidet der Bauer aus dem Gespräch aus. Seine Rolle nimmt nun der Mönch ein. Er hat Zweifel am Nutzen des Klosterlebens und bekennt sein unchristliches Leben: „Man hat mich auß geschyckt, keeß tzü sameln, so sitz ich do beym weyn vnd spyl, es ist gleych wol nit münchisch."[31] Er bittet den Handwerker um Rat, wie er den Klosteraustritt bewerkstelligen soll. Der Handwerker rät ihm irgendwo Arbeit zu suchen. So entschließt sich der Mönch in der aufstrebenden erzgebirgischen Bergbauregion um Joachimsthal nach Arbeit zu suchen. Beim Wirt bestellt er statt Wein einen Kittel und tauscht den gegen seine Kutte ein. Wie der Bauer hat auch der Mönch seine Hinwendung zum Evangelium vollzogen. Der Priester ist der letzte verbliebene Gesprächspartner des Handwerkers. Er verharrt in seiner ablehnenden Haltung und geißelt den Handwerker als vom Teufel gesandten Verführer. Abschließend lenkt der Handwerker das Gespräch auf das Thema des Zölibats, der von den Geistlichen missachtet wird. Der Priester ist der Argumentation des Handwerkers nicht gewachsen und kann nur mit Drohungen reagieren. Sein Hauptaugenmerk ist darauf gerichtet, sein System zu stabilisieren, indem er dem Volk die Wahrheit des Wortes Gottes vorenthält.[32]

Das Schlusswort bleibt dem Handwerker. Er wendet sich an die Gäste im Wirtshaus sowie die Leser und Hörer des Dialogs und bittet um wohl-

---

29 Vgl. *Luther*, Sermon 325bf.

30 „Do hab ich von euch gehört vnd gelert, das ich alle meynn tag nye gehört hab, vnd ych sag euch tzü: ich wyls meynn lebtag gedencken, vnnd wo ich tzü meynen Bawern tzwm weyn küm, so wyll ich yn alle dyng sagen, dye ich von euch gehört hab, vnd wyll sie auch vnterrichten. Ich hab alle sach woll gemerckt vnd verstanden." Ebd. 194,21-26.

31 Ebd. 194,39-41.

32 „Du bist eyn rechter pfafffen schender, man solt dir die tzungen auß reyssenn. ... Wan ich dich do heym hett, ich wolt dirs wol sagen. Wer hat dir die gewalt gegeben, das du dich do her in meynes herrn vn N. Bischthum setzt vnd sollich auffrür machst, das dir das gnatz haußvol tzü hört vnd vns grosse schand daraus erwechst? Wir wollen nit, das vnser volck sollich ding erfür, ist mir auch verbotten, das ich den bawern nicht sol die warheit sagen." Ebd. 196,5f.9-14.

wollende Aufnahme der Rede eines einfachen Laien. Ein kurzes Reimgedicht verweist auf den Anfang des Dialogs zurück, wo vor Untätigkeit gewarnt und zum finanziellen Boykott der Geistlichen aufgerufen wird.

3. Theologie aus dem Wirtshaus – Reformation des Alltags

Das fiktive Gespräch lässt deutlich werden, dass die Theologie aus dem Wirtshaus in der Reformation des Alltags besteht. Die Umformung des Kirchenwesens endete nicht an der Kirchentür oder der Klostermauer, sondern betraf die Frömmigkeitspraxis und hatte Auswirkung auf die Alltagsgestaltung aller sozialen Gruppen der spätmittelalterlichen Gesellschaft.

Über alltagsweltliche Fragen und Formen der häuslichen Frömmigkeit werden in diesem Dialog die reformatorischen Gedanken eingeführt und damit wird die existentielle Bedeutung des Wortes Gottes verdeutlicht. Die Reformationsdialoge haben nicht das Ziel, den „gemeinen Mann" mit dem reformatorischen Gedankengut in seiner gesamten Breite in Kontakt zu bringen, sondern ihn überhaupt für die Wahrheit des Evangeliums und dessen Relevanz für das Leben zu sensibilisieren. Dies geschieht im vorliegenden Wirtshausgespräch exemplarisch an folgenden Themen: dem Priestertum aller Getauften, dem Finanzgebaren der Geistlichen, den Zehntforderungen, der Ordenskritik, der Ohrenbeichte, der Verringerung der Anzahl der Sakramente und den Feier- und Fastentagen.

Priestertum aller Getauften: Die Grundlage des Wirtshausgespräches ist der Gedanke des Priestertums aller Getauften. Luther argumentiert in Bezug auf 1Petr 2,9, dass ein Christ nicht durch die Weihe zum Priester wird, sondern Christen durch die Taufe Teil des königlichen Priestertums sind. „Dan was ausz der tauff krochen ist, das mag sich rumen, das es schon priester, Bischoff und Bapst geweyhet sey."[33] Die bisherige gesellschaftliche Aufteilung in Kleriker und Laien ist aufgehoben. Jeder Mensch hat unmittelbaren Zugang zu Gott und die Geistlichen haben ihr Monopol als Vermittler des Heils verloren. Der Handwerker, der sich selbst als ungebildeten Laien versteht, kann nun Bauer, Priester und Mönch durch das Evangelium unterweisen. Er übernimmt damit die Rolle, die eigentlich dem Priester zukommt. Die theologische Voraussetzung dafür bietet Luthers Schriftverständnis, der das Wort Gottes als alleinige Norm theologischen Denkens und religiösen Handelns begreift. Infolgedessen lehnt er die Autorität von Papst und Konzilien ab und relativiert diese als menschliche Maßstäbe. Vorausgegangen war diesen Gedanken die Erkenntnis Luthers, dass die Sündenvergebung allein auf Gottes Barmherzigkeit und dem

---

33 Luther, WA 6, 408,11f.

Glauben beruht, der dieses Gnadengeschenk annimmt. Luther befreit somit von allen Traditionen, Forderungen und Gesetzen der Kirche – christliche Freiheit ist von Gott geschenkte Freiheit. In dieser Freiheitserfahrung und seinem Schriftverständnis liegt der alle menschlichen Autoritäten relativierende Impuls begründet.

Finanzgebaren der Geistlichen: Im Mittelpunkt der Kritik des Handwerkers steht der hohe Finanzbedarf der Geistlichen. Dies betrifft auch die Wallfahrt des Bauern, die thematischer Aufhänger des Dialogs ist. Im Dialog dringt der Handwerker darauf, dass das Geld, das der „gemeine Mann" durch seine Arbeit erworben hat, nicht der Kirche, sondern dem Gemeinwohl, d.h. seiner Familie, Armen und Kranken zu Gute kommen soll. Die Kirche und ihre Vertreter hingegen entziehen sich durch diverse Sonderrechte der Mitwirkung am gemeinen Nutzen. Die reformatorische Kritik, die hier laut wird, wirkt sich unmittelbar auf die ökonomische, soziale und politische Realität aus. Der Handwerker verknüpft die finanziellen mit theologischen Argumenten. Als der Bauer ihm erklärt, dass er viel Geld gespart hat, damit sein Sohn Priester werden und der Familie ein gutes Leben sichern kann, erklärt der Handwerker, was aus evangelischer Perspektive einen guten Priester ausmacht – nämlich anderen Menschen mit der Predigt des Evangeliums und der Mitteilung der Sakramente zu dienen.[34] Dieser neue reformatorische Geistliche steht im Kontrast zu jenen, welche zum Erfahrungshorizont des Bauern und Handwerkers gehören. Hier wird im Ansatz deutlich, dass sich während der Reformation das Verständnis des Pfarrers grundlegend verändert. Der evangelische Pfarrer wird als Laie Mitglied der bürgerlichen Gemeinde und verliert damit seine priesterlichen Sonderrechte. Die Kritik am Zölibat führt auf reformatorischer Seite schließlich zur Möglichkeit der Heirat des Pfarrers und in der Folge zur Entstehung des evangelischen Pfarrhauses.

Zehntforderungen: Der hohe Finanzbedarf der Kirche und die eigentliche Aufgabe der Geistlichen prägen das Wirtshausgespräch und kommen beim Thema der Zehntforderung nochmals zur Sprache. Die Zehntforderungen belasten den „gemeinen Mann" ökonomisch stark und bereits die vorreformatorischen Bauernunruhen entzünden sich unter anderem an diesem Thema. Während des Bauernkrieges gehört die Kritik an den Zehntforderungen zum Repertoire des Protestes. Da das Thema eine enorme politische und soziale Sprengkraft besitzt, übt der Handwerker Zurück-

---

[34] Vgl. ebd. 185,17-27. „Hantwercksman: Thu ym also: hastu eyn son, wolst geren, das er eyn frummer pfaff wurd, sag also tzu ym: lyeber son, wilt du eyn pfaff werden, das sich [sehe, d. Vfn.] ich geren, aber dy meynung nur fur dich, das du priester werdest, das du andern menschen nutz seyst, mit gutter predigt, mit mitteylung der sacrament andern nutz tzu seyn, nit auff dem faulen polster sitzen, eyn pfröndtnar, eyn bretspieler, der nyemand nutzt vnnd das almüßen vnwirdig fryst, wan ich sag dyr fur war: Paulus hatt nit vergebens gesagt: ‚Wer nit wyll arbeytten, der sol nit essen.' Wil er vber das priester werden, so hylff ym eyn wenig mit eim gulden oder x, behalt das ander fur dich vnd deyne kynder!"

haltung und rechtfertigt dies mit seiner fehlenden Schulbildung. Inhaltlich argumentiert er, wie viele Zeitgenossen, dahingehend, dass die alttestamentlichen Zehntgebote im Neuen Testament nicht genannt sind. Einen Gewährsmann für seine Interpretation findet er in Johann Eberlin von Günzburg, der im letzten Buch seiner „15 Bundesgenossen“[35] das Zehntthema aufgreift. Im Zusammenhang mit dem Zehnt stellt sich auch die Frage nach der Verringerung des geistlichen Personals, das auf Kosten des „gemeinen Mannes“ lebt. Nach reformatorischen Vorstellungen sind Pfarrer nur noch für die Predigt und die Reichung der Sakramente notwendig. Die große Zahl der Messpriester besitzt keinerlei Legitimation mehr, da sie lediglich auf Kosten anderer leben, statt ihr Brot durch ehrliche Arbeit zu verdienen. Der Handwerker plädiert zusätzlich für die Umwidmung der geistlichen Stiftungen, die dem Gemeinnutz zugeführt werden sollen und somit für die Armenfürsorge zur Verfügung stehen. Mit der Armenfürsorge übernimmt die Stadtgemeinde eine Aufgabe, die bisher bei den Klöstern lag.

Ordenskritik: In die Kritik an den Geistlichen werden auch die Ordensleute, besonders die Bettelmönche, einbezogen. Die Bettelmönche waren im Alltag des „gemeinen Mannes“ durch regelmäßige Betteltouren präsent. In der zeitgenössischen, klischeehaften Kritik verlangt ein wohlgenährter Bettelmönch von einem armen Bauern noch die letzten Eier oder den Rest Käse, der im Haus ist. Der schweren körperlichen Arbeit zum eigenen Broterwerb wird das Nichtstun der Mönche gegenübergestellt. Die stellvertretende Funktion des Gebetes der Ordensleute für die Gesamtgesellschaft scheint nicht mehr evident. In die Kritik gerät gleichzeitig die starke Bindung der Bettelorden an das Papsttum. Diese Allianz zwischen Papst und Bettelorden wurde den „armen Christen tzü gefencknus“[36]. Die Anklänge an Luthers Schrift „De captivitate Babylonica ecclesiae praeludium“ sind unüberhörbar. Die Geschichte der Orden wird entsprechend als Verfallsgeschichte dargestellt. Zwei Aspekte, die die negative Entwicklung kennzeichnen, werden hervorgehoben. Es ist zum einen der immense Finanzbedarf der Klöster und zum anderen die Verkehrung des Evangeliums in Werkgerechtigkeit. Die alltagsrelevante Kritik an den Klosterleuten verbindet sich hier mit einem zentralen Gedanken reformatorischer Theologie: der Rechtfertigung allein aus Glauben.

> „Ja, ist war, yr seit gut küchen prediger: der teufel ist schwartz, die hell ist heist, das Fegfewr vnleydlich, der weg tzum hymmel eng, nyemand kan hynauff, er geb dan gelt oder hab viel heyligen tzu furbitten etc. Solch fabel werck, heyligen lugend, erschrecklich exempel, do mit habdt yhr das arm volck erschreckt, das wyr Christum mer furchten dan geliebt haben. Den glauben, der dye werck ist, habt yr fallen lassen vnd vns nun auff dye werck geweist, so doch dy werck selber herauß fliessen außym rechten glauben. wan ich eyn rechten glauben tzü got hab, so lieb ich in, hab ich got lieb, so thü ich seynen willen, thü ich seinen willen, so hab ich meynen nechsten

---

35 Die 15 Bundesgenossen sind eine Reihenpublikation aus 15 einzelnen Flugschriften, die 1521 publiziert wurden.

36 [G]esprech 190,9f.

auch lieb, hab ich mein nechsten lieb, so thun ich nichts wieder in. Also folgen guten werck auß dem glauben, vnnd nit der glaub auß den wercken."[37]

Es kommt zu einer deutlichen Akzentverschiebung zwischen Werken und Glauben. Die Betonung der Werke zur Erlangung des Heils wird zurückgewiesen, denn allein die Rechtfertigung aus Glauben führt zum Heil. Die Werke fließen aus dem Glauben, sie sind nicht mehr Voraussetzung für die Rechtfertigung. Die Ordensleute sind exemplarischer Ausdruck der Perversion des Evangeliums und der Werkgerechtigkeit. Entsprechend werden sie zum Verlassen der Klöster aufgerufen, denn der Glaube ist außerhalb der Klöster genauso gestaltbar. Die Aufhebung der Unterscheidung zwischen Laien und Geistlichen stellt die Idee eines nur im Kloster möglichen vollkommenen Lebens in Frage. Jede ehrliche Arbeit gilt als Gottesdienst in der Welt, damit wird die soziale und religiöse Stellung der Laien aufgewertet. Die Betonung der Arbeit als Gottesdienst in der Welt korrespondiert mit der Idee des Priestertums aller Getauften und stärkt zugleich das Selbstbewusstsein des „gemeinen Mannes" gegenüber den altgläubigen Geistlichen.

Ohrenbeichte: Die Kritik an der Geldgier und dem Eigennutz der Priester bestimmt auch das Thema der Ohrenbeichte: „beychten tregt drey nutz: gelt, hubsche frawen, vnd wo etwas wider yren haufen geschehen möchte, das ynn tzu nachteyl kummen möchte, dem kunden sie als yn der beycht fur kommen"[38]. Während Geldgier und Hurerei häufig in der Kritik an den Geistlichen auftauchen, ist der dritte Nutzen der Ohrenbeichte, den der Handwerker anführt, außergewöhnlich. Kritisiert wird, dass in der Ohrenbeichte alle Sünden vollständig bekannt werden müssen und die Beichtväter dies in fast geheimdienstlicher Manier ausnützen, indem sie den Beichtkindern Informationen entlocken und durch Bußleistungen Handlungen zu verhindern suchen, die ihre Macht einschränken. Der ursprünglich seelsorgerliche Aspekt der Beichte scheint verloren gegangen zu sein, vielmehr dient die Beichte den Geistlichen nunmehr als Informationsbeschaffung. Ob diese Kritik reale Bezüge hat, muss offen bleiben. Jedoch wird die macht- und systemstabilisierende Funktion der Beichte und des Bannes aufgezeigt und kritisch hinterfragt. Zudem erfolgte mit dem Bann ein zeitlich begrenzter Ausschluss aus der Sakramentsgemeinschaft. Der Bann hat damit Auswirkung auf die soziale Gemeinschaft. Aus theologischer Perspektive verwirft der Handwerker die Ohrenbeichte, weil eine entsprechende Anordnung Jesu nicht vorhanden ist.[39] Behutsam wird an die Heilige Schrift

---

[37] Ebd. 191,32-192,2.

[38] Ebd. 186,32-35.

[39] Ebd. 186,29-187,9 „Bawer: Meyn lieber bruder, wye soll ich mich dan in der Beycht halten? Meyn pfarrer plagt vns so wol mit der beycht, er sech [sagt, d. Vfn.] geren, das wyr alle wochen beychten. – Hantwercksman: Ich gelaubs wol, beychten tregt drey nutz: gelt, hubsche frawen, vnd wo etwas wider yren haufen geschehen möcht, das ynn tzu nachteyl kummen möcht, dem kunden sie als yn der beycht fur kummen. – Munch: Wye, wiltu dye beicht auch verachten?

als normative Autorität erinnert, die über dem Papst und allen menschlichen Satzungen steht und an der allein sich christliches Leben auszurichten hat. Mit seiner Ausführung zur Buße lehnt sich der Handwerker unmittelbar an Luthers erste Ablassthese an: „Büß ist nit anderst dann das allt sundig lebenn wandeln yhn eyn newe lebenn, vonn vnseren sundenn abstehen. Das heyst recht büsß thann."[40] Buße zielt auf eine veränderte Lebenspraxis, der Maßstab dafür ist die Bibel. Gott erweist sich im Gegensatz zu den Geistlichen als gnädiger Beichtvater. Dennoch wird die Beichte gegenüber einem Priester, so sie freiwillig geschieht, nicht verworfen.[41] In den Mittelpunkt rückt die persönliche Gottesbeziehung statt die Heilsmittlerschaft des Priesters. Der Individualisierungsschub, der mit der Reformation einherging, ist in dieser Formulierung greifbar.[42]

Anzahl der Sakramente: Die Frage nach der Schriftgemäßheit, die bereits bei der Ohrenbeichte auftaucht, betrifft auch die Frage nach der Anzahl der Sakramente. Am folgenreichsten für den Alltag ist sicher die Ablehnung des Sakramentes der Ehe gewesen. Nach reformatorischem Verständnis ist die Ehe nun ein weltliches Ding, was jedoch nicht zu einer Geringschätzung der Ehe führt. Aber auch die Abschaffung von Firmung, Priesterweihe und Ölung verändert in unterschiedlichem Maß die Alltagsfrömmigkeit. Die Reduzierung der Sakramente erfolgt anhand folgender Kriterien: Sie müssen neutestamentlich bezeugt, sowie durch die göttliche Verheißung und ein äußeres Zeichen charakterisiert sein. Um die Dreizahl der Sakramente aufrecht zu erhalten, definiert der Handwerker das Sakrament als etwas „wo dye gotlich verheysung ewyger seligkeyt bey ist"[43]. Auf die Nennung des äußeren Zeichens verzichtet diese Definition, um die Buße noch als Sakrament verstehen zu können. Obwohl der Autor des Dialogs Luthers Schrift „De captivitate Babylonica ecclesiae praeludium" angesichts der „Verhey-

---

Hantwercksman: Neyn, sunder den mißbrauch, der dar in geschicht. Das weyß ich aber wol: wen dye drey nutzung nit weren, yr wurd nit so vil vom beychten sagen.
Pfaff: So mus man dennocht beychten, man kan sunst nit selig werden.
Hantwercksman: Ja, an [ohne, d. Vfn.] die bekentnus gottes kunden wir nit selig werdenn, wyr muessen vns fur got sunder bekennen, aber an dye oren beycht, dy yhr vns felschlych vnd leckerlich [betrügerisch, d. Vfn.] fur gehaltenn habt, alle sund tzu beychtenn, jha schyer dye furtz jhm schlaff haben wyr müssen beychten [...] An dye beycht mügen wyr woll selig werden. Wan so vyll an der ohren beychtt gelegen wer, als sie da von lyegen, Christus hets vns wol geofenbart, das mans wol het mügen begreyffen, wan er hat vns nichts vorhalten, do vnser seligkeyt an gelegen ist. Ehr hats tzu vyll malen gemeltt, als memlych ist der glaub, dye lyeb tzu got vnnd dem nechsten."

40 Ebd. 187,11-13. Vgl. *Luther*, Martin: Disputatio pro declaratione virtutis indulgentiarum (1519), in: Delius, Hans-Ulrich (Hg.): Studienausgabe, Bd. 1, Berlin 1979, 173-185.

41 „Hantwercksman: ... Wiltu aber auß rechter demüt dich eym prister offenbaren, ist gut, aber das es nit geschicht auß gepot, sunder frey willig, wan dich got ermant." [G]esprech 187,22-24.

42 „Hastu vnrecht mit deynen nechsten gehandelt, mit dem versön dich vnd beken got dein sund als eyn armer sunder vnd beger gnad von im. Der ist der recht beicht vater, der wirt dir genedig seynn." [G]esprech 187,19-22.

43 Ebd. 193,21f.

sungs-Formel“ mit Sicherheit zu kennen scheint, vereindeutigt er Luthers Sakramentsverständnis in Bezug auf die Buße. Auffällig ist, dass die zentralen Punkte reformatorischer Kritik am Abendmahl, die das Verständnis der Eucharistie als Messopfer ablehnt und den Kelchentzug für die Laien zurückgängig macht, nicht thematisiert werden. Galten doch Ausspendung und Empfang des Abendmahls unter beiderlei Gestalt als eindeutiges Bekenntnis zur Reformation.

Feier- und Fastentage: Ganz im Sinne evangelischer Freiheit argumentiert der Handwerker in Bezug auf das Halten der Feiertage und der Fastengebote. Der innere Mensch ist frei im Umgang mit menschlichen Geboten. Die eingeführte Fastenpraxis wird von den Geistlichen selbst ad absurdum geführt, denn ihre Fastenspeisen sind so üppig und variantenreich, wie sie sich der „gemeine Mann“ nicht an fastenfreien Tagen leisten kann.

> „Das wil ich dir sagen. Die münche vnd pfaffen sagen vil vom fasten vnnd dünckt mich, sie thuns selbst nit. Wan haben sie mehr lust in der speyß dan eben an solchen tagen? Do mussen gesoten Hecht seyn, gepackan Rotaugen, Bratfisch, Gesultzt fysch vnd Krebs auch wo mans haben mag etc. Ich geschweig der andern speyß vnd der gutten wein. Ich wolt auch wol so fasten vnd tzu nacht ein Collation haben mit Brotfisch, mit Laxß foren, Pfefferkuchen, Confect vnd was des dings ist. Ich nem jhr Collation fur meyn mittag mal.“[44]

Darum soll der Bauer in Dankbarkeit essen, was ihm Gott schenkt. Beanstandet wird die falsche Heiligkeit der Geistlichen, das schlechte Gewissen des „gemeinen Mannes“ wird hingegen entlastet. Mit der Frage nach dem Fleischgenuss in der Fastenzeit nimmt der Bauer möglicherweise auf ein aktuelles Geschehen Bezug. Es muss offen bleiben, ob ein Bauer im thüringischen Bereich tatsächlich vom legendären Züricher Wurstessen in der Fastenzeit 1522 wissen konnte, aber diese Symbolhandlung evangelischer Freiheit fand auch anderenorts statt.[45] Zudem kannte das Bußinstitut die Nichtbeachtung der Fastengebote, so dass davon ausgegangen werden muss, dass die Fastengebote immer wieder übertreten wurden – nun aber mit einer neuen Intention: als Protestaktion und Bekenntnis zur Reformation. Andere Dialoge inszenieren ein Fleischessen an einem Fastentag, zu dem ein Geistlicher eingeladen wird oder hinzukommt, als Gesprächsanlass über den wahren Glauben. Die Nichteinhaltung der Fastengebote, der allmähliche Wegfall von Wallfahrten und der Heiligenverehrung einschließlich der Abschaffung der Feiertage machen die umgestaltende Kraft der reformatorischen Bewegung, die sich unmittelbar in der Frömmigkeit des Alltags niederschlägt, deutlich.

---

44 [G]esprech 188,5-13.

45 So das Fastenbrechen von Gabriel Zwilling am Freitag, 27.12.1521, auf dem Eilenburger Schloss; vgl. *Arnold*, Handwerker 197f.

4. Fazit

Reformation erweist sich im vorliegenden Dialog als veränderte Praxis, die an der Bibel orientiert und am Gemeinnutz ausgerichtet ist. Das theologische Gedankengebäude Luthers bildet die Folie für die veränderte religiöse Praxis, die der Handwerker einfordert. Im Dialog erfolgt der Weg der Reformation von der Praxis zur Theorie: Zuerst wird die bestehende Frömmigkeitspraxis infrage gestellt, bevor die theoretische Begründung erfolgt. In Bezug auf die Wunder geschieht die theoretische Beweisführung sogar über eine rationale Erklärung und die Aufdeckung des Betrugs – Theologie spielt dabei keine Rolle, vielmehr wird eine Art Entmythologisierung betrieben. Es entspricht den Adressaten der reformatorischen Botschaft, dass die Frömmigkeitspraxis im Vordergrund steht, denn diese betraf die unmittelbare Lebensrealität des Bauern im Dialog, aber auch die aller fiktiven Zuhörer im Gasthaus und natürlich auch die der Leser und Hörer des Dialogs. Ein theologischer Disput hätte sie wohl schwerlich überzeugt.

Die Kritik am Heilserwerb, wie er in der spätmittelalterlichen Kirche praktiziert wurde, hatte hingegen für den „gemeinen Mann" Relevanz. Es verwundert daher nicht, dass die finanziellen Bedrückungen in diesem Dialog im Vordergrund stehen, war doch der Heilserwerb zu einer weitgehend monetären Angelegenheit geworden und das Heil selbst aus dem Blickfeld verdrängt. Das reformatorische Engagement des Handwerkers zielt auf die Beseitigung des Heilserwerbs durch gute Werke. Es ist der meritorische Heilserwerb, der massiv kritisiert wird. Dieser theologische Aspekt der Reformation korreliert mit den sozioökonomischen Interessen des „gemeinen Mannes". Gleichzeitig wird mit der Ablehnung des verdienstlichen, meritorischen Heilserwerbs die für die Reformation so zentrale Botschaft der Rechtfertigung *solus Christus, sola gratia, sola fide* vermittelt. Hier jedoch nicht mit Hilfe theologischer Argumentation, sondern auf der Ebene der kommerzialisierten Alltagsfrömmigkeit. Der Handwerker bringt als Mediator der evangelischen Botschaft das Wort Gottes zum „gemeinen Mann" und setzt eine häusliche Reformation in Gang. Letztlich übernimmt er damit, ganz im Sinne des allgemeinen Priestertums, eine priesterliche Funktion, nämlich die der Verkündigung des Wortes Gottes. Die Dialoge wie die publizistische Strategie überhaupt trugen dazu bei, die Reformation in den Köpfen und Herzen des „gemeinen Mannes" zu verankern und leiteten zu einer veränderten religiösen Praxis an. Dass dies so gründlich gelang, lag in der Stärkung der Laien durch den Gedanken des allgemeinen Priestertums begründet. Die Frage des Priesters an den Handwerker nach der Legitimation seines Redens und Handelns am Schluss des Dialoges übergeht der Handwerker schlicht, weil er sie nicht mehr für erklärungsbedürftig hält.

Der Dialog bestätigt die enorme Rolle der publizistischen Strategien und der Kommunikation des Evangeliums für die Reformation, die sich im

Lichte des Dialogs als Medienereignis darstellt, das auch den „gemeinen Mann“ erreicht, zur Abkehr vom meritorischen Heilserwerb führt und mit der veränderten Frömmigkeitspraxis die Reformation des Alltags einleitet.

Literatur

Arnold, Martin: Handwerker als theologische Schriftsteller. Studien zu Flugschriften der frühen Reformation (1523-1525), Göttingen 1990.

Bentzinger, Rudolf (Hg.): Die Wahrheit muss ans Licht! Dialoge aus der Zeit der Reformation, Leipzig 1982.

Brumme, Carina: Das spätmittelalterliche Wallfahrtswesen im Erzstift Magdeburg, im Fürstentum Anhalt und im sächsischen Kurkreis. Entwicklung, Strukturen und Erscheinungsformen frommer Mobilität in Mitteldeutschland vom 13. bis zum 16. Jahrhundert, Frankfurt/Main 2010.

Clemen, Otto: Flugschriften aus den ersten Jahren der Reformation. Bd. 1,4, Halle 1906, Nachdruck Nieuwkoop 1967.

Clemen, Otto: Zwei Thüringer Flugschriften aus der Reformationszeit, in: Koch, Ernst (Hg.): Kleine Schriften zur Reformationsgeschichte 1897-1944. Bd. 1, Leipzig 1982, 64-80.

Germann, Wilhelm: Art. Wilhelm, Grafen von Henneberg, in: ADB 34 (1898) 26f.

Hamm, Berndt: Die Emergenz der Reformation, in: Hamm, Berndt/Welker, Michael (Hg.): Die Reformation. Potentiale der Freiheit, Tübingen 2008.

Kaufmann, Thomas: Anonyme Flugschriften der frühen Reformation, in: Moeller, Bernd/Buckwalter, Stephen E. (Hg.): Die frühe Reformation in Deutschland als Umbruch (SVRG 199), Gütersloh 1998, 191–267.

Kaufmann, Thomas: Geschichte der Reformation, Frankfurt/Main 2009.

Lenk, Werner (Hg.): Die Reformation im zeitgenössischen Dialog, Berlin 1968.

Leppin, Volker (Hg.): Kirchen- und Theologiegeschichte in Quellen 3. Refor-mation, Neukirchen-Vluyn 2005.

Mötsch, Johannes (Hg.): Die Wallfahrt zu Grimmenthal. Urkunden, Rechnungen, Mirakelbuch, Köln u. a. 2004.

Peters, Christian: Johann Eberlin von Günzburg ca. 1465-1533. Franziskanischer Reformer, Humanist und konservativer Reformator (QFRG 60), Gütersloh 1994.

Wohlfeil, Rainer: Reformatorische Öffentlichkeit, in: Grenzmann, Ludger/Stackmann, Karl (Hg.): Literatur und Laienbildung im Spätmittelalter und in der Reformation, Stuttgart 1984, 41-52.

Zorzin, Alejandro: Einige Beobachtungen zu den zwischen 1518 und 1526 im deutschen Sprachbereich veröffentlichten Dialogflugschriften, in: Archiv für Reformationsgeschichte 88(1997), 77-117.

Einander leiden können
Konfessionalisierung der Familie?

Andreas Holzem

Die „heile Familie“ ist uns offenbar abhanden gekommen. Ehe und Familie scheinen in unseren Gesellschaften des globalisierten Westens in einer tiefen Krise zu stecken. Sich in der Verbindlichkeit familiärer Verantwortung zu verwurzeln gilt als Einschränkung persönlicher Freiheit; wo dauerhafte Beziehungen angestrebt werden, misslingen sie nur zu oft. Gleichzeitig belegen die Umfragen, wie hoch Jugendliche und junge Erwachsene die tragfähige Liebe und die verlässliche Treue bewerten: Es scheint etwas sehr Substanzielles vermisst zu werden.

Unter diese Haltungen mischt sich bisweilen das Gefühl, dass früher nicht alles, aber eben doch dieses vielleicht besser gewesen sei. Aber dieser Schein trügt leicht. Einander „leiden“ zu können heißt für Menschen des 16. bis 18. Jahrhunderts zunächst einmal wortwörtlich: einander zu ertragen. Darüber hinaus aber geht es, wenn dieses Wort gebraucht wird, um Verlässlichkeit und soziale Einbindung und erst dann um das, was unser heutiger Sprachgebrauch damit verbindet: um die emotionale Stabilität der Liebe. Fragen wir nach dem Alltag von Eheleuten und ihren Familien in der Frühen Neuzeit, dann ist Romantik fehl am Platz. Es war nicht einfach, eine Familie zu werden, zu sein und zu bleiben im 17. Jahrhundert. Eine Ehe anzubahnen war ein kompliziertes Unterfangen. Schwangere und Kindbetterinnen waren, wie ihre kleinen Kinder, von zu frühem Tod besonders bedroht. Krieg, Hunger und Krankheit waren Teil eines Alltags, in dem Sicherheit kaum auf lange Sicht zu gewinnen war. Die Häuser, in denen auch das Gesinde und die Alten mitlebten, waren keineswegs immer ein Hort des Friedens.

1. Alltag unter konfessionellen Vorzeichen

Von diesem Alltag ist nun zu berichten. Er vollzog sich – ungleich intensiver und selbstverständlicher als heute – unter konfessionellen Vorzeichen. Die „Konfessionalisierung“[1] beschreibt die heutige Forschung als Folge der Reformation, aber auch des tief greifenden politischen und gesellschaftlichen Wandels im 16. und 17. Jahrhundert. Die Spaltung der abendländischen

1 Vgl. *Reinhard/Schilling*, Konfessionalisierung; *Schmidt*, Konfessionalisierung; *Holzem*, Konfessionsgesellschaft; *ders.*, Augenaufschlag; dort jeweils Lit. *Luttenberger*, Reform.

Christenheit legte jeder Konfession auf, für die unbedingte Wahrheit der eigenen Überzeugungen vor allem durch ein vorbildliches kirchliches und religiöses Leben einzustehen. Die entstehenden Territorialstaaten waren nach den Konfessionskriegen und Friedensschlüssen von 1555 (Augsburger Religionsfrieden) und 1648 (Westfälischer Frieden) fast immer entweder katholisch oder lutherisch oder reformiert-calvinistisch; die Auffassungen von zuträglicher Herrschaft waren daher ganz durchtränkt von den Anforderungen einer „guten Polizey", einer öffentlichen Ordnung der christlichen „Tugend" und „Mäßigkeit". Eine regelrechte Bildungsoffensive sollte neue Pfarrer, Beamte und Lehrer erziehen und ausbilden, die den aus der Konkurrenz der Bekenntnisse hervorwachsenden Ansprüchen auch genügen konnten.

Im Alltag der Durchschnittskatholiken in den Städten und auf den Dörfern machte sich diese konfessionskulturelle Überformung ihres Lebens eindringlich bemerkbar. Predigtanleitungen für Pfarrer sollten den geistlichen Unterricht und die Moralerziehung bis in die letzte Dorfkirche hinein verbessern. Andachtsbücher gaben ihren Lesern detaillierte Regieanweisungen für eine ethische Ausrichtung des Lebens inmitten der nüchternen Härten, aber auch der unabwendbaren Notlagen und Krisen. Eine Flut von staatlichen Edikten und kirchlichen Geboten regelte die Gestaltung der Sonn- und Feiertage, die religiösen Pflichten, begrenzte den Aufwand, der für Hochzeiten, Kindelbiere und Begräbnisse, für Kleider und Konsum getrieben werden durfte. Manche katholische Länder, insbesondere in Westfalen, entwickelten eigene kirchliche Sittengerichte, die das Alltagsleben einer strikten Kontrolle unterwarfen (sog. „Sendgerichte").[2] Über die Erfahrungen einfacher Menschen, die in der Regel nicht schrieben und wenig lasen, wissen wir oft nur aus dem Niederschlag solcher Instanzen der Kontrolle und Erziehung in tausenden von kleinen Protokollnotizen.

2. Christliche Familie – Ideale im Andachtsbuch

2.1 Familienreligiosität zwischen Individuum und Konfessionsstaat

Der viel gelesene geistliche Schriftsteller Martin von Cochem fügte seinem „Grosse[n] Baum=Garten"[3], einem im 17. und 18. Jahrhundert sehr verbreiteten Andachtsbuch, ein Gebet ein, in dem der Beter sein gesamtes persönli-

2 Vgl. *Holzem*, Religion 55-154.
3 *Cochem*, Baum=Garten 91f.

ches Umfeld in einen geistlichen Schutzraum vor den Gefahren der *conditio humana* mit hineinnehmen sollte.[4]

> „Herr Jesu Christe, ich befihle und vertraue dir heut und allzeit, nit nur allein mein (meiner Frauen, meines Manns, und Kinder) sondern auch aller meiner lieben Angehörigen, Bluts=Freunden und Anverwandten, auch Gutthäter und sämbtlichen Seelen, für welche wir zu betten schuldig seynd, Leib und Seel, Fleisch und Blut, Hertz und Sinn, Verstand und Willen, Ehr und Leben, in deinen allerheiligsten Frieden und Bewahrung, in deine Gott= und Menschheit, und in das unergründliche Geheimnüß der allerheiligsten Dreyfaltigkeit; damit du mich und die Meinige, und alle andere heut und allezeit verthädigest, beschützest, bewahrest und errettest von allem Schaden und Unglück, für Wasser und Feur, für Gifft und Hexerey, für Banden und Kercker, für Kugel und Degen, für Schrecken und Aengsten, für Fall und Diebstahl, für falsche Zungen und Ehrabschneidung: Und endlich für allem Ubel, welches durch deine unermeßliche Weißheit, mir und ihnen an Leib und Seel, Ehr und Leben, schädlich zu seyn erkennest. ...“[5]

In diesem religiösen Schutzraum wurden Menschen in konzentrischen Kreisen aufgestellt: In der Mitte stand der oder die Betende selbst, darum herum zunächst der Ehepartner und die Kinder, weiterhin die als „Angehörige“ und „Bluts=Freunde“ bezeichneten Verwandten, schließlich jene, für welche nach den frühneuzeitlichen Gebetslehren eine Schuldigkeit zur Fürbitte bestand: Wohltäter, Vorgesetzte, die Geistlichkeit bis hin zu Bischof und Papst, der Landesherr. In unseren gängigen Vorstellungen gilt die Religiosität der Familie als spezifisch protestantisch, weil Martin Luther in einer neuen Weise die Sphäre der bürgerlichen Laienwelt mit der religiösen Praxis verwoben habe. Eine solche auf die Familien bezogene Religiosität habe im Katholizismus im Grunde keinen Platz gehabt. Diese sei vielmehr entweder individuell auf die einzelne Person oder aber gemeinschaftlich auf die Gemeinde oder den Staat bezogen gewesen. Die Familie sei von Martin Luther als Ort der Frömmigkeit und religiösen Erziehung, ja als „Hauskirche“ entdeckt und gefördert worden; und gerade darum sei dem tridentinischen Katholizismus die häusliche Andacht suspekt gewesen.[6] Katholizismus hingegen ereignete sich entweder öffentlich oder als ganz persönliche, individuelle Versenkung.[7]

Tatsächlich waren nicht Ehe, Familie und Verwandtschaft der primäre soziale Raum tridentinischer Religiosität, sondern die Pfarrei, die Gnadenorte und der konfessionelle Staat: Die Wallfahrtsfrömmigkeit veröffentlichte auch ein fürstbischöfliches Selbst- und Amtsverständnis.[8] Für die religiöse

4 Vgl. *Holzem*, Buch 239-250.

5 *Cochem*, Baum=Garten 91f.

6 Vgl. *Kaufmann*, Luther 96-101; *Leppin*, Luther 236-246; *Oberman*, Luther 286-299; kritisch zur dortigen Darstellung der Ehetheologie und Ehepraxis des Mittelalters *Holzem*, Familie 244f. und 274f. (dort Lit.). Zur Familiarität des viel besprochenen evangelischen Pfarrhauses *Schorn-Schütte*, Geistlichkeit; *dies./Sparn*, Pfarrer; *Lynch*, Individuals 144-155.

7 Vgl. *Forster*, Devotions 100; 102.

8 Vgl. *Freitag*, Volks- und Elitenfrömmigkeit.

Erziehung der Kinder war vor allem die Elementarschule zuständig.[9] Das Jesuitentheater thematisierte nicht den Alltag, sondern Märtyrer und Fürsten als heroische Glaubens- und Tugendkämpfer.[10] Die marianisch-eucharistische Staatsfrömmigkeit der führenden katholischen Häuser Wittelsbach und Habsburg war ostentativ öffentlich und politisch.[11] Als die Jesuiten daran gingen, die Söhne und die Mütter in ihren Sodalitäten zur Konfessionalisierung der Väter herauszufordern, ging es nicht um Haus- und Familienfrömmigkeit. Vielmehr sollten die als lax verdächtigten Männer zur Teilhabe an öffentlichem Kult bewegt werden: Messe, Andacht, Predigt, Prozession.[12] Die Familie wurde erst in der Aufklärung zum bevorzugten Ort auch katholischer Religiosität.[13]

So richtig das ist, so gab es doch auch Felder der konfessionellen Gemeinsamkeit: Das Leben der Eheleute zu ordnen und die Rollen der Geschlechter zu beschreiben, die Erziehung und das häusliche Leben christlich zu formen – das waren übergreifende Ziele, die sich in der katholischen wie evangelischen Laienliteratur finden lassen.[14]

2.2 *„ ... mit ihren Kindern zu zeitlicher und ewiger Wolfahrt gesegnet werden“ – Ehe- und Familienbilder*

Der Kleine Katechismus des Petrus Canisius war jenes Grundwerk der Glaubensunterweisung für Laien, mit dessen Hilfe an den katholischen Elementarschulen Lesen und Schreiben gelernt wurde.[15] In wenigen Sätzen fasste er zusammen, was für wichtig erachtet wurde: Die Ehe ist ein Sakrament – gegen die Bestreitungen der Reformation; sie muss rechtlich einwandfrei in der Kirche geschlossen werden; und sie zielt auf eine Gnade, die erstmals Augustinus in den sogenannten Ehegütern zusammengestellt hatte: die Nachkommenschaft in den Kindern (*bonum prolis*), die gegenseitige Hilfe, Unterstützung und Treue (*bonum fidei*).[16]

> Eine Ehe müsse man führen „in wahrer Liebe und Treu (wie Christus geliebt seine Kirch / und von ihr geliebt wird) bey einander wohnen / und als Kinder der Heiligen / aller Zucht und Erbarkeit sich befleißigen / und mit ihren Kindern zu zeitlicher und ewiger Wolfahrt gesegnet werden / Amen.“[17]

Für ein solches Leben sahen die geistlichen Autoren besondere moralische Wende- und Gefahrenpunkte: die Standeswahl, die Beichte, Schwanger-

9 Vgl. *Holzem*, Bildung 325-362; *Rupp*, Schule 594-604.
10 Vgl. *Po-Chia Hsia*, Gesellschaft 61-97; *Valentin*, Jésuites.
11 Vgl. *Glaser,* Herzöge 55-82; *Hammerstein,* Staatsanschauungen (dort Lit.).
12 Vgl. *Po-Chia Hsia*, Gesellschaft 61-79; *Chaix*, Cité.
13 Vgl. *Schlögl*, Glaube 309-326; *Pammer*, Glaubensabfall 253-279.
14 Vgl. *Young*, Reformations 269-301; *Burghartz,* Zeiten 8-11; 21-25; 68f.
15 Vgl. *Holzem*, Bildung 356-359.
16 Vgl. *Canisius*, Catechismus 19.
17 Christ=Catholisches Kleines Tage=Werck 33.

schaft und Geburt sowie das Sterben und das Gebet für Verstorbene. Diese Lebenssituationen galten wegen ihrer Nähe zur Todsünde oder aber zu Tod, Gericht, Fegfeuer und Hölle selbst als besondere oder spirituelle Gefahrenpunkte.

Moderne Kleinfamilienverhältnisse konnte die Andachtsliteratur ebenso wenig voraussetzen wie das Ideal eines patriarchalisch geführten „ganzen Hauses", das die „Hausväterliteratur" propagierte.[18] Hausgemeinschaften waren oft lose, brüchig und wandelten sich schnell. Drei-Generationen-Familien waren die absolute Ausnahme; trotz hoher Geburtenzahlen lebten in einem Haushalt selten mehr als zwei bis vier Kinder. Die gesindeintensive Ökonomie und die Regeln der Hofübergabe erzwangen ein hohes Heiratsalter und einen hohen Anteil Unverheirateter.[19] Häufig genug waren Eltern verwitwet oder wieder verheiratet, was auch Frauen und Kinder zu eigenständiger Erwerbsarbeit nötigte. Schicksalsschläge wie Brände oder Viehseuchen konnten raschen sozialen Abstieg bewirken. Bemerkenswert waren die Mobilität und die „Beweglichkeit der Arbeitsverhältnisse"[20]: Bis zu zwanzig Prozent der Bewohner einer Gemeinde wechselten häufig ihren Wohn- und Arbeitsort. Nicht nur das Gesinde, dessen Lebensform ohnehin nur ein biographisches Durchgangsstadium zu dann sehr unterschiedlichen Lebensverhältnissen vom Taglöhner bis zum Bauern auf weitgehend eigenständigen Schulzen- und Erbenhöfen darstellte, sondern auch Soldaten, Wanderarbeiter, Lehrlinge und Gesellen vergrößerten die Gruppe derer, die periodisch weiterzogen. Sozialer Auf- und Abstieg erzwang seinerseits das Unterwegssein.[21]

Sogenannte Not-, Stoß- und „Schuß-"Gebete oder „Seufftzer" thematisierten in der langen Reihe möglicher Schicksalsschläge auch die Selbstverständlichkeit solcher Familienerfahrungen. Die Sorge vor Verarmung und Tod kleidete sich in formelhafte Bitten.

> Gott möge „die Gnad verleyhen unsern Stand wohl zu halten"; er „bewahre uns für Armuht und Kranckheit", und ihm übertrug man ganz allgemein „die Sorg über mein Gemahl, Kinder und Gesind".[22]

Hier wird erkennbar, welcher Schutzraum des Alltagslebens ebenso ideal wie üblich war: Die Sorge um Hauswesen und Geschäft, aber auch die Verantwortung für das religiöse Leben und das Seelenheil galten vorrangig einem Ehepaar mit Kindern und Gesinde, nur selten alten Eltern als Teil der Hausgemeinschaft sowie einem großen Kreis von Menschen, zu dem man unter- oder übergeordnete, nicht durch Verwandtschaft begründete Beziehungen unterhielt, zu Inwohnern und Dienstleuten, Nachbarn und Freunden,

---

[18] Zu Otto Brunners These und Ideologisierung des „ganzen Hauses" die kritische Diskussion kurz bei *Holzem*, Familie 250f.; 279 (dort Lit.)

[19] Vgl. *Cerman*, Mitteleuropa 327-346.

[20] *Groebner*, Außer Haus 73; *Lynch*, Individuals 136-144 (vergleichbare Ergebnisse).

[21] Vgl. *Holzem*, Religion 146-149.

[22] *Cochem*, Baum=Garten 564f.

Grundherren und Vorgesetzten. Auch der Beichtspiegel verlangte von Eltern, bezeichnenderweise unter dem vierten Gebot des Dekalogs als Aufforderung zur „Ehrung der Eltern", die Selbstprüfung in Bezug auf alle Hausbewohner:

> „Ob du deine Kinder / Haußgesind / Unterthanen / oder Anbefohlene / in dem Bösen gestraffet / ob du sie zum Gottes=Dienst und zu allen Guten gehalten und erwiesen?"[23]

Allen unter einem Dach und in einer je momentanen Wirtschaftsgemeinschaft Lebenden sollte Gott selbst „Vatter seyn, und mir helffen sie zu erziehen und zu ernehren",[24] was Gott seinerseits zum ranghöchsten Hausgenossen erklärte. Andachtsbücher formulierten als Grundsatz, dass die häusliche Ökonomie nur unter Bedingungen gedeihen könne, die den moralischen Normen eines christlichen Hauswesens genügten.

Das galt selbst für die Totensorge: Generationenbeziehungen über den Tod hinaus sollten nicht nur zu den Mitgliedern von Familie und Verwandtschaft, sondern auch zu Freunden, Wohltätern und insbesondere einsam-anonymen Seelen unterhalten werden, mit denen den Beter lediglich das Merkmal des gemeinsamen Christseins verband.

2.3 Des „Mannes Ambt" und des „Weibes Gebühr" – Geschlechterrollen und Geschlechtergleichheit

Auffällig gering waren die Unterschiede, die zwischen der Familienreligiosität und -ethik von Frauen und Männern gemacht wurden. Die Vorstellung einer selbstverständlichen Trennung von männlicher Arbeitswelt und weiblicher Häuslichkeit existierte noch nicht. Schon in spätmittelalterlichen Eheschriften hatte dem Arbeitspaar höhere Aufmerksamkeit gegolten als dem Elternpaar; die Erwerbstätigkeit und das Wirtschaften der Frau wurde stark betont.[25] Beide Ehepartner unterlagen christlicher Verantwortlichkeit in „Aembtern/Gewerb/und Handthierungen";[26] entsprechend differenziert müsse eine christliche Standespredigt ausfallen, um effizient sein zu können, forderten geistliche Schriftsteller.

---

23 Geistliches Seelen=Gärtlein 92.

24 *Cochem*, Baum=Garten 564f.

25 Vgl. *Opitz*, Mutterschaft 139; 145-148.

26 „Wann aber die Prediger jhre Bußpredigen besser unnd verstendtlicher auff jedes Stands besondere / als etwan auff der Obrigkeiten / etwan der Eltern / Ehleuten / Jungfrawen / Wittiben / Jtem der Alten / Jungen / Herrn / Knechten / Gewerbsleuten / Handwerckern und dergleichen[n] Sünden richtetend ... so wurden manchem die augen seines Hertzens auffgehn / das er seine Suenden desto baelder erkennt ...", so der Freiburger Pastoraltheologe Jodocus Lorichius in seinem Werk „Christlicher Laienspiegel: das ist: ein newer außfürlicher Tractat, von allen weltlichen Ständen, wie dern Leben, Wandel unnd Handlungen ... beschaffen sein sollen"; *Braun*, Pugna spiritualis 278f.

Die Moralisierung des Hauses und der Familie baute auf Typologien der Geschlechter auf, welche die Eigenschaften von Männern und Frauen unterschieden und danach Rollenmodelle für sie entwarfen. Aber diese Differenzierungen setzten auf gleiche Würde und funktionale Zuordnung: Männer und Frauen waren schlechterdings aufeinander angewiesen und daher auch zu wechselseitiger Achtung verpflichtet. Auf die Definition eines vermeintlich „starken" Geschlechts verzichteten sie; Bilder des Miteinanders von Mann und Frau waren wichtiger als Frauenverachtung und männliche Dominanzansprüche.[27] Tugend- und Lasterkataloge ordneten weiblichen und männlichen Charakterneigungen und Grundanlagen auch unterschiedliche Familiensünden zu. Dabei wichen sie kaum von standardisierten Wissensbeständen der Zeit ab, die auch in den evangelischen Kirchen gelehrt wurden. Sie gingen dabei strikt paritätisch, wenn auch keineswegs egalitär nach einem „Prinzip der Gegenseitigkeit" [28] vor. Katholische Hausspiegel prägte der „Tenor einer gemeinsamen Eheverantwortung"; darum verzichteten sie auf einen „die Frauen herabsetzenden Frauendiskurs".[29] Männliche Hausherrschaft als solche wurde nicht angezweifelt,[30] ihre Erfolgsaussichten aber der Affektkontrolle unterworfen:

> „Will der Mann wohl im Hauß herrschen, so herrsche er zuvor über sich und seine bösen Neigungen. (...) Nimmer wird fried im Hauß sein, wann die Frau nicht lernet schweigen, und der Mann nichts will gedulden."[31]

Galt der Mann als ernährend, versorgend und gewährend, so die Frau als sorgend, verwaltend und bewahrend.

> „Des Mannes Ampt ist, daß er die Nahrung und das Gut gewinne: dem Weib gebühret, daß sie es zusammen behalte und bewahre. Der Mann soll sich um alles annehmen, was zum Haußwesen gehöret; das Weib aber auf alles mercken, was im Hause geschicht. Der Mann soll seyn beredt, und mit Männiglichem wissen umzugehen; das Weyb still und eingezogen seyn, auch viel mehr hören, als reden. Der Mann sol nach Gelegenheit kost= und freygebig sein; die Frau aber gespärig. Ein Weib sol von ihrem Mann keine köstliche Kleydung, noch überflüßige Sachen begehren; was aber zum Haußwesen, und zu ihrer so wohl, als der Kinder ehrbarer standmäßiger Kleydung und Unterhaltung nöthig, sol der Mann gern und ungezwungen dargeben."[32]

Männliche und weibliche Versuchungen und Anforderungen wurden einander so gegenüber gestellt, dass die Selbsterziehung dem häuslichen Frieden dienen konnte, weil den Verantwortungsbereichen der Geschlechter gleicher Rang zuerkannt wurde.

Eine Ethik der Ehe wurde im Alltag als Gegensatz von „Ehre" und „Unehre" verhandelt. Jede Familie und jedes Haus war dabei um sein öffentli-

---

27 Vgl. *Schnell*, Frauendiskurs 160-171; 217-225.

28 *Burghartz*, Zeiten 69.

29 *Braun*, Ehe 115; anders allerdings *Rublack*, Meanings 1-18.

30 Vgl. *Schreiner*, Sündenfall 41-84; *Braun,* Ehe 121-285.

31 *Wille*, Bett= und Tugend=Buch 471.

32 Ebd.

ches Ansehen im allgemeinen Gespräch besorgt. Predigern und geistlichen Autoren war darum zunehmend daran gelegen, die Maßstäbe und Einstellungen zu beeinflussen, die dabei wirksam wurden. So verlor ein Mann seine Ehre durch Gewalttätigkeit gegen Frau, Kinder und Gesinde, durch Alkoholexzesse, durch außerhäusliche Verschwendung und Faulheit, eine Frau hingegen vor allem durch einen Mangel an „Zucht“ in Haltung, Benehmen, Kleidung und Reden, durch einen Mangel an innerhäuslicher Sorgfalt und durch überzogene, ihrem „Stand“ nicht gemäße Ansprüche.[33] Die elterliche Erziehung hatte auf solche Rollenbilder vorzubereiten. Sie richtete sich auf Ökonomie und Arbeit ebenso wie auf das religiöse Leben und die sexuelle Integrität der eigenen Kinder, Knechte und Mägde. Auch hier, wie beim Verhältnis von Mann und Frau, wurde zur Zurückhaltung geraten:

> „Alles ungestümme Stürmen im Befehlen oder Straffen nutzet nichts: mit Bescheidenheit gebieten; und sanfftmüthig, doch ernstlich das Verbrechen vorhalten, lehret und verbessert die Haußgenossen.“

Solche Mahnungen sind auch ein Spiegel der Gewalttätigkeit oder der rohen Lieblosigkeit, mit denen Hausväter und -mütter ihre Führung durchzusetzen versuchten. Gegen die vielfach harten Umgangsformen wurde die Heilige Familie aus Nazareth zum großen Vorbild aufgebaut.

> „Der Hauß=Vatter sey ein keuscher, sorgfältiger, bescheidener, fleißiger und Gottsförchtiger Joseph: Die Hauß=Mutter eine züchtige, wach= und arbeitsame, stillschweigende, gehorsame und andächtige Maria: Die Kinder und Haußgenossen Jesus=Kinder, welche mit den Jahren in der Christlichen Weißheit, Tugend und Frömmigkeit aufwachsen: alsdann wird GOtt im Hauß wohnen, und alles von oben her reichlich gesegnet und gebenedeyet werden.“[34]

Wie verhielt sich nun diese Frömmigkeit zu tatsächlich wirksamen sozialen Strategien des familiären Alltags?

3. Christen-Familien – Bewährung im sozialen Feld

3.1 „Wisse auch, daß die Verlöbnüß keine Ehe mache ...“ – Grenzen der Konfessionalisierung bei Sexualität und Eheschließung

Die Dienstmagd Gertrud Berckemeyer aus dem westfälischen Dorf Beckum ist des unehelichen Beischlafs mit dem Metzger Ferdinand Hartmann angeklagt. Es ist nicht das erste Mal, dass sie mit ihm sexuell verkehrt hatte und das auch bekannt geworden war. Der Richter des Sendgerichts verurteilt sie

---

[33] Vgl. *Roper*, Männlichkeit 155-164.

[34] Ebd. 472; der gesamte Ehe- und Familienspiegel 469-480.

nun zu einer öffentlichen Schandstrafe: Sie muss sonntags während des Hochamtes, bekleidet mit dem sogenannten „Schandt-Linnen", in der einen Hand eine Zuchtrute, in der anderen Hand eine brennende Kerze, vor der Tür der Pfarrkirche stehen. Die ganze Gemeinde geht an ihr vorbei in die Kirche; mit gehässigen Kommentaren oder verbissenem Schweigen werden die Leute nicht gespart haben. Die Magd muss diese Strafe als schreckliche Entehrung empfinden, da sie sich in umfangreichen Gesten der Gnade und Vergebungsbereitschaft des Sendgerichts unterwirft und flehentlich darum bittet, ihr eine „gnädige Strafe" aufzuerlegen.

> Die Dienstmagd bittet, „ihr doch mit öffentlichen Kirchenbuß zu verschonen, und ihre eine gnädige Strafe aufzulegen, und versprach nunmehro den Hartmann gänzlich zu meiden, und um alle Gelegenheit mit ihm zu sündigen auszuweichen, wolle sie Bockum verlassen und sich in Münster bey einer Herrschaft als Magd vermiethen, bath sodann nochmahl ihr wegen des öffentlichen Schimpfs mit Kirchenbuße zu verschonen, und wollte gern Geldbuße geben."[35]

Die flehentliche Gnadenbitte der Dienstmagd ereignete sich 1799, zu einem Zeitpunkt also, als die Aufklärung die eng gesteckten Grenzen des konfessionellen Zeitalters bereits zu überwinden versuchte. Noch zu dieser Zeit aber war es offenkundig nicht gelungen, denn Gertrud Berckemeyer war wohl nicht das, was man einen Fall von Leichtfertigkeit nennen könnte. Vielmehr war sie zum Opfer einer misslungenen Eheanbahnung geworden.[36] Am Ende ihrer Hoffnung, eine Familie zu gründen, stand die öffentliche Entehrung. Das war beileibe kein Einzelfall. Die vor- und außereheliche Sexualität junger Menschen und ihre zahlreichen unerwünschten Kindsfolgen hatte man auch um 1800 noch nicht im Griff.

Das Konzil von Trient hatte in seinem Dekret über das Ehesakrament[37] gegen die Reformation den sakramentalen Charakter und die Unauflöslichkeit der Ehe bekräftigt. Als besonders bedeutsam galt den Reformern auf dem Konzil jedoch die Einführung einer Formpflicht für deren Eingehen im Dekret *Tametsi*.[38] Es richtete sich gegen die klandestinen Ehen, die geheim und ohne Zeugen geschlossen wurden und wegen ihrer Rechtsunsicherheit vor allem die Frauen gefährdeten. Das Konzil bestimmte, dass diejenigen, die eine Ehe ohne Pfarrer und Zeugen einzugehen versuchten, dadurch für diese Ehe „unfähig" (*inhabilis*) wurden. Die bisher lediglich verbotenen, aber gültigen klandestinen Eheschließungen unter Katholiken galten seither als nichtig und ungültig. Doch die Durchsetzung dieser Bestimmung konkurrierte hart mit den Familien- und Wirtschaftsbeziehungen der frühneuzeitlichen Eheschließung – auf dem Land zumal. Denn die Bereitschaft, sexuelle

---

35 BAM, GV Münster St. Martini A 14/8, Archidiakonalprotokoll 20.2.1799.

36 Vgl. zu Eheanbahnung und Sexualität in der Frühen Neuzeit *Holzem*, Religion 341-367; *ders.*, Familie 263-269.

37 Vgl. Konzil von Trient, 24. Sitzung, 11. Nov. 1563. Lehre und Kanones über das Sakrament der Ehe, in: DH, Nr. 1797-1816, 572-577; *Braun*, Ehe 97-123.

38 Vgl. Kanones über eine Reform der Ehe: Dekret „Tametsi", in: DH, Nr. 1813-1816, 576f.

Beziehungen vor der Ehe einzugehen, war Teil einer diffizilen Heiratswerbung und Eheanbahnung. Dem Verlöbnis kam darin ein größeres Gewicht zu als der im geistlichen Interesse der Kirche liegenden formellen Eheschließung vor dem Priester. Junge Männer und Frauen mussten vorsichtig aushandeln, ob ihre Bekanntschaften, die mit subtilen Zeichen öffentlich sichtbar gemacht wurden, auch sozial und ökonomisch tragbar waren. Heirat und Familiengründung vollzogen sich als „Verschmelzung von Sexualität und Ökonomie"[39] und verlangten, Schichtzugehörigkeit, Erbaussichten und Heiratsgut als für die Verbindung konstitutiv einzubeziehen. Kurz: Sexualität war, anders als heute weitgehend aufgefasst, kein bloßer Austausch von Intimität, der sein Recht in sich selbst hatte. Von Seiten der Frau wurde sie unter Einsatz ihrer Ehre gewährt, um eine standesentsprechende Familiengründung samt Ausstattung mit Haus, Feldern und Vieh oder Werkstatt dafür zu erhalten; dies zu gewähren, verlangte die Ehre des Mannes. Die Kultur ehelicher Beziehungen verlangte nach in ritualisierten Vollzügen sichtbar werdender Stabilität und Ordnung; diese war eine wesentliche Grundlage jeglicher Emotionalität.[40] Der Herstellung dieses komplexen Gefüges, die ein subtiles Spiel aller Beteiligten und zunächst große sexuelle Zurückhaltung forderte, widmeten sich heiratsfähige Jugendliche oft über mehrere Jahre. Die Praxis eines endgültigen Verlöbnisses durch schließlichen Geschlechtsverkehr besaß einen hohen Grad an Normalität. Uneheliche Kinder waren das Ergebnis einer diesem Muster zwar folgenden, aber misslungenen Heiratsstrategie, bei der die Frau ihre Ehrbarkeit aufs Spiel gesetzt, aber im Gegenzug kein Eheversprechen dafür erhalten hatte.[41]

Geistliche Autoren und Richter wussten sehr genau um die soziale Wirksamkeit und Geltung dieser Strategien. Aber sie straften die jungen Erwachsenen nach Maßgabe des Konzilsbeschlusses wegen „Unzucht", statt in der schwierigen Logik der sozialen Praxis die negativen Folgen der vorehelichen Sexualität im Rahmen des Verlöbnisrituals zu bekämpfen. Der allergrößte Teil (fast 90 Prozent) aller Sexualdelikte war auf die Begegnung unverheirateter Jugendlicher zurückzuführen; Ehebruch, Konkubinat und andere Vergehen waren offensichtlich marginal.[42] Die Strafpraxis der geistlichen Richter folgte der Logik von *Tametsi*, der zufolge die Ehe punktuell im liturgischen Akt der Eheschließung konstituiert wurde; davor war alle Sexualität illegitim. Anders die ländlichen Pfarreingesessenen: Für sie blieb Ehebeginn fließend; die Prozeduren des halböffentlichen Verlöbnisses, vollzogen im Rahmen des dörflichen Ehrsystems, prüften und bewährten voreheliche Verbindungen auf ihre soziale Zuträglichkeit; die kirchliche Eheschließung nach *Tametsi* war für sie lediglich die Veröffentlichung des Ergebnis-

---

39 *Beck*, Illegitimität 112-150.

40 Vgl. *Beck*, Spuren 171-175.

41 Ausführliche Diskussion des Phänomens und seiner quellenkritischen Problematik bei *Holzem*, Religion 341-367. Dort auch breit die ältere Lit.

42 Vgl. ebd. 345 Tabelle 3.

ses im Ritual. Die hohen Zahlen unehelicher Schwangerschaften und Geburten gingen nicht auf eine regellose sexuelle Libertinage zurück, sondern darauf, dass das gesellschaftliche Regelwerk keinen hinreichenden Schutz für die Frauen beinhaltete. Eine Frau war vonseiten des Dorfes her schutzlos, wenn der Mann leere Versprechungen machte. Das Sendgericht glich diese Schwäche in seinen Urteilen nicht aus; eine Ehe konnte oft nicht mehr arrangiert werden. In anderen Regionen Deutschlands hingegen stellten Ehegerichte vor die Alternative, die Frau entweder zu heiraten oder mit einer ihrer Stellung angemessenen Mitgift auszustatten.

Gertrud Berckemeyer ist also, wie sehr viele andere junge Erwachsene im Familiengründungsalter, ein Beispiel dafür, dass kirchliche Normen und ihre Durchsetzung sozial sehr einschneidend wirksam werden konnten, ohne aber in der Lage zu sein, die Spielregeln des Zusammenlebens so zu verändern, dass niemand mehr zu deren Opfer wurde.

3.2 Sie habe „ihm nicht leiden oder lieb haben können ...“ – Gewalt in Ehe und Familie

Die Träger der Konfessionalisierung konnten nicht die Bedingungen verändern, welche die Geschlechter-, Familien- und Generationenbeziehungen dominierten.

> Die nach dem Tod ihres Mannes hoch verschuldete Kirchenkötterin Anna Margaretha Wolters war zu einer neuen Ehe „von ihre und ihres Manns abgelebte Verwannten“ beredet worden „in ansehung aufm Kotten viele Schulden wären und ihr jeziger Mann Geld hätte“. Das Verhältnis zu diesem Johann Hermann Kamp hatte von vornherein wenig aussichtsreich begonnen, weil, wie die Frau später gestand, sie „ihm nicht hätte leiden oder lieb haben können.“ Weil er nicht arbeitete und die Schulden nicht tilgte, verweigerte sie die „ehelichen Pflichten“; man trennte sich nach Gewalttätigkeiten. Die Verschränkung von Zuneigung und Verantwortlichkeit zeigt sich in den gegenseitigen Erwartungen und Vorwürfen: „er solte zeugen und arbeiten, er hätte aber gesagt, er wollte seine güter allein verzehren. ... er hätte gesagt kanaille wilst du nun mir wieder annehmen zum Ehemann, da hätte (die Frau) gesagt, wann er thäte was er ihr hätte verschreiben lassen, so wolte sie ihm wieder annehmen als ihr Ehemann.“ [43]

Aber sie konnten einen Konsens darüber herbeiführen, dass im Rahmen dieser Lebensformen der Umgang mit Schwierigkeiten christlichen Idealen nicht Hohn sprach. Hier lag das – wenn man so will – Erfolgsfeld einer Konfessionalisierung von Ehe, Familie und Verwandtschaft. Streit und Gewaltanwendung zwischen verfeindeten Eheleuten waren die zentralen Themen einer kirchlichen Sittenzucht der Ehe. Meist entlud sich der Streit in Gewalttätigkeit gegen die Frauen. Männer brachten oft ihre Wut als Entschuldi-

[43] Bistumsarchiv Münster (BAM), GV Borken St. Remigius HS 133, fol. 213-219, Emsdetten, 4.10.1790.

gungsgrund für heftige Übergriffe vor;[44] nicht selten verbargen sie dahinter, dass der Alkohol sie in solche Erregbarkeit gebracht hatte. Das ritualisierte Zutrinken in den Wirtshäusern förderte Exzesse und Sucht und stellte eine der größten Gefährdungen des Hausfriedens dar. Gleichzeitig führten die festen Rollenerwartungen an die Geschlechter zu häuslicher Gewalt, wenn ein Ehepartner oder Kind oder Gesinde diese selbstverständlichen Pflichten in den Augen des anderen grob verletzte. Neben verbreiteter Zanksucht förderte ehrloses Verhalten die Verfeindung. Auch der Verdacht der Untreue löste häufig Kämpfe aus.

> „Conrad Borhorst hadt sein haußfrowe gescholden fur ein appenbar pfaffen hore. ... Conrad Borhorst hadt zu seiner frawen gesacht se habe zwei sohne der eine habe der Vicarius undt den anderen habe der Scholmeister gemacht." - „Es hadt Oisthuiß undt sine frowe gezancket undt de frowe ihrem man wetten ehr habe ... de magt so leiff als ihr." - „Item eß hadt de Drostin zum Stromberge den Herrn Drosten fuhr de Herrn Reite (Räte) verklaget eo daß ehr soll nuhn ein Jahr oder zwei mit der mollerischen dochter zu duhen gehabt, und hadt auch de Drostin mehr dan ein ganß jahr nicht by ihm schlaffen willen welches dahn groß unheill ehrwecket hadt."[45]

Wo sich Eheleute bereits getrennt hatten, erzeugte das Gericht geradezu einen Zwang zum Konsens. Selbst schwere Zerwürfnisse und körperliche Gewalt galten nicht als Tatbestände, welche eine Ehe in der Substanz zerrütteten; sie waren als Folgen menschlicher Schwäche in Geduld, Liebe, und Versöhnungsbereitschaft zu ertragen. Nur in Ausnahmefällen ließ das Gericht die Trennung, wenn auch nicht Scheidung von Paaren zu.[46] Zwang zum Konsens begann gewöhnlich mit einer Zurechtweisung der Ehemänner, deren Gewalt gegen ihre Frauen ein erschreckendes Maß annehmen konnte und die Trennungen, ja oft die heimliche Flucht der Frauen zumeist veranlasste. Der Verlust der Beherrschung signalisierte gleichzeitig, was ein Mann von seiner Frau vor allem erwartete: uneingeschränkte Arbeitsleistung und sexuelle Verfügbarkeit. Vor allem schwangere Frauen und Frauen im Kindbett wurden erbarmungslos geprügelt, bis hin zu schweren Verletzungen, Kindsverlust und Tod. Kirchengerichte ahndeten solche Unmenschlichkeiten zunehmend strenger: Konnte ein gewalttätiger Hausvater Mitte des 17. Jahrhunderts noch mit ganzen zwei Pfund Wachs[47] davonkommen, wurden ihm gegen dessen Ende bereits bis zu dreißig Pfund abverlangt; konnte um 1740 die Entschuldigung, die Schläge seien „im Zorn" (*ex ira*) geschehen, noch zu einer erheblichen Strafmilderung führen, drohten ihm im späten 18. Jahrhundert Karzer und Korrektionshaus.[48]

---

[44] Vgl. BAM, GV Münster St. Martini A 10/22, Lippborg, 4.9.1690.

[45] BAM, GV Münster St. Martini A 8, Oelde, 4.3.1624. Ebd., Oelde, 8.10.1625. Ebd., A 10/11, Ostenfelde, 14.9.1644.

[46] Vgl. BAM, GV Borken St. Remigius HS 124, fol. 142^{v}-143^{v}, Sendenhorst, 4.4. und 15.4.1751.

[47] Bargeld war in ländlichen Gegenden kaum verbreitet. Daher wurden Strafen in „Pfund Wachs" bemessen. Dieses Wachs wurde zu Kerzenwachs für die Liturgie verarbeitet.

[48] Beispiele bei *Holzem*, Religion 315-323.

Anders als im Bereich der vorehelichen Sexualität spielte hier die öffentliche Meinung mit der kirchlichen Disziplinierung zusammen. Alle Regelungen und Aburteilungen wurden erst durch das dörfliche Gerücht (*fama*) überhaupt justiziabel. Gerade der Vergleich der Deliktfelder „voreheliche Sexualität“ und „Ehefrieden“ zeigt, dass religiöse Werte und ethische Standards nur in dem Maße wirksam wurden, in dem sie der Logik der sozialen Praxis nicht widersprachen, sondern diese unterstützten. Die Zivilisierung des Umgangs mit dem Gesinde, insbesondere der Kampf gegen den sexuellen Missbrauch der Mägde durch Dienstherren und Knechte, die Eindämmung der Gewalt zwischen Erwachsenen in Ehr- und Eigentumskonflikten sowie schließlich die humane Behandlung der Alten folgte vergleichbaren Aushandlungen, in denen es darum ging, die oft krasse Diskrepanz „zwischen den theologischen und disziplinarischen Ansprüchen der Kirche und deren Verwirklichung“[49] zu mildern.

3.3 „Eine Meß nach Telgt, so dan eine nach Werl gelobet ...“ – Familie, Not und Aberglauben

Der Kleinbauer Schlüter aus einer Bauernschaft bei Oelde war ein armer Mann. Als Kötter besaß er kein eigenes Pferdegespann: Um sein knappes Pachtland von vielleicht drei Hektar zu bewirtschaften, war er auf die Hilfe der spannfähigen Erben- und Schulzenhöfe angewiesen. In eine prekäre Lage geriet er, als seine Frau starb und wenig später sein Sohn schwer erkrankte.

Kötter Schlüter hatte dann eigentlich alles richtig gemacht. In seiner familiären Not hatte er zwei Wallfahrten unternommen, um von der Gottesmutter Maria Heilung zu erbitten. An den großen marianischen Gnadenorten in Telgte und Werl hatte er an Prozessionen teilgenommen, Kerzen angezündet und Messen lesen lassen. Angesichts seiner Hilflosigkeit und weil arme Bauern in der Regel nicht viele Worte machen, darf man diese Praxis als eine Art Fürbitte mit den Füßen auffassen. Ärzte, die ihm ernsthaft hätten helfen können, gab es nicht oder er konnte sie nicht bezahlen.

Trotzdem hatte Kötter Schlüter in den Augen seiner geistlichen Obrigkeit alles falsch gemacht. Als er im Sommer 1755 vor den Archidiakonalkommissar zitiert wurde, musste er nämlich bekennen, dass es ein Wahrsager gewesen war, der ihn auf diese Wege geschickt hatte: der Schweinehirte Stephen aus Ahlen. Weil er sich die Epilepsie seines Sohnes nicht erklären konnte, hatte Schlüter dort Rat gesucht und erfahren, dass seine Frau in ihrer schweren Krankheit diese Wallfahrten für den Fall ihrer Genesung versprochen habe. Nun war sie dennoch gestorben, und der Wahrsager sah sie wegen des nicht eingelösten Gelübdes als ruhelose Wiedergängerin an

---

49 *Beck*, Spuren 194; vgl. jüngst *Lutz*, Ehepaare.

des Kötters Hofstelle, zum Schaden des Sohnes. Darum war Schlüter nun selbst losgezogen. Der Archidiakonalkommissar wertete das als unchristlichen Aberglauben – nicht die Wallfahrt, aber die Konsultierung des Geistersehers – und verurteilte ihn zu einer nicht geringen Strafe.

Es war das Übermaß der Not: der Tod der Frau, die Krankheit des Kindes, die beides verband, die Wahrsagerei und die Wallfahrt; die Praktiken, welche die geistliche Obrigkeit als unchristlich ausgrenzte und gerichtlich verfolgte, und die Mittel, welche sie selbst propagierte und praktizierte. Und es ist auffällig, wie sich in der vermeintlich abergläubischen Praktik die der katholischen Konfessionskultur eingeschriebenen Handlungs- und Haltungsmuster spiegeln: dass die Frau in ihrer Agonie eine Wallfahrt gelobte und dass ein Gelübde gehalten werden muss. Und es ist für die Bindungswirkung des religiösen Verlöbnisses an einen Wallfahrtsort signifikant, dass es in den Augen Schlüters fortgalt, auch wenn das Wunder ausblieb. Die Frau war dennoch gestorben; als Gespenst mahnte sie zur Einlösung des vergeblich getanen Versprechens, die Vergeblichkeit des Versprechens wurde noch gesteigert durch die Vergeblichkeit der Einlösung im nachfolgenden Tod des Kindes. Vor Gericht sprach Schlüter schon von dem Sohn, den er „gehabt hätte“. Und dennoch machen ähnlich gelagerte Fälle deutlich, dass es an der Fortgeltung weder des Wahrsagens noch des Wallfahrens irgendeinen ernstzunehmenden Zweifel gab.

Diese Begebenheit zeigt die stärkste Einbruchstelle in die Deutungsmacht der Konfessionskirchen: die lebensbedrohliche Allgegenwart von Krankheit bei Mensch und Vieh, die Missernte und der Hunger, die Verarmung und der plötzliche Tod. Aus dem Gefühl der elementaren Ausgesetztheit entstand das Bemühen, alle Mittel einzusetzen, von denen irgendeine Versprechung, irgendeine Erfahrung, irgendeine Sage des Erfolgs und der Hilfe ausging. So lebte die frühneuzeitliche Religiosität gerade hier aus Mischformen, die in den Lebensbedingungen wurzelten. Denn die Wahrsager nutzten immer wieder christliche Segensformeln, christliche Rituale oder die Empfehlung caritativer Praxis, wenn sie ihren Klienten Empfehlungen für die Überwindung familiärer Krisen gaben.

> Als ein Mädchen sich schwere Brandwunden zugezogen hatte, schlug die Heilerin drei Kreuze „in nahmen Gott Vatters, Sohnß & heilige Geists amen“ über der Wunde und sprach eine christliche Segens- und Beschwörungsformel: „Christus komme inß Landt unnd zeegene unnß diesen brandt daß eß heel werden moge …“[50]

Der „vahren-seegen“ war eine beschwörende Heilmethode gegen Krankheiten, die auf Würmerfraß im Leib von Menschen und Tieren zurückgeführt wurden. Dieser „Segen“ appellierte an die Ehre Gottes und befahl den Kranken eine ganze Serie von „Vater unser“- und „Ave Maria“-Gebeten. Die „vahren“ sollten das Los derer erleiden, die Christus ans Kreuz geschlagen haben – ins Nichts verschwinden wie sie. Christus selbst solle im Namen der

---

50 BAM, GV Münster St. Martini A 10/25, Bockum, 1.9.1698.

heiligen Dreifaltigkeit diejenigen vertreiben, die sie selbst zu adressieren versäumt habe. Wahrsager und Heiler gaben vor Gericht zu, ihre Kunst und ihre Rezepte unter anderem von verstorbenen Landpfarrern („vom sähligen Pastor“) erlernt zu haben. Magisches Ritual und heiliger Text, Quacksalberei und Gnade Gottes, Wahrsager und Priester: alles konnte in dieser Logik widerspruchsfrei beieinander bestehen. Man kann das Wahrsagen und Geisterbeschwören kaum mit schwarzer Magie und Hexerei in eins setzen. Diese Formen von „Aberglauben“ verstanden sich gerade als christliche Gegenmittel gegen die teuflischen Hexen, die anonymen Dämonen und die unberechenbaren Wiedergänger.[51]

Diese Phänomene zeigen eine Seite des familiären Alltags, die im Zeitalter der technisierten Medizin seltener geworden ist: die unheilbare Krankheit und der jähe oder auszehrende Tod „mitten im Leben“. Um diesen Alltag irgendwie zu bewältigen, kombinierten Christen der Frühen Neuzeit die „weiße“ Magie mit den christlichen Heilmitteln wie Wallfahrt, Gebet und Almosen. Mirakelberichte zeigen, dass etwa siebzig Prozent aller Hilfesuchenden wegen einer Krankheit zum Gnadenort kamen;[52] für die Ratholenden bei den Wahrsagern dürfte gleiches anzunehmen sein. Das Aufsuchen eines Heilers stellte eine gleichsam gesteigerte Stufe der Sorge um die Familie in Krankheit und Krise dar, die sich in den Augen der tridentinischen Geistlichkeit aus der Welt des religiös Legitimen hinausbegab. Die Beratung aber führte vor allem in ihren Handlungsanweisungen in diese Welt zurück und verstärkte auf diese Weise die vorherrschende Frömmigkeit und Theologie. Warum nahmen die Kranken und Notleidenden diesen Umweg? Der Wahrsager, so ist zu vermuten, glaubte Ursachen zu kennen und begründete ein Leiden aus den Umständen des Leidenden. Das tat die Wallfahrt zur Gnadenstätte allein nicht, eine Erklärung blieb ebenso aus wie eine Anweisung, was genau zu tun sei. Solche Konkretisierungen vermied die kirchliche Predigt und Seelenführung. Leiden war gläubig und vertrauensvoll hinzunehmen als Strafe der Sünder und als Prüfung der Frommen. Die Disziplinierung der Frömmigkeit stellte einen fernen, unabhängigen und ambivalenten Gott vor Augen, der nach seinem Wissen und Willen gelingendes Leben oder Unglück zumaß. Eine religiös legitime Instanz, sich an diesem Wissen und Willen für die eigene Person Anteil und somit Gewissheit und Sicherheit zu verschaffen, gab es nicht. Auch der bestrafte Kötter Schlüter blieb ohne Antwort auf das Schicksal seiner Familie, auf den Tod von Frau und Kind.

---

51 Vgl. *Ahrendt-Schulte*, Weise Frauen 83-102. Weitere Fälle: BAM, GV Münster St. Martini A 10/22, Wadersloh, 1.9.1690 (Rat des Wahrsagers: Brot und Butter für das Armenhaus spenden, Wallfahrt nach Stromberg, Opferung eines Wachsvotives für das kranke Glied). Ebd., A 10/23, Herzfeld, 19.9.1692 (Wallfahrt nach Telgte, Kerzenopfer für die wundertätige Marienstatue).

52 Vgl. *Schuh*, Alltag und Besonderheit 262-267.

4. Verchristlichung der Familie? Ein Fazit

Wenn Historiker und Historikerinnen heute über den „Prozess der Konfessionalisierung" sprechen, dann meinen sie ein ganzes Bündel von Entwicklungen, das von den damals Lebenden, selbst der Herrschaft und den Kirchenleitungen, nicht im Ganzen überschau- und planbar war: die enge Verzahnung von Staat und Kirche, die wechselseitig aufeinander angewiesen blieben, das Ineinander von Bildungsanstrengungen vor allem für die Eliten der Gesellschaft und ihre politischen und ökonomischen Wirkungen auf die allmähliche Modernisierung der Gesellschaft. Aber „Konfessionalisierung" war, obwohl die Zeitgenossen das nicht so nannten, auch ein Projekt, das auf die Verchristlichung der ganzen Gesellschaft zielte: die Anhänger der Fremdkonfessionen entweder bekehren oder ausweisen, den Buchmarkt kontrollieren, die Geistlichen für ihr Amt besser befähigen, Predigt und Liturgie sorgfältiger gestalten, die Kirchen säubern und neu ausstatten, dann aber auch Einfluss nehmen nicht nur auf die Berufsauffassung und Lebensgestaltung der Amtsträger, sondern tendenziell aller Landesbewohner. Also musste der Besuch des Gottesdienstes verbessert und mussten die Wirtshäuser geschlossen werden. Also mussten alle Kinder zur Schule gehen und mindestens lesen und rudimentär schreiben lernen. Katechismus und Andachtsbuch wurden zu Wegweisern des rechten Lebens, und wer in den regelmäßigen Katechismus-Examina nicht ausreichend Rechenschaft geben konnte, wurde gestraft oder nicht zur Eheschließung zugelassen. Aber es wurde nun eben auch darauf geachtet, dass Ehepartner einander nicht betrogen, dass Männer ihre Frauen und Kinder nicht im Rausch besinnungslos prügelten und dass Mägde nicht sexuell ausgebeutet wurden. Große Anstrengungen galten dem Versuch, die vielen gewalttätigen Auseinandersetzungen um die „Ehre" der Männer und ihre Häuser einzudämmen. Die Nachbarschaften sollten ihre allgegenwärtigen Streitigkeiten nicht dadurch austragen, dass eine Familie der anderen nicht mehr zu Hilfe kam: bei Geburten, bei Krankheiten und Unglücksfällen, bei Begräbnissen, beim Instandhalten von Kirchen- und Leichenwegen, aber natürlich auch beim alltäglichen Wirtschaften. Alte Menschen sollten nicht mehr abgeschoben und mit mehr als nur dem Allernotdürftigsten versorgt werden.

Das klingt nach viel Kontrolle. Freiheit war im Alltag einfacher Christen der Frühen Neuzeit kein Merkmal und auch kein zentrales Ziel. Für die katholische Konfessionskultur im 16. bis 18. Jahrhundert war die Gestaltung des Sozialraumes der Familie ein Ort der Verchristlichung der Laien unter anderen. Katholische Konfessionskultur entfaltete sich zwischen individueller Seelensorge und offizieller Kirchenfrömmigkeit; beide besaßen einen auf das Wohlergehen des Gemeinwesens ausgerichteten staatlich-territorialen Bezug. Die protestantische Aufwertung des Familiären in der Vorbildhaftigkeit der Ehe des Pfarrhauses, in häuslicher Bibellektüre und Andacht hat in die katholische Religiosität wenig Einzug gehalten. Eine spezifische Familienspiritualität gab es nicht, auch wenn die wenigen biblischen Vorbilder wie die Stammväter, Sarah und Tobias oder die Heilige Familie exemplarisch bemüht wurden. Der katholische Heiligenhimmel, der sich an einem im Mönchtum geformten Ideal der Askese ausrichtete, hielt ebenfalls nur wenige impulsgebende Personen bereit. Das Pfarrhaus schließlich konnte nicht modellbildend wirken, weil es im Prozess der Konfessionalisierung familienähnliche Lebensformen gerade überwinden und abstreifen, verwandtschaftliche Netzwerke entflechten und unwirksam machen sollte.[53]

Familienalltag blieb also eingebunden einerseits in eine eingeübte soziale Praxis, andererseits in den Veränderungswillen geistlicher Eliten, die aber auf die ganze Gesellschaft, nicht allein auf die Familien zielten. In manchen Fällen führte das zu einem Dauerdissens von kirchlicher Norm und Alltagsleben. Anders war es um den Einfluss geistlicher Erziehung bestellt, wenn sie mit den Pfarrgemeinden gemeinsam an Zuträglichkeit und sozialem Frieden arbeitete. Daher führte die disziplinierende Wirkung des Sendgerichtes nicht schlechthin einen Wandel der Familien-, Ehe- und Geschlechterverhältnisse herbei. Doch dem Ehemann wurde abgenötigt, dass er sein Züchtigungsrecht moderierte und seinen Zorn mäßigte, von der Frau wurde weiterhin Unterwerfung unter seinen Willen verlangt. Nach Befriedungsverhandlungen wurden Paare in der Regel mit einer strengen Ermahnung entlassen, welche die Position des Hausvaters stärkte. Beide wurden zum Vermeiden von Streit und zu gegenseitiger Liebe und Achtung, die Frau insbesondere aber zum Gehorsam verpflichtet. Auch die Andachtsliteratur dachte Geschlechterverhältnisse nach dem Prinzip der Parität und Gegenseitigkeit, nicht aber der Gleichheit. Der Schutz der Schwachen (Kinder, Gesinde, Alte) erfuhr eine anwaltliche Stärkung.

Die Lebensform „Familie“ wurde daher kaum zum konfessionellen Unterscheidungsmerkmal zwischen „katholisch“ und „evangelisch“. Geschlechtermodelle, Rollenverteilungen und Arbeitspaar-Beziehungen des guten „Hausens“ speisten sich aus einem Fundus, der den Konfessionen eher gemeinsam war.[54] Selbst dort, wo die Gnadenwirkungen des Ehesakramentes explizit erläutert wurden, bezogen sie sich auf überkonfessionell vertretene Idealvorstellungen und Pflichtenkataloge. Also wäre eher von einer „Verchristlichung“ denn von einer „Konfessionalisierung“ der Familie zu sprechen.

Wenn also Freiheit weder Merkmal noch Ziel dieses Familienalltags gewesen ist, war es dann die Zuneigung? Dass die Liebe im Zeitalter der Konfessionskulturen gefehlt habe, wird man nicht schon deswegen behaupten können, weil die großen Gefühle, die gegen die sozialen Spielregeln standen, erst im späten 18. und 19. Jahrhundert zum bevorzugten Sujet des Adels- und Bürgerromans avancierten. Zuneigung und Zusammengehörigkeit waren

---

53 Vgl. *Holzem*, Religion 155-224; *Freitag*, Pfarrer 74-129.

54 Vgl. *Kaufmann*, Ehetheologie; *Schmidt*, Nothurfft.

gleichsam ungegenständlich gegenwärtig als emotionale Grundlage aller oben beschriebenen Problemkreise. Zum Thema gemacht wurde sie, wenn sie fehlte: Kirchenkötterin Anna Margaretha Wolters erhoffte von ihrem Mann, dass er ihr bei der Wirtschaft und der Tilgung ihrer Schulden aus erster Ehe half. Als er das nicht tat, verweigerte sie ihm den Beischlaf mit der Begründung, dass sie ihn so „nicht hätte leiden oder lieb haben können.“[55]

Emotionalität beruhte in hohem Maße auf der Verlässlichkeit von Lebensordnungen. Sie war ein Teil der Suche nach Stabilität. Selbstzeugnisse freilich bestätigen, dass diese auch in angebahnten Ehen unerreichbar blieb, wenn sich Zuneigung und Respekt nicht entwickeln konnten. Es behauptet niemand, dieser Wunsch nach wechselseitiger Verantwortlichkeit und nach dauerhaft im Alltagsleben begründeter Attraktivität sei etwas spezifisch Vormodernes.

Literatur

Ahrendt-Schulte, Ingrid: Weise Frauen – böse Weiber. Die Geschichte der Hexen in der Frühen Neuzeit, Freiburg i.Br. u.a. 1994.

Beck, Rainer: Illegitimität und voreheliche Sexualität auf dem Land. Unterfinning 1671-1770, in: van Dülmen, Richard (Hg.): Kultur der einfachen Leute. Bayerisches Volksleben vom 16. bis zum 19. Jahrhundert, München 1983, 112-150.

Beck, Rainer: Spuren der Emotion? Eheliche Unordnung im frühneuzeitlichen Bayern, in: Ehmer, Josef/Hareven, Tamara K./Wall Richard (Hg.): Historische Familienforschung. Ergebnisse und Kontroversen. FS Michael Mitterauer, Frankfurt/Main u.a. 1997, 171-196.

Braun, Karl-Heinz: Die Ehe am Beispiel des katholischen Konfessionalisierungsprozesses, in: Liebmann, Maximilian (Hg.): War die Ehe immer unauflöslich? Limburg u.a. 2002, 97-123.

Braun, Karl-Heinz: Pugna spiritualis. Anthropologie der katholischen Konfession: Der Freiburger Theologieprofessor Jodocus Lorichius (1540-1612), Paderborn 2003.

Braun, Manuel: Ehe, Liebe, Freundschaft. Semantik der Vergesellschaftung im frühneuhochdeutschen Prosaroman (Frühe Neuzeit 60), Tübingen 2001.

Burghartz, Susanna: Zeiten der Reinheit – Orte der Unzucht. Ehe und Sexualität in Basel während der Frühen Neuzeit, Paderborn u.a. 1999.

Canisius, Petrus: Catechismus In kurtze Fragen und Antwort gestellt / Durch Petrum Canisium, der Societät Jesu Priestern, hier in: Geistlichs Psalterlein in welchem Die auserlesenst alt und newe Kirchen und Hauß gesang neben den lieblichten Psalmen Davids verfast sindt Cölln In verlegung Arnold Schleuter und Grevenbruch Erben MDCLIII Cum Grat: et Privilegi: Senat. Coloniae, Köln 1653, 5-24.

Cerman, Markus: Mitteleuropa und die ‚europäischen Muster‘. Heiratsverhalten und Familienstruktur in Mitteleuropa, 16.–19. Jahrhundert, in: Ehmer, Josef/Hare-

[55] BAM, GV Borken St. Remigius HS 133, fol. 213-219, Emsdetten, 4.10.1790.

ven, Tamara K./Wall, Richard (Hg.): Historische Familienforschung. Ergebnisse und Kontroversen. FS Michael Mitterauer, Frankfurt/Main u.a. 1997, 327-346.

Chaix, Gérald: De la cité chrétienne à la métropole catholique. Vie religieuse et conscience civique à Cologne au XVIe siècle (1450-1650), Lille 1994.

Christ=Catholisches Kleines Tage=Werck / Worinnen zu finden sehr schöne Schuß=Gebeter / wie auch Morgen= und Abend / nebst andern Meß / auch Beicht= und Communion=Gebetern. Oßnabrück / Im Verlag und zufinden bey denen Buchbindern, Osnabrück 1685.

Cochem, Martin von: Der Grosse Baum=Garten / In grossem Truck: Darin überaus kräfftig= und anmüthige Morgens= und Abends= Meß= und Vesper = Beicht= und Communion Gebetter. Wie auch zu dem Hochwürdigsten Sacrament des Altars / Und der Allerheiligsten Dreyfaltigkeit: Zu der Mutter Gottes und den Heiligen: Zu dem H. Antonio von Padua / dem H. Joseph / und der H. Anna in den neun Dienstägen zu sprechen. Zu allen Groß=Festen und Wallfahrten: Bey dem Miserere in der Fasten / und Rorate=Meß in dem Advent / auch anderen sonderlichen Festtägen. Für Geist= und Weltliche Persohnen / was Stands und Condition sie seynd / für Lebendige / Krancke Sterbend= und Abgestorbene Seelen in dem Fegfeur / sambt den sieben Buß=Psalmen / und zwantzig Litaneyen. Mit newen Kupffern zu Anfang eines jeden Theils geziert. Durch P. Martinus von Cochem / Capuciner Ordens / der Rheinischen Provinz Predigern. Mit Ihrer Churfürstl. Durchl. gnädigsten Privilegio. Auffs neue nach der Einsidelischen Edition. Coeßfeldt: gedruckt bey der Wittib Hanstatt. Münster in Westphalen: Zu finden bey Wilhelm Aschendorff / Churf. Hoff=Buchbinder. 1733, Münster 1733.

Denzinger, Heinrich/Hünermann, Peter (Hg.): Enchiridion symbolorum definitionum et declarationum de rebus fidei et morum – Kompendium der Glaubensbekenntnisse und kirchlichen Lehrentscheidungen, 39. Aufl. Freiburg i.Br. u.a. 2001 (DH).

Forster, Marc R.: Domestic Devotions and Family Piety in German Catholicism, in: ders./Kaplan, Benjamin J. (Hg.): Piety and Family in Early Modern Europe. Essays in Honour of Steven Ozment (St. Andrew Studies in Reformation history), Aldershot Hants 2005, 97-114.

Freitag, Werner: Volks- und Elitenfrömmigkeit in der frühen Neuzeit. Marienwallfahrten im Fürstbistum Münster (Veröffentlichungen des Provinzialinstituts für Westfälische Landes- und Volksforschung des Lanschaftsverbandes Westfalen-Lippe 29), Paderborn 1991.

Freitag, Werner: Pfarrer, Kirche und ländliche Gemeinschaft. Das Dekanat Vechta 1400–1803 (Studien zur Regionalgeschichte 11), Bielefeld 1998.

Geistliches Seelen=Gärtlein, Das ist: Außerlesenes Catholisches Gebett=Büchlein, In welchen die wolriechenste Blümlein Der schönsten Gebetter / Zu allerhand Ubungen Als Morgens / Abends / Meß= Beicht und Communion, auch Krancken und Sterbenden / mit Fleiß versamlet Nebst einem Gesang=Büchlein, Darinnen die Gesänge des gantzen Jahrs / sampt der Todt-Angst zu finden Injetzo widerum von neuen übersehen, corrigirt und verbessert / Mit einem nützlichen Register / auch vielen Gebetteren und Gesängen vermehret. Cum Gratia & Privil. Celsis. Principis. Getruckt zu Münster in Westphalen, Bey Herman Joseph Koerdinck Anno 1757, Münster 1757.

Glaser, Hubert: ... nadie sin fructo. Die bayerischen Herzöge und die Jesuiten im 16. Jahrhundert, in: Baumstark, Reinhold (Hg.): Rom in Bayern. Kunst und Spiritualität der ersten Jesuiten, München 1997, 55-82.

Groebner, Valentin: Außer Haus. Otto Brunner und die alteuropäische „Ökonomik", in: Geschichte in Wissenschaft und Unterricht 46(1995), 69-80.

Hammerstein, Notker: Staatsanschauungen des 16. Jahrhunderts vor dem Hintergrund der Konfessionalisierung Europas, in: Berndt, Rainer (Hg.): Petrus Canisius SJ (1521-1597) (Erudiri sapientia. Studien zum Mittelalter und seiner Rezeptionsgeschichte 1), Berlin 2000, 107-119.

Holzem, Andreas: „... quod non miserit prolem ad scholam" – Religiöse Bildung, Schulalltag und Kinderwelten im Spiegel von Sendgerichtsprotokollen des Fürstbistums Münster, in: Archiv für Kulturgeschichte 78(1996), 325-362.

Holzem, Andreas: Die Konfessionsgesellschaft. Christenleben zwischen staatlichem Bekenntniszwang und religiöser Heilshoffnung, in: ZKG 110(1999), 53-85.

Holzem, Andreas: Religion und Lebensformen. Katholische Konfessionalisierung im Sendgericht des Fürstbistums Münster (1570-1800), Paderborn u.a. 2000.

Holzem, Andreas: Das Buch als Gegenstand und Quelle der Andacht. Beispiele literaler Religiosität in Westfalen 1600–1800, in: ders. (Hg.): Normieren – Tradieren – Inszenieren. Das Christentum als Buchreligion, Darmstadt 2004, 225-262.

Holzem, Andreas: Familie und Familienideal in der katholischen Konfessionalisierung. Pastorale Theologie und soziale Praxis, in: ders./Weber, Ines (Hg.): Ehe – Familie – Verwandtschaft. Vergesellschaftung in Religion und sozialer Lebenswelt, Paderborn u.a. 2008, 243-283.

Holzem, Andreas: Der „katholische Augenaufschlag beim Frauenzimmer" (Friedrich Nicolai) – oder: Kann man eine Erfolgsgeschichte der „Konfessionalisierung" schreiben?, in: Brockmann, Thomas/Weiß, Dieter J. (Hg.): Das Konfessionalisierungsparadigma – Leistungen, Probleme, Grenzen, Bayreuth 2012 [im Druck].

Kaufmann, Thomas: Martin Luther, München 2006.

Kaufmann, Thomas: Ehetheologie im Kontext der frühen Wittenberger Reformation, in: Holzem, Andreas/Weber, Ines (Hg.): Ehe – Familie – Verwandtschaft. Vergesellschaftung in Religion und sozialer Lebenswelt, Paderborn u.a. 2008, 285-299.

Leppin, Volker: Martin Luther (Gestalten des Mittelalters und der Renaissance), Darmstadt 2006.

Luttenberger, Albrecht P. (Hg.): Katholische Reform und Konfessionalisierung (Freiherr vom Stein-Gedächtnisausgabe 17), Darmstadt 2006.

Lutz, Alexandra: Ehepaare vor Gericht. Konflikte und Lebenswelten in der Frühen Neuzeit, Frankfurt 2006.

Lynch, Katherine A.: Individuals, Families, and Communities in Europe 1200-1800. The urban foundations of western society (Cambridge studies in population, economy and society in past time 37), Cambridge 2003.

Oberman, Heiko A.: Luther. Mensch zwischen Gott und Teufel, Berlin 1982.

Opitz, Claudia: Mutterschaft und Vaterschaft im 14. und 15. Jahrhundert, in: Hausen, Karin/Wunder, Heike, (Hg.): Frauengeschichte – Geschlechtergeschichte (Geschichte und Geschlechter 1), Frankfurt/Main 1992, 137-153.

Pammer, Michael: Glaubensabfall und wahre Andacht. Barockreligiosität, Reformkatholizismus und Laizismus in Oberösterreich 1700-1820 (Sozial- und wirtschaftshistorische Studien 21), München 1994.

Po-Chia Hsia, Ronnie: Gesellschaft und Religion in Münster 1535–1618 (Quellen und Forschungen zur Geschichte der Stadt Münster, NF 13, Serie B), Münster 1989.

Valentin, Jean-Marie: Les Jésuites et le Théatre (1554-1680). Contribution à l'histoire culturelle du monde catholique dans le Saint-Empire romain germanique, Paris 2001.

Reinhard, Wolfgang/Schilling, Heinz (Hg.): Die katholische Konfessionalisierung. Wissenschaftliches Symposion der Gesellschaft zur Herausgabe des Corpus Catholicorum und des Vereins für Reformationsgeschichte (RST 135), Münster 1995; zugleich (SVRG 198), Gütersloh 1995.

Roper, Lyndal: Männlichkeit und männliche Ehre, in: Hausen, Karin/Wunder, Heike, (Hg.): Frauengeschichte – Geschlechtergeschichte (Geschichte und Geschlechter 1), Frankfurt/Main 1992, 155-164.

Rublack, Ulinka: Meanings of Gender in Early Modern German History, in: dies. (Hg.): Gender in Early Modern German History. Cambridge 2002, 1-18.

Rupp, Horst F.: Art. Schule/Schulwesen, in: TRE 30(1999), 591-627.

Schlögl, Rudolf: Glaube und Religion in der Säkularisierung. Die katholische Stadt – Köln, Aachen, Münster – 1700-1840, München 1995.

Schmidt, Heinrich Richard: Konfessionalisierung im 16. Jahrhundert (EdG 12), München 1992.

Schmidt, Heinrich Richard: „Nothurfft vnd Hußbruch". Haus, Gemeinde und Sittenzucht im Reformiertentum, in: Holzem, Andreas/Weber, Ines (Hg.): Ehe – Familie – Verwandtschaft. Vergesellschaftung in Religion und sozialer Lebenswelt, Paderborn u.a. 2008, 301-328.

Schnell, Rüdiger: Frauendiskurs, Männerdiskurs, Ehediskurs. Textsorten und Geschlechtskonzepte in Mittelalter und Früher Neuzeit (Geschichte und Geschlechter 23), Frankfurt/Main u.a. 1998.

Schorn-Schütte, Luise: Evangelische Geistlichkeit in der Frühneuzeit: deren Anteil an der Entfaltung frühmoderner Staatlichkeit und Gesellschaft, dargestellt am Beispiel des Fürstentums Braunschweig-Wolfenbüttel, der Landgrafschaft Hessen-Kassel und der Stadt Braunschweig (Quellen und Forschungen zur Reformationsgeschichte 62), Gütersloh 1996.

Schorn-Schütte, Luise/Sparn Walter (Hg.): Evangelische Pfarrer. Zur sozialen und politischen Rolle einer bürgerlichen Gruppe in der deutschen Gesellschaft des 18. bis 20. Jahrhunderts (Konfession und Gesellschaft 12), Stuttgart 1997.

Schreiner, Klaus: „Si homo non pecasset…". Der Sündenfall Adams und Evas in seiner Bedeutung für die soziale, seelische und körperliche Verfaßtheit des Menschen, in: ders./Schnitzler, Norbert (Hg.): Gepeinigt, begehrt, vergessen. Symbolik und Sozialbezug des Körpers im späten Mittelalter und in der frühen Neuzeit, München 1992, 41-84.

Schuh, Barbara: ‚Alltag' und ‚Besonderheit' spätmittelalterlicher und frühneuzeitlicher Wunderberichte, in: Wallfahrt und Alltag in Mittelalter und früher Neuzeit: Internationales Round-Table-Gespräch (Österreichische Akademie der Wissenschaften, Philosophisch-Historische Klasse, Sitzungsberichte 592), Wien 1992, 255-276.

Wille, Alexander: Bett= und Tugend=Buch, Oder: Kurtze Tag= und Lebens=Regulen und Ubungen, Andächtig zu betten, fromm zu leben, und seelig zu sterben; Allen so wohl Geist= als Weltlich= Ledig= und Ehelichen Stands=Persohnen zu höchstem Nutzen aufgesetzet Durch P. Alexandrum

Wille, der Societät Jesu Priestern. Elffte Edition. Weiters vermehret durch ein neues und vollkommneres Morgen=Gebett, grösserer Unterweisung für die Gott=verlobte Jungfrauen, unterschiedlichen Anmerckungen, und wie die tägliche Werck= und Tugend=Ubungen, fürnemblich aus Liebe Gottes sollen verrichtet werden. Cum Privilegiis Sac. Caes. Mejest. & Elect. Col. qua Episc. Paderb. Paderborn, In Verlegung Johann Conrad Dahmer, Buchhändler, 1742. Paderborn 1742

Young, Robert V.: The Reformations of the Sixteenth and Seventeenth Centuries, in: Olsen, Glenn W. (Hg.): Christian Marriage. A Historical Study, New York 2001, 269-301.

Christen und Juden im Mittelalter und in der Frühen Neuzeit

Martin H. Jung

Das Christentum wurzelt im Judentum. Dennoch – oder gerade deshalb – wurden sich Juden und Christen feind. Zwist und Feindschaft entstanden schon früh, erreichten aber eine neue Stufe, nachdem das Christentum im Laufe des 4. Jahrhunderts Staatsreligion geworden war und alle anderen Religionen zu unterdrücken begann. Nur Juden wurden noch toleriert, freilich unter von Jahrhundert zu Jahrhundert härter werdenden Bedingungen.[1]

1. Anfänge einer wachsenden Feindschaft: gegenseitige Vorbehalte und Vorwürfe

Die Christen sahen im Judentum eine überwundene Religion, eine Vorstufe des Christentums. Insbesondere die Beschneidung und die Speisevorschriften erregten Anstoß. Außerdem warf man ihnen Blindheit vor, weil sie in Jesus nicht ihren Messias sehen wollten. Hinzu kam der Vorwurf, Schuld zu haben am Tod Jesu. Da die Christen jedoch Jesus nicht nur als Messias, sondern als ein göttliches Wesen ansahen, standen die Juden überdies unter dem Vorwurf des Gottesmordes: „Was hast du getan, o Israel? … Getötet hast du den Herrn inmitten Jerusalems! Höret es, alle Geschlechter der Völker: Ein unerhörter Mord geschah inmitten Jerusalems. … Gott ist getötet worden, der König Israels ist beseitigt worden von Israels Hand." So predigte an einem Osterfest um das Jahr 170 Meliton, der Bischof von Sardes, einer Stadt in Kleinasien.[2] Meliton war der erste Theologe, der den Juden den Vorwurf machte, Gott ermordet zu haben. Berühmt für seine Judenfeindschaft war in der Spätantike Johannes Chrysostomus, der Patriarch von Konstantinopel. 386 hielt er acht Predigten „gegen die Juden".[3] Und im Mittelal-

---

1 Zur Thematik dieses Aufsatzes vgl. insbesondere mein 2008 erschienenes Überblickswerk „Christen und Juden" (*Jung*, Christen). Hier finden sich nähere Informationen zu allen in diesem Aufsatz angesprochenen Themen. Bei der Auswahl und Übersetzung der Quellentexte sowie mit hilfreichen Anregungen und Korrekturen stand mir Dirk Früchtemeyer, B.A. zur Seite, dem ich hierfür herzlich danke.

2 Meliton de Sardes, Sur la pâque et fragments, hg. v. Othmar Perler (SC 123), Paris 1966, 102f.–118f. (Sur la pâque 73; 93 f.; 96).

3 Johannes Chrysostomus, Acht Reden gegen Juden, hg. v. Rudolf Brändle (Bibliothek der griechischen Literatur 41), Stuttgart 1995.

ter warf Petrus Venerabilis, der berühmte Abt des berühmten Benediktinerklosters Cluny, den Juden ein vernunftwidriges Verhalten vor und wollte ihnen deswegen sogar die Bezeichnung als „Menschen" verweigern. Im Zentrum des Streits stand die christliche Überzeugung, dass Jesus der erwartete Messias gewesen und in ihm Gott selbst Mensch geworden sei. Beides wurde von den Juden bestritten, die weiterhin auf das Kommen ihres Erlösers warteten.

> Um 1145 schrieb Petrus Venerabilis in seiner Abhandlung „Gegen die eingefleischte Verstocktheit der Juden":[4]
> „Entferne den ärgerlichen Unverstand aus deinem Herzen, Jude, befreie deine Vernunft von deinem tierhaften Empfinden! Denn die Menschwerdung Christi steht nicht in Widerspruch zu seiner wahren Gottheit. Gott wird dadurch nicht befleckt, er leidet dadurch nicht, er wird nicht erniedrigt, weil er in Jesus Christus Mensch geworden ist, sondern der Mensch wird gereinigt, gerühmt und emporgehoben, weil Gott ihn annimmt, reinigt und – so ist es – vergöttlicht. …
> Was treibst du, Jude? Schämst du dich etwa nicht? Schämst du dich nicht für die Worte deiner Leute? Von dieser Art ist die Hoffnung deiner Leute, so nichtig, so einfältig, so lächerlich ist die Erwartung der Juden. Wer könnte würdevoll eine so große Torheit verdorbener Menschen verspotten? Die Juden erklären den milden, gnädigen und wohlwollenden König zu einem verdammenswerten Sünder. … Du siehst gewiss, wie weit diese Art von Menschen vom Angesicht Gottes verbannt ist, die trotz aller Bemühungen von wem auch immer nicht glauben, was wahr ist, und dem leichtsinnig folgen, was falsch ist."

Die Juden ihrerseits dachten schlecht über die Christen und warfen ihnen vor, den Monotheismus verlassen zu haben, indem sie Jesus zu einem Gott erklärt hatten. Sie redeten schlecht von Jesus und sahen in ihm einen Verführer und Zauberer, der zu Recht gekreuzigt wurde. Das Wunder der Jungfrauengeburt, das die Christen anführten, um die Gottessohnschaft Jesu zu belegen, deuteten die Juden auf ganz andere Weise.

> Aus einer jüdischen Jesuslegende:[5]
> „Anfang der Geburt Jesu. Seine Mutter war Mirjam aus Israel. Diese hatte einen Verlobten aus dem königlichen Geschlechte des Hauses David, der hieß Jochanan. Dieser war ein Gesetzeskundiger und fürchtete den Himmel sehr. Gegenüber ihrem Haus lebte ein schöner Mann, Josef, der Sohn des Pandera. Er warf sein Auge auf sie. Es war des Nachts am Ausgang des Sabbats, da ging er betrunken an der Tür ihres Hauses vorüber und kehrte zu ihr ein. Sie aber dachte in ihrem Herzen, es wäre ihr Verlobter Jochanan. … Josef umarmte sie, sie aber sagte ihm: Rühre mich nicht an, denn ich habe meine Tage. Er achtete nicht darauf und kehrte sich nicht an ihre Worte, sondern schlief bei ihr. Sie wurde von ihm schwanger. Um Mitternacht kam ihr Verlobter Rabbi Jochanan. Sie sprach zu ihm: Was ist los? Seitdem du mich dir verlobtest, bist du nie zweimal in der Nacht zu mir zu kommen. … Als er das hörte, erkannte er sofort, dass Josef, der Sohn des Pandera, ein Auge auf sie geworfen und er die Tat verübt hatte. … Nach einiger Zeit ging das Gerücht, dass Mirjam

---

4 Petrus Venerabilis, Adversus Iudaeorum inveteratam duritiem, hg. v. Yvonne Friedman (CChr.CM 58), Turnholt 1985, 33 (II, 598-603); 45 (III, 109-122) (übers. v. D. Früchtemeyer).

5 *Krauss*, Samuel (Hg.): Das Leben Jesu nach jüdischen Quellen, Berlin 1902, 50f. (bearb. v. M. Jung).

schwanger sei. Da sprach ihr Verlobter Jochanan: Von mir wurde sie nicht schwanger; soll ich hier bleiben und jeden Tag meine Schande von den Leuten hören? Er stand auf und ging nach Babel. Nach einiger Zeit gebar sie einen Sohn, und man nannte seinen Namen Josua nach dem Bruder seiner Mutter. Als aber seine Verderbtheit offenkundig wurde, nannte man ihn Jesus."

Die Juden waren eine verschwindende Minderheit. Die Christen hatten die Macht und gaben den Ton an. Im Mittelalter unterstanden die Juden unmittelbarer kaiserlicher Gewalt, aber damit auch seinem Schutz. Sie lebten in kleineren oder größeren Gruppen in Städten und wohnten aus praktischen Gründen gerne dicht beieinander. Daran erinnern noch heute die Judengassen vieler Städte. Das zwangsweise Zusammenwohnen kam erst im 16. Jahrhundert auf. Das erste Getto mit Mauern und Toren wurde 1555 in Rom errichtet.

Die Beziehungen zwischen Juden und Christen waren im Mittelalter zunächst distanziert, aber friedlich. Das änderte sich in der Kreuzfahrerzeit, die im späten 11. Jahrhundert begann. Wenn man gegen die „Ungläubigen" und „Feinde Christi" in die Ferne zog, lag es nahe, auch die „Ungläubigen" und „Feinde Christi" in der Nähe zu bekämpfen. Im Jahre 1096 verwüsteten wilde Horden von Kreuzfahrern jüdische Gemeinden insbesondere im Rheintal: Köln, Mainz, Worms, Speyer und auch Trier waren betroffen. Viele wurden getötet, einige begingen Suizid. Die lokalen Bischöfe nahmen die Juden aber in Schutz.

Von den Verfolgungen 1096 berichtet der Dichter und Lehrer Elieser bar Nathan:[6]
„Es war im Jahre 4856 nach Erschaffung der Welt, … da trafen uns viele und schwere Leiden … Denn es erhoben sich freche Menschen …, die sich vorgenommen hatten, nach der heiligen Stadt zu ziehen, um dort das Grab ihres Heilandes aufzusuchen, die Ismaeliten [= Moslems] von dort auszutreiben und sich des Landes zu bemächtigen. Sie hefteten als ihr Erkennungszeichen ein Kreuz an ihre Kleider. … Als sie nun auf ihrem Zuge durch die Städte kamen, in denen Juden wohnten, sprachen sie in ihrem Herzen: „Siehe, wir ziehen dahin, das heilige Grab aufzusuchen und Rache an den Ismaeliten zu üben; und hier sind die Juden, die ihn umgebracht und gekreuzigt haben ohne Grund. Lasset zuerst an ihnen uns Rache nehmen und sie austilgen …." Als die Gemeinden solches hörten, da überfiel sie Angst und Zittern und Wehe, und sie griffen zu der Handlungsweise ihrer Väter, nämlich zum Gebet, zur Wohltätigkeit und zur Buße ….
Am Sabbat, dem 5. Mai, überfielen die Feinde die Gemeinde Speyer und erschlugen zehn heilige Personen. … Darunter befand sich auch eine fromme Frau, die sich zur Heiligung des göttlichen Namens selbst schlachtete. … Die Übrigen wurden, ohne Taufe, von dem Bischof gerettet.
Am 20. Mai überfielen die Wölfe der Wüste die Gemeinde Worms. Die Gemeinde teilte sich in zwei Gruppen. Einige blieben in ihren Häusern, andere hielten sich in den Gemächern des Bischofs auf. Da erhoben sich die Feinde und Dränger gegen die Juden, die in ihren Häusern waren, überfielen sie und brachten sie um …. Sie nahmen die heilige Tora, traten sie in den Straßenkot, zerrissen und zerfetzten sie, schändeten sie und trieben Spott und Scherz mit ihr."

6 *Höxter*, Julius (Hg.): Quellentexte zur jüdischen Geschichte und Literatur, neu gesetzte u. überarb. Ausg., hg. v. Michael Tilly, Wiesbaden 2009, 300f. (bearb. v. M. Jung).

Neben religiösen gab es auch wirtschaftliche Gründe für die christliche Judenfeindschaft. Juden lebten in einem erheblichen Maße von der Geldleihe. In diese Tätigkeit waren sie hineingedrängt worden, weil es den Christen aus religiösen Gründen verboten war, anderen Christen Geld zu leihen und dafür Zinsen zu nehmen. Doch die christliche Gesellschaft war auf die Möglichkeit der Geldleihe angewiesen, und so erledigte man das bei den Juden. Diese nahmen je nach Fall stattliche Zinsen und brachten dadurch manchen, der Geld geliehen hatte, in Not. Die Juden wurden als Wucherer beschimpft. Außerdem beschuldigte man sie, die Christen zu hassen und zu schmähen. Ihre eigenen Gesetzeslehrer hielten die Juden aber zu einem rücksichtsvollen Umgang mit den Christen an.

Rabbi Jehuda ben Samuel († 1217) schreibt im „Buch der Frommen" (Sefer ha-Chassidim) über den Umgang von Juden mit Nichtjuden:[7]
„Im Umgang mit Nichtjuden befleißige dich derselben Redlichkeit wie mit Juden. Mache den Nichtjuden auf seinen Irrtum aufmerksam. Besser ist es, wenn du von Almosen lebst, als dass du, zur Schmach des Judentums und des jüdischen Namens, mit fremdem Geld davonläufst. Holt der Nichtjude sich bei dir Rat, so sage ihm, wer an dem Ort, wohin er sich begibt, redlich und wer ein Betrüger ist. Siehst du einen Andersgläubigen eine Sünde begehen, so hintertreibe sie, wenn du die Macht dazu hast; der Prophet Jona sei hierin dein Vorbild. Flieht ein Mörder zu dir, so gewähre ihm keinen Schutz, auch wenn es ein Jude ist. Begegnet dir aber auf schmalem Weg ein Lasttragender, so mache ihm Platz, auch wenn es kein Jude ist."

2. Christliche Anschuldigungen: Ritualmord, Hostienschändung, Brunnenvergiftung

Im Laufe des Mittelalters baute sich eine immer größere Feindschaft der Christen gegen die Juden auf. Die Gründe dafür lagen nicht bei den Juden, sondern waren eher psychologischer Art. Die Juden eigneten sich in hervorragendem Maße als Sündenböcke.

Wenn ein Kind tot aufgefunden wurde, beschuldigte man die Juden. Es gab nämlich den Verdacht, die Juden würden im Rahmen ihrer Passahrituale das Blut christlicher Knaben benötigen und verwerten und aus diesem Grund Kinder töten. Der erste Vorwurf eines solchen Ritualmordes kam 1144 in England (Norwich) auf. Weitere Fälle von Blutbeschuldigungen gab es 1147 in Würzburg und 1235 in Fulda und sogar noch im 19. Jahrhundert (1834 in Neuenhoven, 1840 in Damaskus).

Ein spektakuläres Beispiel ist der Fall des Simon von Trient. In Trient verschwand am Gründonnerstag, dem 23. März 1475, ein zwei Jahre und vier Monate alter Knabe namens Simon, der Sohn eines Gerbers. Vergeblich suchte man ihn, bis in der Nacht von Ostersonntag auf -montag Juden den

7 Ebd. 318.

Leichnam des Jungen im Stadtgraben entdeckten, dicht bei einem jüdischen Wohnhaus, in dem auch die Synagoge untergebracht war. Sofort war der Ritualmord-Vorwurf da. Die Trienter Juden wurden verhaftet, und es fand ein Prozess statt, in dem sie sich unter Folter zu der Tat bekannten. Den Prozess führte im Auftrag des Bischofs, Johannes IV. Hinderbach, eines aus Hessen stammenden Humanisten, der Stadtrichter (Podestà) durch. Die meisten „Schuldigen", insgesamt vierzehn, ließ er hinrichten. Zwei angeklagte Juden konvertierten im Gefängnis. Die Vollstreckung der Todesstrafe fand in ihrem Fall einen Tag Aufschub, und sie wurden nicht grausam gerädert, sondern enthauptet. Die als mitschuldig verurteilten Jüdinnen konvertierten ebenfalls, baten öffentlich um Verzeihung für ihr vorgebliches Verbrechen und durften am Leben bleiben.

Der Ritualmord an Simon von Trient (Holzschnitt, Schedelsche Weltchronik, 1493)

Das Ereignis wurde in einem Buch dokumentiert. Die im September 1475 erschienene Geschichte des Simon war das erste in Trient gedruckte Buch. In Verbindung mit dem Ereignis entstand auch ein Bild, das 1493 in der Schedelschen Weltchronik, einem bedeutenden Werk des Humanismus, veröffentlicht wurde. Es zeigt ein hilfloses Kind mit einem angstverzerrten Gesicht, das mit Nadeln und Messern gestochen und aufgeschlitzt wird. Die Instrumente erinnern an die Marterwerkzeuge, mit denen Christus vor der Kreuzigung gequält wurde (*arma Christi*) und die im Mittelalter häufig abgebildet wurden und auch Objekte frommer, meditativer Betrachtung waren. Die ausgestreckten Arme des Knaben lassen an eine Kreuzigung denken. Das Blut läuft aus ihm heraus. Auch der Penis wird verletzt, womit ein Bezug zum Beschneidungsritual hergestellt wird. Die Juden haben kalte und grimmige Gesichter. Männer und Frauen sind beteiligt, und ihre Namen werden genannt, was die Glaubwürdigkeit der Geschichte unterstreichen soll. Die Juden sind durch gelbe Kreise als solche gekennzeichnet, und mehrere abgebildete Geldbeutel und die Bärte der Männer weisen die Beteiligten ebenfalls als Juden aus. Die Geschichte Simons fand große Verbreitung. Ein Schweizer Jesuit, Kaspar Rhey, schrieb dazu sogar ein Theaterstück, das 1602 in Augsburg uraufgeführt und auch in Innsbruck von 1609 an gespielt wurde. Im 19. Jahrhundert hat sich die antisemitische Propaganda auf den Fall Simon berufen. Noch 1955 erschien in Trient eine Biografie Simons, und 1956 wurde in einer Trienter Kirche ein Glasfenster angebracht, das die Ermordung Simons zeigte.

Wenn aus einer Kirche eine Hostie – das Abendmahlsbrot – verschwand, beschuldigte man die Juden. Es gab nämlich den Verdacht, die Juden würden ihren Hass gegen Jesus an Hostien abreagieren, in denen die Christen ja den realen Leib Christi erblickten. Man glaubte, die Juden würden die Hostien zerstechen, durchbohren, zerbrechen und verbrennen. Der erste Vorwurf einer solchen Hostienschändung kam 1290 in Paris auf. Letzte Vorwürfe wurden im 16. Jahrhundert erhoben (1510 in Berlin) und dann noch einmal 1836 in Bislad (Rumänien). Die Erinnerung an Hostienschändungen des Mittelalters wurde im Katholizismus teilweise noch bis in die Gegenwart festgehalten, weil sie fest mit Wallfahrtstraditionen verknüpft war. Im bayrischen Deggendorf gab es einen solchen antijüdischen Kult bis 1992.

Wenn in einer Stadt eine Seuche ausbrach, beschuldigte man die Juden, sie hätten die Brunnen vergiftet, um Christen zu töten. Diese Vorwürfe wurden erstmals 1348/49 im Zusammenhang mit den Pestepidemien laut.

Angebliche Ritualmorde, angebliche Hostienschändungen und angebliche Brunnenvergiftungen führten dazu, dass zahlreiche Juden gefangen genommen, gefoltert, verhört und ermordet wurden. Vielfach wurden ganze Gemeinden ausgelöscht, im Zusammenhang der Pestpogrome waren es 390 Gemeinden in ganz Europa.

3. Abgrenzungen: Kleidervorschriften, Polemik, Predigtagitation

Juden lebten in den Städten, nicht auf dem Lande. Über Alltagskontakte zwischen Juden und Christen ist wenig bekannt. Kannte man sich? Grüßte man sich? Half man sich in der Not? Nicht nur die Christen, sondern auch die Juden legten Wert auf Abgrenzung. 1215 erließ die Kirche auch noch spezielle Kleidungsvorschriften für Juden.

> Das 4. Laterankonzil 1215 bestimmte in Kanon 68:[8]
> „In manchen Provinzen unterscheiden sich die Juden … von den Christen durch verschiedene Kleidung, aber in einigen Provinzen hat sich eine Vermischung derart eingebürgert, dass sie durch keinerlei Unterschied mehr auseinander gehalten werden können. Daher kommt es bisweilen vor, dass Christen mit jüdischen … Frauen und Juden … mit christlichen Frauen aus Versehen verkehren. Damit die Auswüchse dieser Vermischung, die man nur verurteilen kann, unter dem Deckmantel eines solchen Versehens kein Schlupfloch der Entschuldigung finden können, bestimmen wir: Die Juden … beiderlei Geschlechts müssen sich in jeder christlichen Provinz und zu aller Zeit durch die Art ihrer Kleidung in der Öffentlichkeit von den anderen Völkern unterscheiden; denn schon durch Mose ist ihnen dies, wie zu lesen ist, auferlegt worden (Lev 19,19; Dtn 22,5; Dtn 22,11). An den Tagen der Klagen und der Passion des Herrn dürfen sie überhaupt nicht in der Öffentlichkeit erscheinen. Wir haben nämlich gehört, dass manche von ihnen ohne Scham an solchen Tagen besonders herausgeputzt herumstolzieren und die christlichen Frauen und Männer, die zum Gedächtnis der hochheiligen Passion Zeichen der Klage tragen, schamlos verspotten. Mit besonderer Strenge verbieten wir, sich zur Schmähung des Erlösers besonders übermütig zu gebärden ….“

Die Kleidungsvorschriften wurden zu unterschiedlichen Zeiten und an unterschiedlichen Orten verschieden konkretisiert, in Frankreich früher als in Deutschland. Berühmt ist die Kölner Kleiderordnung von 1404.

> Aus der Kölner Judenordnung vom 8. Juli 1404:[9]
> „Ärmel sollen sie an ihren Überwürfen und Röcken tragen, die nicht weiter als eine halbe Elle sind. Die Kragen an den Röcken und an den Regentüchern dürfen nicht mehr als einen Finger breit sein. An ihren Kleidern darf kein Pelzwerk sichtbar sein. Schnürröcke dürfen sie nicht tragen. … Die Kopfbedeckungen einer jeden über dreizehn Jahre alten Mannsperson müssen mindestens eine Elle und die Zipfel dürfen anderthalb Ellen lang und ein halbes Viertel breit sein. Seidene Schuhe dürfen sie nicht tragen. Über dem Ohrläppchen dürfen sie sich nicht scheren lassen, wenn nicht der ganze Kopf geschoren wird ….“

Im ausgehenden Mittelalter mussten Juden neben auffallenden Hüten sogar kreisförmige gelbe Abzeichen tragen, um als Juden erkennbar zu sein. Gelb war eine Schandfarbe, mit der auch Aussätzige und Prostituierte gekennzeichnet wurden.

Christen wussten wenig über die Juden und ihre Religion. Mit der Zunahme der religiösen Bildungsbemühungen wurde das Judentum aber immer häufiger thematisiert, um das Christentum vom Judentum abzugrenzen und im Gegenüber zum Judentum zu profilieren. An vielen Kirchen fanden sich Darstellungen von Kirche und Synagoge als Frauengestalten, die Kirche siegreich, stolz und gekrönt, auf einem Podest, mit Kreuz und Abendmahlssymbolen, die Synagoge dagegen gescheitert, niedergeschlagen

---

8 Dekrete der ökumenischen Konzilien 2, Bologna ^{3}1973, 266f. (bearb. v. M. Jung).

9 *Brisch*, Carl (Hg.): Geschichte der Juden in Cöln und Umgebung 1, Mülheim am Rhein 1879 (Repr. 1973), 26f. (bearb. v. M. Jung).

und mit einer Binde auf den Augen, einer zerbrochenen Lanze und mit schweren, sie belastenden Gebotstafeln in der Hand. Der Vergleich der beiden Gestalten spricht Bände, auch und gerade dann, wenn der Betrachter nicht lesen konnte. An vielen mittelalterlichen Kirchen finden sich – noch heute (berühmte Beispiele: Straßburg, Trier, Bamberg, Marburg, Osnabrück) – diese Darstellungen am so genannten Brautportal, Kirche und Synagoge eingereiht in die Gruppe der törichten und klugen Jungfrauen nach Mt 25. Eine Diskussion darüber, ob solche Kunstwerke an Kirchen, in denen Christen heute Gottesdienste feiern, noch tragbar sind, fand bislang nicht statt.

Kirche und Synagoge (Miniatur aus einem liturgischen Handbuch, 14. Jahrhundert)

An manchen Kirchen gab es auch die sogenannte Judensau, Darstellungen, wie Juden den Urin eines Schweins trinken, seinen After lecken und an seinen Zitzen saugen. Beispiele gibt es in Brandenburg, Erfurt, Basel, Regensburg und Wittenberg. Insgesamt gibt es allein in Deutschland etwa 25 solcher Spottskulpturen. Während man in Basel 1995 die Judensau aus dem Chorgestühl des Münsters entfernte, hat man sie in Wittenberg an der Fassade der Stadtkirche belassen, aber 1988 durch eine darunter auf dem Pflaster angebrachte Gedenktafel, die an den Holocaust und die christliche Mitschuld erinnert, indirekt kommentiert.

Wittenberger Judensau, Kupferstich (1600) der Skulptur an der Stadtkirche

Diese extrem judenfeindlichen Spottbilder hatten keinen biblischen Hintergrund. Die ältesten erhaltenen Beispiele stammen aus dem 13. Jahrhundert. Das Schwein galt als Teufels- und Sündentier und war auch ein Symbol für Genusssucht. Allgemein bekannt war, dass Juden Schweinefleisch mieden. Durch die Judensau verspottete man indirekt die jüdischen Essgewohnheiten, brachte die Juden mit dem Teufel in Beziehung und erzeugte in Verbindung mit den Juden Gefühle des Ekels. Den Ausgangspunkt für die Entwicklung des Motivs bildete der eigentlich für das Judentum aufgeschlossene fränkische Theologe Hrabanus Maurus. In einer von ihm geschriebenen, im Mittelalter weit verbreiteten Enzyklopädie (*De universo*) brachte er erstmals das Schwein als Symbol für Unreinheit und Sünde mit den Juden in Zusammenhang. Eine anders ausgerichtete, vernünftige Deutung des Motivs trug 1596 der Wittenberger Hebräischprofessor Laurentius Fabricius vor. In einer akademischen Rede über den verborgenen Gottesnamen (*Oratio de Schemhamphorasch usu et abusu*) ging er ausführlich auf die Judensau ein und erklärte, durch solche Darstellungen habe man die Juden von dem Betreten der Kirchen abhalten wollen. Fabricius wurde später häufig zitiert und rezipiert, obwohl die vom ihm vorgebrachte, rationalisierende Begründung sicher nicht zutreffend ist. Nach der Erfindung des Buchdrucks erschien die Judensau auch in gedruckter Form. Das Motiv hielt sich weit in die Neuzeit hinein. Berühmt ist ein Kupferstich aus dem 17. Jahrhundert, der gleichzeitig einen Ritualmord und das Schwein als jüdische Nährmutter darstellt. Ein Jude trinkt hier, unterstützt vom Teufel, den Urin des Schweines. Das im Antisemitismus der Moderne beliebte Schimpfwort Judensau wurzelte in dieser mittelalterlich-frühneuzeitlichen Ikonografie.

In Passionsspielen wurde ebenfalls gegen die Juden agitiert und die biblische Passionsgeschichte antijüdisch überzeichnet. Und schließlich begannen die Prediger der Bettelorden – Dominikaner, Franziskaner, Augustinereremiten – im späten Mittelalter antijüdisch zu predigen. Sie wollten ein entschiedenes, auch moralisch konsequentes Christentum fördern, indem sie an den Juden aufzeigten, wie ein Christ nicht sein sollte. Diese Prediger forderten auch die Vertreibung der Juden aus den Orten, wo sie noch toleriert waren. Das wiederum fand Unterstützung bei den Zünften, die in den Städten an Macht und Einfluss gewonnen hatten und deren wirtschaftliche Interessen durch die jüdischen Händler gestört wurden.

4. Von unbarmherzigen Vertreibungen zum zaghaften Miteinander

Im späten Mittelalter war ein Klima des Hasses entstanden, das in Verfolgungen und Vertreibungen einmündete. Gleichzeitig waren Vertreibungen möglich geworden, weil vielerorts die Juden nicht mehr unter dem Schutz des Kaisers standen, sondern die Judenrechte auf Territorialherren und Städte übertragen worden waren.

Über Christen und Juden im Mittelalter sollte man jedoch nicht sprechen, ohne auch Spanien in den Blick zu nehmen. Spanien stand im Mittelalter zunächst ganz, später nur noch teilweise unter arabischer, und das heißt moslemischer Oberherrschaft. Die Moslems waren toleranter als die Christen, und so kam es in Spanien zu einer kulturellen Blüte und zu einem lebendigen und fruchtbaren Austausch zwischen Juden, Christen und Moslems. Von Nordspanien aus wurde Spanien aber Schritt für Schritt rechristianisiert und rekatholisiert. Die Moslems wurden bekämpft und vertrieben, die Juden wurden bedrängt und zur Taufe gezwungen und die nicht katholischen spanischen Christen wurden ebenfalls bedrängt und verketzert und zum Anschluss an den römischen Katholizismus gezwungen. Diese Reconquista, die katholische Zurückeroberung Spaniens, der übrigens auch der Jakobsweg diente, mündete 1492 in die größte Judenvertreibung der europäischen Geschichte.

Durch die Reformation änderte sich für die Juden nichts zum Positiven. Zwar verbanden die Juden mit dem Auftreten Martin Luthers hohe Erwartungen und große Hoffnungen, und sogar in Jerusalem hatte man Kunde davon, aber sie wurden enttäuscht. Die Reformation bestätigte die Vertreibungen und führte zu neuen Vertreibungen, und Luther agitierte im Stil der spätmittelalterlichen Bettelmönche, ja schlimmer noch als diese, gegen die „Saujuden".

Luther über die Juden in seiner Schrift „Von den Juden und ihren Lügen" (1543): [10]
„Sie halten uns Christen in unserem eigenen Lande gefangen. Sie lassen uns arbeiten im Schweiße unseres Angesichts ... Indessen sitzen sie hinter dem Ofen, faulenzen, furzen, braten Birnen, fressen, saufen und leben sanft und wohl von dem, was wir erarbeitet haben. Sie haben uns und unsere Güter gefangen durch ihren verfluchten Wucher, spotten dazu und speien uns an .... Sie sind also unsere Herren, wir ihre Knechte mit unserem eigenen Gut, Schweiß und Arbeit, und danach danken sie uns, indem sie unseren Herrn [Jesus] verfluchen. Sollte der Teufel hier nicht lachen und tanzen, wenn er ein solches Paradies bei uns Christen haben kann, dass er durch die Juden, seine Heiligen, das Unsere frisst und uns zu Lohn beschimpft und verspottet und überdies Gott und Menschen verflucht? ...
Was wollen wir Christen nun tun mit diesem verworfenen, verdammten Volk der Juden? ... Ich will meinen treuen Rat geben. Erstens, dass man ihre Synagogen oder Schulen mit Feuer anstecke und, was nicht verbrennen will, mit Erde überhäufe und zuschütte ... Zweitens, dass man auch ihre Häuser desgleichen zerbreche und zerstöre, denn sie treiben eben dasselbige in ihnen, was sie in ihren Schulen treiben. Statt dessen mag man sie etwa unter ein Dach oder einen Stall tun, wie die Zigeuner, auf dass sie wissen, dass sie nicht Herren in unserem Lande sind, wie sie rühmen, sondern im Elend und gefangen ... Drittens, dass man ihnen nehme alle ihre Betbüchlein und Talmude, in denen diese Abgöttereien, Lügen, Verfluchungen und Lästerungen gelehrt werden. Viertens, dass man ihren Rabbinern bei Leib und Leben verbiete, weiterhin zu lehren ..."

Im 16. und 17. Jahrhundert gab es jüdische Gemeinden eher in katholischen Herrschaftsgebieten als in evangelischen, aber auch in evangelischen fassten sie allmählich wieder Fuß, und zwar nunmehr verstärkt auf dem Lande. Der Beruf des Bauern war ihnen zwar weiter verwehrt, aber absolutistisch regierende kleinere und größere Landesherren brauchten und wollten Juden in ihrer Umgebung als Geldleiher und Händler und gaben jüdischen Gemeinden Niederlassungsrechte in ihren Herrschaftsgebieten, und zwar häufig in Dörfern. Dies geschah manchmal gegen den erbitterten Widerstand evangelischer Kirchenvertreter.

Juden und Christen lebten noch immer in getrennten Welten und nahmen sich kaum wahr. Dies bezeugen die „Denkwürdigkeiten" der Glückel von Hameln, eine Ende des 17. Jahrhunderts in Hameln entstandene Autobiografie einer deutschen Jüdin.[11] Sie berichtet nahezu nichts von der christlichen Umwelt und den Begegnungen mit ihr. Die 1646 in Hamburg geborene und 1724 in Metz verstorbene Kauffrau beschränkt sich ganz auf ihre innerjüdische Welt.

Im 18. Jahrhundert jedoch scheinen sich die Beziehungen zu entspannen. Die Quellen geben uns nunmehr Einblicke in das relativ problemlose Miteinander von Juden und Christen in den Dörfern, solange die örtlichen Geistlichen nicht dagegen agitierten. Wir erfahren von christlichen Frauen, die jüdischen Familien gegen Bezahlung im Haushalt halfen, so genannten Sabbatmägden (Freudental 1751), von Juden, die gegen Bezahlung die Felder

---

10 WA 53, 521,9–20; 522,29 – 523,33 (bearb. v. M. Jung).

11 Vgl. Die Memoiren der Glückel von Hameln (Beltz Taschenbücher 169), übers. v. Bertha Pappenheim, Vorw. v. Viola Roggenkamp, Weinheim 2005.

von Christen bestellten (Horkheim 1730), von christlichen Schulmeistern, die jüdischen Knaben Privatunterricht erteilten (Horkheim 1741), von der Mitwirkung von Christen bei jüdischen Hochzeiten (Ludwigsburg 1737) und der Teilnahme an Beschneidungen (Basel 1619), vom gemeinsamen Zechen und Spielen (Horkheim 1692). Und natürlich schlossen Christen und Juden miteinander Geschäfte ab und trieben miteinander Handel. Christliche Metzger kauften bei Juden Fleisch (Freudental 1756). Christen, darunter auch Theologen, besuchten aus Neugier und Interesse auch jüdische Gotteshäuser und jüdische Gottesdienste (Johann Albrecht Bengel 1713). Im damals württembergischen Derdingen im Kraichgau, unweit von Karlsruhe gelegen, hatte schon 1677/78 ein Rabbiner mit Frau und Tochter Zuflucht in einem evangelischen Pfarrhaus gefunden, bei Pfarrer Johann Jakob Mehe, der aus Mitleid gehandelt hatte, wie er selbst sagte. Der Pfarrer wurde jedoch vor die Kirchenleitung nach Stuttgart zitiert, die ihn maßregelte und die „Ausschaffung" der Juden veranlasste. Leider ermöglichen die Quellenlage und der Forschungsstand nur selten solche reizvollen Einblick in den Alltag des jüdisch-christlichen Neben- und Miteinanders in den Dörfern und Städten.

5. Konversionen und Missionsbemühungen

Judentum und Christentum waren miteinander rivalisierende Religionen, und gelegentlich kam es vor, dass ein Jude Christ werden wollte, und es gab auch Fälle, in denen Christen sich dem Judentum anschlossen. Es gab aber von beiden Seiten über Jahrhunderte hinweg keine organisierten Missionsbemühungen. Während das bei den Juden nicht verwundert, die es von Ausnahmen in einer kurzen geschichtlichen Periode (2. Jh. v. Chr. bis 2. Jh. n. Chr.) einmal abgesehen nie darauf angelegt hatten, andere für ihren Glauben zu gewinnen, verwundert es doch sehr beim Christentum, einer im Kern missionarischen Religion. Obwohl die Christen den Juden Blindheit vorwarfen, unternahmen sie kaum Anstrengungen, die Juden von dieser Blindheit zu befreien und sie zu Christen zu machen. Und wenn ein Jude von sich aus auf die Idee kam, Christ werden zu wollen, stieß er bei den Christen auf Skepsis. Christlicherseits vermutete man unlautere Absichten.

Einen Einblick in den Ablauf einer Judentaufe vermittelt ein Bericht aus Hildesheim. Dort wurde im Jahre 1595 der neunzehn Jahre alte, in Bodenwerder geborene Michael Dülke getauft. Zuvor war er fünf Wochen lang anhand von Luthers Kleinem Katechismus im christlichen Glauben unterrichtet worden. Die Taufe fand nicht in einer Kirche, sondern auf dem Marktplatz statt, wo ein Podest errichtet worden war. Eine große Menschenmenge fand sich ein. Die Taufpredigt hielt der lutherische Superintendent der Stadt, Heinrich Heshusius. In seiner Predigt griff er das Judentum an und warf ihm Verstocktheit vor. Er zitierte Luthers Juden-Lügen-Schrift und forderte die Vertreibung der kleinen jüdischen Gemeinde aus Hildesheim. Auf die Taufpredigt folgte ein öffentliches Taufexamen. Der Jude, der im Begriff war, Christ zu werden, musste Rede und Antwort stehen und über sein Leben ebenso Auskunft geben wie über seinen christlichen Glauben. Ausdrücklich musste er sich vom Judentum distanzieren. Beim Taufakt assistierten dem Superintendenten alle elf in der Stadt tätigen lutherischen Pastoren. Der Täufling bekam einen neuen Namen: Jakob.

Der Jude Chaim David legte bei seiner Taufe im Jahre 1732 in Ludwigsburg folgendes Taufexamen ab und nahm den Namen Christoph Friedrich an:[12]
„Wer bist du? – Ein jüdischer Rabbi mit Namen Chaim David, gebürtig aus Lemberg in Polen. – Warum kommst du dann zu uns Christen? – Weil ich ein Verlangen habe, durch Gottes Gnade auch ein Christ zu werden. – Was ist denn ein Christ? – Ein Christ ist der, der an Jesus Christus glaubt und in seinem Namen getauft wird. – Was hat dich denn bewogen, ein solcher Christ zu werden? – Die Begierde nach Gottes Gnade und der ewigen Seligkeit. – Hättest du denn als ein Jude nicht auch selig werden können? – Nein! Weil die Juden unter dem Fluch und Zorn Gottes stehen. – Warum stehen die Juden unter dem Fluch und Zorn Gottes? – Weil sie das Gesetz unmöglich selbst halten können und doch die Versöhnung und Erlösung nicht annehmen, die durch Christus geschehen ist. – Worin besteht denn also ihr gefährlicher Irrtum, weswegen sie nicht selig werden können? – Darin, dass sie noch immer auf die Ankunft des Messias warten und Christus verwerfen, der doch der einige Grund unseres Heils und Seligkeit ist. – Ist denn der den Juden und allen Menschen versprochene Messias und Heiland schon gekommen? – Ja, längstens …
Der Täufling musste noch weitere, insgesamt 62 Fragen beantworten, seine Sünden beichten und seinen christlichen Glauben bekennen. Danach erfolgte die Taufe.“

Die Taufe in Hildesheim hatte eine Besonderheit, die nicht unerwähnt bleiben darf. Direkt nach der Taufe wurde der Neuchrist Jakob Dülke aus der Stadt hinaus auf den Richtplatz geführt und gehängt, denn er war kurz vor der Taufe des wiederholten Diebstahls überführt worden. Außerdem hatte er verschwiegen, dass er sich zuvor schon in Kassel um die Taufe beworben hatte. Luther hatte 1532 einmal gesagt, einen die Taufe begehrenden Juden würde er auf die Elbbrücke führen, ihm einen Stein um den Hals hängen und ihn in die Elbe werfen.[13] Statistische Untersuchungen zeigen, dass nur wenige Juden den christlichen Glauben annehmen wollten, dass die Kirchen aber auch viele, die um die Taufe baten, abwiesen. In Württemberg lassen sich zwischen 1675 und 1780 insgesamt 82 jüdische Taufbewerber nachweisen. Ein Viertel wurde von vornherein nicht akzeptiert. Aber auch von denen, die in den Taufunterricht aufgenommen wurden, gelangte nur etwa die Hälfte zum Ziel. Nach der Taufe fristeten die meisten ein armseliges Leben als Bettler. Mit ihrer Taufbescheinigung in der Tasche zogen sie von Ort zu Ort, klopften bei den Kirchen an und baten um milde Gaben.

Ernstzunehmende judenmissionarische Bemühungen entstanden im Christentum erst im Umfeld des Pietismus, einer evangelischen Frömmig-

---

12 *Biber,* Friedrich J.: Die ohnumgänglich nothwendige Verbindung der Tauffe zu einem heiligen Leben …, Ludwigsburg [1732], 23 (bearb. v. M. Jung).

13 WA.TR 1, 124,22–26.

keitsbewegung des späten 17. und des 18. Jahrhunderts. Insbesondere von Halle an der Saale aus, einem Zentrum des Pietismus, wurden Missionare unter die Juden gesandt, die von Jesus Christus Zeugnis ablegen sollten. Das dortige Institutum Judaicum druckte auch neutestamentliche Schriften in jiddischer Sprache, die unter Juden verteilt wurden, und informierte in regelmäßigen Berichten über den Erfolg der Arbeit. Indem sich die Missionare für die Juden interessierten, mit ihnen sprachen und unter ihnen lebten, wurden sie faktisch zu Wegbereitern des Dialogs. Häufig diskutierten sie mit den Juden über die Auslegung ihnen vertrauter Bibelstellen aus dem Alten Testament.

Der hallesche Missionar Stephan Schultz berichtet über seinen Besuch bei jüdischen Gemeinden in Württemberg im Jahre 1741:[14]

„1. April: Als ich in Stuttgart eine Jüdin belehren wollte, wie sie ein zerbrochenes Herz und einen gedemütigten Geist (vgl. Ps 34,16) erlangen könne, sagte sie: „Ei! Einen solchen Bußprediger brauche ich nicht! Wenn er mit jemandem sprechen will, so komme er morgen. Da wird der Rabbi zu Hause sein.“ – 2. April: Ich ging wieder dahin und sprach von der Sonne der Gerechtigkeit (vgl. Mal 3,20). Sie fragten, was die Pietisten für Leute seien, und einer erwähnte, dass er beinahe alle Berichte vom Jüdischen Institut in Halle gelesen habe. Er sagte auch, die Sache sei schon klug eingerichtet … Beim Abschied sprachen sie: „Morgen wollen wir mehr miteinander sprechen. Bis dahin wünschen wir ihm Schalom, Friede!“, wobei sie sich so freundlich erwiesen, als wären sie meine Brüder. – 3. April: Zwei jüdische Burschen, welche dem gestrigen Gespräch beigewohnt hatten, fand ich über dem Kartenspiel, welchen ich solches verwies und zeigte, was zur vollkommenen Liebe Gottes (vgl. Dtn 6,5) gehöre. Es kam ein Jude aus Ludwigsburg dazu, welcher das Geschlechtsregister unseres Heilandes (vgl. Mt 1, Lk 3) angriff. Sie baten mich um Bücher. Ich gab dem Fremden aus Ludwigsburg den Römerbrief. Er ersuchte mich, in seinem Hause zu logieren.“

6. Ausblick

Die Entfaltungsmöglichkeiten der Juden verbesserten sich im Laufe des 18. Jahrhunderts, aber ohne dass sich an ihrem grundsätzlich unterprivilegierten Status etwas veränderte. Der große Einschnitt kam erst mit der französischen Revolution 1789. Erst der Gleichheitsgedanke der in der Aufklärung verwurzelten Revolutionäre durchbrach die christliche Judenfeindschaft und ermöglichte den Juden die Emanzipation. In Frankreich hatte allerdings zuvor auch der Jansenismus, eine einflussreiche Bewegung in der katholischen Kirche, eine vergleichsweise judenfreundliche Position eingenommen. In Deutschland war der Weg zur Emanzipation aber noch lang und mühsam. Erst 1850 schrieb Preußen, der wichtigste deutsche Staat, die Gleichberechtigung in

---

14 *Callenberg*, Johann H.: Relation Von einer Weiteren Bemühung JEsum CHristum Als den Heyland des menschlichen Geschlechts Dem Jüdischen Volck Bekannt zu machen, T. 16, Halle 1743, 59f. (bearb. v. M. Jung).

seine Verfassung, aber durchgesetzt war sie damit noch nicht. Und in Rom wurde das 1555 errichtete Getto erst 1870 geöffnet.

Literaturhinweise

Battenberg, Friedrich: Das europäische Zeitalter der Juden 1. Von den Anfängen bis 1650, Darmstadt ^{2}2000.

Eder, Manfred: Die „Deggendorfer Gnad". Entstehung und Entwicklung einer Hostienwallfahrt im Kontext von Theologie und Geschichte (Deggendorf – Archäologie und Stadtgeschichte 3) (Kataloge des Stadtmuseums Deggendorf 9), Deggendorf 1992.

Graus, František: Pest, Geißler, Judenmorde. Das 14. Jahrhundert als Krisenzeit (Veröffentlichungen des Max-Planck-Instituts für Geschichte 86), Göttingen 1987.

Halvorson, Michael J.: Heinrich Heshusius and Confessional Polemic in Early Lutheran Orthodoxy (St. Andrews studies in Reformation history), Farnham 2010.

Heinen, Eugen: Sephardische Spuren 1: Reiseführer durch die Judenviertel in Spanien und Portugal. Mit einer Einführung in die Geschichte des Iberischen Judentums, der Sepharden und Marranen 2: Zur Geschichte des Iberischen Judentums, der Sepharden und Marranen, Kassel 2001/2002.

Herzig, Arno: Jüdische Geschichte in Deutschland. Von den Anfängen bis zur Gegenwart (Beck'sche Reihe 1196), München 1997 (Lizenzausg. Bonn 2008).

Hsia, R. Pochia: The Myth of Ritual Murder. Jews and Magic in Reformation, Germany, New Haven u.a. 1988.

Jung, Martin H.: Christen und Juden. Die Geschichte ihrer Beziehungen, Darmstadt 2008.

Jung, Martin H.: Die württembergische Kirche und die Juden in der Zeit des Pietismus (1675–1780) (Studien zu Kirche und Israel 13), Berlin 1992.

Jung, Martin H.: Dr. Johann Kaysers „Evangelisches Bedencken" (1738). Ein Beitrag zur Jud-Süß-Forschung und zur Geschichte des separatistischen Pietismus in Württemberg, in: Blätter für württembergische Kirchengeschichte 95(1995), 85–109.

Jung, Martin H.: Gottesmord – Ein ungeheuerlicher Vorwurf und seine Folgen, in: Welt und Umwelt der Bibel 14(2010), 58-62.

Jung, Martin H./Kaiser, Helga: Oberammergau. Das weltberühmte Passionsspiel befreit sich von Judenfeindschaft, in: Welt und Umwelt der Bibel 14(2010), 63.

Kirn, Hans-Martin: Das Bild vom Juden im Deutschland des frühen 16. Jahrhunderts. Dargestellt an den Schriften Johannes Pfefferkorns (Texts and Studies in Medieval and Early Modern Judaism 3), Tübingen 1989.

Rengstorf, Karl Heinrich/von Kortzfleisch, Siegfried (Hg.): Kirche und Synagoge. Handbuch zur Geschichte von Christen und Juden. Darstellung mit Quellen. 2 Bde., Stuttgart 1968/1970 (Taschenbuchausgabe München 1988).

Schreckenberg, Heinz: Die christlichen Adversus-Judaeos-Texte (11.–13. Jh.). Mit einer Ikonographie des Judenthemas bis zum 4. Laterankonzil (Europäische Hochschulschriften: Reihe 23, Theologie 335), Frankfurt/Main ^{3}1997.

Schreckenberg, Heinz: Die christlichen Adversus-Judaeos-Texte und ihr literarisches und historisches Umfeld (1. - 11. Jh.) (Europäische Hochschulschriften: Reihe 23, Theologie 172), Frankfurt/Main ^{4}1999.

Schreckenberg, Heinz: Die Juden in der Kunst Europas. Ein historischer Bildatlas, Göttingen u.a. 1996.

Schubert, Kurt: Christentum und Judentum im Wandel der Zeiten, Weimar 2003.

Shachar, Isaiah: The Judensau. A Medieval Anti-Jewish Motif and its History (Warburg Institute Surveys 5), London 1974.

Treue, Wolfgang: Der Trienter Judenprozeß. Voraussetzungen, Abläufe, Auswirkungen (1475 - 1588) (Forschungen zur Geschichte der Juden, Abt. A 4), Hannover 1996.

„Allen alles sein“
Deutsche Kriegspfarrer an der Ostfront 1941-1945

Dagmar Pöpping

Die Rolle der Wehrmachtseelsorge im Zweiten Weltkrieg[1] ist bis heute umstritten. Während Historiker sie zum ideologischen Handlanger des Massenmordes während des Ostfeldzuges machen,[2] sehen kirchliche Kreise in ihr eine letzte christliche Bastion in der Armee eines totalitären Unrechtsstaates.[3] Beide Thesen sind nicht falsch, beschreiben aber nur Teilaspekte einer Institution, die sich wesentlich dadurch auszeichnete, dass sie im Dienste zweier Herren stand. Auf der einen Seite waren die Kriegs- und Wehrmachtpfarrer Beamte der Wehrmacht und des Staates mit dem Auftrag, die „innere Kampfkraft“ der Truppe zu stärken, wie es ein „Merkblatt“ formulierte, das am 21. August 1939 vom OKH herausgegeben worden war.[4] Auf der anderen Seite teilten sie die Ziele ihrer Kirchen, die ihr berufliches Ethos geprägt hatten und die sich durchaus von den Zielen des NS-Staates unterschieden. Der Krieg gegen die Sowjetunion wurde von beiden Kirchen als Kreuzzug gegen einen atheistischen Staat interpretiert. Wie Antonia Leugers am Beispiel der Jesuiten in der Wehrmacht zeigen konnte, führten Geistliche gleichsam ihren eigenen Krieg im Krieg der Wehrmacht.[5] Darüber hinaus sahen die Kriegspfarrer im massenhaften Leiden und Sterben der Kameraden eine einmalige Chance, diese jungen und überwiegend kirchenfernen Männer, die meist nur noch nominell einer Kirche angehörten, durch christliche Mission zu gewinnen.[6]

Die einst enge Verbindung von Kirche und Staat in der Feldseelsorge, die noch im Ersten Weltkrieg selbstverständlich gewesen war, wurde im Verlauf des Zweiten Weltkrieges immer fragwürdiger. Der Einfluss der kirchenfeindlichen Kräfte aus Staat und Partei wirkte sich auch auf die Wehrmacht aus. 1942 hatte die Wehrmacht den politischen Erziehungsauftrag, den sie den Kriegspfarrern 1939 erteilt hatte, de facto zurückgenommen. Von nun an mussten sich die Kriegspfarrer auf die seelsorgerlichen Aufga-

---

1 Der folgende Aufsatz ist das Ergebnis von Forschungen, im Rahmen eines von Hans Mommsen getragenen Projekts über Kriegspfarrer im Ostkrieg, das großzügig von der Gerda Henkel Stiftung gefördert wurde.

2 Vgl. *Römer*, Kommissarbefehl 510f.

3 Vgl. *Dörfler-Dierken*, Baudissin 113.

4 Vgl. Merkblatt über Feldseelsorge vom 21. August 1939 (Bundesarchiv Militärarchiv = BA-MA, RW/12/I, 2).

5 Vgl. *Leugers*, Jesuiten 51.

6 Vgl. *Messerschmidt*, Militärseelsorgepolitik 53.

ben an den Soldaten beschränken und führten bis zum Ende des Krieges eine glanzlose Nischenexistenz innerhalb der Wehrmacht.[7]

Die Wehrmachtseelsorge stand also unter einem sehr hohen legitimatorischen Druck. Gleichzeitig erhöhten die Verbrechen von SS und Wehrmacht an der Ostfront sowie die außerordentlich hohen Verlustzahlen den Bedarf an Seelsorge unter den Soldaten. Am Ende des Krieges gegen die Sowjetunion waren 13,6 Millionen Rotarmisten und zwei bis drei Millionen deutsche Soldaten tot. Hinzu kam der Massenmord an der Zivilbevölkerung, insbesondere den Juden.[8]

Die folgenden Ausführungen gehen der Frage nach, ob und wie sich der Krieg gegen die Sowjetunion auf das Berufsverständnis der Kriegspfarrer auswirkte. Dabei sollen auch die theologischen Figuren beleuchtet werden, mit denen die Kriegspfarrer den zentralen Themen von Sterben, Töten und Leiden im Krieg begegneten.

Katholische und evangelische Kriegspfarrer werden hier als Einheit behandelt. Denn auch wenn sie sich im Verständnis von Gottesdienst und Sakramenten unterschieden, überwogen die Gemeinsamkeiten im Kriegsalltag. Der Grund dafür lag in der organisatorischen Gleichbehandlung beider Konfessionen durch die Wehrmacht.[9] Beide Feldbischöfe unterstanden denselben militärischen Vorgesetzten und verfügten über dieselbe Zahl an Kriegs- und Wehrmachtpfarrern. 1941 zählte man 455 in jeder Konfession.[10] Jede Division beschäftigte einen katholischen und einen evangelischen Kriegspfarrer. Diese sogenannten Kriegspfarrerpaare teilten Auto, Küster und Quartier miteinander, sprangen auf Beerdigungen, in Lazaretten oder bei Gottesdiensten füreinander ein und traten überall gemeinsam auf.[11]

1. Erfolg im Beruf

Vor dem Hintergrund eines Soldatenalltags, der von Erschöpfung, Todesangst, Gewalt, Krankheit, Verwundung und Verlorenheit geprägt war, wuchs der situative Bedarf an religiösen Tröstungen und damit die Bedeutung der Wehrmachtseelsorge.[12] Im „Alltag an der Grenze des Todes"[13] mit seinen

[7] Vgl. *Schubring*, Die Arbeit der Feldseelsorge im Kriege, o. D. (BA-MA, N/281, Nr. 7); *Hartmann*, Wehrmacht 794.

[8] Vgl. *Evans*, Reich 272f. 305; *Rass*, Sozialprofil 698.

[9] Vgl. Notiz Werthmanns vom 3. Juni 1945 (Archiv des katholischen Militärbischofs Berlin [= AKMB], SW 80, I 13).

[10] Vgl. Vortragsnotiz Otto Senftlebens betr. Kriegspfarrer vom 27. Mai 1941 (BA-MA, N 282, Nr. 13).

[11] Vgl. Tagebucheintrag Hans Kählers vom 26. April 1944 (BA-MA, MSG2, 5867b).

[12] Vgl. *Holzem*, Krieg 16.

[13] *Schröder*, Russlandkrieg 388.

extremen Erfahrungen öffneten sich die jungen Männer – so schien es – schneller für die Botschaft des Evangeliums.

„Ich glaube, wir alle stehen unter dem Eindruck, daß durch das ganze Erleben im Osten die Stellung der Wehrmachtseelsorge hier im Felde fester geworden ist. Sie wird, soweit ich sehe, von Führung und Truppe nicht nur dankbar angenommen, sondern vielfach aufrichtig gewünscht und gefördert", schrieb der evangelische Armeepfarrer Bernhard Bauerle im Oktober 1941 an die Soldaten seines Armeebereichs.[14] Diese Situation sollte sich trotz aller Einschränkungen der Wehrmachtseelsorge in den nächsten Jahren nicht mehr ändern. Im Gegenteil, nahezu einstimmig urteilten die Kriegspfarrer beider Konfessionen in ihren Berichten an die militärischen Vorgesetzten, dass die Aufgeschlossenheit der Truppe für die seelsorgerliche Betreuung mit dem Fortschreiten des Krieges zunehme.[15] 1943 teilte der katholische Divisionspfarrer Johannes Stelzenberger seinem Feldgeneralvikar mit: „Immer wieder habe ich den Eindruck, daß die Feldseelsorge im 4. und 5. Kriegsjahr noch tiefer wurzelt und in der Geltung gestiegen ist."[16]

Die Öffnung der Soldaten zum Christentum in der Extremsituation des Ostkrieges lieferte aber nicht nur die Grundlage für eine legitimatorische Argumentation gegenüber der Wehrmacht, sondern ermöglichte zugleich die Verwirklichung der eigenen beruflichen Ziele. Immer wieder wurden die Vorzüge des Ostkrieges ins Feld geführt, vor allem in Abgrenzung zum Westfeldzug, der in der Perspektive der Wehrmachtseelsorge wegen der vergleichsweise angenehmen Lebensbedingungen zum allgemeinen Sittenverfall bei den Soldaten geführt hatte: „Dort in Rußland der Ernst der Todesnähe, die gerade der Arbeit des Pfarrers viele Tore aufschloß, und hier die ganz anders geartete Atmosphäre der Etappe", hieß es etwa im Seelsorgebericht des evangelischen Kriegspfarrers Herbert Krimm im März 1943.[17] Je weiter eine Truppe „vom Schuss" entfernt sei, desto gleichgültiger stehe sie religiösen Fragen gegenüber, wie ein anderer Kriegspfarrer bemerkte.[18]

Der katholische Wehrmachtdekan Franz Schmid beschwerte sich bei Erzbischof Gröber über die moralische Verkommenheit an der Westfront:

> „Es klingt beinahe unglaublich, wenn ich sage, daß die Feldseelsorge im Westen schwieriger ist als im Osten. Und doch dürfte das nicht zu viel behauptet sein. Die Gründe liegen auf der Hand: Eintönigkeit und Einförmigkeit des Dienstes, das Fehlen neuer und gefährlicher Aufgaben, dazu der konzentrierte Alkohol in großen Mengen und die mondäne Ferienwelt. Es ist erschütternd für mich, mit anzusehen, wie die in den letzten Jahren bis zum Übermaß eingehämmerten Grundsätze von Eu-

---

14 Schreiben Bauerles an die ev. Kriegspfarrer im Bereich der 16. Armee vom 17. Oktober 1941 (Landeskirchliches Archiv [= LKA Stuttgart], NL Bauerle, Nr. 6).

15 Vgl. Seelsorgebericht des evangelischen Kriegspfarrers Busse vom 31. Dezember 1942 (LKA Stuttgart, NL Bauerle, Nr. 6).

16 Schreiben Stelzenbergers an Werthmann vom 24. August 1943 (AKMB, SW 837/III 12).

17 Evangelisches Zentralarchiv (EZA) Berlin, 704/44.

18 Vgl. Seelsorgebericht vom 31. Dezember 1942 (LKA Stuttgart, NL Bauerle, Nr. 6).

genik, Erbbiologie und Rassestolz hier ein betrübliches Fiasko erleiden, und zwar wohl verstanden durch die Blüte der deutschen Nation!“[19]

Um das sittliche Niveau der Truppe zu heben, konnte der Krieg manchem Kriegspfarrer gar nicht hart genug sein. „Was die sittliche Haltung angeht, so bewirkten die grossen Anforderungen, der Ernst des Kampfes und die Nähe des Todes eine Reinigung der Atmosphäre. Flüche und Zoten sind zurückgetreten. Die Versuchung durch Frauen und geilmachende Vorführungen fiel weg“, schrieb der evangelische Kriegspfarrer Ewald Burger über seine Erfahrungen über die verlustreichen Kämpfe der 113. Infanterie-Division in der Ukraine vom Sommer 1941. Der russische Feldzug habe doch viel tiefer in das innere Leben der Soldaten eingegriffen als der Westfeldzug. Die Gründe dafür sah Burger in der längeren Dauer der Kampfhandlungen, den höheren Anforderungen an die Leistungskraft und die größere Zahl der Verluste. „Man hört immer wieder sagen: ‚Wir wissen erst jetzt, was Krieg heisst.‘“[20]

Sicher wussten viele Kriegspfarrer, wie situationsgebunden eine Soldatenfrömmigkeit war, die verschwand, sobald die Todesangst vorüber war.[21] Dennoch gab die Dankbarkeit für die Sorge des Geistlichen am Krankenbett auch Grund für das Gefühl beruflicher Befriedigung. So besteht das Kriegstagebuch des katholischen Kriegs- und Lazarettpfarrers Theodor von Loevenich aus einer langen Aufzählung erfolgreicher Bekehrungen bei verwundeten und sterbenden Soldaten.[22] Als besonderen Erfolg verbuchte Loevenich, wenn es sich dabei um Angehörige der militant antichristlichen SS handelte. „Als ich ihm die Wegzehrung[23] gegeben, fragte ich ihn, was denkst du von dir selbst? Wörtlich: Grüßen Sie meine Frau u[nd] meine Mutter. Ich sterbe gern. Gott hat es ja so für mich bestimmt. Ich habe immer darauf gewartet, wenn sie mir die hl. Ko[mmunion] bringen wollten. Und das hat mir sehr geholfen.“[24]

Das Gefühl, gebraucht zu werden und dabei im komfortablen Besitz eines religiösen Sinnangebots zu sein, tröstete über die Härte des Kriegsalltags hinweg. So schrieb der katholische Kriegspfarrer Josef Stehböck an Bischof Faulhaber 1943: „Und es war oft ein beglückendes Erlebnis inmitten so vielen Sterbens das Brot des ewigen Lebens auszuteilen. Umso schöner je mehr das nahe Kampfgeschehen noch nachzitterte.“[25]

---

19 Schreiben des Wehrmachtdekans Franz Schmid an Konrad Gröber vom 22. November 1941 (Erzbischöfliches Archiv Freiburg [= EAF], B2-35/75).

20 Tätigkeitsbericht des evangelischen Kriegspfarrers Ewald Burger vom 2. Oktober 1941 (BA MA, RH 26/113, Nr. 37).

21 Vgl. Seelsorgebericht des katholischen Kriegspfarrers Franz Xaver Bergers vom 5. September 1942 (AKMB, SW 116/III).

22 Vgl. AKMB, SW 551/III 12.

23 Gemeint ist das Sakrament der Krankenölung.

24 Tagebucheintrag Theodor Loevenichs vom 23. Dezember 1943 (AKMB, SW 551/III 12).

25 Schreiben Stehböcks an Faulhaber vom 10. Dezember 1943 (Archiv des Erzbistums München und Freising [= AEM], NL Faulhaber, Nr. 6761/2).

Lag bei katholischen Kriegspfarrern der Schwerpunkt auf der erfolgreichen sakramentalen Versorgung von Sterbenden, pflegten evangelische Kriegspfarrer den Hinweis auf das biblische Wort und die gottesdienstliche Verkündigung, in der Hoffnung, dass der Soldat sich an die Kirche erinnerte, wenn er in die Heimat zurückkehrte.[26] Der evangelische Kriegspfarrer Paul Bauer schrieb in seinem Erfahrungsbericht über den zweiten russischen Kriegswinter für die Kirchenleitung der württembergischen Landeskirche: „Überhaupt kann man auf den Verbandplätzen viel erfreuliches erleben. Ich habe nur Achtung vor der Geduld und dem Mut unsrer Verwundeten. Wie schauen mir die Schwerverwundeten in die Augen und wie haften manchmal ihre Blicke auf dem Kreuz an meiner Brust, wenn ich ihnen ein paar ganz kurze Bibelworte sage, in einem Saal mit Amputierten vielleicht nur den Vers, der ihnen besonders gilt ...“[27]

Aus dieser positiven Erfahrung heraus wurde auch den Sterbenden eine gewisse Zufriedenheit mit ihrer Situation unterstellt. Noch 12 Jahre nach Kriegsende erklärte der ehemalige katholische Kriegspfarrer Anton Vögtle in einer Gedenkrede zum Volkstrauertag vor dem deutschen Bundestag über seine Zeit im Ostkrieg: „Deshalb wurde für sie, für die meisten, die letzte Stunde nicht nur die schwerste, sondern in einem wahren Sinne die größte Stunde ihres Lebens, nicht nur die letzte Not, ein letztes Erleiden, sondern ein letztes Wort zum Leben, die bewusste Hingabe eines zusammengefassten Lebens! So mancher starb anders, besser, leichter, als es Außenstehende ahnten und wahrhaben wollten“[28].

2. Mission durch Anpassung

NS-Staat und Kirche erwarteten von den Kriegspfarrern eine möglichst hohe Anpassung an das soldatische Milieu.[29] Doch während sich der Staat von der Nähe der Kriegspfarrer zur kämpfenden Truppe eine erfolgreiche Erziehung der Soldaten zu tapferen Kämpfern erhoffte, versprach sich die Kirche bessere Chancen für die christliche Mission. Der Kriegspfarrer sollte eine möglichst soldatische Haltung einnehmen, Männlichkeit und Härte zeigen und sich in das Leben seiner Kameraden „hineinleben, hineindenken und hineinleiden“, wie es in einer pastoraltheologischen Anweisung für Feldgeistliche aus der evangelisch lutherischen Landeskirche Bayerns hieß.[30] In der Wehrmachtseelsorge nannte man dies: „Allen alles sein“. Gemeint war der neutes-

---

26 Vgl. *Fichtner*, „Seelsorge im Lazarett“, o. D. (Landeskirchliches Archiv der Evangelisch Lutherischen Kirche Bayerns [= LAELKB] Nürnberg, Pfarrämter II, XXVI, 24).

27 *Bauer*, Als Soldatenpfarrer im 2. Russischen Kriegswinter (LKA Stuttgart, 380 IV).

28 AKMB, SW 891/III 12.

29 Vgl. Merkblatt über Feldseelsorge vom 21. August 1939 (BA-MA, RW/12/I).

30 Vgl. LAELKB Nürnberg, LKR 2543.

tamentarische Auftrag zur Mission, wie er in den Korintherbriefen des Apostel Paulus formuliert wird: „Ich bin allen alles geworden … Denn obwohl ich frei bin von jedermann, habe ich doch mich selbst jedermann zum Knecht gemacht, damit ich möglichst viele gewinne“[31]. Die Tätigkeitsberichte, Briefe und Tagebuchaufzeichnungen der Kriegspfarrer beider Konfessionen sind voll von Erzählungen über die persönliche Anverwandlung an das soldatische Milieu. Ein katholischer Kriegspfarrer berichtete über die ersten Monate des Russlandfeldzuges: „Am Abend kroch ich zu der Mannschaft ins Zelt und wollte so einer aus ihnen werden“. Und er fuhr fort: „Ich bemühte mich, mich gefechtsmäßig zu benehmen, legte mich genauso auf den Boden, nützte jede Deckungsmöglichkeit aus, grub mir ein Schützenloch oder schlüpfte zu den Kameraden in Deckung“.[32] Der Kriegspfarrer suchte den idealen Kameraden zu verkörpern, was ihm oftmals auch gelang. „Der Pfarrer spricht kurz und ernst. Wir wissen ja, dass er alles genau so fühlt wie wir“, notierte ein Regimentsarzt in seinem Kriegstagebuch von der Ostfront.[33]

Inmitten einer Männergesellschaft, geprägt von Gewalt, Einsamkeit, Egoismus und Demütigungen, stand der Kriegspfarrer für eine ewige, friedliche Weltordnung, eine *Communitas*, in der er Brücken schlug zwischen den Konfessionen sowie zwischen Mannschaften und Offizieren.[34] Diese integrierende Funktion war bis in seine Uniform sichtbar: Ihr fehlten die Schulterstücke, die den Offiziersrang des Kriegspfarrers hätten sichtbar machen können. So kam es oft zu Missverständnissen, weil der Rang des Kriegspfarrers von Offizieren und Mannschaften falsch eingeschätzt wurde. Doch die Wehrmachtseelsorge nahm es hin, sollten doch alle – nicht nur die Offiziere – den Kriegspfarrer als ihresgleichen wahrnehmen.

Die wohl wichtigsten Brücken, die Kriegspfarrer im Russlandfeldzug schlugen, waren die vom Leben zum Tod.

3. Sterben

Der Tod der Kameraden, der eigene Tod und zuweilen auch der Tod des Feindes waren Themen, mit denen sich Soldaten ratsuchend an die Kriegspfarrer wandten. Diese standen an zentraler Stelle, wenn es darum ging, dem massenhaften Sterben an der Ostfront einen Sinn zu geben. Die „Hochzeit“ des Todes im Ostkrieg war zugleich eine „Hochzeit“ für die Wehrmachtseelsorge.

---

31 1Kor 19-22.

32 Tätigkeitsbericht von Johann Kraus vom 5. Oktober 1941 (BA-MA, RH 26/113, Nr. 37).

33 Archiv der Akademie der Künste, Kempowski, Bio, 6250.

34 Vgl. *Kühne*, Gruppenkohäsion 539-543.

Vor diesem Hintergrund griffen die Kriegspfarrer in ihren Kriegspredigten zunehmend auf das Neue Testament zurück. Diese Entwicklung hatte schon im Ersten Weltkrieg eingesetzt, als sich Feldgeistliche von der üblichen Kriegspredigt abwandten, die – angelehnt am Alten Testament – den Willlen Gottes mit den nationalen Zielen Deutschlands gleichgesetzt hatte.

Die Geschichte vom Opfer und von der Passion Christi passte zur Lebenssituation der Soldaten, die sich mehr und mehr mit Tod und Verwundung auseinanderzusetzen hatten. Der Leidensweg Christi fungierte als Trost, denn er zeigte, dass sogar Gottes Sohn Todesqualen gelitten hatte.

Der Begriff des Opfers stand in beiden Konfessionen im Mittelpunkt der Wehrmachtseelsorge. Der katholische Feldbischof Justus Rarkowski versuchte in seinem Osterbrief von 1942 den verwundeten und kranken katholischen Wehrmachtangehörigen das Opfer der eigenen Gesundheit und des eigenen Lebens schmackhaft zu machen, indem er das Leiden als Mittel der moralischen Erziehung feierte. Erst das Leid veredele einen Menschen, weil er dadurch von sich selbst loskomme. Nur wer der Passion Christi nachfolge und in diesem Lichte sein eigenes Leid und die eigenen Wunden sehe, werde zu jenem „Lebensheroismus“ [35] finden, dem die Hiebe des Schicksals nichts anhaben könnten.

Die leitenden Beamten der katholischen und evangelischen Wehrmachtseelsorge im OKH schmiegten sich in ihrer Opferbegeisterung bis zur Unkenntlichkeit an die NS-Ideologie an. Dies zeigt die 1941 gemeinsam von beiden Feldbischofsämtern herausgegebene Broschüre mit dem Titel „Das Opfer“[36]. Sie war das Ergebnis einer Gemeinschaftsarbeit des evangelischen Wehrmachtdekans und Feldgeneralvikars Friedrich Münchmeyer und des Wehrmachtoberpfarrers Erich Bartsch, der zu dieser Zeit den katholischen Feldgeneralvikar im OKH vertrat. In der gemeinsamen Einleitung stellten Münchmeyer und Bartsch die Verbindung her zwischen dem christlichen Opfergedanken und dem NS-Heldenkult. Ihren Überlegungen legten sie ein Hitlerzitat zugrunde: „Wenn das Leben zu seiner Behauptung, soweit wir die Natur überblicken und in ihr Walten Einsicht gewonnen haben, immer wieder Opfer fordert, um neues Leben zu gebären, und Schmerzen zufügt, um Wunden zu heilen, dann ist der Soldat in diesem Ringen der erste Repräsentant des Lebens.“ Der Soldat entscheide durch seine „Lebenshingabe“ über den historischen Wert seines Volkes.[37] Friedrich Münchmeyer schrieb:

> „Das Wort ‚Opfer‘ ist ein religiöser Urlaut. ... Der Mensch hat zu allen Zeiten gewußt oder doch geahnt, daß er der überweltlichen Macht nicht nur dies und das, sondern sein Leben schuldig ist. Das Neue Testament enthüllt uns den reinsten Beweggrund und gibt uns den mächtigsten Antrieb zu solcher rechten, das ganze Leben umfassenden Opfergesinnung: Gott hat zuerst geopfert. Sein Wesen ist opfernde, leidende, sich selbst entäußernde Liebe. Seine größte Tat ist die Hingabe seines Sohnes

35 Der katholische Feldbischof der Wehrmacht an die Verwundeten und Kranken. Ostersonntag 1942 (AKMB, SW 7, I 5).

36 *Münchmeyer/Bartsch*, Opfer.

37 Vgl. ebd. 4.

> bis in den Tod am Kreuz. Wahrhaftig, Gottes Geschichte mit der Menschheit ist eine Geschichte des Opfers. Darum soll auch unser Leben Opfer sein."[38]

Die Opferbereitschaft wurde gleichsam zu einem naturgesetzlichen Element allen Lebens, das den Zweck von Natur und Mensch vorgab.[39] Wer sich opferte, trat in eine sakrale Dimension, wurde zum Teil eines Urgeschehens, das im Opfertod Christi aufging. Diese in sich geschlossene, zirkuläre Denkfigur war vielseitig verwendbar. Letztlich spielte es keine Rolle, für welche politische Führung die Soldaten im Krieg ihr Leben ließen, wichtig war nur, dass sie es für Gott gaben.

Die Welt des Opfers war zudem von der archaischen Erwartung geprägt, dass jedes Opfer eine Gegenleistung erwarten lasse. „Muß nicht aus so vielen Opfern überreicher Segen fließen?", fragte der an der Ostfront stehende katholische Kriegspfarrer Josef Stehböck seinen Bischof Faulhaber in einem Brief vom Dezember 1943.[40] Der katholische Divisionspfarrer Johannes Stelzenberger erklärte noch 1960: „Das Herzstück katholischer Soldaten-Seelsorge in Frieden und Krieg ist das neutestamentliche Opfer."[41]

4. Töten

So sehr sich Kriegspfarrer mit dem Tod der eigenen Kameraden beschäftigten, das Töten des Feindes wurde ihnen in der Regel nicht zum Problem. Die Pflicht des Christen, im Kriegsfall dem Staat mit der Waffe zu dienen und damit auch den Feind zu töten, stand außer Frage. Diese Einstellung unterschied sich nicht vom christlichen Obrigkeitsverständnis beider Konfessionen im Ersten Weltkrieg.[42] Dabei fehlte es nicht an theologischen Reflexionen über das fünfte Gebot und seine Anwendbarkeit auf den Feind. Für den einflussreichen evangelisch-lutherischen Theologieprofessor Werner Elert, der im Ersten Weltkrieg als Feldprediger tätig gewesen war, bestand das eigentlich ethische Problem des Krieges nicht im Töten des Feindes, sondern in dem „Sich-Umbringen-Lassen"[43].

Die Wehrmachtseelsorge im Ostkrieg fühlte sich mit dem eigenen physischen und beruflichen Überleben sowie mit Tod und Verwundung der Kameraden vollauf ausgelastet. Der Massentod der „eigenen Leute" im Ostkrieg ließ auch bei Geistlichen nur wenig Mitgefühl für den Tod der anderen übrig.[44] Die täglichen Morde an der Zivilbevölkerung im sogenannten Parti-

---

38 *Münchmeyer,* Leben 6.

39 Vgl. *Schreyer*, Bergkreuz 18f.

40 Schreiben Stehböcks an Faulhaber vom 10.12.1943 (AEM, NL Faulhaber, Nr. 6797/2).

41 *Stelzenberger*, Eucharistie 10.

42 Vgl. *Pressel*, Kriegspredigt 219.

43 *Hamm*, Elert 227.

44 Vgl. *Hartmann*, Wehrmacht 225f.

sanenkampf wurden höchstens in ihrer Auswirkung auf die Psyche der eigenen Soldaten thematisiert. Der katholische Kriegspfarrer der 454. Sicherungsdivision Andreas Bader sprach von seelischer Ermüdung, die z. B. durch die „wenig erfreulichen Aufgaben“ einer Sicherungsdivision ausgelöst werde, und von der besonderen Aufgabe, die damit für die Seelsorge an den eigenen Soldaten verbunden sei.[45]

Vom massenhaften Mord an den Juden war in den Tätigkeits- und Seelsorgeberichten der Kriegspfarrer nur selten oder nur indirekt in Form allgemeiner theologischer Reflexionen die Rede. „Ernstzunehmende Männer fragen auch gelegentlich, ob denn ein Krieg, der mit so viel Verspottung und Verhöhnung göttlicher Gebote verbunden sei, ein gutes Ende nehmen könne“, vermerkte ein evangelischer Wehrmachtpfarrer Anfang 1943.[46]

Auch in den Tagebüchern von Kriegspfarrern kommen die Verbrechen an der Zivilbevölkerung höchstens indirekt in Form allgemeiner Klagen über den Krieg und in religiöser Überformung zum Ausdruck. Der katholische Kriegspfarrer Johannes Stelzenberger bildete eine Ausnahme, als er sich sehr konkret über die Massenmorde an den Juden in Wilna empörte: „Von 40.000 Juden in Wilna sollen nur noch 6.000 am Leben bleiben! Wie furchtbar ist das. Man schämt sich für solches Tun deutscher Menschen. Das Essen will nicht mehr schmecken.“[47]

In rückblickenden Darstellungen scheint zuweilen auf, wie selbstverständlich das Wissen um den Mord an den Juden an der Ostfront – auch unter Kriegspfarrern – gewesen war. So erinnerte sich der ehemalige Wehrmachtdekan Bernhard Bauerle an einen SS-Mann, der ihm freundlich erklärt habe, „dass, wenn jetzt die Juden liquidiert würden, nach dem Krieg als erste wir Pfarrer drankämen“.[48] Für Bauerle schien der Mord an den Juden kein größeres moralisches Problem zu sein. So berichtete er von einer Begegnung mit zwei weinenden Mädchen, die ihn fragten: „Warum geht es uns Juden so schlecht?“ Er habe ihnen darauf geantwortet, ob sie schon einmal das Wort gehört hätten: „Sein Blut komme über uns und unsere Kinder!“ Die Mädchen, so Bauerle, hätten ihn starr angesehen und geantwortet: „Wir wissen, was Sie meinen“. Danach hätten sie keine Träne mehr vergossen.

Nach dem Krieg berichteten einige Kriegspfarrer von einer sprachlosen Betroffenheit, so Otto Stockburger, der ein Massengrab von 8.700 ermordeten Juden gesehen hatte, was ihn „innerlich mehr betroffen habe als alles andere Elend des Krieges“[49]. Der ehemalige evangelische Kriegspfarrer Erich

---

45 Tätigkeitsbericht Andreas Baders vom 3. September 1941 (BA-MA, RH26/454, 27).

46 Seelsorgebericht Roettigs (1.10.1942-31.12.1942) vom 8. Januar 1943 (LKA Stuttgart, NL Bauerle 6).

47 Tagebucheintrag Johannes Stelzenbergers vom 27. Oktober 1941 (AKMB, SW 838/III 12).

48 *Bauerle*, Aus dem Erleben eines Armeepfarrers im Westen und im Russlandfeldzug o. D. (LKA Stuttgart, NL Bauerle 1).

49 Stockburger: Bericht über meine Tätigkeit als Pfarrer in der Wehrmacht 1939-1945 (LKA Stuttgart, P 32).

Arndt erinnert sich, dass es ihn „fürchterlich deprimiert“ [50] habe, als im Kessel bei Stalingrad Ende 1942 Fotos von Massenerschießungen der Juden im Offiziersstab herumgereicht wurden.

Wie die Frage nach dem fünften Gebot von evangelischen Kriegspfarrern untereinander diskutiert wurde, zeigt ein Bericht über einen Frontlehrgang für die evangelischen Kriegspfarrer der 20. Gebirgsarmee im Oktober 1943. Die evangelischen Soldaten sorgten sich – so der Referent – um ihr Gewissen, da sie im Krieg gegen das fünfte Gebot verstießen. Doch er habe ihnen erklärt, dass es sich hier um ein „falsch verstandenes Christentum“ handele. Das fünfte Gebot spreche vom Mord und nicht vom Bekämpfen und Töten des Feindes.[51] In der Bergpredigt sei vom Überwinden des persönlichen Feindes, nicht des feindlichen Volkes durch Liebe die Rede.[52] Die Bibel spreche von Kriegen, nicht vom Pazifismus.[53] Der rechte Soldat sehe in seinem christlichen Glauben nie eine Hemmung, sondern eine Quelle der Kraft. Luther selbst sei das Vorbild. In dessen Schrift „Ob Kriegsleute im seligen Stande sein können“ stehe das Gebet: „Lieber Gott hilf mir, daß ich recht fest hauen und stechen kann.“[54]

Gegenüber dem Feind trat das fünfte Gebot außer Kraft. Ähnlich argumentierte man auch auf katholischer Seite. Das fünfte Gebot wurde als Teil der partikularen Gruppenmoral verstanden. Wie das Gebot der Nächstenliebe wurde es ersetzt durch eine Moral, die nur das eigene Volk, die eigene Mannschaft und das eigene Opfer kannte. „Dies ist des Opfertodes letzter Sinn – sie starben nur für die, die für sie leben“, hieß es vielsagend in einer Grabpredigt des katholischen Kriegspfarrers Schmutz 1942 an der Ostfront.[55]

Soldaten, die mit dem fünften Gebot Ernst machten und den Kriegsdienst verweigerten, wurden von den Kriegsgerichten zum Tode verurteilt oder für psychisch krank erklärt.[56] Der katholische Kriegsdienstverweigerer Josef Fleischer berichtete nach dem Krieg, dass ihn der Feldgeneralvikar Georg Werthmann im Tegeler Wehrmachtgefängnis besucht und ihn aufgefordert habe, „dem Führer Adolf Hitler einen bedingungslosen Gehorsam zu loben und vorbehaltlos am Krieg teilzunehmen“ [57]. Werthmann habe ihm sogar ins Gesicht geschlagen, was dieser allerdings leugnete.

Doch gibt es auch Hinweise dafür, dass Kriegspfarrer zumindest vor sich selbst das Töten des Feindes manchmal als Mord bezeichneten. Im finnischen Kriegstagebuch des evangelischen Wehrmachtpfarrers Hans Kähler

---

50 Interview mit Erich Arndt am 24. Februar 2010 in Bützow.

51 Vgl. Ex 20,13.

52 Vgl. Mt 5,21-25.

53 Vgl. Bericht über den Frontlehrgang der Ev. Kriegspfarrer der 20. (Geb.) Armee vom 9. bis 15. Oktober 1943 (BA-MA, MSG 2/12284).

54 Ebd.

55 AKMB, SW 765/III, Nr. 12.

56 Vgl. *Messerschmidt*, Wehrmachtjustiz 103.

57 AKMB, NL Werthmann, I.

finden sich einige Stellen, die auf diese Haltung schließen lassen. So notierte Kähler am 28. April 1943: „Beim Chef meldet gerade ein Scharfschütze den Abschuß des 19. Russen. Beim 2a erhält er das EK I und 12 Tage Sonderurlaub. So wird der Massenmord nach besten Kräften gefördert und belohnt. Wie verrohend wirkt doch der Krieg!"[58] Vor seinen Soldaten sprach er dergleichen nicht aus, aber er predigte wiederholt über das Wort „Liebet eure Feinde" aus dem Matthäusevangelium.[59]

5. Bejahen und Erhöhen

Der Glaube an die göttliche Vorsehung war – neben der Figur des Opfers – die zweite zentrale theologische Figur, mit der Kriegspfarrer in ihren Predigten und in der Seelsorge an den Soldaten auf den Krieg antworteten. Auch hier hatte sich die Kriegstheologie gegenüber dem Ersten Weltkrieg nicht verändert. Der Vorsehungsglaube ermöglichte es den Kriegspfarrern, den Krieg in all seiner Härte zu akzeptieren. Die Idee, dass der Krieg Teil eines göttlichen Weltplans sei, in dem das Schicksal der Einzelnen schon feststehe, ließ keine Zweifel an seiner Rechtmäßigkeit aufkommen.[60] Der Glaube an die Vorsehung war eine „theologische Allzweckwaffe", mit der sich jedem Leid begegnen ließ.[61] Verwundung, Tod oder Hinrichtung erschienen aus dieser Sicht als das Handeln Gottes an den Menschen, wenn auch eines Gottes, den man nicht immer verstand. Das einzige, was dieser Gott verlangte, war die demütige Ergebung in die Wirklichkeit. „Der Soldat ist Diener der göttlichen Vorsehung", erläuterte der katholische Wehrmachtdekan Georg Brombierstäudl vor Kriegspfarrern seines Armeebereichs am 16. April 1942.[62]

Am 11. Mai 1942 notierte Johannes Stelzenberger über seinen Besuch beim Heeresverbandsplatz 2/28, auf dem gerade 30 Soldaten gestorben waren: „Viel schweres Leid. Der christliche Glaube verklärt alles. Sonst wäre es nicht erträglich." Für den Einzelnen bot der Glaube an die Vorsehung eine enorme psychische Entlastung, die vor quälenden Zweifeln und Verzweiflung schützte.

In jede Zerstörung konnte noch ein tieferer Sinn gelegt werden und wer ihn suchte, fand ihn auch. Der katholische Kriegspfarrer Josef Wassong beschrieb im Oktober 1944 Warschau, als er auf dem Rückzug zum zweiten Mal in die Stadt gelangte:

---

58 Tagebucheintrag Kählers vom 28. April 1943 (BA-MA, MSG 2/5867).

59 Mt 5,47; vgl. Tagebucheintrag Kählers vom 21. Februar 1943 (BA-MA, MSG 2/5867).

60 Vgl. *Jantzen*, Gott 708; 716.

61 Ebd. 712.

62 Protokoll des Frontlehrganges für katholische Kriegspfarrer im Bereich AOK 6 in Charkow am 16. und 17. April 1942 (AKMB, SW 152, III 8).

> „Schauerlich, diese tote Stadt. Welcher Wandel einst und jetzt! Grauenvolle Szenen hat die jetzt tote Stadt, in der man selten ein ganzes Haus sieht, erlebt. Viele Tausende von Toten mögen wohl ungeborgen in den Kellern liegen? Überall Barrikaden; dabei auch umgelegte, mit Erde u. Steinen gefüllte Straßenbahnen. Ein ergreif. Bild ist vor der Kirche zum Hl. Kreuz. Dort ist die Statue des kreuztragenden Heilands, die auf dickem Marmorsockel über dem Eingang zur Krypta stand, heruntergestürzt u. nun liegt der Heiland so, daß sein r(echter) Arm nach oben zeigt, u. über dem Eingang der Krypta, vor der er liegt, stehen die Worte eingemeißelt: ‚Sursum corda'"[63].

Der Begriff der Vorsehung wurde auch von nationalsozialistischer Seite vereinnahmt,[64] wogegen sich einzelne Theologen wehrten. Romano Guardini etwa stellte in seiner Schrift „Was Jesus unter Vorsehung versteht" klar, dass es verfehlt sei, die Vorsehung als anonym waltende Macht hinter den Gesetzen der Natur und der Geschichte zu verehren.[65] Die 16-seitige Broschüre gelangte Anfang 1940 an die Front. Sie war von der Katholischen Kirchlichen Kriegshilfestelle in Freiburg dem Reichsministerium für Volksaufklärung und Propaganda zur Zensur vorgelegt worden, das sie erstaunlicherweise für den Versand an die Front freigab.[66]

In den Feldgottesdiensten verschwammen diese Unterschiede allerdings häufig. Anlässlich nationalsozialistischer Feiertage wurde der „Führer" durchaus in die Nähe von Christus gerückt, wie in der Liedzeile des überkonfessionellen Feldgottesdienstes am Vorabend des Führergeburtstages in Poltawa am 19. April 1942: „Ein Haupt hast du dem Volk gesandt und trotz der Feinde Toben – in Gnaden unser Vaterland geeint und hoch erhoben; – mit Segen hast du uns bedacht, den Führer uns bestellt zur Wacht – zu deines Namens Ehre"[67].

Auch die alttestamentliche Figur des „göttlichen Strafgerichts" wurde an die jeweils aktuelle politische Situation angepasst. War der Krieg gegen die Sowjetunion in seiner Anfangsphase als das „Strafgericht Gottes" gegen den „gottlosen Bolschewismus" interpretiert worden, so hatten die Geistlichen im Angesicht der Niederlage schnell eine neue Erklärung zur Hand: Nun war das „Gottesgericht" nicht ohne Grund über das moralisch abgewirtschaftete Deutsche Reich gekommen. Der verlorene Krieg konnte nicht überraschen, denn er zeigte nur, dass sich bei den Deutschen „ein Maß von Schuld" angehäuft hatte, „so dass Gott selber eingreifen musste".[68]

---

63 Tagebucheintrag Josef Wassongs vom 23. Oktober 1944 (AKMB, SW 901/III 12).

64 Vgl. *Rißmann*, Gott 191.

65 Vgl. *Guardini*, Vorsehung 4; 6; 8.

66 Vgl. *Messerschmidt*, Wehrmacht 278.

67 Feldgottesdienst aus Anlaß des Geburtstages des Führers und obersten Befehlshabers der Wehrmacht am 19. April 1942 (BA-MA, N 282, Nr. 2).

68 Predigt Theodor Boglers am Pfingstsonntag 1945 vor verwundeten Soldaten in Maria Laach (Archiv der Abtei Maria Laach, K 1, Mappe 12).

Literatur

Dörfler-Dierken, Angelika: Baudissins Konzeption Innere Führung und lutherische Ethik, in: Schlaffer, Rudolf/Schmidt, Wolfgang (Hg.): Wolf Graf von Baudissin 1907-1993. Modernisierer zwischen totalitärer Herrschaft und freiheitlicher Ordnung, München 2007, 55-69.

Evans, Richard J.: Das Dritte Reich. 3.: Krieg, München 2009.

Hamm, Berndt: Werner Elert als Kriegstheologe. Zugleich ein Beitrag zur Diskussion „Luthertum und Nationalsozialismus", in: Kirchliche Zeitgeschichte 11(1998), 206-254.

Hartmann, Christian: Wehrmacht im Ostkrieg. Front und militärisches Hinterland 1941/42 (Quellen und Darstellungen zur Zeitgeschichte 75), München ^{2}2010.

Holzem, Andreas: Krieg und Christentum. Religiöse Gewalttheorien in der Kriegserfahrung des Westens. Einführung, in: ders. (Hg.): Krieg und Christentum. Religiöse Gewalttheorien in der Kriegserfahrung des Westens (KRiG 50), Paderborn u. a. 2009, 13-107.

Guardini, Romano: Was Jesus unter der Vorsehung versteht, Würzburg 1939.

Jantzen, Annette: Mit Gott im Krieg. Elsässische und lothringische Geistliche im Ersten Weltkrieg, in: Holzem, Andreas (Hg.): Krieg und Christentum. Religiöse Gewalttheorien in der Kriegserfahrung des Westens (KRiG 50), Paderborn u. a. 2009.

Kühne, Thomas: Gruppenkohäsion und Kameradschaftsmythos in der Wehrmacht, in: Müller, Rolf-Dieter/Volkmann, Erich (Hg.): Die Wehrmacht. Mythos und Realität, München 1999, 534-550.

Leugers, Antonia: Jesuiten in der Wehrmacht. Kriegslegitimation und Kriegserfahrung (KRiG 53), Paderborn u. a. 2009.

Messerschmidt, Manfred: Zur Militärseelsorgepolitik im Zweiten Weltkrieg, in: Militärgeschichtliche Mitteilungen 1(1969), 37-67.

Messerschmidt, Manfred: Die Wehrmacht im NS-Staat. Zeit der Indoktrination, Hamburg 1969.

Messerschmidt, Manfred: Die Wehrmachtjustiz 1933-1945. Hg. v. Militärgeschichtlichen Forschungsamt, Paderborn u. a. ^{2}2008.

Münchmeyer, Friedrich/Bartsch, Erich (Hg.): Das Opfer. Nur für die Wehrmachtseelsorge innerhalb des Heeres, Berlin 1941.

Münchmeyer, Friedrich: „Und setzet ihr nicht das Leben ein…", in: Münchmeyer, Friedrich/Bartsch, Erich (Hg.): Das Opfer. Nur für die Wehrmachtseelsorge innerhalb des Heeres, Berlin 1941, 6.

Neitzel, Sönke/Welzer, Harald: Soldaten. Protokolle vom Kämpfen, Töten und Sterben, Frankfurt/Main 2011.

Pressel, Wilhelm: Die Kriegspredigt 1914-1918 in der evangelischen Kirche Deutschlands (Arbeiten zur Pastoraltheologie 5), Göttingen 1967.

Rass, Christoph: Das Sozialprofil von Kampfverbänden des deutschen Heeres 1939 bis 1945, in: Das Deutsche Reich und der Zweite Weltkrieg 9,1. Hg. v. Militärgeschichtlichen Forschungsamt, München 2004, 641-738.

Rißmann, Michael: Hitlers Gott. Vorsehungsglaube und Sendungsbewusstsein des deutschen Diktators, Zürich 2001.

Römer, Felix: Der Kommissarbefehl. Wehrmacht und NS-Verbrechen an der Ostfront 1941/42, Paderborn u. a. 2008.

Schröder, Hans J.: Alltagsleben im Russlandkrieg 1941-1945. Eine deutsche Perspektive, in: Jacobsen, Hans A. (Hg.): Deutsch-russische Zeitenwende. Krieg und Frieden 1941-1995, Baden Baden 1995, 388-409.

Schreyer, Lothar: Am Bergkreuz, in: Münchmeyer, Friedrich/Bartsch, Erich (Hg.): Das Opfer. Nur für die Wehrmachtseelsorge innerhalb des Heeres, Berlin 1941, 18f.

Sinderhauf, Monica: Katholische Wehrmachtseelsorge im Krieg. Quellen und Forschungen zu Franz Justus Rarkowski und Georg Werthmann, in: Hummel, Karl-Joseph/Kösters, Christoph (Hg.): Kirchen im Krieg. Europa 1939-1945. Mit einer Zusammenfassung in englischer Sprache, Paderborn u.a. 2007, 265-293.

Stelzenberger, Johannes: Eucharistie und Feldseelsorge, in: Militärseelsorge. Zeitschrift des katholischen Militärbischofsamtes 3(1960), 10-17.

Katholische Kirche in der DDR

Josef Pilvousek

1. Kirche in der DDR = „Kirche im Sozialismus“[1]

Die Deutsche Demokratische Republik (DDR) war – anders als die Bundesrepublik – kein weltanschaulich neutraler Staat.[2] Die Sowjetunion, eine der Siegermächte des Zweiten Weltkrieges, etablierte in den von ihr 1945 zunächst befreiten, dann aber besetzten Gebieten kommunistische Regierungen, die das stalinistische Herrschaftsmodell übernahmen und eine sozialistische Umgestaltung der Besatzungszone forcierten. Dazu gehörte weithin auch der staatliche Druck auf Religionsgemeinschaften, der – neben anderen Faktoren – schließlich eine Rückkehr zur kirchenpolitischen Konstellation der Weimarer Republik unmöglich machte. Die eingeleiteten gesellschaftspolitischen Maßnahmen, besonders das Machtmonopol der Sozialistischen Einheitspartei Deutschlands (SED) und die Einführung des Marxismus-Leninismus nicht nur als Parteiideologie, sondern als „Zivilreligion“ der Gesellschaft ließen zunehmend deutlicher werden, dass auch in der DDR ein neuer Weltanschauungsstaat im Entstehen begriffen war.

Die beiden wichtigsten Elemente dieses Weltanschauungsstaates DDR blieben bis zu ihrem Untergang 1989/1990 konstant: der Monopolanspruch der Ideologie und die daraus abgeleitete Parteidiktatur. Der Marxismus-Leninismus ist nach seinem Selbstverständnis „Wissenschaft“ und „Ideologie“ zugleich. Indem er sich als Wissenschaft versteht, kann er alle anderen Weltdeutungen als unwissenschaftlich, als objektiv falsch hinstellen. Das gilt auch für die Religion. Sie sei falsches Bewusstsein, das aus der Entfremdung des Menschen in der Klassengesellschaft resultiert. In der sozialistischen Gesellschaft, in der die Ausbeutung abgeschafft wird, verliert die Religion ihre objektiven gesellschaftlichen Grundlagen. Sie stirbt ab.[3] Der atheistische Charakter des Marxismus-Leninismus ergibt sich nicht nur aus seinem Anspruch der Wissenschaftlichkeit, sondern auch daraus, dass sein Ziel, der Aufbau der kommunistischen Gesellschaft, Erfüllung und Sinn des Menschen in seiner gesellschaftlichen, innerweltlichen Tätigkeit lokalisiert und

---

1 Die Formel „K.i.S“ diente auch als Kurzfassung der „Standortbestimmung“ des „Bundes der Ev. Kirchen in der DDR“, die als formelhaft verdichtetes Selbstverständnis eineOrts-, Situations- und Auftragsbestimmung der Kirche beinhaltete. Die Formel blieb immer umstritten, nicht nur wegen der untheologischen Begrifflichkeit; vgl. *Pilvousek*, Kirche im Sozialismus 151f.

2 Vgl. zum gesamten Abschnitt: *Schmitt*, Anspruch 237f.

3 Vgl. *Feiereis*, Aufbruch 38.

eine diese Ebene transzendierende Sinndeutung ausschließt. Dass er sich als Einheit von Welterklärung, Handlungsstrategie und Sinndeutung versteht, bedeutet einen Totalitätsanspruch: Er fordert den ganzen Menschen. Richtiges Handeln ist ohne richtiges Bewusstsein nicht möglich. Da dieses sich nicht „spontan" entwickelt, muss der Marxismus-Leninismus durch Erziehung durchgesetzt werden. Es war die Aufgabe von Partei und DDR-Staat, im Bereich von Bildung und Erziehung kein „Vakuum" entstehen zu lassen.

Was der Weltanschauungsstaat DDR in religions- und kirchenpolitischer Hinsicht bedeutete, ergab sich nicht allein aus der Eigenart der staatstragenden Ideologie. Relevant ist zusätzlich das wichtigste Strukturprinzip der sozialistischen Gesellschaft: die Suprematie der SED. Ihr Führungsmonopol leitete sich aus ihrem Erkenntnismonopol und der Annahme ab, dass mit dem Privateigentum an Produktionsmitteln auch die Interessengegensätze gesellschaftlicher Gruppen verschwunden seien. Unter dieser Prämisse der Interessenidentität konnten alle Organisationen, Parteien und Verbände nunmehr gemeinsam ein Ziel verfolgen: den Aufbau des Sozialismus und den Übergang zum Kommunismus, wie ihn die SED definierte und deutete. Die Existenz separater Organisationen legitimierte sich daher nicht durch unterschiedliche Ziele, sondern einmal durch den funktionalen Unterschied des Beitrags zum gemeinsamen Ziel und zum anderen durch Unterschiede der beruflichen und sonstigen Stellung der jeweiligen Mitglieder. Die Existenzberechtigung der gesellschaftlichen Organisationen leitete sich demnach nicht aus einer originären Autonomie ab, sondern aus der Erfüllung eines durch die „Partei der Arbeiterklasse" vorgegebenen Auftrags.

Christen wurden dennoch umworben, um sie – nach den Worten der Parteifunktionäre – für den Aufbau des Sozialismus zu gewinnen, letztendlich jedoch für die eigene Ideologie zu instrumentalisieren. Die in offiziellen staatlichen Protokollen zu findenden Einschätzungen „einer auf gegenseitigem Vertrauen beruhenden Koexistenz von Marxisten und Christen" sind als Farce zu qualifizieren. Aktive Loyalität und den Willen zur Koexistenz gegenüber dem totalitären System bekundete die staatsgeleitete CDU sowie staatsnahe Organisationen, die sich – ihre eigentlichen Absichten verschleiernd – kirchennah gaben. Geradezu kurios, aber für die Kirchenpolitik der SED bezeichnend, ist ein Vorgang aus dem Jahre 1984. Der Propagandakampagne von der Vereinbarkeit von Christentum und Marxismus folgend, gab es vor allem im Eichsfeld einige Christen, die SED-Mitglieder waren und gleichzeitig aktive Katholiken. Ein neuer SED-Bezirkssekretär in Erfurt wollte diesen Missstand beseitigen und verlangte 1984 von allen SED-Mitgliedern und ihren Ehepartnern aus der Kirche auszutreten,[4] was angesichts der tatsächlichen Kirchenpolitik folgerichtig war. Ein Kanzelaufruf in den Kirchen, somit die Öffentlichmachung der Forderung sowie die Androhung der Stimmenthaltung der Katholiken bei Kommunalwahlen führten dazu,

---

[4] Vgl. *Schäfer*, Staat und katholische Kirche 337.

dass der SED-Bezirksekretär auf Anweisung des SED-Politbüros dieses Ansinnen aufgeben musste, vermutlich um den Eindruck kirchenfeindlicher Gesinnung zu vermeiden.

Aus der Skizze der Merkmale des Weltanschauungsstaates DDR wird deutlich, dass weder die staatstragende Ideologie der DDR – der atheistische Marxismus-Leninismus – dank ihres Exklusivitäts- und Totalitätsanspruchs einen Raum für davon abweichendes gesellschaftliches Bewusstsein – also auch für Religion – bot noch die Strukturprinzipien der sozialistischen Staats- und Gesellschaftsordnung Organisationen zulassen konnten, die unabhängig von der Führung der Partei arbeiteten. Als in den 1970er Jahren, ähnlich wie in der Bundesrepublik, in den Kirchen der DDR Ideen eines „christlichen Sozialismus" verbreitet wurden, argwöhnte die Parteiführung der SED eine falsche Sozialismusrezeption und bekämpfte die Vertreter solcher Initiativen mit allen zur Verfügung stehenden staatlichen Mitteln. Nachdem die Unterscheidungsnotwendigkeit zwischen der Realität des DDR-Staates und seinem ideologischen Selbstverständnis und Anspruch in den 1980er Jahren noch klarer hervortrat, wurde die Unbrauchbarkeit jedweder mit diesem Staatssozialismus sympathisierenden Theorien erkennbar. Die Einsicht, dass nach der staatssozialistischen Theorie in dem System weder für Religion noch für Kirchen Raum war, beides im SED-Sprachgebrauch „auf den Müllhaufen der Geschichte" gehöre, hatte sich nach 1945 allmählich durchgesetzt und war 1989, als das System kollabierte, Grundkonsens aller bekennenden Christen in der DDR.

Die 40-jährige staatliche Indoktrination sorgte schließlich dafür, dass sich 1990 zwölf der sechzehn Millionen DDR-Bürger als Ungetaufte oder Atheisten verstanden und bezeichneten.[5] Noch heute sind die Spätfolgen spürbar. Im Osten Deutschlands ist der Glaube an Gott im internationalen Bereich am schwächsten ausgeprägt. Nur acht Prozent der Bevölkerung glauben an einen personalen Gott; der Anteil der Atheisten liegt mit 46 Prozent an der „Spitze".[6] – Das alles sind Spätfolgen des atheistischen SED-Regimes, das seine diktatorische Herrschaft nach dem Ende des Zweiten Weltkrieges stetig ausgebaut hatte.

2. Kirche der Flüchtlinge und Vertriebenen[7]

Mehr als zwölf Millionen Vertriebene wurden 1950 in beiden deutschen Staaten registriert: 8,1 Millionen davon in der Bundesrepublik und rund 4,1 Millionen in der DDR. In der SBZ/DDR machten die geflüchteten oder ver-

---

5 Vgl. *Feiereis*, Zur Situation der Kirche 12f.
6 Vgl. *Smith*, Beliefs about God.
7 Vgl. *Pilvousek*, Flüchtlingskirche 21-43.

triebenen Menschen ein Viertel der Nachkriegsbevölkerung aus; das heißt, dieses Gebiet hatte prozentual den höchsten Vertriebenenanteil an der Bevölkerung im Nachkriegsdeutschland (17,8 Mio. Einwohner und davon ca. 4,1 Mio. Vertriebene).[8]

Die großen Wanderungen der Nachkriegszeit veränderten auch die konfessionelle Struktur der Aufnahmegebiete. Bis 1939 war eine weitgehende konfessionelle Homogenität in Deutschland bewahrt geblieben. Im Bereich der heutigen Neuen Bundesländer konnte man ein eindeutiges Vorherrschen des evangelischen Bekenntnisses feststellen; man spricht hier auch vom „Mutterland der Reformation". Ausnahmen bildeten das mehrheitlich katholische Eichsfeld, die Rhön und Teile der Lausitz.

Seit der Reformation war also die katholische Kirche auf dem Gebiet der SBZ/DDR eine Minderheitenkirche im evangelisch geprägten Umfeld. Erst seit dem 19. Jahrhundert kamen im Zuge der Industrialisierung wenige Katholiken, besonders aus Schlesien und den böhmischen Ländern, in die mitteldeutschen Regionen. Es entstanden kleine Diasporagemeinden, die durch weitere Zuwanderungen mehr oder weniger stark anwuchsen. Ab 1938 kamen Tausende Katholiken, v.a. aus dem Saar- und Rheinland, die als Bedrohte des Bombenkrieges hierher evakuiert wurden.[9]

Vor dem Zweiten Weltkrieg stellten die Katholiken nur 6,1 Prozent der Gesamtbevölkerung (rund 1,1 Millionen Katholiken). Das Einströmen Hunderttausender Katholiken nach 1945 in das Gebiet verursachte – neben sozialen, wirtschaftlichen und mentalen Problemen – in kirchlicher Hinsicht zahllose Schwierigkeiten, denn „durch die von Hitler und Stalin erzwungenen Vertreibungen [war] auch die Religion mitgeflohen."[10]

Über die seelischen Belastungen von Flucht und Vertreibung schrieb der Lehrer Dr. Erhard Müller, der nach seiner Vertreibung in Kella im Eichsfeld (Thüringen) ein neues Zuhause fand:

> „Manche von ihnen [die Flüchtlinge] stehen mit leeren Händen an den Straßenecken und wissen nicht, was sie tun sollen. Euch, liebe Altbürger, mag so ein Eckensteher überflüssig vorkommen, vielleicht sogar lächerlich, wenn nicht lästig. Sich selber ist so ein Entwurzelter das Bedauernswerteste, was es unter Gottes Sonne gibt. Denn wie gesagt, es hat's keiner im Gesicht geschrieben, was er einst an Gut, Geld, Ansehen besaß. Daheim einst hochgeachtet, in der Fremde eine Bettlergestalt. … Nur wer es mitgemacht hat, wenn es plötzlich heißt: Hinaus aus deiner Stube, fort von deinem Herd, die Mutter mitsamt den Kindern (wo der Vater ist, weiß Gott) und den alten hilflosen Eltern, und fort in eine unbarmherzige Fremde, die nichts weiß davon, welch schönen Hof ihr hattet mit Pferden, Kühen, Schafen, Hühnern, in eine Fremde, die dich nurmehr als Vertriebenen sieht mit den letzten Habseligkeiten und den Kindern an den Händen. … Mit den Menschen, die ihre Heimat verlieren, ist es wie mit Bäumen, die man unten absägt, ein Stück fortträgt, in die Erde setzt, wie man Telegraphensäulen einsetzt und dann sagt ‚so, jetzt wachse!'. Der Heimatlose wächst nicht. Seine Seele trocknet ein wie das Holz der Telegraphensäule. … Seht

[8] Vgl. *Schwartz*, Vertriebene und Umsiedlerpolitik 50f.
[9] Vgl. *Scholle*, Kirchengeschichte 85.
[10] *Jauer*, Priester 30.

> ihr, liebe Kellaer, das ist Euch erspart geblieben. Und nun kommt eine Schar Heimatloser in Euer Dorf, Arme, Bedürftige, Erwachsene und Kinder. Christus hat gesagt: ‚Was ihr dem Geringsten meiner Brüder tut, das habt ihr mir getan.‘ Was heute nottut, ist nicht allein Gebet, sondern tätige praktische Nächstenliebe. Bloßes Gebet ohne die gute Tat kann sogar Ärgernis geben.“[11]

Von 1945 bis 1949 erhöhte sich somit die Gesamtzahl der Katholiken in der SBZ/DDR auf etwa 2,8 Millionen, was einer Zunahme von 156,4% entspricht.[12] Die konfessionelle Zusammensetzung der Vertriebenen wich jedoch sehr beträchtlich von derjenigen der eingesessenen Bevölkerung ab. Dr. Walter Menges, Direktor des katholischen Instituts für Sozialforschung, konstatierte 1959 sogar: „In jedem der inzwischen aufgeteilten fünf Länder der sowjetischen Besatzungszone Deutschlands gab es 1946 unter den Vertriebenen mindestens doppelt soviel Katholiken als unter der übrigen Bevölkerung.“[13] Infolgedessen änderte sich für einen längeren Zeitraum das Profil der katholischen Kirche auf dem Gebiet der SBZ/DDR grundlegend und wurde in besonderem Maße von den Vertriebenen und Flüchtlingen geprägt.

Für diese nun plötzlich mehr als doppelte Zahl der Gläubigen mussten neue Strukturen geschaffen werden. Die fortschreitende Teilung Deutschlands nach Kriegsende hatte an dieser Formierung von Verwaltungs- und Seelsorgeeinheiten nicht unerheblichen Anteil: Sie erschwerte massiv die unerlässliche Tätigkeit der westlichen Diözesanleitung und -verwaltung für die im Osten liegenden Bistumsanteile. Aus diesem Grund statteten die Bischöfe von Paderborn, Fulda, Osnabrück und Würzburg einen ihrer im Ostteil der Diözese ansässigen Priester mit Jurisdiktionsvollmachten für die auf dem Territorium der SBZ/DDR gelegenen Diözesananteile aus.[14]

Kirchenrechtlich klare Verhältnisse für eine organisierte Seelsorge und Verwaltung wurden in den 1950er Jahren durch Ernennung von Generalvikaren und Weihbischöfen für die östlichen Diözesangebiete der westdeutschen Bistümer geschaffen. Dennoch blieb ein gewisses – und gewolltes – Abhängigkeitsverhältnis der Ostgebiete zu den „Mutterdiözesen“ in der Bundesrepublik bestehen, was von staatlicher Seite dauerhaft beanstandet wurde.[15]

Vor der Vertreibung lebte nur ein geringer Prozentsatz der Vertriebenen in Diasporagebieten; der Großteil lebte in konfessionell homogenen Bezirken. Dieser Anteil hatte sich nach 1945 stark verringert. Das bedeutete für sehr viele katholische Heimatvertriebene, dass sie in völlig andere kirchliche Umfelder gelangten, als sie sie zu Hause gekannt hatten. Ein sehr hoher Pro-

---

11 Privatarchiv Müller: Aufruf Dr. Erhard Müllers an die Bevölkerung von Kella, Sommer 1947.

12 Vgl. *Pilvousek/Preuß*, Katholische Flüchtlinge 22; *Pilvousek*, Flüchtlinge, Flucht 11.

13 *Menges*, Wandel 6.

14 Dies geschah durch die Ernennung eines Generalvikars (so in Erfurt) oder der Delegation von Vollmachten (so in Magdeburg, Schwerin, Meiningen), jedoch unterschiedlich schnell. Vgl. *Pilvousek*, Die katholische Kirche in der DDR 62f.

15 Vgl. *Hartelt*, Jurisdiktionsverhältnisse 97-116.

zentsatz der Vertriebenen der SBZ begegnete also nicht nur einer landsmannschaftlichen Fremde, sondern wurde auch zusätzlich in ein völlig ungewohntes und fremdes kirchliches Klima versetzt.[16] Diaspora war (und ist) im Bereich der SBZ/DDR eine Diaspora der Vertriebenen.

In den Weiten dieser ostdeutschen Diaspora bestanden die katholischen Kirchengemeinden der Nachkriegszeit häufig ausschließlich aus Flüchtlingen. So formulierte der Schweriner Weihbischof Dr. Bernhard Schräder 1959 über die hinzugekommenen Katholiken: „Weil die Zahl so groß war, haben wir sie gar nicht als Fremdkörper empfunden. Sie waren eben die Gemeinde."[17] Diese neu entstandenen kirchlichen Gemeinden (bis Sommer 1948 richtete man beispielsweise im Ostteil der Diözese Fulda 579 neue Gottesdienststationen ein) waren in Ermangelung gottesdienstlicher Räume fast durchweg in den Kirchen, Kapellen und Sälen evangelischer Schwestergemeinden zu Gast. Noch im Jahre 1966 wurden von allen Räumen, in denen katholischer Gottesdienst stattfand, 55% von evangelischen Gemeinden zur Verfügung gestellt. Bis zu dieser „Selbstverständlichkeit" war es ein langer, manchmal auch durch Vorurteile und Missverständnisse gezeichneter Weg.[18]

Viele negative Anfangserfahrungen von Flüchtlingen, die in der SBZ/DDR eine neue Heimat finden sollten, wurden in späteren Jahren verdrängt oder verschwiegen, und das nicht nur bei den Betroffenen, sondern auch in der offiziellen staatlichen Erinnerungspolitik: Die SED verkündete bereits Anfang der 1950er Jahre die erfolgreiche Lösung des so genannten „Umsiedlerproblems" durch radikale Assimilation und „totale Verschmelzung" der Vertriebenen in die DDR-Gesellschaft. In der SBZ/DDR sollten sich die Flüchtlinge mit ihrer dringend benötigten Arbeitskraft am Aufbau der neuen Heimat in allen Lebensbereichen beteiligen; Erinnerungen an die „alte Heimat" oder gar Rückkehrhoffnungen wurden vehement unterdrückt, weil sie sich gegen die osteuropäischen Verbündeten richteten.[19]

Die Zuwanderung der Flüchtlinge nach 1945 stellt den bisher umfassendsten Einbruch in die in der Reformationszeit entstandenen Konfessionszonen dar. Die durch 400 Jahre weithin erhalten gebliebene konfessionelle Homogenität war seit 1945 auch in der SBZ durchbrochen worden. Katholizismus in der DDR war somit wesentlich Flüchtlingskirche, die allerdings unterschiedliche landsmannschaftliche Traditionen zu integrieren hatte und erst allmählich und partiell ein Stück „Heimat" für die Flüchtlinge schaffen konnte.

---

16 Vgl. *Menges*, Wandel 10f.

17 Archiv des Erzbischöflichen Amtes Schwerin, Nachlass Schräder, Schräder an Konrad Held, 23.12.1959.

18 Vgl. *Pilvousek*, Gottesdiensträume und Seelsorger 333-349.

19 Vgl. dazu *Amos*, Die Vertriebenenpolitik; *Schwartz*, Vertriebene im doppelten Deutschland 101-151.

3. Besondere Herausforderung Jugendweihe

Im Frühjahr 1955 fanden in der DDR erstmals Jugendweihen statt, bei denen die Schüler nach einer Vorbereitung „in die Reihe der Erwachsenen aufgenommen“ wurden und sich in einem Gelöbnis zum Sozialismus und zur DDR als ihrem Staat bekannten.[20] Bis zum Ende der DDR 1989 sollte die Jugendweihe für die katholische Kirche stets ein Gegenstand der Abgrenzung gegenüber der Politik der SED bleiben.[21]

Auf die Ankündigung der Einführung der Feier im Jahr 1954 reagierte die katholische Kirche bereits im Dezember 1954 gegen die Jugendweihe und lehnte sie „grundsätzlich und aufs schärfste”[22] ab. Weihecharakter und öffentliches Gelöbnis wurden als pseudoreligiöser „Ersatzritus“ aufgefasst, um die sakramentalen Angebote der Kirche zu verdrängen und letztlich abzulösen. Nach singulären Erlassen der kirchlichen Amtsträger der DDR in den Jahren 1954 und 1955 fand die BOK (= Berliner Ordinarienkonferenz) mit einem gemeinsamen Hirtenwort vom 23. Oktober 1955 eine einheitliche Regelung: Die Bischöfe erklärten das katholische Glaubensbekenntnis und die Jugendweihe für unvereinbar und schlossen einen Appell[23] an die katholischen Eltern und Lehrer an.

Die Werbung für die Jugendweihe wurde von Seiten des Staates im Verlauf der nachfolgenden Jahre weiter massiv betrieben. Auf Lehrer und Eltern übte das sozialistische Regime zunehmend mehr Druck aus. Besonders die „Verweigerer“ wurden – obwohl stets der Charakter der Freiwilligkeit der Jugendweihe betont wurde – schwer bedrängt. In einem Gespräch mit einem SED-Funktionär erläuterte Kardinal Bengsch (Berlin) 1967, dass allseits bekannt sei, „daß die Kinder, die nicht zur Jugendweihe gehen wollten, von den Lehrern unter Druck gesetzt, verspottet und verlästert würden, dass die Eltern dieser Kinder von den Lehrern mehrfach besucht würden und dass bei

---

20 Vgl. *o.A.*, Art.: Jugendweihe 692f.

21 Die übrigen, staatlich geförderten Ersatzriten sozialistische Namensgebung, Schuleinführung, Eheschließung und Bestattung sowie damit verbunden Kirchenaustritt und sozialistisch geprägtes Familienleben erlangten für die Auseinandersetzung der Kirche mit dem Staat nicht annähernd die Bedeutung der Jugendweihe.

22 KTFE, FKZE, Beschlüsse der BOK (P), Sitzung vom 9./10.12 1954.

23 „Nehmt das in der Verfassung Euch garantierte Recht auf Glaubens- und Gewissensfreiheit in Anspruch. Es darf Euch wegen Eures Bekenntnisses zum katholischen Glauben kein privates und staatsbürgerliches Recht beschränkt werden. Laßt Euch nicht irremachen und von übereifrigen Propagandisten und Verteidigern des Atheismus einschüchtern! Wer freiwillig an der Jugendweihe und ihrer Vorbereitung teilnimmt oder seine Kinder dazu schickt, sündigt gegen den Glauben, bringt seinen Glauben und den Glauben seiner Kinder in ernste Gefahr und gibt der Gemeinde schwerstes Ärgernis durch schlechtes Beispiel.“ (*Lange*, Katholische Kirche 88f).

Weigerung, an der Jugendweihe teilzunehmen, Vermerke in die Kaderakten gemacht würden."[24]

Die Bischöfe der DDR waren von Beginn an auf eine konsequente Ablehnung der Jugendweihe bedacht. In einem Pastoralbrief erläuterten sie dies: „Ein Christ nimmt an der Jugendweihe nicht teil, weil sie ihrem Ursprung und ihrer Tendenz nach Kulturersatz unchristlicher und atheistischer Prägung ist und sein will, – weil sie den Atheismus mit einschließt. Wer als katholischer Christ in diesem Sinn die Jugendweihe versteht und dennoch freiwillig daran teilnimmt, sündigt gegen den Glauben."[25]

Der Erfurter Bischof Dr. Joachim Wanke formulierte die Stellung der katholischen Kirche zur Jugendweihe 1988 unmissverständlich in einem „Brief an Anja" und ihre Freunde aus der 7. Klasse, der im Berliner St. Hedwigsblatt abgedruckt wurde:

> „Liebe Anja, Du hast mir zusammen mit Deinen Freunden die Frage gestellt, warum ein katholischer Christ nicht zur Jugendweihe gehen soll. Ich möchte Euch kurz auf Eure Frage so antworten:
> 1. Der katholische Christ wird gefirmt. Wir sind Jesus Christus, unserm Herrn geweiht. Darum kommt für uns eine andere Weihe nicht in Frage.
> 2. Die Jugendweihe ist eingeführt worden, um Schülern, die nicht an Gott glauben und keiner Kirche angehören, eine Welt- und Lebenssicht ohne Gott zu vermitteln. Das war früher so, und das ist auch jetzt noch so. Auch heute kommt in den Vorbereitungsstunden Gott und der christliche Glaube nicht zur Sprache. Darum kann ein Christ nicht freiwillig an diesen Stunden und der Weihe teilnehmen.
> 3. Eine Weihe für einen Staat gibt es nirgends in der Welt, auch nicht in anderen sozialistischen Ländern. Auch wenn ein katholischer Christ nicht an der Jugendweihe teilnimmt, ist er damit nicht gegen den Staat. Daß wir katholische Christen gute Bürger sind, zeigen wir dadurch, daß wir ordentlich leben, eine gute Familie haben, zuverlässig und fleißig sind. Dazu brauchen wir keine Weihe.
> Ferner möchte ich Euch auf folgendes aufmerksam machen (und Euch bitten, dies auch Euren Lehrern zu sagen):
> 1. Die Jugendweihe hat nichts mit der Schule zu tun. Sie wird von besonderen Jugendweiheausschüssen veranstaltet. Die Teilnahme an der Jugendweihe ist freiwillig und gehört nicht zur pflichtmäßigen Schulausbildung.
> 2. Der Rat des Bezirkes Erfurt hat dem Bischof zugesagt, daß eine Ablehnung der Jugendweihe keine Nachteile für die betreffenden Schüler haben darf. Wer damit droht oder solche Nachteile andeutet, handelt gegen den Willen der staatlichen Behörden.
> 3. Wer bei der ersten Werbung für die Jugendweihe klar gesagt hat: ‚Ich bin katholisch, ich gehe aus religiösen Gründen nicht zur Jugendweihe, das ist meine feste Entscheidung', darf nicht weiter bedrängt und in Gespräche verwickelt werden. Das gilt auch für die Eltern dieser Schüler am Arbeitsplatz. Wenn das trotzdem geschehen sollte, so meldet mir das.
> 4. Wenn die Lehrer sagen, die Jugendweiheteilnehmer verleugnen nicht den Glauben, so sagt: ‚Was Verleugnung des Glaubens ist, kann nicht die Schule bestimmen. Wir spüren im Gewissen, daß wir die Jugendweihe nicht ehrlich mitmachen können.

---

[24] BAEF, ROO, BOK/BBK, 1967, Aktennotiz über die Besprechung beim Staatssekretariat für Kirchenfragen am 21.2.1967.

[25] BAEF, ROO, BOK/BBK, 1967, Pastoralbrief der Bischöfe vom 4.9.1967, Anlage zum Protokoll Nr. 2/1972, 3.

Außerdem sagen uns der Bischof und die Kirche, was in religiösen Dingen für den Christen verbindlich ist.'
Jetzt habt Ihr von mir einiges zu Eurer Frage gehört. Ich hoffe, daß Euch das helfen wird. Gleichzeitig möchte ich Euch bitten: Sprecht darüber mit Eurem Pfarrer, der Euch weiter raten kann.
Noch eine Bitte habe ich: Streitet Euch nicht mit den anderen Schülern, die zur Jugendweihe gehen. Ich weiß nicht, warum sie das tun. Es reicht, wenn Ihr selbst einen festen Standpunkt habt. Es wird Euch noch oft im Leben so gehen, daß Ihr manche richtige Entscheidungen ganz allein durchtragen müßt.
Schreibt mir einmal, ob es Euch gelingt, trotz allem in der Klasse und der Religionsgruppe Frieden zu halten. Ich freue mich darüber, wenn Ihr mir schreibt. Bleibt frohe Christen, die Jesus gerne haben.
Ich grüße und segne Euch alle
Euer Bischof + Joachim Wanke"[26]

Die Jugendweihe kann als Beispiel für das Ansinnen und konsequente Vorgehen des sozialistischen Regimes gesehen werden, den Glauben zu zerstören, wobei der „Druck der Verfolgung alles Christlichen bestand, aber weithin nicht mit physischer Wucht wie in anderen Ostblockländern. Man ging psychologisch geschickt, aber auch mit ‚deutscher Gründlichkeit' vor."[27]

4. Wehrdienst und Friedensdienst

1962 wurde die allgemeine Wehrpflicht in der DDR eingeführt.[28] Anders als bei der Jugendweihe, die staatlicherseits „nur als Angebot", also mit Freiwilligkeitscharakter, deklariert wurde, handelte es sich beim Wehrdienst und dem damit verbundenen Fahneneid um ein Staatsgesetz, dessen Missachtung oder Verweigerung mit schwersten Strafen verbunden war. Eine bischöfliche Aufforderung – ähnlich der Jugendweihe –, die Eidesleistung zu verweigern, hätte unabsehbare Folgen für den Verweigerer, aber auch für die Kirche gehabt. Kirchenpolitisch äußerst brisant verlief also die Diskussion um den Wehrdienst und die Wehrdienstverweigerung, zumal die Bischöfe gebeten wurden, für Wehrdienstverweigerer einzutreten.[29]

Die Argumentation der ostdeutschen Jurisdiktionsträger, dass durch das Gelöbnis der Jugendweihe ein Akt der Glaubensverleugnung gesetzt worden wäre, wurde durch die Einführung der Wehrpflicht in der DDR ohne die Möglichkeit der Kriegsdienstverweigerung aus religiösen oder sonstigen Gründen erschwert. Hier wurde von allen Wehrpflichtigen die Beeidung

---

26 *Wanke*, Der Brief an Anja 95.

27 *Pilvousek*, Kirche unter Diktaturen 159.

28 Dies geschah durch das Gesetz über die allgemeine Wehrpflicht (Wehrpflichtgesetz) am 24.01.1962. Das Gesetz ist abgedruckt in: GBl DDR, I 1962, 2-6. Damit wurde nach dem Mauerbau die Nationale Verteidigungsarmee von einer Freiwilligen- in eine Wehrpflichtarmee umgewandelt.

29 Vgl. *Pilvousek*, Theologische Ausbildung 240-242.

ihrer Bereitschaft zur Verteidigung der DDR gefordert. Doch dieser Fahneneid gab für die BOK keinen Grund zur Beanstandung, sondern sie differenzierte zwischen diesem und dem Jugendweihegelöbnis.

Die Verpflichtung des Wehrpflichtigen war in der Einschätzung der BOK kein religiöser Eid, wenn auch der Soldat sich verpflichtete „jederzeit bereit zu sein, den Sozialismus gegen alle Feinde zu verteidigen und mein Leben zur Erringung des Sieges einzusetzen"[30]. Die BOK sah die Ableistung des Fahneneids als staatsbürgerliche Pflicht an, während die Teilnahme an der Jugendweihe als freiwillige Entscheidung gemäß staatlicher Erklärungen aufgefasst worden ist.[31] Diese Unterscheidung, die nicht kritiklos geblieben ist, wurde getroffen, denn das Gelöbnis im Rahmen der Jugendweihe sei „ein (wenn auch nur formal) freiwilliges und mit besonderer Feierlichkeit zelebriertes Bekenntnis zum Sozialismus, das gezielt als atheistischer Ersatzritus propagiert wurde, während es beim Fahneneid um die Verteidigung des Staates, der Gesellschaft, des Gemeinwohls ging, die in der DDR alle das Etikett ‚sozialisitisch' trugen"[32]. Begründet wurde diese Unterscheidung auch durch die völker- und strafrechtliche Begrenzung der soldatischen Vereidigung.

Innerhalb der katholischen Kirche begann sich nach der Erklärung der BOK zum Wehrdienst heftiger Widerstand gegen diese „utilitaristische" Begründung zu formieren. Der Vorläufer des Aktionskreises Halle,[33] der sich regelmäßig in Rossbach traf, forderte die Bischöfe auf, das Recht auf Kriegsdienstverweigerung zu fordern und ihre Stellungnahme zu Fahneneid und Wehrgesetz zu überprüfen.[34]

Die Einführung des Bausoldatendienstes ab September 1964 als einer Ausweichmöglichkeit zum waffenlosen Wehrdienst brachte keine Änderung in der Einstellung der BOK. Immer häufiger aber appellierte man nun an den Berliner Erzbischof Alfred Kardinal Bengsch und die BOK, sich neben dem waffenlosen Wehrdienst für die Möglichkeit einer völligen Verweigerung einzusetzen[35] und sich gegen den Schießbefehl an der Mauer zu verwenden.[36] Als die ersten Gesamtverweigerer inhaftiert wurden, haben einige Geistliche die Bischöfe und die Berliner um Hilfe für die um „ihres Gewissens willen" Inhaftierten gebeten.[37] Einzelne Interventionen bei den Gerich-

30 Erlass des Staatsrates der Deutschen Demokratischen Republik über den aktiven Wehrdienst in der Nationalen Volksarmee (Dienstlaufbahnordnung) vom 24.01.1962, Anlage 1 zu § 3 des Erlasses. Der Erlass ist abgedruckt in: GBl DDR, I 1962, 6-12; hier: 12. § 7 Abs. 1 des Gesetzes über die allgemeine Wehrpflicht (Wehrpflichtgesetz) der Deutschen Demokratischen Republik vom 24.01.1962 (Abgedruckt in: ABl DDR, I 1962, 2-6).

31 Vgl. *Höllen*, Loyale Distanz? 322-324.

32 *Haese*, Wehrdienstfrage 236-263.

33 Vgl. dazu der Sammelband *Aktionskreis Halle* Aktionskreis Halle.

34 Vgl. KTFE, FKZG, Sammlung Verstege (P), Stellungnahme vom März 1963.

35 Vgl. BAEF, ROO A I 18, Brief K. Herbst an Bengsch, 5.7.1964; vgl. Brief Rintelen an Verstege, 10.5.1966.

36 Vgl. BAEF, ROO A I 18, Brief K. Herbst/G. Loske an Bengsch/Krummacher, 28.6.1966.

37 Vgl. BAEF, ROO A I 18, Brief Trilling an Bengsch, 21.12.1967.

ten und Staatsanwaltschaften brachten keinen Erfolg.[38] Priester und einige Bischöfe versuchten, durch Besuche und Seelsorgegespräche die Not der Gefangenen zu lindern.[39] Seit den achtziger Jahren nahm die Zahl der Wehrdienstverweigerer zu. Seit 1983 hat man diese immer seltener einberufen, seit 1986 nur noch in Ausnahmefällen.[40]

Ihre grundsätzliche Einstellung zum Wehrdienst hielt die BOK/Berliner Bischofskonferenz bis 1978 durch; in jenem Jahr nahm sie zu einem Problem von hochrangiger gesellschaftspolitischer Bedeutung Stellung, als sie am 12. Juni 1978 eine Eingabe an den Staatssekretär für Kirchenfragen zum ab 1. September 1978 geplanten Wehrunterricht im 9. und 10. Schuljahr Stellung formulierte.[41] Die Bischöfe forderten die Einführung dieses Unterrichts zu „überdenken", weil eine solche „Ausbildung mit der Erziehung zum Frieden nicht vereinbar" sei und zudem die „Einübung in den Waffengebrauch" für jene zu Diffamierungen führe, die aus Gewissensgründen nicht imstande seien, solche Übungen mitzumachen.[42]

28 Bausoldaten aus Saßnitz verfassten noch 1989 einen „Offenen Brief an den Staatsrat, den Ministerrat und die Volkskammer der DDR", in dem sie ihre Unmündigkeit und ihre Abhängigkeit beklagten sowie die Forderung nach einem zivilen Ersatzdienst formulierten:

> „Seit mehr als einem dreiviertel Jahr leisten wir, die Unterzeichnenden, unseren Grundwehrdienst als Bausoldaten in Saßnitz. Wir wußten damit von vornherein, in militärische Strukturen eingegliedert zu sein, entschlossen uns aber aus Angst vor den strafrechtlichen Konsequenzen bei einer Wehrdienstverweigerung zu diesem Kompromiß. ...
> Eine wesentliche Erfahrung wurde für uns das Gefühl der Unmündigkeit, die begründet ist in der der Armee wesenseigenen Befehls- und Vorschriftenstruktur und deren Folgen. ... Als Bausoldaten sind wir zudem zur Unterstützung von militärischer Abschreckung gezwungen. Für Menschen, die aus ethischen, religiösen oder humanistischen Gründen die militärische Gewalt als mögliche Form politischer Lösungen in Europa ablehnen, ist bei uns keine Möglichkeit gegeben, eine eigenverantwortliche Entscheidung zu einem Dienst außerhalb von militärischen Strukturen zu treffen.
> Auch mit dem von uns nicht beeinflußbaren Einsatz in Schwerpunkten der Volkswirtschaft ergeben sich Gewissenskonflikte.
> Wir erleben den Einsatz von Soldaten und Bausoldaten beim Ausbau der Industrialisierung. Gleichzeitig wissen wir von dem nicht mehr vertretbaren akuten Personalmangel in Krankenhäusern, Pflegeheimen der Psychiatrie und Geriatrie und Heimen für körperlich Behinderte, von fehlenden Kräften in Umweltschutz und Wasserwirtschaft und in der kommunalen Wirtschaft (wie Garten- und Landschaftsgestaltung, Forstwirtschaft etc.). Dieses Mißverhältnis wollen wir nicht weiter vergrößern.
> Im Hinblick auf die beginnende allgemeine Abrüstung liegt für uns die Zukunft in einer Alternative zu Wehrdienst durch einen zivilen Dienst für die Gesellschaft. Während es durch die unser Gewissen und unseren Glauben bedrängende Einbindung in militärische

---

[38] Vgl. KTFE, FKZG, Sammlung Verstege (P), Brief Verstege an Wehrkreiskommando Bernburg, 25.4.1966.

[39] Vgl. KTFE, FKZG, Sammlung Verstege (P), Brief Verstege an Strafvollzugskommando Volkstedt, 26.1.1967.

[40] Vgl. *Eisenfeld*, Wehrdienstverweigerung 366f.; vgl. *o.A.*, Man braucht eine Überzeugung … 13.

[41] Vgl. *Dähn*, Konfrontation 184.

[42] Vgl. *Lange/Pruß/Schrader/Seifert*, Katholische Kirche 294-296.

> Strukturen für uns als Bausoldaten keinerlei Motivation zur Mitarbeit in Militärsystemen gibt, könnte durch einen zivilen Einsatz in den oben genannten Bereichen bei 24monatiger Dienstzeit die Möglichkeit geschaffen werden, daß wir bewußt und voller Überzeugung den Dienst für unsere Gesellschaft leisten können. ..."[43]

Die Fragen von Wehrdienst, Wehrdienstverweigerung und später Wehrkundeunterricht wurden – wie der zitierte Offene Brief zeigt – bis zum Ende der DDR auch durch den staatlich geschickt immer wieder ins Spiel gebrachten, letztendlich aber zu einer Worthülse verkümmerten Begriff des „Kampfes für den Frieden" verschärft. Die Deutehoheit für Leitbegriffe wie Frieden, Freiheit und Gerechtigkeit lag ohnehin bei Partei und Staatsführung. Erst die „Ökumenische Versammlung für Gerechtigkeit, Frieden und Bewahrung der Schöpfung", an der nach anfänglichem Zögern auch die katholische Kirche teilnahm, hat diese demonstrativ durchbrochen und christliche Deutungen formuliert.[44]

5. Systematische Überwachung: das MfS und die Kirchen

Während der „friedlichen Revolution" 1989 war der Staatssicherheitsdienst der DDR neben der SED und ihren Funktionären einer der Hauptadressaten der Demonstrationen; ab 4. Dezember 1989 erfolgten Besetzungen von Dienststellen vor allem durch christliche Bürger, zuerst in Erfurt und Leipzig, am 15. Januar 1990 der Zentrale in Berlin. Der im November 1989 in Amt für Nationale Sicherheit umbenannte Staatssicherheitsdienst wurde ab Ende 1989 bis Mitte 1990 unter Kontrolle von Bürgerkomitees und (seit Juni 1990) eines Sonderausschusses der Volkskammer (Leiter: Joachim Gauck) aufgelöst. Außerdem war am 13. Januar 1990 per Beschluss der Regierung der DDR (Ministerrat) unter Hans Modrow (SED/PDS) die Auflösung verfügt und am 8. Februar 1990 von der Regierung der DDR ein staatliches „Komitee zur Auflösung des ehemaligen Amtes für Nationale Sicherheit" errichtet worden, in dem ebenfalls Bürgerrechtler mitarbeiteten. Gleichzeitig konnte die von der Modrow-Regierung ab November 1989 beabsichtigte Gründung eines Verfassungsschutzes v. a. durch Bürgerrechtler verhindert werden. Am 3. Oktober 1990 übernahmen der „Bundesbeauftragte für die Unterlagen des Staatssicherheitsdienstes der ehemaligen DDR" (1990-2000: Joachim Gauck, 2000-2011: Marianne Birthler, seit 15. März 2011 Roland Jahn) und seine Behörde (Abkürzung BStU) die Verantwortung für die Auf-

---

43 Universität Erfurt, FKZE, Bausoldaten in einem offenen Brief an den Ministerrat der DDR, 27.8.1989.

44 Vgl. *Arbeitsgruppe „Justitia et Pax"*, Gerechtigkeit – Frieden – Bewahrung der Schöpfung; *Feiereis*, Weltanschauliche Strukturen 610-612; *Seifert*, Glaube.

bewahrung und Sicherung der hinterlassenen Unterlagen und Dateien des Staatssicherheitsdienstes (darunter eine Vielzahl von personenbezogenen Akten; etwa 5,4 Mio. Karten der »F 16«-Primärkartei). Das „Stasiunterlagengesetz" vom 20. Dezember 1991 gewährt jedem Einzelnen seit dem 1. Januar 1992 (nach erfolgter Antragstellung) das Recht auf Einsichtnahme in seine personenbezogenen Unterlagen.

20 Jahre nach dem politischen und gesellschaftlichen Umbruch scheint sich die Diskussion um die Zukunft der Hinterlassenschaften des Staatssicherheitsdienstes – meist einfach als Akten bezeichnet – wieder zu verstärken. Die Frage nach der Aktualität dieser Akten stellt sich m.E. in zwei Richtungen.

Zum einen wird argumentiert, dass nach so langer Zeit einfach einmal ein Schlussstrich gezogen werden müsste. Zum anderen wird angemerkt, dass für die aktuellen gesellschaftlichen und politischen Probleme kaum Antworten in den Akten eines Geheimdienstes zu finden seien, und zudem wären bei deren Interpretation ja auch unterschiedliche Urteile möglich. So fordert man beispielsweise das Ende dieser Bundesbehörde und der Akteneinsicht, hebt die vermeintlich großen finanziellen Aufwendungen hervor, vergleicht die Stasi mit anderen Geheimdiensten und relativiert sie damit, um schließlich den gesellschaftlichen Frieden zu beschwören, der durch die Zerstörungskraft der brisanten Akten gefährdet sei.

Diese Argumentationsketten sind trotz ihrer Popularität problematisch, weil sie zu kurz greifen. Der Staatssicherheitsdienst der DDR war nicht nur ein Geheimdienst wie jeder andere, sondern war gleichzeitig Staatspolizei und auch von der allgemeinen Gerichtsbarkeit unabhängiges Justizorgan, das allein der omnipotenten Staatspartei, der SED, unterstand. Wer in ihre Fänge geriet, musste damit rechnen, dass nicht nur eine vermeintliche Straftat in den Blick genommen, sondern das gesamte Leben zerstört wurde. Was eine staatsfeindliche Tätigkeit war, bestimmte dieses Ministerium; die Deutehoheit, was gefährlich war und was nicht, lag bei der Staatssicherheit.

Ein für die Kirchen zuständiger MfS-Offizier reflektierte 1982 vor seinen Kollegen die üblichen Verschwörungstheorien der Kirchen. Der Redemitschnitt gibt treffend wieder, was das MfS unter kirchlicher Tätigkeit verstand:

> „Genossinnen und Genossen, über Kirche zu sprechen, könnte man einen ganzen Tag referieren. Ich werd' versuchen, auf das Grundanliegen ... unseres Staates ... und auf die damit verbundenen Angriffe des Gegners..., insbesondere unter Jugendlichen in der DDR einzugehen. … Die ganzen gegenwärtigen Angriffe gehen hauptsächlich ... von der Evangelischen Kirche aus. Die Katholische Kirche hält sich aus taktischen Gründen zurück. ... [Dabei handelt es sich um] einzelne negativfeindliche Kräfte, das muß auf jeden Fall unterschieden werden, um nicht den loyalen Kräften vor den Kopf zu stoßen und sie nicht in den großen Topf dieser Feinde unterzumengen. … In unserem Organ wurde die Bestätigung erarbeitet, daß die feindlich-negativen Aktivitäten der Kirchen in der DDR von den Geheimdiensten inspiriert, organisiert und finanziert werden. Da liegen Dokumente oben im Ministerium, die durch viel Kleinarbeit erarbeitet worden sind. ... Den acht Millionen Gläubigen [be-

> gegnen] wir überall, ob beim Sport, ob in Betrieben, ob im Wohngebiet, ob in der Gaststätte, man erkennt sie zwar nicht immer, aber sie sind in allen gesellschaftlichen Bereichen vorhanden, und wenn wir hier nicht die Offensive ergreifen und überzeugend auf solche Personen ... einwirken, verfestigen sie nach und nach ihre negativen Handlungen und schlagen dann eines Tages als Feind, mit'ner Spraydose, Schmieren von Hetzlosungen, wie wir das vielfach gerade jetzt haben, gerade solche pazifistischen Losungen, zu.“[45]

Beide große Kirchen waren bevorzugte Objekte von Observationen, Pressionen, versuchten Einflussnahmen und natürlich ebenso von Verfolgung, auch wenn offiziell von einer „stabilen Geschäftsgrundlage“ zu den Kirchen gesprochen wurde. Die Geschichte der katholischen Kirche in der DDR zeigt deutlich, welche Instrumentarien und Mittel angewendet wurden, um die Kirchen „in den Griff“ zu bekommen, also ideologisch gleichzuschalten. Das ganze Ausmaß dieser „Bearbeitung“, Bespitzelung und Repression sowie die Methoden wurden erst offenbar, als die Akten zugänglich wurden. Ebenso wurden natürlich auch Angst, Versagen, Verrat und Auswirkungen von Fehleinschätzungen deutlich. Der Begriff der Konspiration bedarf einer kurzen Erläuterung. Ursprünglich bedeutet er Verschwörung. Heute wird mit Konspiration die geheime politische Zusammenarbeit bezeichnet, besonders wenn der zerstörerische Charakter dieser Tätigkeit angedeutet werden soll. Sehr gebräuchlich ist vor allem das Adjektiv, beispielsweise in der Prägung „konspirative Wohnung“, „konspiratives Treffen“ oder „konspirative Überwachung“. Ein IM (Inoffizieller Mitarbeiter) musste sich zur Konspiration verpflichten, was unter Androhung von Strafe absolute Geheimhaltung bedeutete. Dekonspiration war dagegen oft der Anlass, die „Zusammenarbeit“ mit einem IM einzustellen. Mit dem Begriff der Konspiration durch die Stasi verbindet sich besonders der heimtückische Versuch, das Selbstvertrauen eines Menschen zu „zersetzen“, indem Personen seines Freundeskreises, Ehepartner oder Gemeindemitglieder für Spitzeltätigkeit angeworben und gezielt berufliche oder private Misserfolge veranlasst wurden.

Ein Beispiel aus dem Jahre 1963 kann das Vorgehen des MfS deutlicher machen. Ein katholischer Jugendlicher in Halle/Saale war 1962 inhaftiert worden, weil er zusammen mit anderen Jugendlichen vermeintlich staatsfeindliche Flugblätter angefertigt und im Stadtgebiet von Halle verteilt hatte. Dem MfS gelang es, den Jugendlichen mit dem Angebot vorzeitiger Haftentlassung zur inoffiziellen Mitarbeit zu gewinnen:

> „Das gesamte Werbungsgespräch verlief auf der Grundlage der Überzeugung. Sein Reagieren auf den Vorschlag der konspirativen Zusammenarbeit ließ erkennen, dass er durch die Kontaktgespräche bis zu einem bestimmten Grad für eine Zusammenarbeit mit dem MfS vorbereitet wurde. Er erklärte sich ohne Umstände bereit, eine schriftliche Verpflichtung anzufertigen. Den Decknamen Michael Borde schlug er selbst vor. Als Kennwort wurde „Plektrum“ vereinbart. Nachdem er die schriftliche Verpflichtung eigenhändig angefertigt hatte, wurde nochmals auf die Frage der Konspiration und eines Verbindungssystems eingegangen. Der Kandidat wurde darauf

---

45 *Wanitschke*, Methoden 14.

> vorbereitet und hingewiesen, dass er bei seiner späteren Haftentlassung aufgrund unserer Erfahrung damit rechnen müsse, dass ihm der katholische Geistliche eindringlich Vorhaltungen über eine eventuelle Zusammenarbeit mit dem MfS machen wird. Dagegen müsse er sich bereits jetzt immunisieren. Nach seiner Haftentlassung werden dazu konkretere Vereinbarung getroffen. … Er wurde eindringlich darauf hingewiesen, seine Verbindung zum MfS in keiner Form zu missbrauchen. Sein Verhalten beim Werbungsgespräch wird als offen und ehrlich eingeschätzt. Im Zusammenhang mit dem Werbungsgespräch gab der Kandidat einen Hinweis über briefliche Kontaktaufnahmen aus Westdeutschland an eine katholische Jugendliche, die unter ähnlichen Umständen erfolgten, wie beim Kandidaten seinerzeit selbst durch Düsseldorf. Nach Aufforderung schrieb er dazu einen Bericht, den er mit Decknamen unterzeichnete. Nach Angaben des Kandidaten besteht die Möglichkeit, dass er diese Angelegenheit nach seiner Haftentlassung aufklärt.“[46]

Jahrzehntelang berichtete IM „Michael Borde“ nun über alle Aktivitäten in den katholischen Gemeinden Halles, aber auch der Studentengemeinde, des Aktionskreises Halle (AKH) und der katholischen Jugendarbeit.

Der letzte Chef der Bezirksverwaltung des MfS in Erfurt, Generalmajor Josef Schwarz, beschrieb in seinen 1994 erschienen Memoiren u.a. das Verhalten des MfS gegenüber der katholischen Kirche.[47] Er hält es für falsch, „die Kirche in der DDR anhand der Dokumente der Staatssicherheit zu beurteilen. … Die Zahlen über angebliche inoffizielle Mitarbeiter in kirchlichen Kreisen halte ich für übertrieben“[48], fährt er fort. Hier irrt er, wie die Archive zeigen. Über 360 IM und über 100 operative Vorgänge zeigen ein anderes Bild. Schließlich gibt er ein aufschlussreiches Resümee der „Bearbeitung“ der Kirchen: „Außerdem ist es eine Illusion zu glauben, das MfS hätte mit wenigen inoffiziellen Mitarbeitern den Kurs der Kirche beeinflussen können.“[49] Dass der Kurs der Kirchen nicht beeinflusst werden konnte, ist kein Verdienst oder Versagen des MfS und der angeblich wenigen inoffiziellen Mitarbeiter. Das MfS hätte, wie wir heute wissen, alles getan, um die Kirchen zu destruieren. Das Studium des Stasinachlasses zeigt nämlich ebenso deutlich wie Versagen und Konspiration auch die Unerschrockenheit, den Mut und die Gradlinigkeit vieler Christen, denen es vor allem zu verdanken ist, dass die Kirchen die Gemeinschaft der Gläubigen blieben und somit auch ein Schutzraum für alle Bedrängten und Verfolgten.

---

46 BStU, Ast Halle(Sa) AIM Bd I 3324/81, 000076.
47 Vgl. *Schwarz*, Ende.
48 Ebd. 145f.
49 Ebd.

Literatur

Aktionskreis Halle (Hg.): Aktionskreis Halle (AKH). Ende der Ausgrenzung nach 40 Jahren, Leipzig 2011.

Amos, Heike: Die Vertriebenenpolitik der SED 1949 bis 1990, München 2009.

o.A.: Art. Jugendweihe, in: DDR-Handbuch I³ (1985), 692f.

Dähn, Horst: Konfrontation oder Kooperation? Das Verhältnis von Staat und Kirche in der SBZ/DDR 1945-1980, Opladen 1982.

Eisenfeld, Bernd: Art. Wehrdienstverweigerung, in: Lexikon Opposition und Widerstand in der SED-Diktatur, München 2000, 366f.

Feiereis, Konrad: Aufbruch woher – Aufbruch wohin? Herausforderungen für Gesellschaft und Kirche, in: Kirche in Not 38(1990), 32-46.

Feiereis, Konrad: Weltanschauliche Strukturen in der DDR und die Folgen für die Existenz der katholischen Christen, in: Materialien der Enquete – Kommission „Aufarbeitung und Folgen der SED – Diktatur in Deutschland" 6/1, Frankfurt/Main 1995, 610-612.

Feiereis, Konrad: Zur Situation der Kirche in den neuen Bundesländern, in: Bonifatiuswerk der deutschen Katholiken (Hg.): Priesterjahrheft 1993, Paderborn 1993, 12-23.

Arbeitsgruppe „Justitia et Pax" der Berliner Bischofskonferenz (Hg.): Gerechtigkeit – Frieden – Bewahrung der Schöpfung. Die Ergebnisse der Ökumenischen Versammlungen von Dresden-Magdeburg und Basel, Leipzig 1990.

Grütz, Reinhart: Katholizismus in der DDR-Gesellschaft. Kirchliche Leitbilder, theologische Deutungen und lebensweltliche Praxis (VKZG B 99), Paderborn u. a. 2004.

Haese, Ute: Überlegungen zur Haltung der katholischen Kirche in der DDR gegenüber der Wehrdienstfrage, in: KZG 7(1994), 236-263.

Hartelt, Konrad: Die Entwicklung der Jurisdiktionsverhältnisse der katholischen Kirche in der DDR von 1945 bis zur Gegenwart, in: Denkender Glaube in Geschichte und Gegenwart (EThSt 63), Leipzig 1992, 97-116.

Höllen, Martin: Loyale Distanz? Katholizismus und Kirchenpolitik in SBZ und DDR. Ein historischer Überblick 2: 1956-1965, Berlin 1997.

Jauer, Joachim: Gesucht: Priester, in: Jahrbuch für das Erzbistum Berlin 2010, 30-34.

Lange, Gerhard u.a. (Hg.): Katholische Kirche – sozialistischer Staat DDR. Dokumente und öffentliche Äußerungen 1945-1990, Leipzig ³1993.

Lange, Gerhard/Pruß, Ursula/Schrader, Franz/Seifert, Siegfried (Hg.): Katholische Kirche – sozialistischer Staat DDR, Dokumente und öffentliche Äußerungen 1945-1990, Leipzig ²1993.

o.A.: Man braucht eine Überzeugung, für die man lebt – damals wie heute, in: Tag des Herrn 36 (3.9.2000), 13.

Menges, Walter: Wandel und Auflösung der Konfessionszonen, in: Die Vertriebenen in Westdeutschland 3, Kiel 1959.

Pilvousek, Josef/Preuß, Elisabeth: Katholische Flüchtlinge und Vertriebene in der SBZ/DDR. Eine Bestandsaufnahme, in: Bendel, Rainer (Hg.): Vertriebene finden Heimat in der Kirche. Integrationsprozesse im geteilten Deutschland nach 1945, Köln u.a. 2008, 15-27.

Pilvousek, Josef: Die katholische Kirche in der DDR, in: Dähn, Horst (Hg.): Die Rolle der Kirchen in der DDR. Eine erste Bilanz, München 1993, 56-72.

Pilvousek, Josef: Flüchtlinge, Flucht und die Frage des Bleibens. Überlegungen zu einem traditionellen Problem der Katholiken im Osten Deutschlands, in: März, Claus-Peter (Hg.): Die ganz alltägliche Freiheit. Christsein zwischen Traum und Wirklichkeit (EthSt 65), Leipzig 1993, 9-23.

Pilvousek, Josef: Katholische Flüchtlinge in der SBZ/DDR. Gottesdiensträume und Seelsorger als Grundlagen kirchlicher Beheimatung, in: Irmfried Garbe (Hg.):Kirche im Profanen. Studien zum Verhältnis von Profanität und Kirche im 20. Jahrhundert. Festschrift für Martin Onnasch zum 65. Geburtstag (Greifswalder theologische Forschungen 18), Frankfurt/Main u.a. 2009, 333-349.

Pilvousek, Josef: Kirche im Sozialismus, in: LThK³ 9(2001), 151f.

Pilvousek, Josef: Kirche unter Diktaturen. Zur Situation der Katholiken unter nationalsozialistischer und sozialistischer Herrschaft, in: Heinrich-Theissing-Institut Schwerin (Hg.): Häusliche Andacht und himmlisches Mahl. Volksfrömmigkeit und Liturgie in katholischen Diasporagemeinden vom 17. bis ins 19. Jahrhundert, Köthen 2007, 154-164.

Pilvousek, Josef: Theologische Ausbildung und gesellschaftliche Umbrüche: 50 Jahre Katholische Theologische Hochschule und Priesterausbildung in Erfurt (EThSt 82), Leipzig 2002.

Pilvousek, Josef: Von der „Flüchtlingskirche“ zur katholischen Kirche in der DDR. Historische Anmerkungen zur Entstehung eines mitteldeutschen Katholizismus, in: Rahner, Johanna/Schambeck, Mirjam (Hg.): Zwischen Integration und Ausgrenzung. Migration, religiöse Identität(en) und Bildung – theologische reflektiert (Bamberger Theologisches Forum 13), Berlin 2011, 21-43.

Schäfer, Bernd: Staat und katholische Kirche in der DDR, Köln u.a. ²1999.

Schmitt, Karl: Der totalitäre Anspruch der Ideologie, in: Agatz, Rosemarie u. a. (Hg.): Arbeitsbuch Kirchengeschichte. Sekundarbereich II, Hannover 1986, 237f.

Scholle, Josef: Thüringische Kirchengeschichte, Heiligenstadt ²1951.

Schwartz, Michael: Vertriebene im doppelten Deutschland. Integrations- und Erinnerungspolitik in der DDR und in der Bundesrepublik, in: Vierteljahresheft für Zeitgeschichte 1(2008), 101-151.

Schwartz, Michael: Vertriebene und Umsiedlerpolitik. Integrationskonflikte in den deutschen Nachkriegs-Gesellschaften und die Assimilationsstrategien in der SBZ/DDR 1945-1961, München 2004.

Schwarz, Josef: Bis zum bitteren Ende. 35 Jahre im Dienste des Ministeriums für Staatssicherheit, Schkeuditz 1994.

Seifert, Katharina: Glaube und Politik. Die Ökumenische Versammlung in der DDR 1988/1989 (EThSt 78), Leipzig 2000.

Smith, Tom W.: Beliefs about God across Time and Countries, Chicago 2012.

Wanitschke, Matthias: Methoden und Menschbild des Ministerium für Staatssicherheit der DDR, Köln u.a. 2001.

Wanke, Joachim: Der Brief an Anja, in: St. Hedwigsblatt 35(1988), 95.

Religionsdidaktische Perspektiven

Die Vielfalt christlicher Praxis Kulturhermeneutische Perspektiven für die Fachbeiträge dieses Bandes

Klaus König

1. Kulturhermeneutische Kirchengeschichte des Alltags

Kirchengeschichte im Religionsunterricht fragt nach der Praxis von Christlichem, die im Handeln von Einzelnen, Gruppen – z.B. Kirche – und in zivilisatorischen Strukturen sichtbar wird. Sowohl die Formen dieser Praxis als auch die Wirkungen sind vielfältig. Die soziale, bildende, politische und moralische Praxis von Christlichem beeinflusst unsere gegenwärtigen kulturellen Standards. Wirtschaft, Rechtsprechung, unser Umgang miteinander, Politik und Schule bilden nur einige Bereiche, die selbstverständlich nicht ausschließlich durch Christliches geprägt sind, die ohne seinen Einfluss aber anders aussehen würden. In vielen Fällen liegt der Anteil des Christlichen an unseren zivilisatorischen Standards nicht unmittelbar auf der Hand, er ist vielmehr verdeckt, weil er sich von den binnenreligiösen Ursprüngen gelöst und in allgemeine, für uns häufig selbstverständliche Grundlagen und Praktiken übergegangen ist. Dafür steht als kleines, signifikantes Beispiel, „dass die strafrechtliche Figur der unterlassenen Hilfeleistung (§ 323c StGB) sich der Beispielgeschichte Jesu vom barmherzigen Samariter (Lk 10,25-37) verdankt."[1] Solche Prägungen erfolgten in der Regel durch Prozesse, die nur über eine historische Analyse sichtbar zu machen sind. Christliches geht und ging auf verschiedenen Wegen ins Zivilisatorische ein: Es kommt zu einer direkten Übernahme religiöser Praxis, lang geübte christliche Praktiken gewinnen eine allgemeine Plausibilität oder Konfessionelles wird in ein soziales Gefüge integriert, um sich von einer anderen sozialen Identität abzusetzen. Unterricht und Wissenschaft fragen von verschiedenen Positionen aus nach den zivilisatorischen Wirkungen von Christlichem. Zunächst lassen sich konkrete Folgen biblischer Motive erarbeiten[2] oder es wird umgekehrt von kulturellen Beständen ausgegangen, deren Herkunft aus der Christentumsgeschichte zu klären ist. Auch der Vergleich mit anderen Religionskulturen kann gewordene christliche Implikationen unserer Zivilisation aufdecken oder Ereignisse und Prozesse aus der Kirchengeschichte gehen langsam, manchmal auch komplex in die Grundlagen unserer Kultur ein.[3]

---

1 *Huber*, Nutzen 11.
2 Vgl. *Huber*, Tradition 76-81.
3 Vgl. ausführlicher und mit Beispielen *König*, Inkulturationsgeschichte 41-47.

Kirchengeschichtswissenschaft, die sich diesem kulturhermeneutischen Blick auf Christliches stellt, beschreibt Prozesse und Entwicklungen, sodass sie aus gegenwärtig bestimmbaren Orientierungsbedürfnissen heraus verstanden und gedeutet werden können. Sie thematisiert, wie für eine individuelle oder gesellschaftliche Praxis Christliches in Anspruch genommen wurde.[4] Die Inanspruchnahme von Christlichem wird vor allem in alltäglichen Vollzügen konkret. Die lebensweltlichen Wirkungen und Konkretionen von Christlichem sind für Lernende elementar, weil sie verdeutlichen, dass Religion – besonders das Christentum – keine folgenlose Debatte um Lehren und Wahrheiten ist. Deshalb bedarf Kirchengeschichte im Religionsunterricht einer alltagsweltlichen Ausrichtung. Alltag wird hier verstanden als das Ensemble von Lebensgestaltungen, die immer wiederkehren. Alltägliches soll dabei wesentlich individuelle Erfahrungen Betroffener widerspiegeln. Dies bedeutet, den Alltag von Menschen aus allen Schichten zu thematisieren, ob von kaum bekannten Personen bis hin zu kirchlicher Prominenz oder religiösen Virtuosen. Alltagsgeschichte ist demnach nicht deckungsgleich mit einer Geschichte von unten.

Zudem stellt Alltagsgeschichte keine pointillistische Ansammlung von Erfahrungen vor. In der Betonung des Alltäglichen liegen vielmehr auch Hintergründe, die einerseits von den Erfahrungen Einzelner aus erhoben und andererseits von ihnen konkretisiert, hin und wieder auch gebrochen oder verändert werden können. Diese Doppelbewegung kann eine drohende institutionelle Schlagseite der Kirchengeschichte korrigieren, weil sie zeigt, wie konkrete religiöse Praktiken mit institutionellen und lehrhaften Vorgaben interagieren, sodass sich beide bewegen. Wird dies kirchengeschichtsdidaktisch umgesetzt, kann Kirchengeschichte im Religionsunterricht weder moralisierend sein noch auf positive Modelle des Glaubens beschränkt werden. Alltagsgeschichte erzählt von der heterogenen Vielfalt, mit Christentum praktisch umzugehen, sie entfaltet einen produktiven Reichtum an Perspektiven, der Bedingtheiten, Umstände und Besonderheiten einschließt. Auf diese Weise kann Religionsunterricht, der Kirchengeschichte thematisiert, anbieten, unter gegenwärtig differenten Umständen ganz unterschiedliche Praxisformen des Christlichen zu erleben und zu probieren. Um es einmal pointiert zu formulieren: Alltagsbezogene Kirchengeschichte ist Kritik an allzu normierter Festlegung christlich ambitionierter Praxis.

2. Didaktische Transformation

Die didaktische Wertschätzung einer alltagsbezogenen Kirchengeschichte muss vor einem Missverständnis warnen, das in ihrer unmittelbaren bil-

[4] Vgl. *Beutel*, Kirchengeschichte 88.

dungswirksamen Bedeutung liegen könnte. Christliche Praxis des Alltags hat keine selbstverständliche, nur schon aus ihrem Gegenstand und ihrer wissenschaftlichen Bearbeitung gegebene Nähe zur Gegenwart und zu den Bildungsbedürfnissen der Lernenden. Sie kann ebenso fremd, unverständlich und vielleicht sogar belanglos sein wie z.B. eine institutionelle Ereignisgeschichte. Erst die didaktische Transformation wissenschaftlich erarbeiteter Geschichte erhebt ihren Bildungswert für religiöse Lernprozesse in der Schule. Die Transformation bedeutet keinen Eingriff in die fachliche Substanz, sie will vielmehr eine Perspektive verdeutlichen, unter der die Eigenart des historisch Erhobenen für bestimmbare Bildungsbedürfnisse zur Geltung kommt. Ein erster, eher heuristischer Blickwinkel wird durch den Zusammenhang von christlicher Praxis und Alltagsgeschichte hergestellt. Die eigentliche didaktische Transformation kann auf verschiedenen Wegen erfolgen, die vom Grundkonzept religiösen Lernens abhängen. Ein Weg, der durchaus unterschiedliche intentionale, lerntheoretische und methodische Spielräume eröffnet, ist hermeneutisch konturiert. Er versucht, die historischen Gehalte – wie sie z.B. in den fachlichen Beiträgen dieses Bandes präsentiert werden – als Antworten zu verstehen, für die religiös bildungsbedeutsame Fragen zu stellen sind. Diese Zugänge verengen einerseits den fachlichen Gehalt, weil sie einen Akzent aus mehreren Möglichkeiten auswählen. Sie eröffnen andererseits eine Bearbeitung des fachlichen Gehalts, da sie ein religiös relevantes Erkenntnisinteresse ausdrücken, das Zusammenhänge unterschiedlicher Art herstellen lässt und für die Bearbeitung der Frage historisch exemplarisch orientiert.

Die religionsdidaktische Basis dieser Transformationen besteht in der Funktion von Kirchengeschichte in religiösen Lernprozessen: In ihnen wird nicht Kirchengeschichte gelernt – dies vollzieht in Ausschnitten das Fach Geschichte[5] –, sondern anhand von Geschichte wird religiös gelernt. Von daher verbietet sich eine deduktive Didaktik, die ausgewählte Gehalte, Brennpunkte, Ereignisfolgen oder Längsschnitte aus der Fachwissenschaft in Chronologien oder Fallbeispielen reduziert übernimmt.

3. Religionsdidaktische Perspektiven

3.1 Voraussetzung: Christliches verstehen

Viele Jugendliche erkennen und erfahren kaum einen Zusammenhang zwischen dem kirchlichen Christentum und den Routinen ihres Alltags. Allenfalls wird dem kirchlichen Christentum eine Zuständigkeit für die Festtage und Grenzbereiche des Lebens zuerkannt, aber auch hier wirken die Sprache

---

5 Vgl. *Schreiber,* Dimension.

und die Formen kirchlicher Verkündigung und Liturgie fremd. Kirche und Christentum erscheinen immer mehr als selbstreferentielle Systeme, die durch ihre Traditionsorientierung mit den Anforderungen gegenwärtiger Alltagsbewältigung kaum korrelieren. Wie ein Zusammenhang zwischen Alltag und kirchlichem Christentum überhaupt hergestellt werden und funktionieren könnte, ist eine Frage, die sich stellt, weil viele Lernende kaum mehr über einen entsprechenden Erfahrungshorizont verfügen.

Die Germanenmission durch den Hl. Bonifatius (vgl. *von Padberg*)[6] lässt sich von diesem Fragerahmen her bearbeiten. Da Mission für eine Religion wirbt, muss sie auf die Verstehensbedingungen und die alltägliche Praxis der Adressaten eingehen, um wirken zu können. Die sozioökologischen Voraussetzungen des Christentums passten für die Germanenmission zunächst nicht: Zwar hat das Christentum seine Ursprünge in ländlichen Lebensverhältnissen, seine soziologisch relevante Ausprägung erhielt es jedoch in der urbanen Antike. „Mit dem Wechsel vom Land in die Stadt hängt wahrscheinlich zusammen, dass die konkreten und anschaulichen Bilder der synoptischen Tradition immer mehr zugunsten abstrakter Gedankengänge zurücktreten: Die urchristliche Literatur wird theologischer, spekulativer, reflexiver.“[7] Die von hellenistischer Bildung, Hausgemeinschaften, sozial-urbaner Differenzierung geprägte Religion trifft auf eine agrarische Stammesgesellschaft, die weitgehend illiterat, hierarchisch strukturiert und von einer archaischen Naturreligion geformt ist.

Die Missionare waren zu einer Hermeneutik des Christlichen aufgefordert, die dem Alltag der Adressaten entgegenkam. Elemente waren z.B. die Reduktion der Predigt auf einige Grundsätze (vgl. *von Padberg* 71), die Tatmission (vgl. *von Padberg* 71-73), die Einführung von Heiligen mit den zu erwartenden Wunderereignissen (vgl. *von Padberg* 75) sowie Massentaufen, die die hierarchische Stammesstruktur berücksichtigten, da Zugehörigkeit u. A. durch eine gemeinsame religiöse Praxis definiert wurde. Die neue Religion musste zudem auf andere Weise als in der Antike der Lebenspraxis dienlich sein. Dies geschah direkt z.B. durch die agrarischen Innovationen der Klöster, indirekt durch den Aufbau eines stammesübergreifenden religiösen und kulturellen Raumes (vgl. *von Padberg* 79), der die Stämme aus ihrer Isolation befreite und zu einem veränderten Selbstverständnis führte.

Die Alltagsgeschichte des Missionars Bonifatius kann verdeutlichen, wie die christliche Religion exemplarisch für fremde Verstehensvoraussetzungen in Ansätzen verstehbar wird. Das Christentum zeigt sich dabei nicht als fertiges System, das von oben herab den Alltag der Menschen dominiert und formt. Es verflüssigt sich vielmehr und kreiert neue Aussage- und Praxisformen, die dem betreffenden Alltag entgegenkommen. Je konkreter und alltagsbezogener dieser Prozess bearbeitet wird, desto deutlicher sind die

---

6 Die Verweise auf die Beiträge dieses Bandes erscheinen im Text, andere Literaturhinweise finden sich in den Fußnoten.

7 *Theißen,* Soziologie 109.

Fragen, die sich an ihn stellen, z.B.: Wer verantwortet diese Verflüssigungen, wer setzt Grenzen (vgl. *von Padberg* sowie mit einem durchaus vergleichbaren Hintergrund *Pöpping*)? Wie erfolgreich war dieser hermeneutische Prozess in der Praxis? Welche Mittel wurden bei einem Misserfolg eingesetzt? Wie lässt sich die praktische Hermeneutik der Germanenmission auf das Verhältnis von christlicher Religion und Alltag prinzipiell übertragen?

Dieser didaktische Zuschnitt der Germanenmission ermöglicht religiöses Lernen auf verschiedenen Ebenen: Kommt es darauf an, dass die Schüler/innen etwas über Religion lernen, können sie Mechanismen einer Mission beschreiben und diese in ein Verhältnis z.B. zur inkarnatorischen Dimension des Christentums setzen. Sollen die Lernenden primär von Religion lernen, können sie die Hermeneutik des Missionsprozesses verallgemeinern und Kriterien benennen, die eine Werbung für eigene Grundüberzeugungen erfüllen muss. Steht die Weiterentwicklung der personalen christlichen Religiosität im Vordergrund, lässt sich aus dem Missionsprozess die Berechtigung ableiten, die je eigenen Verstehens- und Praxismöglichkeiten mit Christlichem in tradierter Form zu konfrontieren. Dies bedeutet auch, dass sich Christliches nicht nur phylo-, sondern auch ontogenetisch langsam entwickeln darf.

3.2 Fundament: Christliches formt Praxis des Alltags

Wie Christliches den Alltag von Menschen gestaltet, wird im Religionsunterricht vielfach an solchen Personen verdeutlicht, die sich situativ oder strukturell in besonderer Weise von christlichen Motiven leiten lassen. Dabei kommen local heroes oder große Gestalten des Glaubens aus Geschichte und Gegenwart in vielfacher Weise zum Einsatz. Sie dienen als Modelle, die die Lernenden in Auseinandersetzungen um eine konkrete Praxis des Christlichen verwickeln.[8] Diese auf Einzelpersonen bezogene Arbeit besitzt den Vorteil, konkrete Praxis vorstellen und sie als anregende Potenz wahrnehmen zu können. Der Nachteil liegt in der Einseitigkeit des Praxisbegriffs: Eine strukturelle, institutionelle und zivilisatorisch wirksame Praxis von Christlichem wird vernachlässigt. Sie ist vorhanden, weil Christliches durch eine mehr als tausendjährige Geschichte auf verschiedenen Wegen unsere Zivilisation mitgeprägt hat. Dabei wurden Elemente des Christlichen so transformiert, dass sie zu selbstverständlichen Vorgaben und institutionellen Handlungsmustern unserer Zivilisation gehören.[9]

Wenn Schüler/innen nach dem Proprium christlicher Praxis und konkreten Handlungsformen fragen, ist die zivilisatorische Dimension von Christli-

---

8 Vgl. die empirische Überprüfung dieser Intention mit ihren umsichtigen Schlussfolgerungen bei *Kuhn*, Biographien.

9 Eine Einführung in grundsätzliche Aspekte dieser Prägungen bietet *Maier*, Welt; vertiefte historische Analysen z.B. bei *Mitterauer*, Europa.

chem zu berücksichtigen, weil sie Teil einer Praxis ist, die die Lernenden umgibt und betrifft. Sie fragen also nicht voraussetzungslos, sondern sind in bestimmte Praxisformen des Christlichen schon hineingeboren. Wenn Teile christlicher Praxis zur zivilisatorischen Norm geworden sind, erschwert diese Normalität ihre Wahrnehmung. Das kann zu einer Fixierung auf individuelle Praxis führen, die sich vom zivilisatorischen Mainstream absetzt, womit zwar ein wichtiger, vielleicht sogar prophetischer Aspekt thematisiert wird, der aber durch die Unkenntnis der anderen, inkulturierten Seite christlich motivierter Praxis einen fragwürdigen Akzent erhält.

Unter dieser didaktischen Perspektive lässt sich der Blick auf eine kirchengeschichtliche Alltagsgeschichte ergänzen. Sie ist nicht nur eine Geschichte des Alltags, sondern kann auch eine Geschichte für die Herkunft des gegenwärtigen Alltags sein. Beide Dimensionen können miteinander korrespondieren, insofern alltägliche Routinen aus der Vergangenheit auch für eine religiöse Praxis im gegenwärtigen Alltag virulent sind. Mit Blick auf die inkulturierte Seite christlicher Praxis können aber auch strukturelle Prozesse erarbeitet werden, wenn sie historisch konkret und für den gegenwärtigen Alltag bedeutsam sind. Zwei kirchenhistorische Beiträge dieses Bandes eignen sich in besonderer Weise für die Umsetzung dieser didaktischen Perspektive.

Im Gespräch über die Wallfahrt nach Grimmenthal (vgl. *Schuster*) überzeugt der lutherisch gesinnte Handwerker den Mönch, seine Kutte auszuziehen, das Ordensleben aufzugeben und im Bergbau nach Arbeit zu suchen. Die theologische Basis dieser persönlich sehr bedeutsamen Entscheidung liegt im lutherisch akzentuierten Topos der Priesterschaft aller Gläubigen, der dem Ordensstand seine Legitimität entzog, da die klösterliche *vita contemplativa* als ein privilegierter Heilsweg nicht mehr den Vorgaben der Hl. Schrift entsprach. Die bis dahin eher übliche Verachtung der Bauern und z.T. auch der Handwerker wandelte sich zur Vorstellung, nach der nicht der monastische Müßiggang, sondern die einfache Handarbeit die eigentliche, evangeliumsgemäße Lebensform sei. Die Verwandlung des Grimmenthaler Mönchs in einen Arbeiter sowie der entökonomisierte Heilserwerb zeigen in verdichteter Form das reformatorisch bestimmte Arbeitsethos. Die Arbeit um Gottes und des Nächsten willen war also nicht mehr einzelnen, vor allem geistlichen Lebensformen vorbehalten, die Reformatoren übertrugen es „mit radikaler Entschiedenheit auf *alle* Gläubigen, *alle* Tätigkeiten, *alles* Handeln von Christen in der Welt.“[10] Die weitere Entwicklung verdeutlicht, wie sich in Kombination mit einer zunehmend differenzierten Arbeitswelt das christliche Motiv in einer nicht unbedingt intendierten Weise verallgemeinert hat – Arbeit erfährt höchste Wertschätzung. Wie dieser Prozess gegenwärtig unter religiös-ethischen Gesichtspunkten zu bewerten ist, kann durch historische Kategorien nicht entschieden werden.

---

[10] *Maier*, Welt 76.

Nicht nur der hohe Stellenwert von Arbeit, sondern auch die Wertschätzung von Kindern prägt den gegenwärtigen Alltag. Zurzeit können beide Aspekte in vielen Familien in einen Konflikt zueinander geraten, historisch zeigt sich eher eine parallele Entwicklung. Auch für den Schutz und die Förderung von Kindern spielen Aspekte christlicher Anthropologie eine „bahnbrechende Rolle“ (*Lutterbach* 35). Die zivilisatorisch-normative Selbstverständlichkeit von Kinderschutz und Förderung wird in ihrer Eigentümlichkeit erst durch den Vergleich mit den anderen Maximen der Antike deutlich. Zudem bildet die Umsetzung anthropologischer Überzeugungen in Vereinbarungen und Rechtsnormen keine gradlinige Erfolgsgeschichte (vgl. *Lutterbach* 38-40). Der konkrete geschichtliche Prozess macht vielmehr darauf aufmerksam, wie fragil und gefährdet der Schutz und die Förderung von Kindern sind. Dabei gewinnt die theologische Grundannahme nur eine praktische Plausibilität, wenn sie in einer Wechselwirkung mit zivilisatorischen Erfordernissen steht. Sie setzt sich mithilfe spätmittelalterlicher und neuzeitlicher Bildungserfordernisse durch und fördert sie zugleich. Zuletzt weist die Vernachlässigung der Partizipationsrechte von Kindern durch die christliche Tradition nach, dass das Christentum selbstverständlich nicht die einzige Triebfeder zivilisatorischer Entwicklung ist.

Für religiöses Lernen tragen solche Wirkungsgeschichten dazu bei, christliche Praxis weniger mit einem religiösen Virtuosentum zu verknüpfen. Die historisch nachvollziehbare Transformation christlicher Aspekte ins zivilisatorisch Normale birgt eine strukturelle Entlastung. Eine christlich ambitionierte Praxis ist weder nur den Einzelnen aufgegeben noch an eine kirchliche Gemeinschaft gebunden.

3.3 Konflikt: Sach- und Werturteil trennen

Eine Annäherung an die Praxis von Christlichem ist häufig affektiv und normativ aufgeladen. Die weitgehenden jesuanisch-neutestamentlichen Vorgaben, von denen her sich Kirche als Nachfolgegemeinschaft versteht, sowie die radikale Umsetzung von einigen historischen Personen setzen Maßstäbe, die von einer Vielzahl von Gläubigen in Vergangenheit und Gegenwart nicht immer annähernd umgesetzt werden. Die Anwendung von Gewalt im Namen Jesu Christi, Verfolgung Andersdenkender, Intoleranz sowie die Missachtung von Frauen bilden nur einige Beispiele, die einen tiefen Graben von Anspruch und Wirklichkeit markieren. Vor allem für Jugendliche, die auf eine Verwässerung von normativen Gehalten durch angebliche Sachzwänge sensibel reagieren, ist es schwierig, einen Zugang zu christlicher Praxis zu finden, der nicht von vornherein durch Werturteile bestimmt ist. Kirchengeschichtsdidaktisch gilt schon seit vielen Jahren, dass eine apologetische Bearbeitung christlich-kirchlicher Praxis obsolet ist, weil sie weder sachlich stimmt, noch der religiösen Bildung der Lernenden irgendeinen Dienst erweist. Eine Basiskompetenz religiösen Lernens an Geschichte liegt vielmehr in der bewussten Trennung von Sach- und Werturteil in Bezug auf das Handeln in der Vergangenheit.[11] Dabei kommt dem historisch angemessenen Sachurteil die Funktion zu, die Verkettung von zeitgenössischen Umständen einer Praxis wahrnehmen und einordnen zu können. Das darauf folgende Werturteil liegt außerhalb der eigentlichen historischen Bearbeitung und kann eine sachlich fundierte, theologische oder persönliche Bewertung des Geschehens beinhalten. Diese Trennung wendet sich gegen eine umstandslose Bewertung vergangener Praxis durch richtig und falsch oder gut und böse, sie verneint aber auch eine Nivellierung des Geschehenen, das seine Beurteilung nur aus den historischen Umständen und deren Wertvorstellungen für möglich hält.

Selbstverständlich trifft die Unterscheidung von Sach- und Werturteil auf alle historischen Themen religiösen Lernens zu. Sie ist jedoch besonders interessant, wenn sich historische Prozesse von heute aus gesehen als konflikthaltig zwischen biblisch-christlichen Vorgaben und tatsächlicher Praxis zeigen. Denn gerade in diesen Fällen ist mit bereits festen Werturteilen der Lernenden zu rechnen, die es zunächst von der Sache her zu bearbeiten gilt, damit die Schüler/innen sie danach kompetenter fällen können. Alltagsgeschichte macht solche Konflikte anschaulich, sie demonstriert zudem ihre Komplexität im Geflecht von Gewohnheiten, politischer oder kirchlicher Machtausübung und divergierenden Handlungszielen.

Zu den inzwischen klassischen Konfliktthemen vergangener christlicher Praxis – Judenverfolgung (vgl. *Jung*), Kreuzzüge (vgl. *Berner*) und Hexenprozesse (vgl. *Voltmer*) – betonen die vorliegenden Fachbeiträge die grundlegende Bedeutung der Sache, die historische Forschung differenziert erhebt und bisherige Ergebnisse modifiziert. Ein präziser Sachstand bildet selbstverständlich eine elementare Grundlage religiösen Lernens. Die Fachbeiträge dieses Bandes können aber auch das historische Fundament für die Bearbeitung der Themen im Geschichtsunterricht bilden. Das ist plausibel, weil historische Forschung mit einem Methodenrepertoire und unter einem wissenschaftlichen Selbstverständnis arbeitet, das nicht zwischen einer religions- oder geschichtsunterrichtlichen Umsetzung unterscheiden darf. Insofern muss das Proprium religiösen Lernens didaktisch verdeutlicht werden. Die didaktische Perspektive liegt sowohl auf der Ebene des Sach- wie auf der des Werturteils.

Von der Sache her gewinnt Geschichte im Religionsunterricht seine eigene Kontur, wenn die historische Bearbeitung der angesprochenen Konfliktthemen durch theologisch ambitionierte Erklärungen oder Reflexionen begleitet wird. Da nicht nur die Frage geklärt werden soll, was denn geschehen ist, sondern auch warum, können hier die beiden angesprochenen Fächer unterschiedliche Akzente setzen. Konkret könnte im Religionsunterricht z.B.

---

11 Vgl. *Hasberg*, Kirchengeschichte 465.

nach den eschatologischen Motivationen der Kreuzfahrer/innen gefragt werden, nach der Erkenntnis und Abwehr von dämonisch Bösem, für das viele Hexen, standen oder nach den religiösen Hintergründen einer Abgrenzung des Judentums vom Christentum. Wie sieht denn eine Frömmigkeit, ein christlicher Glaube aus, der sich aktiv in Kreuzzüge, Judenverfolgung und Hexenprozesse hineinbegibt? In welchen alltäglichen Formen zeigt sich hier eine bestimmbare Ausprägung von Religiosität, zu der gegenwärtig Lernende in einen sach- und wertorientierten Dialog treten sollen?

Die Vertiefung eines angemessenen Werturteils verschränkt den Zugang zur Vergangenheit mit gegenwärtigen Werthaltungen. Dabei werden – wieder nur beispielsweise – die sachlich-theologischen Bezüge aufgenommen, die Linien aus der Vergangenheit sichtbar machen: Wie lassen sich mit Blick auf die Kreuzzüge Kriterien für eine eschatologische motivierte Praxis finden? Welche christlich motivierten Praktiken bestehen, um Böses zu erkennen und mit ihm umzugehen? Wie kann auf dem historischen Hintergrund ein Verhältnis zum Judentum gefunden und praktiziert werden?

Ein besonders interessantes, noch kein klassisches Konfliktthema bildet im Zusammengang von Sach- und Werturteil das Verhalten von deutschen Kriegspfarrern an der Ostfront des 2. Weltkriegs (vgl. *Pöpping*). Es zeigt sich, wie Kriegspfarrer ihr eigenes Selbstverständnis entwickelt haben, sich den Anforderungen der Kriegsseelsorge durch eine Selektion bestimmter christlicher Gehalte gestellt und dadurch systemadäquat funktioniert haben. Die Bearbeitung von möglichen Dilemmata der Beteiligten kann die Diskussion um ein Werturteil dieser Kriegspraxis differenziert in Gang bringen (vgl. *Riegel*, Dilemma-Methode).

3.4 Unterbrechung: Christliche Praxis als Alternative

Da einerseits für viele Schüler/innen das Christentum immer mehr zu einer unbekannten Religion wird, es andererseits aber in vielen Aspekten zu den wenig auffälligen Merkmalen unserer bürgerlich strukturierten Zivilisation gehört, gibt es kaum Eigen- oder gegenwärtige Fremderfahrungen, die einen alltagsunterbrechenden Charakter von Christlichem bezeugen. Diesen Mangel kann Religionsunterricht nicht prinzipiell und erfahrungsgesättigt beheben. Er kann aber einen prophetisch-christlichen Impuls aufnehmen, der Leben nicht nur in den Vorgaben und Anforderungen des Alltags aufgehen lässt. Statt Kontingenzen nur alltagswirksam zu bewältigen, kann Christliches auch Kontingenzen insofern verschärfen, als es eine Sehnsucht thematisiert, die sich durchaus auch als Unzufriedenheit mit Alltäglichem aussagen lässt. Damit dies nicht diffus-schwärmerisch oder utopisch-jenseitig gerät, erdet ein Blick in tatsächliche Unterbrechungen der Vergangenheit diese Signatur des Christlichen. Anschaulich und leichter greifbar wird diese Signatur unter kulturellen Vorzeichen, die nicht oder weniger von christlicher Praxis berührt sind, weil dort ihre alternative Funktion deutlicher hervortritt. Zwei Fachbeiträge zeigen auf exemplarische Weise zwei unterschiedliche Wege, wie eine Alltagsunterbrechung praktiziert werden kann.

Die Christen in der DDR sahen sich angesichts einer totalitären Ideologie und eines repressiven staatlichen Apparates vor die Aufgabe gestellt, als Einzelne mit Unterstützung der kirchlichen Gemeinschaften christliche Praxis so zu gestalten, dass sie in ausgewählten Praxisfeldern sichtbar wurde (vgl. *Pilvousek*), ohne ganz vom Leben der DDR ausgeschlossen zu werden. Hier musste der vorgezeichnete Alltag unterbrochen werden, um überhaupt Christliches als Alternative zur Geltung zu bringen.

Ganz anders sieht der Weg des jungen Augustinus in der pluralen Welt der Spätantike aus: Seine Form der Suche praktiziert einen Alltag, der weniger vom Christentum her als auf das Christentum hin Alternativen zu einer erfolgreichen Karriere in den Bahnen spätantiker Gesellschaft findet (vgl. *Hoffmann*). Augustinus demonstriert, dass die Frage nach einem stimmigen Leben die Wurzel dafür bildet, Alltag nicht einfach als vorgegebene Struktur zu akzeptieren. Dabei zeigt seine Lebensgeschichte auch, wie eine Suche nicht von selbst zu radikalen Veränderungen der äußeren Lebensform führen muss – Augustinus wird z.B. kein Einsiedler. Es gelingt ihm vielmehr, erreichte Stationen immer neu zu befragen und daraus neue Überzeugungen und Praktiken zu gewinnen.

In religiösen Lernprozessen solche Wege der Alltagsreflexion anzubieten, ist ein erster Schritt, der auf eine eigene Formation christlicher Praxis aufmerksam macht. Ob Unterricht für einen historisch ausgerichteten Inhalt gegenwärtige Strukturanalogien anbieten muss oder ob solche Wege ein Potential besitzen, das die Lernenden für sich bearbeiten, kann nur in einer konkreten Unterrichtswirklichkeit entschieden werden.

Literatur

Beutel, Albrecht: Vom Nutzen und Nachteil der Kirchengeschichte, in: ZThK 94 (1997), 84-110.

Hasberg, Wolfgang: Kirchengeschichte in der Sekundarstufe I, Trier 1994.

Huber, Wolfgang: Vom Nutzen und Nachteil von Traditionen für das Leben. Die Kirchenväter und die Kirche von morgen, in: EvTh 63(2003), 8-24.

Huber, Wolfgang: Die jüdisch-christliche Tradition, in: Joas, Hans/Wiegandt, Klaus (Hg.): Die kulturellen Werte Europas, Frankfurt 2005, 69-92.

König, Klaus: Kirchengeschichte als Inkulturationsgeschichte von Christlichem (re-) konstruieren, in: Büttner, Gerhard u.a. (Hg.): Religion lernen (Jahrbuch für konstruktivistische Religionsdidaktik 2), Hannover 2011, 38-52.

Kuhn, Karola: An fremden Biographien lernen! Ein religionspädagogischer Beitrag zur Unterrichtsforschung, Berlin 2010.

Maier, Hans: Welt ohne Christentum – was wäre anders?, Freiburg 1999.

Mitterauer, Michael: Warum Europa? Mittelalterliche Grundlagen eines Sonderwegs, München 2003.

Schreiber, Waltraut (Hg.): Die religiöse Dimension im Geschichtsunterricht an Europas Schulen. Ein interdisziplinäres Forschungsprojekt, Neuried 2000.

Theißen, Gerd: Soziologie der Jesusbewegung, München 1977.

Kirchengeschichte erzählend verorten

Heidrun Dierk

1. Vorüberlegungen

Der Titel des Beitrags könnte den Verdacht erwecken, dass hiermit die alte Lehrererzählung fröhliche Urständ feiert. Sie hat den Kirchengeschichtsunterricht geprägt,[1] bis sie im Zuge der kritischen und problemorientierten Religionsdidaktik von einer auf Quellenstudium beruhenden Kirchengeschichtsdidaktik abgelöst wurde, deren ausdrucksstärkstes Zeugnis, die „Brennpunkte der Kirchengeschichte", zum Teil bis heute in Gebrauch sind. Inzwischen ist das Urteil über die Lehrererzählung im (kirchen-)historischen Unterricht wieder milder geworden. Es ist evident, dass man erzählen muss, wenn Bilder und Vorstellungen über Kirchengeschichte im Sinne kirchengeschichtlicher Zusammenhänge bei den Lernenden entstehen sollen. Insofern ist die Lehrererzählung eine unverzichtbare Chance, Kirchengeschichte lebendig werden zu lassen. Dieser Aspekt, der auch eine genderspezifische Option aufweist, soll im ersten Abschnitt des Beitrags erläutert werden.

Von dieser Ebene sind erkenntnistheoretisch bzw. fachwissenschaftlich und didaktisch zwei weitere Ebenen zu unterscheiden. Zum einen geht es auf der erkenntnistheoretischen Metaebene um die Entdeckung bzw. Hinführung zur Einsicht, dass Kirchengeschichte und Kirchengeschichtsschreibung voneinander zu unterscheiden sind, mit anderen Worten um die Einsicht in die Konstruktivität dessen, was wir „Kirchengeschichte" nennen. Mit dieser Frage setzt sich der zweite Teil des Beitrags auseinander.

Schließlich geht es auf einer dritten Ebene um die Möglichkeit, dass Schüler/innen selber „Kirchengeschichte schreiben", nicht im Sinne kreativer, fiktiver Schreibprozesse, sondern im Sinne „echter", auf Quellenstudium beruhender Kirchenhistoriographie, wie sie von Kirchenhistoriker-/innen betrieben wird.

Eine Beachtung und Verknüpfung dieser drei Ebenen von Narrativität im Kirchengeschichte thematisierenden Religionsunterricht kann den Lernenden helfen, deren Perspektivität und Konstruiertheit zu erkennen und den Wahrheitsbegriff von „Geschichte" zu hinterfragen. Gleichzeitig gewinnen sie

---

[1] Vgl. zur geschichtsdidaktischen Kritik *Schörken*, Historische Imagination 117-121, die im Wesentlichen auch für Bearbeitung kirchengeschichtlicher Themen im Religionsunterricht gilt. Religionsdidaktisch verschärft sich die Kritik, da sie mit einer affirmativen/ apologetischen Intention einhergeht. Dazu auch die Beispiele in *Geck*, Kirchengeschichte 7-26.

Vorstellungen vom Glauben und Denken der Menschen, die diese „Geschichte“ gemacht und geprägt oder erlitten haben. Da Schüler/innen nach Martens bis in die gymnasiale Oberstufe hinein dazu neigen, die Konstruiertheit von Geschichte zu verkennen und gleichzeitig ihren eigenen Standpunkt unter der Perspektive „Fortschritt gegenüber der Vergangenheit“ zu verabsolutieren,[2] sind alle drei Aspekte notwendig für einen pluralitätsfähigen Religionsunterricht, der eigene Standpunkte in ihrer Relativität gegenüber anderen Standpunkten benennen und vertreten kann.

2. Lehrererzählung als Medium zur Thematisierung von Kirchengeschichte im Religionsunterricht

Mit Hans-Jürgen Pandel kann man sagen, dass Geschichtsschreibung eine sinnbildende Zeiterfahrung ermöglichen soll. Meiner Ansicht nach gilt für die Lehrererzählung zur Erarbeitung kirchengeschichtlicher Themen im Unterricht dasselbe wie für (Kirchen-)Geschichtsschreibung als solche:

> „In methodisch geregelter Weise wird Vergangenheitserfahrung in der Geschichtswissenschaft rational mitgeteilt (Objektivität). Das Dargestellte ist intersubjektiv überprüfbar. Prinzipiell besteht zwischen dem alltagsweltlichen Erzählen, das auf Erinnerungen beruht und der professionellen Geschichtsschreibung, die sich auf Quellen stützt, kein Unterschied. Das geschichtswissenschaftliche historische Erzählen ist aber aus dem alltäglichen Handlungszusammenhang ausgegliedert und zu einem aus der Alltagspraxis ausgekoppelten Diskurs geworden. Der Historiker ist an dem Zusammenhang, den er darstellt, selbst nicht beteiligt. ... Auch die moderne Geschichtswissenschaft erzählt, unterbricht ihren Erzählfluss aber durch reflektierende Passagen. Insofern kann man die moderne Geschichtsschreibung als *diskursiv angereicherte Erzählung* bezeichnen.“[3]

Hier setzt auch die genuin kirchengeschichtliche Perspektive, die „Denkform Kirchengeschichte“ (Norbert Brox) an, die im Wesentlichen dadurch gekennzeichnet ist, dass sie theologische Kriterien an die Geschichte anlegt und sichtbar werden lässt, dass theologische Einstellungen oder Grundmotive Deutungs- und Strukturierungskategorien sind.[4] Diesen Gedanken kann man noch in anderer Hinsicht vertiefen. Nach Pandel zeichnet sich historisches Erzählen durch Retrospektivität (Ex-Post-Position des Historikers/der Historikerin), Temporalität (Herstellung von Zeitverlaufsvorstellungen), Selektivität (Auswahl der erzählten Handlungen), Konstruktivität (planvolle, erklärende Erzählungen) und Partialität (räumliche, thematische, zeitliche

---

2 Vgl. *Martens*, Implizites Wissen 284-297.

3 *Pandel*, Historisches Erzählen 25f. Pandel sieht das so genannte historiographische Erzählen im Unterricht zwar kritisch, aber ich sehe dazu keine wirkliche Alternative. Vgl. ebd. 39f.

4 Vgl. dazu ausführlich *Dierk*, Kirchengeschichte elementar; *Dierk*, Kirchengeschichte elementar unterrichten.

Begrenztheit) aus.[5] Trotz dieser perspektivischen Begrenzungen bleiben historische Erzählungen auf ein fiktives Ganzes „der" Geschichte bezogen, das sie stillschweigend voraussetzen.

Kirchengeschichtliches Erzählen ist bezogen auf das „Ganze" der Christentumsgeschichte bzw. der Tradition, von der es geprägt ist und die es seinerseits prägt. Von daher ist es wichtig und notwendig, kirchengeschichtliche Erzählung sachgerecht zu verorten. Auch hier kann eine Anbindung an die Grundmotive hilfreich sein, z.B. im Sinne der Motivgeschichte.

Neben diesen fachwissenschaftlich ausgerichteten Gründen für einen narrativen Zugang zur Kirchengeschichte sprechen auch genuin didaktische Reflexionen dafür, Kirchengeschichte zu erzählen. Matthias Martens hat in seiner Studie zum Umgang von Schüler/inne/n an Realschulen und Gymnasien eine gewisse Geschlechtertypik festgestellt bzw. bestätigt, nämlich eine „Orientierung der Jungen an Verfügungswissen, an Informationen, Daten und Fakten"[6], während bei Mädchen die Beschäftigung mit Geschichte auf „empathischen Nachvollzug der Innenperspektive der historisch Handelnden, ein Sich-Hineinversetzen in die Akteure sowie die Kontexte und Bedingungen ihres Handelns"[7] zielt.

Eine kirchengeschichtliche Erzählung sollte daher beide Denkstile berücksichtigen und neben der Ermöglichung konkreter, quellengestützter Vorstellungen über die Geschehnisse die Erschließung handlungsleitender Motive fördern, so dass die Wahrnehmungs-, Deutungs- und Urteilskompetenz im Bereich der Kirchengeschichte gefördert werden können.[8] Ein gelungenes Beispiel ist meiner Ansicht nach Manfred Mais Erzählung über den Bauernkrieg, die Informationen, Quellen und Handlungsmotive sinnerschließend miteinander verknüpft.[9]

3. Kirchenhistorie und Kirchenhistoriographie

Schon Kinder machen die Erfahrung, dass – wenn zwei oder mehr Menschen von „demselben" Erlebnis berichten – ganz unterschiedliche Erzählversionen entstehen, da Erfahrungsraum, Befindlichkeiten, Standpunkte des Subjekts die Wahrnehmung und Deutung beeinflussen. Oben wurde schon auf das

---

5 Vgl. *Pandel*, Historisches Erzählen 75-90.

6 *Martens*, Implizites Wissen 318.

7 Ebd. 315.

8 Vgl. zu den Varianten von Erzählformen *Schörken*, Historische Imagination 127.

9 So sind innerhalb der Erzählung des Aufstandes der Stühlinger und Hegauer Bauern in eine Landkarte das Titelblatt der Endzeitprophetie des Leonhard Reynman („Practica" 1523) integriert, und auch eine zeitgenössische Abbildung des Gegenspielers Georg Truchsess von Waldburg illustriert den Text (vgl. *Mai*, Nichts als die Freiheit 62-67), in die Erzählung über die aufständischen schwäbischen Bauern sind u.a. Titelblatt und Text der „Zwölf Artikel" integriert (vgl. ebd. 68-87).

Moment des Konstruktiven der (Kirchen-)Geschichtsschreibung hingewiesen. Auch wenn von Didaktikern davor gewarnt wird, den Gegenstand „Geschichte“ in der Sek I grundlegend zu problematisieren bzw. in Frage zu stellen,[10] kann m. E. nicht darauf verzichtet werden, zumindest in Ansätzen deutlich werden zu lassen, dass man zwischen der Kirchengeschichte im Sinne von Geschehnissen in der Vergangenheit und der Kirchengeschichtsschreibung differenzieren muss. So kann thematisiert werden, dass es nicht „*die* Kirchengeschichte“ gibt, sondern immer nur „Kirchengeschichten“, deren Darstellungen von den Intentionen der Verfassenden abhängig sind.

Dieses Phänomen ist der Kirchenhistoriographie inhärent, wie ein Blick in die erste „Kirchengeschichte“, nämlich das Werk des Euseb von Caesarea beweist.[11] Virulent wird das „Problem Kirchengeschichtsschreibung“ dann in der Reformation, als auf evangelischer Seite die eigene Lehre historisch mit Hilfe einer Dekadenztheorie kirchengeschichtlicher Entwicklungen legitimiert wird, während auf katholischer Seite der Nachweis erbracht wird, die eigene Konfession sei Hüterin der wahren christlichen Tradition. Gottfried Arnold im 17. Jh. war der erste, der zwar einen neuen Ansatz in der Kirchenhistoriographie jenseits konfessioneller Animositäten verfolgte, selbstverständlich jedoch seinerseits standpunktgebunden erzählte und urteilte.

Nach den Untersuchungen von Martens fällt es Schüler/innen bis in die Oberstufe hinein schwer, Einsicht in die Konstruktivität von Geschichte an sich zu gewinnen.[12] Gerade deshalb erscheint es mir jedoch wichtig und notwendig, mit Hilfe geeigneter Erzählungen darauf aufmerksam zu machen, dass wir im Bereich von Geschichte und Kirchengeschichte nur zu einer relativen Objektivität gelangen: Es wird erzählt, wie es gewesen sein könnte. Diese Einsicht ist grundlegend für die Ausbildung der Fähigkeit, bestehende Erzählungen zu dekonstruieren.[13]

Ein interessantes Beispiel dafür bietet Wolfram Kinzig mit seiner Darstellung „Der Fall der Charito. Ein Versuch narrativer Historiographie“. Auf der Basis von Justins 2. Apologie „rekonstruiert“ er einen autobiographischen Bericht in Briefform, der in sich so schlüssig ist, dass er tatsächlich die Vorlage für Justins Beschreibung geliefert haben könnte. Während Kirchenhistoriker/innen bemerken, dass sich Kinzig auch anderer Quellen frühchristlicher Geschichte bedient hat, könnte für Schüler/innen durch den Vergleich mit Justin die Erkenntnis maßgeblich sein, dass eine „Sozialgeschichte des Christentums“ nur erzählerisch entfaltet werden kann, d.h. dass wir Kirchengeschichtsschreibung brauchen, damit Verstehen möglich wird.

---

[10] Vgl. *Rohlfes*, Konstruktivismus 718f.

[11] Vgl. Euseb., hist. eccl. 1,1f als Programm. Zur Kritik an seiner Auswahl siehe *Kany*, Tempora Christiana 572f.

[12] Vgl. *Martens*, Implizites Wissen 303.

[13] Didaktisch spricht man hier vom „rezensierenden Erzählen“. Diese Form ist von Schüler/innen faktisch kaum zu erreichen.

Zur Konkretion möchte ich im Folgenden einen frühmittelalterlichen Translationsbericht als authentisches Beispiel kirchengeschichtlicher Narration alltagsgeschichtlich und religionsdidaktisch fruchtbar machen. Lutz von Padberg hat oben[14] deutlich gemacht, dass zur Durchsetzung und Festigung des christlichen Glaubens in der germanischen Bevölkerung in besonderer Weise auf die Heiligen gesetzt wurde, unter anderem mittels Translation von Reliquien. Die Berichte solcher Translationen haben zunächst eine nicht zu übersehende hagiographisch-heilsgeschichtliche Perspektivierung, sie sind darüber hinaus jedoch auch ein (wenn auch topisch überformtes[15]) Zeugnis der Frömmigkeit der zeitgenössischen Bevölkerung.

Dies zeigt beispielhaft die „Translatio Sancti Libori", ein Bericht von der Überführung der Reliquien des heiligen Liborius von Le Mans nach Paderborn im Jahre 836.[16] Die alltagsgeschichtliche Dimension des Translationsberichtes zeigt sich darin, dass erkennbar wird, dass die Verankerung des christlichen Glaubens in der einfachen Bevölkerung ein langwieriges und mühseliges Unterfangen war, das man durch Reliquienkult zu forcieren gedachte, insbesondere wegen der damit einhergehenden Wunderberichte.

> „Weil aber das Volk noch roh im Glauben war und vor allem das einfache Volk nur schwer vom heidnischen Irrglauben gänzlich abgebracht werden konnte, weil es sich heimlich der Pflege gewisser väterlicher abergläubischer Gebräuche zuwandte, erkannte der Mann[17] in seiner großen Klugheit, dass es durch nichts leichter von seinem Unglauben abgebracht werden könnte, als wenn der Leib irgendeines berühmten Heiligen hierher gebracht würde, damit – wie es zu geschehen pflegt – das durch die Offenbarung von Wundern und die Gnade von Heilungen überzeugte Volk anfinge, diesen zu verehren und sich daran gewöhne, unter seinem Schutz zusammenzukommen, besonders deswegen, weil diejenigen, die den Worten der Prediger über die göttliche Kraft nicht glaubten, dennoch den Dingen, die sie vor Augen sähen, und was sie zum Nutzen ihres Wohlergehens fühlten, den Glauben nicht versagen könnten."[18]

Der Translationsbericht „wimmelt" in Folge dieser Intention vor Heilungswundern, die den Heilungserzählungen der Evangelien und der Apostelgeschichte nachempfunden sind. Die göttliche Führung der ganzen Aktion wird an verschiedenen Stellen des Textes zum Ausdruck gebracht, die Heilungen werden vornehmlich auf die Fürsprache des Heiligen zurückgeführt.

Im Hinblick auf die didaktische Perspektive, die Narrativität von Kirchengeschichte zu entdecken, kann das vorgelegte Beispiel hilfreich sein, da alle Merkmale historischen Erzählens nach Pandel offen zutage treten und somit auch für Schüler/innen erkennbar werden. Alltagsgeschichtlich ist die

---

14 Vgl. *von Padberg*, Bonifatius, 75.

15 Die Darstellung der Bevölkerung in frühmittelalterlichen Texten folgt bestimmten Wahrnehmungsmustern, vgl. dazu *Patzold*, Wahrnehmen 105f.

16 Zur Textüberlieferung siehe das Repertorium „Geschichtsquellen des deutschen Mittelalters". Ich selbst habe die Textversion des Anonymus benutzt, die de Vry in seiner Dissertation bietet. Zur Geschichte der Translation vgl. *Stambolis*, Libori 15-22.

17 Gemeint ist der Paderborner Bischof Badurad (815-862).

18 *De Vry,* Liborius 195f.

Erzählung insofern ertragreich, als ein Einblick in konkrete Christianisierungsstrategien gegeben wird, zumindest aus der Sicht der Strategen. Die „Objekte" der Strategien, das einfache Volk, kommen nur pauschal und topisch in den Blick, so dass die Schwierigkeit, Kirchengeschichte als Alltagsgeschichte zu erarbeiten, sichtbar wird. Ein reizvolles Projekt könnte der Versuch sein, diese Geschichte aus der Perspektive des Volkes zu erzählen.

4. Narrative Kompetenz entwickeln

Der Begriff „narrative Kompetenz" bezeichnet „die Fähigkeit, aus zeitdifferenten Ereignissen durch Sinnbildung eine kohärente Geschichte herzustellen und mit erzählter Geschichte umzugehen"[19]. Man könnte auch sagen, es geht um die Fähigkeit, sich die Denkform „Kirchengeschichte" produktiv anzueignen und mit zu gestalten. An dieser Stelle soll die Handlungs-, Produkt- und Subjektorientierung kirchengeschichtlichen Lernens im Fokus stehen, die sich in der Fähigkeit der Lernenden ausdrückt, Kirchengeschichten zu bilden, zu erzählen und zu verstehen.[20]

Wesentliches Unterscheidungsmerkmal (kirchen-)historischer Erzählungen von chronistischen Darstellungen ist die Plausibilitätsstruktur, die Ereignisse, Denkansätze usw. in einen logischen, nicht nur temporalen Zusammenhang bringt. Dass Schüler/innen dabei ihre eigenen Vorstellungen in das „historische Deutungsgeschäft" [21] einbringen, entspricht dem „regulären" Sinnbildungsprozess, wie ihn auch Fachhistoriker/innen vollziehen. Barricelli bezeichnet daher konsequent die Lernenden als eigene „Sinnbildner"[22], wobei er feststellen konnte, dass sie sich um möglichst große Plausibilität und damit um einen möglichst großen Wahrheitsgehalt ihrer Erzählungen bemüht haben,[23] was dafür spricht, dass die angebotene Lernumgebung ansprechend, motivierend und herausfordernd war, so dass die Schüler/innen sich gern auf die Erzählaufgaben eingelassen haben.

Es gibt unterschiedliche Formen der Produktion (kirchen-)historischer Erzählungen. Ich möchte im Folgenden auf die zwei verweisen, die mir kirchengeschichts- bzw. religionsdidaktisch am produktivsten erscheinen.

Die erste Form kann als „narrative Konstruktion" bezeichnet werden, d.h. aus Quellen und darstellenden Texten erarbeiten sich die Lernenden ihre „Version" der kirchengeschichtlichen Erzählung. Aus der Transformation

---

19 *Pandel*, Historisches Erzählen 127.

20 Ich orientiere mich dabei in weiten Teilen an den Arbeiten von Michele Barricelli zur narrativen Kompetenz im Geschichtsunterricht von Neuntklässlern. Vgl. *Barricelli,* Schüler erzählen; zum Forschungsdesign vgl. *Barricelli*, Narrative Kompetenz.

21 *Barricelli,* Narrative Kompetenz 82.

22 *Barricelli*, Schüler erzählen 275.

23 Vgl. ebd. 277.

von Quellen und Darstellungen ergibt sich eine neue Sinnbildung.[24] Ein nicht aus der Kirchengeschichte stammendes Beispiel wäre das Buch von Leanne Shapton, die eine Liebesgeschichte in Form eines Ausstellungskatalogs für eine Auktion verfasst hat. Aus der Beschreibung der Objekte und wenigen Zusatzinformationen konstruieren die Lesenden ihre Version der zugrunde liegenden Paarbeziehung.[25]

Eine alternative Form, die möglicherweise als eine Vorstufe zu der ersten Form erarbeitet werden kann, ist das so genannte perspektivische Umerzählen,[26] das ausgehend von bestehenden Kirchengeschichten „dasselbe" aus einer anderen Perspektive beleuchtet und wiedergibt. Ein solches Vorgehen wäre im konfessionell-kooperativen oder sogar pluralistischen Religionsunterricht eine didaktische Chance, die die Standortgebundenheit kirchenhistorischer Erzählungen im Vergleich sichtbar werden lässt.

Ein literarisches Beispiel für ein Umerzählen „männlicher" Geschichte aus weiblicher Perspektive bietet Christine Brückner in ihren „Ungehaltenen Reden ungehaltener Frauen". Die Rede der Katharina von Bora an ihren „Martinus" zeigt den Reformator als Ehemann und Hausherrn, wie er vielleicht auch war.[27]

Beide Formen der Produktion tragen dazu bei, dass die unter 2. geforderte Kompetenz, (Kirchen-)Historie und (Kirchen-)Historiographie voneinander zu unterscheiden, gefördert werden kann. Gleichzeitig kann durch diesen offenen, d.h. nicht bis ins Einzelne steuerbaren kirchengeschichtlichen Unterricht die Entwicklung fachspezifischer Denkoperationen gefördert werden.[28] Man könnte dies unter die Formel „Entwicklung kirchenhistorischer Kompetenz" fassen, die weniger Verfügungswissen denn vielmehr Einsichten und Fähigkeiten im Umgang mit Kirchengeschichte meint.

Erneut möchte ich zur Praxis übergehen und sie in der Methode des eigenen Verfassens von Erzählungen konkret werden lassen. Ein alltagsgeschichtlich spannendes und entwicklungspsychologisch wie ritualdynamisch ertragreiches Thema sehe ich im Kampf um die Jugendweihe, das vor allem in der Phase kurz nach der Einführung zu heftigen Reaktionen der katholischen wie der evangelischen Kirche in der DDR geführt hat, wenn man sich die offiziellen Verlautbarungen anschaut. Ausgetragen wurde der Konflikt jedoch letztlich auf dem Rücken der (christlichen) Jugendlichen, so dass diese Auseinandersetzung bis in die Familien bzw. in die Individuen hineinragt.

Unterrichtlich denkbar ist es, eine „offizielle" Version der Thematik anzubieten, die dann von den Schüler/innen aus konfessioneller Perspektive

---

24 Vgl. *Pandel*, Historisches Erzählen 152-154.

25 „Der Fall der Charito" wäre ein kirchengeschichtliches Beispiel. Vgl. auch *Gause,* Narrative Kirchengeschichte 94-100 und *Rublack*, … hat die Nonne?, dort vor allem die „Weihehandlung in Augsburg" 84-99 und den „Ittlinger Sturm" 129-137.

26 Vgl. *Barricelli*, Schüler erzählen 281f.

27 Vgl. *Brückner*, Wenn du geredet hättest 32-51.

28 Vgl. *Barricelli,* Schüler erzählen 285.

umgeschrieben werden soll, so dass die kirchliche Perspektive und die Sichtweise der Betroffenen erkennbar werden. Vermutlich werden die Jugendlichen in diese Erzählung auch ihre eigene Haltung einarbeiten, was im Sinne einer subjektorientierten Kirchengeschichtsdidaktik wünschenswert ist und den Lernzuwachs aus meiner Sicht nicht schmälert. Ausgangspunkt könnte folgender Rückblick zweier ehrenamtlicher Mitarbeiter zur Vorbereitung der Jugendweihe sein:

> „War die Jugendweihe bis zu ihrem Verbot durch die faschistische Diktatur immer in Opposition zum Staat, erhielt sie nun in der DDR einen *neuen Sinn*. Treffend hat der Pädagoge Wilhelm Schneller in der Deutschen Lehrerzeitung am 24. November 1954 dazu festgestellt: ‚Die Befürworter von Jugendweihen waren sich durchaus darüber einig, dass der Charakter unserer Jugendweihe ein *anderer* sein muss. Unsere Jugendlichen können optimistisch in die Zukunft schauen. Unser *Arbeiter-und-Bauern-Staat* garantiert ihnen eine sorgenfreie, glückliche Zukunft. Deshalb wird unsere Jugendweihe nicht den Charakter der Opposition tragen, sondern den der *Bereitschaft und Verpflichtung*, am Aufbau des Lebens, der Gesellschaft und des Staates bewusst mitzuarbeiten.'
>
> Die neue Rolle der Jugendweihe lief auf die Verpflichtung hinaus, die Mädchen und Jungen an der Seite der *Schule* und der Jugendorganisation *FDJ* so zu bilden und zu erziehen, dass sie *aktive und treue Staatsbürger der DDR* werden. Ihre Ziele und Aufgaben waren eingebunden in den *Aufbau der sozialistischen Gesellschaft unter Führung der SED*. ... Es war geradezu *grotesk*, die Teilnahme an der Jugendweihe als Ja-Stimme und die Nichtteilnahme als Nein-Stimme zum ersten Arbeiter- und Bauernstaat zu werten. Hohe Teilnehmerzahlen als Erfolgsmeldungen waren gefordert, und somit fühlten sich auch die Mitglieder der Ausschüsse für Jugendweihe, Schuldirektoren und Lehrer unter *Druck* gesetzt. So wurde nicht selten *‚freiwilliger Zwang'* auf anders denkende und gläubige Eltern und Kinder ausgeübt. Es gehört zwar zur Tradition der Jugendweihe, die Jugendlichen mit der *weltlichen Alternative zu Konfirmation und Kommunion* den [sic!] Einfluss der Kirchen zu entziehen, aber jegliche Form der Ausgrenzung war von ihr nicht gewollt. Als Mitarbeiter der Jugendweihe haben wir in internen Beratungen *Verletzungen der Freiwilligkeit nicht gebilligt*. Verweigerungen des Besuchs der Erweiterten Oberschule oder eines Studiums, die wegen der Nichtteilnahme an der Jugendweihe erfolgten, wurden teilweise rückgängig gemacht. Aber *versäumt* haben wir, die Partei- und Staatsführung der DDR konsequent auf Verletzungen dieses Prinzips aufmerksam zu machen und seine absolute Einhaltung zu fordern.
>
> ... Dort aber, wo ‚das Brot gebacken wurde', an der Basis, blieb die Jugendweihe ein unerlässlicher Begleiter ins Leben. Sie war *Freizeitpädagogik* für die Mädchen und Jungen und ein *herausragendes Familienereignis*."[29]

Dieser Textausschnitt stellt die Bedeutung der Jugendweihe aus der Perspektive engagierter DDR-Bürger dar, die zumindest nach meinem Dafürhalten die politisch gewollte, antikirchliche Stoßrichtung verkennt oder nicht sehen will. Er kann mit Gegenerzählungen aus der Perspektive der Kirchen konfrontiert werden. Für die katholische Seite bietet sich ein Ausschnitt aus dem Beitrag von Josef Pilvousek an,[30] für die Haltung der evangelischen Kirche ein Textauszug von Ellen Ueberschär aus dem Band „Jugendweihe – ein Ri-

---

29 *Chowanski/Dreier*, Fragen zur Jugendweihe 155f.

30 Vgl. Pilvousek, DDR.

tual im Wandel der politischen Systeme“[31]. Auf der Basis dieser Narrationen können die Schüler/innen ihre Erzählung der Jugendweihe erarbeiten und so zu einer eigenen Stellungnahme gelangen. Gleichzeitig kann damit die Herausforderung, die sie für die Kirchen darstellte, alltagsgeschichtlich geerdet werden, da die Wirkungen der Politik an der Basis in den Blick kommen.

5. Rückblick

Kirchengeschichte und Narration – diese beiden Elemente gehören nicht nur fachwissenschaftlich, sondern auch religionsdidaktisch eng zusammen, wenn kirchenhistorisches Denken angemessen eingeübt werden soll. Für die Intention der Beiträge des ersten Teils, die alltagsgeschichtliche Perspektive der Kirchengeschichte aufzudecken, erweist sich dieser narrative Zugang als unverzichtbar, um Vorstellungen zu evozieren und um deutlich zu machen, dass diese Vorstellungen nur erzählerisch und damit interpretiert vermittelt werden können.

Religionslehrkräfte können auf gute Erzählungen und Vorarbeiten zurückgreifen, allerdings bleibt vielfach die Herausforderung, eigene Narrationen zu erarbeiten. Im Idealfall werden die Schüler/innen in diesen Erarbeitungsprozess eingebunden, so dass am Gegenstand Kirchengeschichte narrative Kompetenz erworben werden kann.

Literatur

Barricelli, Michele: Narrative Kompetenz als Ziel des Geschichtsunterrichts, in: Handro, Saskia/Schönemann, Bernd (Hg.): Methoden geschichtsdidaktischer Forschung (Zeitgeschichte – Zeitverständnis 10), Münster 2002, 73-84.

Barricelli, Michele: Schüler erzählen Geschichte. Narrative Kompetenz im Geschichtsunterricht (Forum historisches Lernen), Schwalbach/Ts. 2005.

von Billerbeck, Liane: Generation Ost. Aufmüpfig, angepasst, ehrgeizig? Jugendliche nach der Wende, Berlin 1999.

Brückner, Christine: Wenn du geredet hättest, Desdemona, Berlin [4]2008.

Chowanski, Jochen/Dreier, Rolf: Fragen zur Jugendweihe – ein fiktives Interview, in: Griese, Hartmut M. (Hg.): Übergangsrituale im Jugendalter. Jugendweihe, Konfirmation, Firmung und Alternativen, Münster 2000, 154-162.

Dierk, Heidrun: Kirchengeschichte elementar. Entwurf einer Theorie des Umgangs mit geschichtlichen Traditionen im Religionsunterricht, Münster 2005.

[31] *Ueberschär*, Einführung der Jugendweihe 26-30. Ergänzend und illustrierend können *Maser*, Die Kirchen 110-115 und *Niehuss*, Seifenkiste und Playmobil 142-147 hinzugezogen werden. Zur Bedeutung der Jugendweihe im Leben der Jugendlichen in der DDR können die Interviews von *Liane von Billerbeck*, Generation Ost, herangezogen werden, insbesondere das Beispiel von Sandra Zöller.

Dierk, Heidrun: Kirchengeschichte elementar unterrichten – an Kirchengeschichte elementar lernen, in: GuL 22(2007), 34–45.

Eusebius von Caesarea, Kirchengeschichte, hg. von Kraft, Heinrich / übers. von Haeuser, Philipp, München 1967.

Gause, Ute: Narrative Kirchengeschichte. Neuere Zugänge zur reformationsgeschichtlichen Forschung und ihre Umsetzung im Kirchengeschichtsunterricht, in: Bachmann, Michael/Woyke, Johannes (Hg.): Erstaunlich lebendig und bestürzend verständlich?, Neukirchen-Vluyn 2009, 85-100.

Geck, Albrecht: Kirchengeschichte im Religionsunterricht – wie und warum? Göttingen 2011 (eBook).

Gutschera, Herbert/Thierfelder, Jörg: Brennpunkte der Kirchengeschichte, Paderborn 1976.

Kany, Roland: Tempora Christiana. Vom Umgang des antiken Christentums mit Geschichte, in: ZAC 10(2007), 564-579.

Kinzig, Wolfram: Der Fall der Charito. Ein Versuch narrativer Historiographie, in: Patristica et oecumenica. FS Bienert, Marburg 2004, 17-30.

Mai, Manfred: Nichts als die Freiheit! Der deutsche Bauernkrieg, München 2004.

Martens, Matthias: Implizites Wissen und kompetentes Handeln. Die empirische Rekonstruktion von Kompetenzen historischen Verstehens im Umgang mit Darstellungen von Geschichte, Göttingen 2010.

Maser, Peter: Die Kirchen in der DDR, Bonn 2000.

Niehuss, Merith: Zwischen Seifenkiste und Playmobil. Illustrierte Kindheitsgeschichte des 20. Jahrhunderts, Darmstadt 2007.

Pandel, Hans-Jürgen: Historisches Erzählen. Narrativität im Geschichtsunterricht (Methoden historischen Lernens), Schwalbach/Ts. 2010.

Patzold, Steffen: Wahrnehmen und Wissen. Christen und „Heiden“ an den Grenzen des Frankenreichs im 8. und 9. Jahrhundert, in: Das Mittelalter. Zeitschrift des Mediävistenverbandes 8(2003), 83–106.

Repertorium „Geschichtsquellen des deutschen Mittelalters“, verfügbar unter: http://www.geschichtsquellen.de/repOpus_02187.html [abgerufen: 07/2012].

Rohlfes, Joachim: Konstruktivismus – Stärken und Schwächen einer Erkenntnis- und Lerntheorie, in: GWU 12(2009), 707-719.

Rublack, Hans-Christoph: ... hat die Nonne den Pfarrer geküsst? Aus dem Alltag der Reformationszeit, Gütersloh 1991.

Schörken, Rolf: Historische Imagination und Geschichtsdidaktik, Paderborn 1994.

Shapton, Leanne: Bedeutende Objekte und persönliche Besitzstücke aus der Sammlung von Lenore Doolan und Harold Morris, Berlin 2010.

Stambolis, Barbara: Libori. Das Kirchen- und Volksfest in Paderborn. Eine Studie zu Entwicklung und Wandel historischer Festkultur, Münster u.a. 1996.

Ueberschär, Ellen: Die Einführung der Jugendweihe – Provokationen im Staat-Kirche-Konflikt 1954 bis 1958, in: Gesellschaft zur Förderung vergleichender Staat-Kirche-Forschung (Hg.): Jugendweihe – ein Ritual im Wandel der politischen Systeme, Berlin 2004, 21-32.

Kirchengeschichte biographisch erschließen

Konstantin Lindner

Der Aufstieg des Christentums zur anerkannten Religion ohne Kaiser Konstantin, mittelalterliche Mystik ohne Hildegard von Bingen, Reformation ohne Martin Luther und Katharina von Bora, christlich geprägter Widerstand im Nationalsozialismus ohne Sophie und Hans Scholl … – Kirchengeschichte ohne Personen gibt es nicht. Aber nicht nur die großen Persönlichkeiten, sondern gerade auch viele namentlich kaum oder gar nicht bekannte Akteure nahmen das Christentum in Anspruch und legten damit – sowohl in positiv wie auch in negativ bewertbarer Weise – Zeugnis von christlich-religiöser Prägung im Lauf der Zeit ab. Kirchengeschichte im Religionsunterricht ausgehend von biographischen Zeugnissen zu thematisieren ist kirchenhistoriographisch stimmig (1), hat Chancen, die im Folgenden dargelegt (2) und anhand von Beispielen illustriert werden (3).

1. Biographische Kirchengeschichtsschreibung

Bereits im Zeitalter der frühen Kirche entfaltet sich eine Vielzahl an biographisch geprägter Literatur. Sowohl der Wunsch, über „Augenzeugenberichte“ Jesus Christus und seinen Jüngern möglichst nahe zu kommen, als auch das Bedürfnis, in Zeiten der Verfolgung Identifikationsfiguren für einen starken Glauben greifen zu können, führen zu einer ausgeprägten Nachfrage an biographisch orientierter, christlicher Schriftproduktion, die bis heute wichtige Quellen für Kirchengeschichtsschreibung liefert. Biographische Aufzeichnungen stellen lange Zeit die vornehmliche Institutionalisierung christlicher Geschichtsschreibung dar: Gerade in der Alten Kirche gehen von einzelnen Theologen entscheidende Impulse für theologische Konzepte aus, die vielfach bis heute christliches Denken und Glauben prägen. So „schreiben“ Einzelne wie z.B. Augustinus tatsächlich nicht unerheblich „Theologie-Geschichte“ und es ist kein Zufall, dass z.B. die Entwicklung der Christologie in der Alten Kirche immer an Personen festgemacht wird. Neben (Auto-)Biographien bringt das Christentum viele Heiligenviten – besonders im Mittelalter – hervor. Dass letztere hinsichtlich des darin idealisiert gezeichneten Bildes einer Person nur bedingten historiographischen Stellenwert haben, ist Forschungskonsens; gleichwohl stellen diese ein „Zeugnis für Geist und Gesellschaft einer Zeit"[1] dar. Das im Zuge des Humanismus entwickelte historische Bewusstsein führt dazu, dass sich Biographik aus explizitem kirchenhistoriographischen Interesse von der Hagiographie abspaltet. Die an Personen orientierte Kirchengeschichtsschreibung wird zwar im letzten Drittel des 20. Jahrhunderts durch die Stärkung der Strukturgeschichtsschreibung reduziert,[2] ist gegenwärtig jedoch nach wie vor prägend. Ein Grund dafür ist, dass sich „das Genus der Biographie … für die Kirchengeschichtsschreibung als ein privilegierter Ort an[bietet], über den Zusammenhang von Leben und Glauben nachzudenken"[3]. Zugleich markiert das Motiv der Kirche als Erinnerungs- und Erzählgemeinschaft einen weiteren Aspekt für biographische Erforschung von Kirchengeschichte, insofern darüber erinnernde Vergewisserungen zugänglich sind, wie christlicher Glaube gelebt werden kann. Walter Sparn verweist auf die „Erinnerungspflicht", welche der christliche Glaube abverlangt: „Über die Erinnerung an die Väter des Glaubens, an die ‚Wolke der Zeugen' (Hebräer 12,1) in Märtyrerakten, Hagiographien und Legenden hinaus bildete sich … zunehmend deutlich die Erinnerung des eigenen Lebens im ganzen aus"[4].

Biographische (Kirchen-)Geschichtsschreibung hat in den letzten Jahren gerade durch die alltags- und mentalitätsgeschichtliche Ausrichtung neue Impulse erfahren, die auch für religiöse Lernprozesse im Religionsunterricht bedeutsam sind. Es werden nicht mehr nur „große Männer" als Movens von Kirchengeschichte portraitiert, sondern auch die Lebens- und Glaubensgestaltungen von Frauen oder Personen niedriger Gesellschaftsschichten in ihrer Alltagsrezeption der (kirchen-)historischen Zeitumstände erforscht.

2. Die kirchengeschichtsdidaktische Relevanz von Biographischem

Kirchengeschichtsdidaktisch erweisen sich biographische Zugänge aufgrund der Quellenlage wie auch der kirchenhistoriographischen Ausgangslage be-

---

1 *Prinz*, Aspekte 17.

2 Die Skepsis gegenüber der Idee, dass Geschichte durch einzelne – meist männliche – Personen „gemacht" werde, führt in der Profanhistorik dazu, dass biographische Geschichtsschreibung ab den 1960er Jahren in Deutschland zunehmend verschwindet, insofern sich die Überzeugung durchsetzt, „dass die Entscheidungsgewalt der politischen Akteure und ihr Handlungsspielraum nicht allein ihren individuellen Fähigkeiten, nicht einmal in erster Linie, entsprängen, sondern eingeschränkt seien durch die Wirkmächtigkeit der zu ihren Lebzeiten herrschenden Strukturen" (*Schneider*, Personalisierung 305). Erst seit Mitte der 1990er Jahre findet sich wieder eine Aufwertung dieses historiographischen Genres (vgl. *Lindner*, Kirchengeschichte 65-69).

3 *Nowak*, Biographie 61.

4 *Sparn*, Dichtung 15.

deutsam.[5] Zugleich entsprechen sie einem Bedürfnis der Schüler/innen. Ein Blick in Jugendmagazine oder Buchbestsellerlisten macht deutlich: Biographisches interessiert! Nicht zuletzt Selbstvergewisserungs- und Identifikationsoptionen sowie eine Portion „Alltagsvoyeurismus" sind Ursachen dafür. Die Lernenden bringen ihre „Aufgabe Biographie" mit in den Religionsunterricht und haben von daher Bedarf, über Optionen, das Leben zu gestalten, nachzudenken, wozu Biographisches[6] bereits aus sich heraus Anlass gibt. Im Blick auf die Thematisierung von Geschichte im Unterricht ist zudem empirisch erwiesen, dass sich Schüler/innen eher für historische Personen als für strukturgeschichtliche Darstellungen interessieren.[7]

Sowohl kirchengeschichtsdidaktische Reflexionen als auch Bildungs- bzw. Lehrpläne verweisen darauf, dass Kirchengeschichte im Religionsunterricht über Biographisches thematisiert werden kann. Biographische Zugänge versprechen dabei, eine lebensweltliche Brücke hin zu den Lernenden aufzutun und somit das Vergangene leichter in deren Horizont zu rücken. Dabei ist jedoch eine Personalisierung zu vermeiden, eine Reduktion von Kirchengeschichte auf das Agieren weniger herausragender Personen.[8] Letzteres wurde von Seiten kirchengeschichtsdidaktischer Forschung zu Recht kritisiert[9] und führte dazu, dass ab den 1980er Jahren der Rekurs auf Personen der Kirchengeschichte im Religionsunterricht abnahm. Gegenwärtig wird wieder auf die kirchengeschichtsdidaktische Bedeutung biographischer Zugänge verwiesen;[10] gleichwohl immer mit dem Hinweis, dass sowohl „kleine Leute" als auch große Persönlichkeiten, Frauen und Männer zum Tragen kommen und dies nicht abseits einer Situierung in ihrem sie prägenden historischen Kontext. Ergo: Sowohl im Religions- wie auch im Ge-

---

5 Wenngleich für manche Phasen der Kirchengeschichte – vor allem für Antike und Mittelalter – Quellen aus der Sicht oder gar aus der Hand von „kleinen Leuten" weitgehend fehlen. Vgl. diesbgzl. auch *Schneider*, Personifizierung 309.

6 Gemeint ist nicht das Thematisieren ganzer Biographien, sondern vielmehr von biographischen Versatzstücken. Letztere können über Quellenauszüge, aber auch über filmisches oder literarisch-fiktionales Material im Unterricht zum Tragen kommen.

7 Vgl. *Kindvater/Borries*, Motivation 77; *Schneider*, Personalisierung 307.

8 Besonders stark wurde die sog. „Personalisierungsdebatte" in der Geschichtsdidaktik geführt. Klaus Bergmann artikulierte in den 1970er Jahren den Vorwurf: „Geschichte … überwiegend als das Resultat des Wirkens großer Persönlichkeiten darzustellen oder erscheinen zu lassen, birgt … didaktisch die Gefahr, daß die Mitverantwortlichkeit nicht gesehen wird und die Einflußmöglichkeiten jedes einzelnen unterschätzt werden" (*Bergmann*, Personalisierung 28). Diese Kritik führte dazu, dass personenzentrierte Vermittlung im Geschichtsunterricht verdrängt und durch struktur- bzw. sozialgeschichtliche Darstellungsweisen kompensiert wurde. Seit Beginn der 2000er Jahre wird Personengeschichte geschichtsdidaktisch zunehmend rehabilitiert, vor allem um Heranwachsenden Orientierungspunkte anzubieten (vgl. u.a. *Rohlfes*, Herz).

9 *Ruppert*, Geschichte 22. Durch personalisierendes Thematisieren wird außer Acht gelassen, dass „die Geschichte der Kirche mehr als durch exemplarische Christen durch die Masse der Durchschnittschristen geprägt wurde" (*Hasberg*, Kirchengeschichte 127).

10 Vgl. *Lindner*, Kirchengeschichte; *Mendl*, Lernen; *Mendl*, Bedeutung; *Petri/Thierfelder*, Biographien.

schichtsunterricht kommt „Geschichtsdarstellung … ohne handelnde Personen nicht aus“[11]. Besonders bedeutsam erweist sich Alltagsgeschichte, die zeigt, wie Menschen zu verschiedenen Zeiten, von verschiedenen Bedingungen her ihr Leben aus ihrem Christsein heraus gestaltet haben.[12]

Kirchengeschichte im Religionsunterricht biographisch zu erschließen meint auf keinen Fall ein plattes Vorbild-Lernen, das Schüler/innen dazu auffordern würde, sich an der christlichen Lebensweise der vorgestellten Personen nachahmend zu orientieren. Nicht zuletzt die historische Distanz, aber auch die subjektorientierte Prämisse, dass Lernprozesse zur eigenverantwortlichen Subjektwerdung der Lernenden beitragen sollen, sprechen gegen ein derartiges Vorgehen. Vielmehr ist bezüglich des kirchengeschichtlichen Lernens zu beachten, dass sich Schüler/innen über Biographisches zum einen Wissen über die Vergangenheit wirklichkeitsnah aneignen können, zum anderen herausgefordert sehen, ihre eigene (christlich-religiöse) Biographie im Horizont des Fremden zu reflektieren. Dadurch eröffnet sich ihnen die Chance, in einen Dialog mit der Kirchengeschichte zu treten, d.h. Anfragen zu stellen und sich anfragen zu lassen: Gewohnte Wahrnehmungsmuster und Weltsichten werden durch alternative Handlungsoptionen irritiert, Orientierungspunkte bereitgestellt und eventuell neue Lebensgestaltungsstrategien initiiert. Lernende werden so in ihrer „Aufgabe Biographie“ unterstützt.

Kirchengeschichte biographisch zu thematisieren ist keine „Allheil-Methode“, sondern *eine* Option, das Vergangene im Religionsunterricht anzugehen. Dieser Zugang birgt Chancen, die zugleich beachtenswerte Aspekte hinsichtlich der Anlage entsprechender Lern- und Bildungsprozesse markieren. Zum einen wird die 2000-jährige Kirchengeschichte exemplarisch zugänglich, indem biographische Versatzstücke eine Verdichtung kirchengeschichtlicher Aspekte darstellen. Um die biographischen Aspekte in ihrer Zeitgebundenheit verstehen zu können, ist es wichtig, Schüler/innen zu motivieren, Folgerungen hinsichtlich größerer (kirchen-)historischer Zusammenhänge abzuleiten. Zum anderen sensibilisiert dieser Zugang für den rekonstruktiven Charakter von Kirchengeschichtsschreibung: Verschiedene biographische Versatzstücke zeigen, dass es die eine Kirchengeschichte nicht gibt. Daher ist hinsichtlich eines Themas sowohl ein Rekurs auf unterschiedliche Quellenauszüge wie auch auf verschiedene kirchengeschichtliche Darstellungen angebracht, der es den Lernenden ermöglicht, sich selbst ein Bild von der Vergangenheit zu machen. Angesichts der Lebensnähe dieses Zu-

---

[11] *Schneider*, Personalisierung 306.

[12] „Biographien helfen, die Handlungsspielräume und Möglichkeiten individueller Lebensführungen exakter auszumessen – und zwar nicht nur, um Typisches zu entdecken, sondern auch, um diese Lebensführungen überhaupt erst in ihrer Breite und Varianz erfassen zu können“ (*Lässig*, Biographie 552). Bergmann verweist darauf, dass „Momente des historischen Alltags“ (*Bergmann*, Personalisierung/Personifizierung 299) zeigen können, wie „kleine Leute“ als Mehrheit der Bevölkerung Geschichte gelebt haben.

gangs ist es so auch jüngeren Schüler/innen möglich, der Rekonstruktivität nachzuspüren. Das über Biographisches erhellte Vergangene bedarf zudem eines Ausdrucks. Im Religionsunterricht gilt es von daher, die Lernenden zu motivieren, den typischen Modus biographischer Geschichtsschreibung zu erproben und insofern ihre Lernergebnisse narrativ zu artikulieren. Dies reicht von Nacherzählen bis hin zu perspektivischem Umerzählen. Gerade letzteres fördert die biographisch-selbstreflexive Aneignung von Kirchengeschichte.[13] Über die Orientierungsoption hinsichtlich der Lebensgestaltung im Allgemeinen hinausgehend fordert biographisch präsentierte Kirchengeschichte religiöse Selbstvergewisserung ein: Schüler/innen sehen sich angesichts der dadurch zugänglichen Sachverhalte, wie Menschen ihr Leben aus christlichem Glauben heraus gedeutet sowie gestaltet und somit Kirchengeschichte getragen haben, herausgefordert, ihre religiöse Weltsicht zu reflektieren und von daher begründet Stellung zum christlichen Glauben zu nehmen. Zu vermeiden ist freilich eine moralische oder gar apologetische Instrumentalisierung von Personen der Kirchengeschichte.

3. Beispiele für biographische Zugänge

Kirchengeschichte ausgehend von biographischen Zeugnissen verorten

Der Zugang zu kirchengeschichtlichen Themen über biographische Zeugnisse kann nicht zuletzt aufgrund von Fremdheitserfahrungen Interesse bei den Lernenden wecken. Verschiedene der von Rita Voltmer[14] zitierten Quellen können im Religionsunterricht genutzt werden, zu ergründen, was es mit Hexenverfolgungen auf sich hat, z.B. mittels der Aussagen von Severin und Appolinia Punckel im Rahmen des Hexenprozesses gegen Greth Dietzen oder der Aussage von Angelika Theobalt gegen ihre Schwägerin Anna. Diese geben Einblicke in die Ängste von Personen im Zeitalter der Hexenverfolgungen. Insofern sie in einer älteren Variante des Deutschen verfasst sind, brauchen die Schüler/innen Unterstützung beim Lesen und Verstehen. Zugleich aber zeigt die sprachliche Verfasstheit den historischen Abstand zur Vergangenheit an und motiviert aufgrund der Fremdheit, sich damit zu befassen. Indem sich Schüler/innen aufgefordert sehen, diese Authentizität ausstrahlenden, biographischen Quellen zu lesen sowie auszuwerten,[15] kommen sie näher an die kirchengeschichtliche Vergangenheit und die davon gepräg-

---

13 Vgl. *Barricelli*, Schüler 281f.; *Lindner*, Kirchengeschichte 264-268.

14 Vgl. *Voltmer*, Hexenverfolgung in vorliegendem Band.

15 Je nach Altersstufe der Schüler/innen kann dies gemäß zentraler Schritte der Quelleninterpretation erfolgen: (1) Quellenbegegnung und Offenlegung der mit dem jeweiligen Thema verknüpften Voreinstellungen und Interessen auf Seiten der Lernenden; (2) Quelleninterpretation als Sinnerschließung und Sinnentnahme im Horizont der historischen Kontexte; (3) Quellenauswertung mit Ziel, sich ein Urteil zu bilden.

ten Personen heran als durch ledigliches Rezipieren von gesichtslosen, verallgemeinernden Geschichtsdarstellungen. Der biographische Modus erleichtert es Lernenden, sich zur Vergangenheit zu positionieren, weil er in gelebte Kirchengeschichte mit hineinnimmt. Bezogen auf das Thema lernen sie z.B. neben christlich-religiösen auch ökonomische sowie soziale Motive von Personen kennen, andere Menschen als Hexen zu verfolgen. Nicht zuletzt durch die Zitate aus den Schriften von Friedrich Spee ist es für die Lernenden möglich, eine differenziertere Sichtweise auf dieses Phänomen einzunehmen, als in bisweilen populär-sensationsversessenem Stil verfasster „Reportagen“, Filme oder literarischer Werke. Dagegen bietet die von Voltmer zitierte Aussage des Bamberger Hexenbischofs Friedrich Förner aus dem Jahr 1631 einen anderen Blickwinkel: Dieser sah in der Hexenverfolgung seinen Dienst an Gott. Letztlich zeigt sich, dass Christen auf verschiedene Weise in Hexenprozesse eingebunden waren, diesen aber auch unterschiedlich gegenüber standen. Ihre Rolle im Zusammenhang der Hexenverfolgungen ist durchaus differenziert zu sehen, was nicht zuletzt der Rekurs auf biographische Zeugnisse erbringt. Wichtig ist also, nicht lediglich auf eine Perspektive zurückzugreifen, sondern verschiedene Blickwinkel einzunehmen. Zur Veranschaulichung können auch filmische Dokumentationen aus biographischer Sicht wie auch bspw. Bilder der Hexenbischöfe oder gezeichnete Vorstellungen über scheinbare Übeltaten von Hexen herangezogen werden. Letztlich erleichtern es biographisch tradierte Zeugnisse den Schüler/innen, mit ihren Fragen an das Vergangene heranzutreten. Von daher bietet sich ihnen die Chance, den Lerngegenstand zu dem ihren zu machen.

Kirchengeschichte fiktional „re-konstruieren“

Fiktional präsentierte Geschichte versucht auf der Basis historischer Kenntnisse nachzuzeichnen, wie Menschen zu einer bestimmten Zeit ihr Leben gestaltet haben könnten. Trotz kirchenhistoriographischer Bedenklichkeiten lassen sich Gründe für die Bedeutung von fiktionalen Zugängen finden: Beim Fehlen von Originalquellen[16] können so entsprechende Perspektiven in die Diskussion eingebracht werden – unter anderem die der kleinen Leute. Der Zeitaufwand für das Erstellen historisch stimmig verorteter fiktionaler Geschichte durch Lehrer/innen rechnet sich wohl nur in den seltensten Fällen.[17] Realisierbar hingegen ist die Option, die Lernenden aufzufordern, selbst fiktionale Personen in ihrem (Er-)Leben kirchenhistorischer Zusammenhänge zu kreieren. Dadurch werden Schüler/innen motiviert, sich imaginierend in den geschichtlichen Kontext zu stellen und dabei ihre Sicht-

[16] Vgl. den Weg von Lutterbach bei der Erstellung einer mit Elementen kreativen Schreibens arbeitenden Bonifatius-Biographie: „Um die Biographie des Missionars Bonifatius zu rekonstruieren und erlebbar zu machen, werden … die jeweils fehlenden Briefe anhand der vorliegenden Korrespondenz fiktiv ergänzt.“ (*Lutterbach*, Bonifatius 8).

[17] Uwe Hauser u.a. versuchen bspw. an der fiktiven Gestalt Karl Theodor Ebinger badische Kirchengeschichte der Jahre 1797-1852 zugänglich zu machen: vgl. *Hauser* u.a., Leben.

weisen und Bewertungen zu artikulieren.[18] Zentral für diese Vorgehensweise jedoch ist es, im Vorab die historische Ausgangslage zu erarbeiten.
Wie im vorliegenden Band von Alexander Berner dargelegt, finden sich hinsichtlich der Kreuzzüge kaum Quellen, die Auskunft über die daran beteiligten Frauen oder niederen, gar armen Leute geben.[19] Gleichwohl können Schüler/innen etwa im Wissen um das, was ein Kreuzzug ist, mit welchen heilsvergewissernden und finanziellen, ja bisweilen im Minnedienst liegenden Motiven Menschen das Kreuz genommen haben, fiktional tätig werden und so Kirchengeschichte biographisch antizipieren. Über „Charakterkarten" werden Schüler/innen dabei in bestimmte Rollen hineinversetzt, z.B. in Ritter, Frauen oder Bauern. Auf einer Charakterkarte können Auszüge aus kirchengeschichtlichen Darstellungen stehen, z.B.:

> „Es war nie Urbans Absicht, mit seinem Aufruf zum Kreuzzug auch Bauern, Frauen und sogar Kinder an diesem großen Unternehmen zu beteiligen. Die Wirtschaft des feudalen Europa beruhte auf einem System der Landwirtschaft, in dem hörige und freie Bauern das … [Auskommen] für Ritter und Adlige auf den oberen Sprossen der sozialen Leiter erarbeiteten. Als Zehntausende von Bauern plötzlich für die Kreuzzüge schwärmten, geriet die europäische Ökonomie zeitweise durcheinander, besonders in Deutschland und Nordostfrankreich. Diese einfachen Leute wollten von denselben Versprechen ewigen Heils profitieren wie die höher Stehenden. Sie wurden von der Welle allgemeiner Begeisterung ergriffen, die Urbans Aufruf zu einer Massenbewegung machte."[20]

Arbeitsaufträge an die Schüler/innen könnten lauten: „Verfasst eine Rede aus der Sicht eines Bauern, der versucht, seine Freunde zur Teilnahme an einem Kreuzzug zu bewegen! Stellt euch vor, ihr seid als Geschichtsschreiber auf einem Kreuzzug dabei: Interviewt immer wieder einen Bauern, der mit euch unterwegs ist – während der Reise nach Jerusalem, im Rahmen der Kämpfe um die Heilige Stadt, auf der Rückreise in die Heimat!"
Im Anschluss an die Präsentation ausgewählter Ergebnisse ergeben sich sicher weitere Fragehaltungen bzgl. des Themas Kreuzzüge, die das weitere Lerngeschehen des Religionsunterrichts vorbereiten. Zudem können die Lernenden darüber nachdenken, wie sie wohl selbst auf Herausforderungen, die sich im Rahmen eines Kreuzzuges stellten, reagiert hätten. Der Bezug zur eigenen Biographie und damit das Aufbauen von Orientierungswissen werden über derartige Imaginationsoptionen zweifelsohne herausgefordert.

Literatur

Barricelli, Michele: Schüler erzählen Geschichte. Narrative Kompetenz im Geschichtsunterricht, Schwalbach/Ts. 2005.

Bergmann, Klaus: Personalisierung im Geschichtsunterricht – Erziehung zur Demokratie?, Stuttgart 1972.

---

18 Vgl. *Henke-Bockschatz*, Überlegungen.

19 Vgl. *Berner*, Frauen in vorliegendem Band.

20 *Konstam*, Kreuzzüge 50.

Bergmann, Klaus: Personalisierung/Personifizierung, in: ders. u.a. (Hg.): Handbuch der Geschichtsdidaktik, Seelze-Velber [5]1997, 298-300.

Hasberg, Wolfgang: Kirchengeschichte oder ancilla theologiae?, in: RpB 34(1994), 119-137.

Hauser, Uwe u.a.: Karl Theodor Ebinger. Leben in Baden, Karlsruhe1998.

Henke-Bockschatz, Gerhard: Überlegungen zur Rolle der Imagination im Prozess historischen Lernens, in: GWU 51(2000), 418-429.

Kindvater, Angela/Borries, Bodo von: Historical Motivation and Historical-political Socialisation, in: Angvik, Magne/Borries, Bodo von (Hg.): Youth and History. A comparative European Survey on Historical Consciousness and Political Attitudes among Adolescents. A: Description, Hamburg 1997, 62-105.

Konstam, Angus: Die Kreuzzüge. Vom Krieg im Morgenland bis zum 13. Jahrhundert, Wien 2007.

Lässig, Simone: Die historische Biographie auf neuen Wegen?, in: GWU 60(2009), 540-553.

Lindner, Konstantin: In Kirchengeschichte verstrickt. Zur Bedeutung biographischer Zugänge für die Thematisierung kirchengeschichtlicher Inhalte im Religionsunterricht (ARP 31), Göttingen 2007.

Lindner, Konstantin: Mehr als Information „von gestern" – Lernchancen biographisch akzentuierter Zugänge zur Kirchengeschichte im Religionsunterricht, in: rhs – Religionsunterricht an höheren Schulen 53(2010), 225-233.

Lutterbach, Hubertus: Bonifatius. Mit Axt und Evangelium. Eine Biographie in Briefen, Freiburg i. Br. 2004.

Mendl, Hans: Lernen an (außer-)gewöhnlichen Biografien. Religionspädagogische Anregungen für die Unterrichtspraxis, Donauwörth 2005.

Mendl, Hans: „Darf's ein bisschen weniger sein?" Die Bedeutung von Helden des Alltags für Lernprozesse im Glauben, in: Rothgangel, Martin/Schwarz, Hans (Hg.): Götter, Heroen, Heilige. Von römischen Göttern bis zu Heiligen des Alltags, Frankfurt/Main 2011, 185-204.

Nowak, Kurt: Biographie und Lebenslauf in der Neueren und Neuesten Kirchengeschichte, in: Verkündigung und Forschung 39(1994), 44-62.

Petri, Dieter/Thierfelder, Jörg: Biographien im Kirchengeschichtsunterricht, in: entwurf 1999/3, 53f.

Prinz, Friedrich: Gesellschaftsgeschichtliche Aspekte frühmittelalterlicher Hagiographie, in: Zeitschrift für Literaturwissenschaft und Linguistik 3 1973/11, 17-36.

Rohlfes, Joachim: Ein Herz für Personengeschichte? Strukturen und Persönlichkeiten in Wissenschaft und Unterricht, in: GWU 50(1999), 305-320.

Ruppert, Godehard: Geschichte ist Gegenwart. Ein Beitrag zu einer fachdidaktischen Theorie der Kirchengeschichte, Hildesheim 1984.

Schneider, Gerhard: Personalisierung/Personifizierung, in: Barricelli, Michele/ Lücke, Martin (Hg.): Handbuch Praxis des Geschichtsunterrichts 1, Schwalbach/Ts. 2012, 302-315.

Sparn, Walter: Dichtung und Wahrheit. Einführende Bemerkungen zum Thema: Religion und Biographik, in: ders. (Hg.): Wer schreibt meine Lebensgeschichte? Biographie, Autobiographie, Hagiographie und ihre Entstehungszusammenhänge, Gütersloh 1990, 11-29.

Kirchengeschichte durch die Dilemma-Methode erarbeiten

Ulrich Riegel

Das Arbeiten mit der Dilemma-Methode, welches im Bereich ethischen Lernens eine lange Tradition hat, wird auch im kirchengeschichtlichen Unterricht immer populärer. Im Folgenden wird die Dilemma-Methode vorgestellt (1), ihr Potential für die Erarbeitung kirchengeschichtlicher Inhalte diskutiert (2) und an zwei Beispielen veranschaulicht (3).

1. Die Dilemma-Methode

Von einem Dilemma spricht man, wenn man in einer Situation verschiedene Entscheidungs- oder Handlungsmöglichkeiten hat, die jede für sich genommen Sinn machen, sich aber jeweils gegenseitig ausschließen. In einem ethischen Dilemma spitzt sich die Problematik insofern zu, als die Entscheidungs- oder Handlungsoptionen sämtlich ethisch geboten sind, die Verwirklichung einer dieser Optionen aber notwendig zum Verstoß gegen eine andere dieser Optionen führt.

Die Dilemma-Methode nimmt solche widersprüchlichen Situationen zum Ausgangspunkt, um die (ethische) Urteilsfähigkeit der Lernenden zu fördern. Das klassische Beispiel liefert Lawrence Kohlbergs „Heinz-Dilemma", in dem ein Ehemann (Heinz) vor der Entscheidung steht, in eine Apotheke einzubrechen, um ein für ihn zu teures, für seine Frau aber lebensrettendes Medikament zu stehlen, welches ihm der Apotheker weder für einen Rabatt noch in Ratenzahlung überlassen will.[1] Kohlbergs Dilemma-Geschichte mündet in die Frage, wie sich Heinz verhalten solle. Die Lernenden sind aufgefordert, ihre Antwort zu begründen. Im Abgleich der Argumente kann dann die Erkenntnis wachsen, dass es a) für beide möglichen Handlungsoptionen gute Gründe gibt und b) jede dieser Optionen strukturell analog begründet werden kann.

Ihren didaktischen Sitz im Leben hat die Dilemma-Methode im ethischen Lernen.[2] Zum einen bildet sie die ethische Grundkonstellation des gegenwärtigen Wertpluralismus ab, in dem unterschiedliche, mitunter gegenläufige Wertpositionen und ethische Urteilsprinzipien unvermittelt nebenein-

---

1 Vgl. *Kohlberg*, Moralentwicklung 495.

2 Vgl. *Kuld/Schmid*, Widersprüche 108-113.

ander stehen. Zum anderen ahmt die Dilemma-Methode den ethischen Diskurs im Kleinen nach. In beiden Fällen gilt es, in einer ethisch unübersichtlichen Situation ein begründetes Urteil zu fällen, indem man die verschiedenen Wertansprüche miteinander abgleicht, die Konsequenzen möglicher Handlungen abwägt und Lösungen aushandelt. Die Dilemma-Methode fördert somit die moralische Urteilsfähigkeit der Schüler/innen. Darüber hinaus ist die Dilemma-Methode geeignet, den Erfahrungsschatz der Lernenden in das Unterrichtsgeschehen einzuspielen, weil in den Lösungsvorschlägen der Schüler/innen die Handlungsrationalität ihrer jugendlichen Umwelten zum Tragen kommt. Insbesondere für den Religionsunterricht ergibt sich damit die Chance, das bei der Bearbeitung ethischer Konflikte häufig anzutreffende so genannte Religionsstunden-Ich zu durchbrechen. Schließlich stellen Dilemmata anschauliche ethische Konfliktsituationen dar.

Vergleicht man die vorliegenden Modelle zur Arbeit mit Dilemmata, lässt sich ein idealtypischer Aufbau der Dilemma-Methode ableiten.[3] 1: *Darbietung des Dilemmas*. Die Schüler/innen lernen das Dilemma kennen, klären unbekannte Begriffe und Kontexte und erarbeiten die Problemstellung des Dilemmas. 2: *Erste (individuelle) Standortbestimmung*: Die verschiedenen Wertoptionen und Rollenerwartungen, welche das Dilemma prägen, werden geklärt, eine eigene Handlungsoption zur Lösung des Dilemmas wird entwickelt und Gründe für diese Handlungsoption werden gesucht. 3: *Abgleich der (individuellen) Standorte*. Die verschiedenen Standorte innerhalb der Lerngruppe werden dargeboten und diskutiert. Es findet ein Abgleich der ethischen Argumente statt, evtl. bietet es sich auch an, Schüler/innen die Argumente der Gegenseite zusammenfassen zu lassen. Dieser Schritt mündet in eine Zusammenfassung des Diskussionsstands, jedoch nicht notwendig in ein einhelliges Urteil innerhalb der Lerngruppe. 4: *Zweite (individuelle) Standortbestimmung*. Die eigene Handlungsoption wird im Licht der vorangegangenen Diskussion überprüft und ggf. verändert bzw. argumentativ nachgebessert. 5: *Meta-Reflexion*. Der ethische Urteilsprozesses, mit dem das Dilemma bearbeitet wurde, wird selbst zum Thema. Die Schüler/innen überlegen sich, welche Erfahrungen sie in der Bearbeitung des Dilemmas gemacht und mit welchen Strategien sie die Vielfalt der Handlungsoptionen gemanagt haben. Auf dieser Grundlage suchen sie nach prinzipiellen Erkenntnissen über das konkrete Dilemma hinaus.

Innerhalb dieses idealtypischen Aufbaus sind unterschiedliche Handlungsformen denkbar. So lässt sich der zweite Schritt als Einzel-, Partner- oder Gruppenarbeit inszenieren, abhängig vom angestrebten Lerneffekt. Legt man Wert auf eine größtmögliche Vielfalt an ethischen Standpunkten, legt sich die Einzelarbeit nahe. Strebt man dagegen eine kommunikativ vermittelbare Begründung des ethischen Standpunkts an, bieten sich die Partner-

[3] Vgl. *Adam*, Methoden; *Beyer*, Diskussion; *Galbraith/Jones*, Teaching Strategies; *Mauermann*, Diskussion; *Lind*, Gewissen 108f; *Oser/Althof*, Selbstbestimmung; *Osuch*, Dilemmata; *Tiedke*, Unterrichtsexperiment 141; *Weinberger u.a.*, Werterziehung 185-189.

und Gruppenarbeit an, weil in ihnen die Kommunikation konstitutiv zum Erarbeiten einer Lösung gehört. Der dritte Schritt kann als Kette von Schülervorträgen oder im Unterrichtsgespräch arrangiert werden. Beide münden in der Regel in eine Diskussion; es ist aber auch möglich, Meinungsbilder zu den verschiedenen Lösungsoptionen an der Tafel einzustreuen. Auch dem Einsatz von Medien bietet die Dilemma-Methode einen breiten Spielraum. Für die Darbietung eines Dilemmas stellt die Erzählung wohl die Methode dar, die am häufigsten gewählt wird. Allerdings lässt sich das Dilemma auch durch einen Videoclip, einen Comic, ein Hörspiel oder ein Bodenbild darbieten usw. Die Ausarbeitung des eigenen Standpunkts kann durch Sprechblasen oder Notizzettel unterstützt werden, auf denen die Argumente für die eigene Position (und evtl. auch denkbare Gegenargumente) notiert werden. Im Abgleich dieser Argumente kann mit Waagen gearbeitet werden, wobei die Lernenden die Gewichte der einzelnen Argumente bestimmen können.

Freilich eignen auch der Dilemma-Methode bestimmte Problematiken. (1) In der Dilemma-Methode gibt es kein richtig oder falsch, denn jeder ethische Standpunkt hat seine eigene Dignität. Dies relativiert die Kraft ethischer Orientierung. Übertragen auf die Auseinandersetzung mit Vergangenem bedeutet das, dass die Dilemma-Methode die Konstruktivität von Geschichte betont, weil sie verschiedene Zugänge zu einem historisch verorteten Dilemma erlaubt, welche jeweils auf historische Plausibilität geprüft werden müssen. (2) Die Dilemma-Methode funktioniert nur, wenn das dargebotene Dilemma von den Schüler/inne/n als solches aufgefasst wird. Im Idealfall tangiert es den Alltag der Lernenden, weil auf diese Weise der Lebensweltbezug gewährleistet ist. Auch muss das in der Lerngruppe gültige Niveau der moralischen Urteilsfähigkeit getroffen werden. Eine entsprechend geübte Lerngruppe könnte sich beim Heinz-Dilemma z.B. schnell darauf einigen, dass der Wert des Lebens den Wert von Eigentum grundsätzlich übersteigt, so dass ein Einbruch die einzige legitime Lösung darstellt. Hat man diese Problematiken im Blick, stellt die Dilemma-Methode eine kraftvolle Form ethischen Lernens dar und kann auch für kirchengeschichtliches Lernen fruchtbar gemacht werden.[4]

2. Die Dilemma-Methode in der Kirchengeschichtsdidaktik

Die Dilemma-Methode lässt sich unmittelbar auf kirchengeschichtliche Themen im Religionsunterricht übertragen, um die moralische Urteilskraft der Schüler/innen zu fördern. In der Arbeit mit historischen religiösen Dilemmata werden aber auch die Optionalität des Christentums und die Ambivalenz

[4] Vgl. *Pfeifer*, Didaktik 289-307.

des Religiösen deutlich. Schließlich eignet sich die Dilemma-Methode, um Schüler/innen zu historisch verantwortlichem Denken zu befähigen.

Bernhard Gruber begreift die Bearbeitung historischer Dilemmata als Beitrag des Kirchengeschichtsunterrichts zur Moral- und Gewissenserziehung.[5] Da historische Dilemmata eine ehemals reale Entscheidungssituation darstellen, welche durch eine historische Situationsanalyse erschlossen werden muss, haben sie den Vorzug, dass die Schüler/innen notwendigerweise die Kontexte ethischen Urteilens bedenken und ihre hypothetisch erarbeiteten Handlungsmuster mit realen Handlungen der Vergangenheit vergleichen können. Methodisch schlägt Gruber vor, ein Dilemma zuerst in seinem historischen Kontext zu bearbeiten, um anschließend die Relevanz der Entscheidungs- und Handlungsoptionen für die Gegenwart zu diskutieren.[6] Diese Spielart der Dilemma-Methode nutzt zum einen das konkret-anschauliche Potential des historischen Dilemmas. Zum anderen macht die Differenz zwischen der historischen und gegenwärtigen Entscheidungssituation die Frage nach den Grundlagen des eigenen Werturteils der bewussten Reflexion zugänglich. Gruber betont in diesem Zusammenhang, dass der Schluss von der Vergangenheit auf die Gegenwart stets „abstrahiert-zeitversetzt“[7] erfolgt, aus der Vergangenheit also keine eindeutigen Handlungsoptionen für die Gegenwart erwachsen.

Neben diesem Einsatz für ethisches Lernen lässt sich die Dilemma-Methode auch benutzen, um die Optionalität von Religion im Allgemeinen und des christlichen Glaubens im Speziellen aufzuzeigen.[8] Mit dem Bekenntnis zu Jesus Christus sind Handlungsoptionen verbunden, die oftmals im Widerstreit zu alternativen Handlungsoptionen stehen. Die Kirchengeschichte hält eine Vielzahl solcher religiöser Dilemmata bereit, so dass Rudolf Englert von der Christentumsgeschichte als „Geschichte von Entscheidungen“[9] spricht. Oftmals beinhalten derartige Dilemmata eine ethische Dimension, etwa wenn sich Christen im Nationalsozialismus überlegen, ob sie Kriegsgefangenen oder Juden helfen sollen. Das ist aber keine notwendige Implikation religiöser Dilemmata, wie z.B. die Frage des öffentlichen Bekenntnisses zur Zeit der Christenverfolgungen oder die Frage nach dem richtigen Glauben in der Reformationszeit zeigt. Unabhängig von ethischen Implikationen lässt sich in der Auseinandersetzung mit religiösen Dilemmata zeigen, dass das Bekenntnis zu einer religiösen Überzeugung zur Entscheidung herausfordert. Das scheint insbesondere in einer religiös pluralen Gegenwart, in der Religion oftmals privatisiert gelebt wird, ein genuiner Bildungswert des Religionsunterrichts zu sein. Wie schon im ethischen Dilemma kann die histori-

---

5 Vgl. *Gruber*, Kirchengeschichte 84-93.
6 Vgl. ebd. 149-158.
7 Ebd. 150.
8 Vgl. *Englert*, Christen; *Lindner*, Kirchengeschichte 298-301.
9 *Englert*, Christen 177.

sche Distanz dazu beitragen, dass sich die Lernenden erst einmal unbefangen auf den Gedanken einlassen, dass Religion zur Entscheidung herausfordert.

Neben der Optionalität von Religion tritt in religiösen Dilemmata auch die Ambivalenz religiöser Überzeugungen zu Tage. Es ist die Eigenart religiöser Überzeugungen, dass sie eng in die individuelle oder kollektive Identität verwoben und somit rationaler Kritik nur bis zu einem gewissen Grad zugänglich sind.[10] Durch religiös motivierte Taten ist vielen Menschen geholfen worden, religiös motivierte Taten haben aber auch viel Unglück über andere Menschen gebracht. Auch von dieser Ambivalenz gibt die Kirchengeschichte beredtes Zeugnis, etwa in den verschiedenen Spielarten des Kreuzzugsgedankens. Im historischen Dilemma lässt sich diese Ambivalenz des Religiösen in besonderer Weise entdecken, denn in ihnen durchdringen sich realisierte fragwürdige Handlungsoptionen und imaginierte – in der Regel wohl wünschenswerte – Handlungsoptionen in einem doppelten Perspektivenwechsel. Dazu führt man die Lernenden in das historische Dilemma ein und lässt sie zu einer eigenen Entscheidung kommen. Diese Entscheidung wird im Sinn eines ersten Perspektivenwechsels mit der historisch belegten Entscheidung verglichen, so dass die Mannigfaltigkeit religiös motivierter Taten offen gelegt wird.[11] Anschließend wird der historische Kontext analysiert, um die zeitgeschichtliche Gebundenheit der Handlungsmotive zu erkennen. Mit dieser neuen Kenntnis lässt sich der Transfer in die Gegenwart leisten, um im Sinn eines zweiten Perspektivenwechsels die Ambivalenz des Religiösen in der modernen Gesellschaft zu erörtern. Auf diese Weise werden die Lernenden zu einem historisch kompetenten und differenzierten Blick auf die Ambivalenz des Religiösen befähigt. Sie ordnen nicht nur gegenwärtige Phänomene religiöser Gewalt (z.B. New York 2001; Oslo/ Utoya 2011) differenziert ein, sondern dekonstruieren auch Verweise auf sog. Skandale der Vergangenheit (z.B. Kreuzzüge, Hexenverbrennung).

Mit der Dilemma-Methode lässt sich schließlich historisch verantwortliches Denken ausbilden. Dabei spielt die Analyse des historischen Kontextes eine entscheidende Rolle. Erst dadurch lässt sich ergründen, worin das ethische oder religiöse Dilemma der handelnden Personen eigentlich liegt.[12] Wendet man die Situationsanalyse auf ein historisches Dilemma an, treffen dabei die geschichtsbewusst rekonstruierten Handlungsmotive der beteiligten Personen auf die intuitiv vorliegenden, dem aktuellen Zeitgeist verpflichteten Handlungsmotive der Schüler/innen. In den Befremdungen, die die erwartbare Differenz zwischen beiden Motivgruppen hervorbringt, wird das Spezifische der historischen Situation bewusst. Die Schüler/innen lernen auf diese Weise, dass sich Bewusstseinslagen im Lauf der Zeit ändern und was die Menschen zur Zeit des behandelten Dilemmas wahrscheinlich bewegt hat. Sie sind damit einem historisch verantwortlichen Denken auf der Spur.

---

10 Vgl. *Joas*, Religion 122-128; *von Stosch*, Überzeugungen.

11 Vgl. *Ladenburg/Ladenburg/Scherf*, Education [nach *Gruber* 88f].

12 Vgl. *Englert*, Christentum 179.

3. Beispiele für kirchengeschichtliches Unterrichten mit der Dilemma-Methode

Die folgenden Beispiele veranschaulichen den Einsatz der Dilemma-Methode in zwei unterschiedlichen Kontexten kirchengeschichtlichen Lernens. Im ersten Kontext wird kirchengeschichtliches Lernen als eigenständige Abteilung im Religionsunterricht begriffen, in der es darum geht, den Schüler/innen historische Zusammenhänge zu vermitteln und zu historisch verantwortlichem Denken zu befähigen. Im zweiten Kontext trägt die kirchengeschichtliche Auseinandersetzung zum Verständnis der in der Unterrichtssequenz verhandelten Fragestellung bei und befähigt die Schüler/innen dazu, das zeitübergreifende Sinnpotential historischer Konstellationen zu erfassen.

Mit historischen Dilemmata historisch verantwortlich denken lernen

Historisch verantwortliches Denken erweist sich in der Divergenz gegenwärtiger und ehemals gültiger Kalküle. Historische Dilemmata eignen sich für die Einsicht in derartige Divergenzen deshalb besonders, weil sie geeignet sind, die Schüler/innen zu einer aktuell plausiblen Reaktion herauszufordern. Im Abgleich dieser Reaktion mit dem historisch verbürgten Geschehen stellt sich die Frage nach den (Hinter-)Gründen der damaligen Reaktion.

Exemplarisch lässt sich dies an einem Beispiel aus der Konfessionalisierung der Familie im 17. und 18. Jahrhundert zeigen (vgl. *Holzem*). So lässt sich im Fall der Dienstmagd Gertrud Berckemeyer ein Dilemma konstruieren, in dem sich die Dienstmagd überlegt, ob sie den sexuellen Avancen des Metzgers Ferdinand Hartmann nachgeben soll. Ein in Klassen wieterführender Schulen aktuelles Thema. Heutige Schüler/innen werden diese Frage wohl unter den Gesichtspunkten Attraktivität, Prestige, Gesundheit und/oder Verhütung diskutieren. Folgt man der Argumentation *Holzems*, mögen solche Gesichtspunkte auch für die Dienstmagd von Bedeutung gewesen sein, definitiv stand sie aber vor dem Dilemma, auf der einen Seite der in ländlichen Gebieten damals üblichen Form der Eheanbahnung zu folgen, auf der anderen Seite aber gegen das Strafrecht, welches im Gefolge des Tridentinums eine voreheliche sexuelle Abstinenz durchsetzen will, zu verstoßen. Sowohl der strafrechtliche Aspekt des Dilemmas stellt eine entscheidende Divergenz zwischen damaligem und heutigem Denken dar als auch die Tatsache, dass das Strafrecht kirchlichen Vorgaben folgte – wohlgemerkt nicht im sog. Mittelalter, sondern in der sog. Neuzeit. Spannend könnte ferner die Beobachtung werden, dass sich das damals in ländlichen Gebieten offensichtlich übliche Sexualverhalten nicht wesentlich vom heutigen unterscheidet. In beiden Fällen dient die sexuelle Begegnung dazu herauszufinden, ob man eine tragfähige Beziehung eingehen kann. Freilich gilt auch hier die Divergenz der Beweggründe. Ging es den damaligen Menschen um die Sicherung der Familie durch Fortpflanzung, steht Sexualität heute – zumindest auch – im Dienst einer personalen Beziehung.

In historischen Dilemmata ein zeitübergreifendes Sinnpotential entdecken

Ein hervorragendes Beispiel für die Erarbeitung eines zeitübergreifenden Sinnpotentials stellt die Sinnsuche des jungen Augustinus dar (vgl. *Hoffmann*). Die strukturellen Analogien zwischen der Situation des jungen Römers und der heutiger Schüler/innen liegen auf der Hand: Beide emanzipieren sich von ihrem Elternhaus, beide wachsen in einer religiös pluralen Welt auf, beide stehen vor der Herausforderung, eine religiöse Identität zu entwickeln. Freilich gibt es auch gravierende Unterschiede, die in der zeitübergreifenden Reflexion bedacht werden sollten. So wird die Option, dass es Gott bzw. Götter nicht gibt, im Alltag des jungen Augustinus – obwohl von manchen Philosophen zur Diskussion gestellt – kaum eine Rolle gespielt haben, während sie für viele heutige Jugendliche ihren Alltag grundlegend prägt. Auch wächst der junge Augustinus in einer von Ständen geprägten Gesellschaft auf, während heutige Jugendliche in einer individualisierten Gesellschaft leben.

In diesem Horizont kann das grundlegende Dilemma, was man glauben kann und will bzw. was unter welchen Kriterien als glaubwürdig erachtet wird, seine sinnstiftende Kraft entwickeln und leicht in eine entsprechende Unterrichtsreihe eingebaut werden. Augustinus wählt hierbei einen besonderen Lösungsansatz: Er vertraut der Vernunft. Zum einen ist dieser Ansatz unter modernen Bedingungen vielversprechend, weil er viele zeitgenössische Anfragen, die Religion als widervernünftig einstufen, kontern kann. Zum anderen konfrontiert er viele heutige Jugendliche mit ihrem eigenen Verhalten gegenüber Religion, das in der Regel gefühls- und erlebnisorientiert ist.[13] Eine Auseinandersetzung mit dem Dilemma des jungen Augustinus führt Jugendliche somit auf sich selbst zurück und stellt die Frage nach den Grundsätzen ihrer eigenen religiösen Suche.

Pikant wird dieses Dilemma dadurch, dass Augustinus zunächst eine Antwort im Manichäismus findet. In der Rückschau des alten Augustinus erscheint diese Wendung als Glaubensabfall, für den jungen Augustinus war der Manichäismus jedoch eine tragfähige Lösung seines religiösen Dilemmas. Aufgeweckte Jugendliche werden dies für sich als Divergenz zwischen lehramtlicher Orthodoxie, wie sie in einem konfessionellen Religionsunterricht in der Regel erwartet wird, und biographischer Plausibilität des Glaubens in den Unterricht identifizieren. Ein weiteres Dilemma ist präsent. Da sich Dilemmata nicht auflösen lassen, mag man diese mögliche Wendung im Unterrichtsgeschehen als Bedrohung empfinden oder aber als weitere Chance, in einem historischen Dilemma ein zeitübergreifendes Sinnpotential zu entdecken.

---

13 Vgl. *Calmbach*, u18; *Wippermann/Calmbach*, Lebenswelten.

Literatur:

Adam, Gottfried: Methoden ethischer Erziehung, in: ders./Schweitzer Friedrich (Hg.): Ethisch erziehen in der Schule, Göttingen 1996, 110-128.

Beyer, Barry: Moralische Diskussion im Unterricht, in: Mauermann Lutz/Weber Erich (Hg.): Der Erziehungsauftrag der Schule, Donauwörth1978, 187-192.

Calmbach, Marc, u.a. (Hg.): Wie ticken Jugendliche? SINUS-Jugendstudie u18. Lebenswelten von Jugendlichen im Alter von 14 bis 17 Jahren in Deutschland, Düsseldorf 2011.

Englert, Rudolf: Christen im Dilemma – geschichtliches Lernen, in: Baumann, Ulrike, u.a. (Hg.): Religionsdidaktik. Praxisbuch für die Sekundarstufe I und II, Berlin 2005, 169-182.

Galbraith, Ronale/Jones Thomas: Teaching Strategies for Moral Dilemmas, in: Social Education 39(1975), 16-22.

Gruber, Bernhard: Kirchengeschichte als Beitrag zur Lebensorientierung. Konzept und Modelle für einen aktualisierenden Kirchengeschichtsunterricht, Donauwörth 1995.

Joas, Hans: Braucht der Mensch Religion? Über Erfahrungen der Selbsttranszendenz, Freiburg 2004.

Kohlberg, Lawrence: Die Psychologie der Moralentwicklung, Frankfurt/Main 1995.

Kuld, Lothar/Schmid, Bruno: Lernen aus Widersprüchen. Dilemmageschichten im Religionsunterricht, Donauwörth 2001.

Ladenburg, Thomas/Ladenburg, Muriel/Scharf, Peter: Moral Education. A Classroom Workbook, Davis (Cal.) 1978.

Lind, Georg: Gewissen lernen? Zur Konstanzer Methode der Dilemmadiskussion, in: Bucher, Anton (Hg.): Moral, Religion, Politik: Psychologisch-pädagogische Zugänge, Münster 2007, 101-111.

Lindner, Konstantin: In Kirchengeschichte verstrickt. Zur Bedeutung biographischer Zugänge für die Thematisierung kirchengeschichtlicher Inhalte im Religionsunterricht, Göttingen 2007.

Mauermann, Lutz: Diskussion eines moralischen Dilemmas, in: ders./Weber, Erich (Hg.): Der Erziehungsauftrag der Schule, Donauwörth 1978.

Oser, Fritz/Althof, Wolfgang: Moralische Selbstbestimmung. Modelle der Entwicklung und Erziehung im Wertebereich. Ein Lehrbuch, Stuttgart 1992.

Osuch, Bruno: Dilemmata als didaktischer Kerngedanke, in: Ethik & Unterricht 1(1995), 12-15.

Pfeifer, Volker: Didaktik des Ethikunterrichts. Bausteine einer integrativen Wertvermittlung, Stuttgart ^{2}2009.

Stosch, Klaus von: Was sind religiöse Überzeugungen?, in: Joas, Hans (Hg.), Was sind religiöse Überzeugungen? Mit Beiträgen von Thomas Schärtl, Clemens Sedmak und Klaus von Stosch, Göttingen 2003.

Tiedke, Michael: Das Unterrichtsexperiment, in: Leschinsky, Achim (Hg.): Vorleben oder Nachdenken, Frankfurt/Main 1996, 138-171.

Weinberger, Alfred/Patry, Jean-Luc/Weiringer, Sieglinde: Werterziehung im Fachunterricht – Gelingensbedingungen für VaKE-Unterricht, in: Seyfried, Clemens/ Weinberger, Alfred (Hg.): Auf der Suche nach den Werten. Ansätze und Modelle zur Wertreflexion in der Schule, Münster 2009, 181-210.

Wippermann Carsten/Calmbach Marc: „Wie ticken Jugendliche?“ Lebenswelten von katholischen Jugendlichen und jungen Erwachsenen, Düsseldorf 2008.

Kirchengeschichte im persönlichen Umfeld erforschen – Oral History

Harald Schwillus

1. Oral History in der historischen Forschung

In den 1940er Jahren entwickelten Historiker in den USA den Ansatz der Oral History für die Erhebung und Analyse historischer Daten. Zum einen sollten schriftlose Kulturen wie die der Indianer und der schwarzen Sklaven erforscht werden, zum anderen bestand Interesse an der Erforschung zeitgeschichtlicher Entscheidungsprozesse der Politik auf Regierungsebene, da die relevanten Aktenbestände zunächst als Privatbesitz des jeweils ehemaligen Präsidenten galten und so der Wissenschaft nicht zur Verfügung standen. Nach Europa gelangte diese Methode zur Generierung historischer Quellen verstärkt in den 1970er Jahren mit einer deutlichen Akzentverschiebung, da sie hier im Bezug zur Sozialgeschichte und damit im Zusammenhang mit der Untersuchung von sozialen Gruppen verbunden wurde, die zwar nicht eigentlich schriftlos waren, dennoch aber über keine vernehmbare „öffentliche" Stimme verfügten: Minderheiten, Frauen, Angehörige sozialer Unterschichten. In der Bundesrepublik Deutschland kann die Sammlung von Erinnerungen der Flüchtlinge und Vertriebenen als eine frühe Form von Oral History angesehen werden, bevor die Befragung von Opfern des Nationalsozialismus eine zentrale Rolle bekam. Seit den 1980er Jahren wurden auch in der Deutschen Demokratischen Republik biographische Interviews aufgezeichnet und analysiert, „die weit über die engen Grenzen hinausgingen, die politischen Zeitzeugen, etwa im Rahmen der Antifaschismuserziehung, gesetzt waren."[1] Wichtig waren hier besonders die Aussagen von Personen der sog. Arbeiterklasse und der ersten Aufbaugeneration der DDR.[2]

Beflügelt durch das um 1970 erstarkende Interesse an einer politisch akzentuierten Geschichtsschreibung in der Bundesrepublik und nicht zuletzt auch durch die technischen Möglichkeiten, die die Erfindung des tragbaren Cassetten-Recorders bot, unterstützt, erhielt die Oral History einen nachhaltigen Schub. Mit ihrer Ausrichtung auf die Erforschung der subjektiven Verarbeitung von Vergangenheit und individueller Geschichtskonstruktion konnte sich diese Methode historischer Forschung gut an narrativ-qualitative Verfahren anschließen, die sich in den Sozialwissenschaften durchsetzten.[3]

---

1 *Wierling*, Oral History 236.

2 Vgl. ebd.; *Henke-Bockschatz*, Zeitzeugenbefragung 355.

3 Vgl. *Henke-Bockschatz*, Zeitzeugenbefragung 355.

Allerdings wird Oral History gerade aufgrund ihres subjektiven Charakters auch kritisch gesehen. „Im Zentrum der Auseinandersetzung stehen dabei die ‚Subjektivität' und die Erfahrungen des Individuums in historischen Prozessen als neue Themen der Geschichtsschreibung. Kritiker werfen der Oral History respektive ihren Betreibern nicht nur einen ‚Subjektivismus' vor, sondern beklagen vor allem die Theoriefeindlichkeit und mangelnde Fundierung dieser historischen Methode."[4] Insbesondere ihr zentrales Element, das diachrone Interview, kann als der Hauptangriffspunkt der Kritik ausgemacht werden, da der Historiker bei der Durchführung der Erinnerungsinterviews und damit bei der Entstehung der historischen Quellen selbst beteiligt ist und diese schon allein durch die Gesprächsführung beeinflusst. Er nimmt damit gewissermaßen einen ethnologischen Blickwinkel ein, da hier wie in der Ethnologie das Interview als eine Methode empirischer Feldforschung dient.[5] Hinzu kommen weitere Schwierigkeiten. Im Bereich von Gedächtnis und Erinnerung muss berücksichtigt werden, dass die im Interview befragten Zeitzeugen ihre eigenen Erinnerungen unwillentlich verändert haben. Es ist daher unausweichlich, auch Ergebnisse der Soziologie, Psychologie und Physiologie zur Speicherung von Erinnerung zu berücksichtigen. Hinzu kommen Fragen der Repräsentativität, Reliabilität und Validität der durch lebensgeschichtliche Befragung erzielten Ergebnisse.[6]

Trotz dieser Vorbehalte konnte sich Oral History als historische Methode etablieren, in der Regel mit einem dreischrittigen Verfahren Zunächst führt der Historiker ein mit auditiver oder audiovisueller Technik aufgezeichnetes diachrones Interview mit einem Zeitzeugen, das in einem zweiten Schritt transkribiert und in einem dritten Schritt im Vergleich mit anderen vom Historiker durchgeführten Interviews ausgewertet wird.[7] Sie ist damit ein legitimes Verfahren zur Gewinnung historischer Quellen. Oral History besitzt gegenüber anderen Vorgehensweisen „vor allem heuristischen Wert, indem sie neue Fragestellungen und Erkenntnisfelder erschließt, die in der traditionellen Historiographie unbeachtet und unbearbeitet geblieben sind."[8]

2. Oral History in Geschichtsdidaktik und Geschichtsunterricht

Oral History hat in Form von Zeitzeugenbefragungen seit Langem im Geschichtsunterricht und darüber hinaus bei der Förderung des Geschichtsinteresses von Jugendlichen im außerschulischen Bereich Eingang gefunden.

---

4 *Geppert*, Forschungstechnik 303.
5 Vgl. ebd. 309f.
6 Vgl. ebd. 311ff.
7 Vgl. ebd. 309f.
8 Ebd. 320.

Dies zeigen u.a. der sehr erfolgreich seit 1973 im zweijährigen Rhythmus ausgelobte „Schülerwettbewerb Deutsche Geschichte um den Preis des Bundespräsidenten“ oder das Jugendprogramm „Zeitsprünge“, das Oral History im Bereich der Projektarbeit besonders in den neuen Bundesländern fördert.[9]

In der Schule gehören Zeitzeugenbefragungen mittlerweile zum Methodenrepertoire. Und das nicht nur, weil sie von den Lernenden als willkommene Abwechslung des „normalen“ Geschichtsunterrichts betrachtet werden. Mindestens vier didaktisch und methodisch verortete Gründe sprechen nach Henke-Bockschatz für ihre Berücksichtigung im Unterricht:

- Die Lernenden empfinden „Geschichte“ in Form von Zeitzeugenbefragung im Vergleich zur Arbeit mit anderen Quellen und Darstellungen als unmittelbarer.
- Zeitzeugenbefragungen ermöglichen handlungsorientierten Geschichtsunterricht, da sie von den Schüler/innen ein hohes Maß an eigenem Engagement fordern.
- Zeitzeugenbefragungen öffnen die Schule durch ihren direkten Einbezug außerschulischen Lebens.
- Die in den Medien (v.a. Fernsehen) häufig präsentierten Zeitzeugenbefragungen werden im Unterricht kritisch reflektiert und auf ihre Aussageweite wie auch ihre Bedeutung für die Entstehung und Beeinflussung von Geschichtsbewusstsein hinterfragt; die Medienkompetenz der Schüler/innen wird gefördert.[10]

Dabei gilt es für den schulischen Kontext zu beachten, dass Zeitzeugeninterviews, die wissenschaftlichen Standards auch nur annähernd entsprechen wollen, die unterrichtlichen Möglichkeiten i.d.R. sowohl hinsichtlich des Zeitaufwands wie auch der Zahl der Interviews und ihrer wissenschaftlich begründeten Auswertung durch Transkription und Analyse übersteigen.[11] Daher handelt es sich bei der Zeitzeugenbefragung im Unterricht nicht um eine Fortsetzung der fachwissenschaftlichen Oral History, „sondern um einen didaktisch eigenständigen Vorgang, der zwar im Sinne der Wissenschaftsorientierung Forschungsansätze der Oral History berücksichtigt und einbezieht, aber nicht das Konzept der Oral History übernimmt und im Unterricht elementarisiert anwendet und sozusagen kleinarbeitet. Vielmehr geht es darum, im Kontakt mit der Oral History ein[en] an den Voraussetzungen und Möglichkeiten der Schüler/innen orientierten Unterricht zu konzipieren.“[12] Sie können so zu einem kompetenten Umgang mit Geschichte befä-

---

9 Vgl. *Moller*, Befragungen 180; *Henke-Bockschatz*, Zeitzeugenbefragung 356.

10 Vgl. ebd. 356f.; vgl. *Oral History Association (OHA)*, 2000 Oral History Evaluation Guidelines, in: http://www.oralhistory.org/about/principles-and-practices/oral-history-evaluation-guide-lines-revised-in-2000/ [abgerufen: 11/2012]; *Henke-Bockschatz*, Oral History 19.

11 Vgl. *Henke-Bockschatz*, Zeitzeugenbefragung 357.

12 *Dehne*, Zeitzeugenbefragung im Unterricht 440.

higt werden.[13] Und dies beginnt schon bei der Hausaufgabe, Eltern, Verwandte oder Bekannte nach ihrer Erinnerung an vergangene Ereignisse und Zeiten zu befragen.[14] Der über diese einfachen Formen hinausgehende Einsatz von Zeitzeugenbefragung im Unterricht bleibt jedoch immer ein vergleichsweise aufwendiges Unternehmen, das daher meist im Rahmen von Projektunterricht durchgeführt wird: die Interviewpartner müssen gefunden und ausgewählt, die Befragung gründlich vorbereitet und ausgewertet werden. Darüber hinaus muss die Lerngruppe über ausreichende historische Kenntnisse verfügen, um den Quellenwert der Zeitzeugeninterviews überhaupt einschätzen zu können.[15]

Gerade hier liegen aber die unterrichtlichen Chancen von Oral History, wenn die Aufmerksamkeit nicht nur auf den Inhalt des Interviews, sondern auch auf den Prozess der Konstituierung von Geschichte durch die erinnernde Erzählung gerichtet wird. Brigitte Dehne empfiehlt daher, Zeitzeugenaussagen nicht lediglich auf ihren Wahrheitsgehalt hin zu befragen und einen Ansatz zu verfolgen, der sie als eine Art Dichtung interpretiert, die nicht „als Fiktion, als Hinzuerfundenes, sondern als Verdichtung des Erlebten, als Konzentration auf das, was den erzählenden Männern und Frauen wesentlich ist“[16], verstanden wird. Diese Verdichtung zeigt sich in vier Ausprägungen. Verdichtend wirken

- „das Spezifische autobiografischen Erzählens …, das in der Erinnerungsstruktur liegt, in der ständigen Verschränkung von Erinnertem und Erlebtem, von Gegenwart und Vergangenheit.
- gesellschaftliche Topoi und Deutungsmuster. … Topoi sind einfache Aussagen und Sätze, die immer wiederkehren, nicht als Erinnerungen, sondern als Überzeugungen formuliert, wie beispielsweise ‚die Nazis‘ oder neuerdings ‚die Stasi‘ als Synonym für Täterschaft. Deutungsmuster hingegen sind Aussagen in Form von Argumentationen, wie ‚nach 33 ging es erst mal bergauf‘ oder ‚man konnte ja nichts machen‘.
- die Schwierigkeiten des Erinnerns ... Abgesehen von alltäglichen Schwierigkeiten, die alle kennen, werden bei brisanten Geschehnissen zahlreiche Widerstände gegen das Erinnern wirksam, wie gerade auch beim Thema ‚Nationalsozialismus‘, zu dem ja bekanntlich viele Zeitzeugen befragt worden sind und werden. …
- die Erzählstruktur. Es handelt sich bei den erhaltenen Informationen schon deshalb um kein getreues Abbild der Vergangenheit, weil die Zeitzeugen … erzählen und damit der Vergangenheit eine Form geben, die sie von sich aus nie hatte … Persönliche Erinnerung folgt nicht den Regeln der Historiografie, sondern verhält sich fragmen-

13 Vgl. *Henke-Bockschatz*, Oral History 20f.
14 Vgl. *Henke-Bockschatz*, Zeitzeugenbefragung 359; *ders.*, Oral History 20f.
15 Ebd. 19f.
16 *Dehne*, Zeitzeugenbefragung im Unterricht 441.

> tarisch und ichbezogen. So kann als individuelle Geschichte wahr sein, was als Epochengeschichte eine Lüge ist."[17]

Für die Lernenden entsteht daraus zunächst ein Glaubwürdigkeitsdilemma, da die Zeitzeugen Geschichte eben nicht so erzählen, wie diese im Unterricht gelehrt wird. Ihre Erwartungen werden daher meist enttäuscht, da mit der Zeitzeugenbefragung häufig die Hoffnung verbunden wird, Geschichte so, wie sie „wirklich war", aus erster Hand zu erfahren. „Dass die Berichte der Zeitzeugen dies nicht liefern (können), müssen sie erst noch lernen. Denn die Zeitzeugen liefern ja nicht die vergangene Wirklichkeit frei Haus, ihre Erinnerungen sind vielmehr – genau wie andere Quellen auch, mit denen Schüler schon Erfahrung gesammelt haben – Sichtweisen vergangener Wirklichkeit."[18] Hinzu kommt, dass die Erinnerung der Interviewten durch Vergessen, Verdrängen, aber auch durch den Wunsch nach Rechtfertigung, Stilisierung oder Harmonisierung und auch durch das unbewusste Einbeziehen späterer Erfahrungen und Kenntnisse vielfach beeinflusst ist.[19]

Gerade die Reflexion dieser Einflussgrößen auf den Quellencharakter der Erinnerungsinterviews und die Selbstreflexion der interviewenden Schüler/innen über ihre eigene (mangelnde?) Distanz zum Zeitzeugen ist bei der Einbeziehung von Oral History in den Unterricht unbedingt zu beachten. Wie wichtig und zugleich schwierig dies in der Unterrichtspraxis ist, konnte Susanne Falkson am Beispiel eines Oral History-Projekts zum Nationalsozialismus in einer 9. Gymnasialklasse zeigen. Die emotionale Beziehung zwischen den interviewenden Lernenden und den von ihnen Interviewten

> „führte vor allem in der Auswertungsphase zu einem Verlust an kritischer Distanz, teilweise zu einer ausgesprochenen Verteidigungshaltung der Schüler ‚ihrem' Zeitzeugen gegenüber. In diesem Zusammenhang war die Fähigkeit der Zeitzeugen, mit Jugendlichen umzugehen und zu erzählen, von zweifelhaftem Nutzen: Schon im Gespräch haben sich die Interviewer bereitwillig der Führung durch die Befragten überlassen, später waren sie weniger offen für die Außenperspektive. (…) In Bezug auf das Geschichtsbewusstsein bleibt festzuhalten, dass man den Einfluss von Zeitzeugenbefragungen auf die Jugendlichen kaum überschätzen kann, besonders da, wo es sich um stark affektiv besetzte Inhalte handelt. Informationen ‚aus erster Hand', von Menschen, ‚die dabei waren', haben eine ganz andere Überzeugungskraft als das gewöhnliche Quellenstudium im Unterricht."[20]

Damit die Einbeziehung von Oral History in den Unterricht gelingt, bedarf es folglich eines strukturierten Vorgehens. Dies beginnt mit der Themenfindung, bei der die Lernenden den Inhalt und ihr damit verbundenes Erkenntnisinteresse formulieren müssen. Bei der zumeist von der Lehrperson zu unternehmenden Suche nach geeigneten Zeitzeugen gilt es, einiges zu beachten. So sind Interviewpartner, „die nur ein Gegenüber suchen, um zum Reden zu kommen, und ‚Profi-Zeitzeugen', die schon viele Male im Einsatz

---

17 Ebd. 442f.; Zitat im Text: *Welzer*, „Opa war kein Nazi" 134ff.

18 *Schneider*, Transfer 92.

19 Vgl. *Sauer*, Geschichte unterrichten 196f.

20 *Falkson*, „Warum sollte Herr B. denn nicht die Wahrheit sagen?" 157f.

waren und deren Erinnerung sich in einem Standardtext verfestigt hat“[21], nur wenig geeignet. Auch sollten die Schüleri/nnen vor dem Interview inhaltlich gut vorbereitet sein, da ein Zeitzeuge schnell die Lust am Erzählen verliert, wenn er spürt, dass sein Gesprächspartner nichts oder nur wenig über die zur Befragung anstehende historische Epoche weiß. Bevor es dann zum Interview kommt, sollten mit den Zeitzeugen in einem Vorgespräch organisatorische Fragen geklärt werden. Dazu gehören die Erläuterung des Vorhabens, die Frage, ob das Gespräch mitgeschnitten werden darf, in welchen Räumlichkeiten es geführt werden soll etc. Mit den Schüler/innen sind zudem Regeln für die Gesprächsführung zu vereinbaren, damit der Interviewte wirklich ins Erzählen kommt und nicht durch Kritik und Deutungen der Fragenden blockiert wird.

Zudem ist es wichtig, zwei Arten von Befragungen zu unterscheiden: thematische und biographische Interviews.[22] Bei der ersten Variante werden Zeitzeugen zumeist anhand von Leitfragen zu einer bestimmten historischen Situation befragt, während bei der zweiten Variante die Lebensgeschichte der bzw. des Interviewten im Zentrum steht. Der Zeitzeuge „legt dann eigentlich nicht mehr von einem vergangenen Geschehen ein ‚Zeugnis‘ ab, das seinerseits zu überprüfen wäre. Vielmehr schildert er, welche Ereignisse, Verhältnisse und Entwicklungen für sein Leben von besonderer Bedeutung waren.“[23] Diesen beiden Arten der Zeitzeugenbefragung entsprechen folglich zwei Interviewtypen: Leitfrageninterviews und erzählgenerierende Interviews. Letztere sind die erheblich anspruchsvollere Aufgabe, stellen sie doch „an das Einfühlungsvermögen, an die Menschenkenntnis und an das Überblickswissen der interviewenden Person höhere Anforderungen als Leitfrageninterviews.“[24]

Um das Gehörte zu ordnen und als historische Quelle nutzen zu können, bedarf es anschließend der Auswertung. Dabei müssen die zentralen Aussagen des Interviews zusammengefasst werden. Da die wörtliche Transkription des gesamten Interviews für unterrichtliche Zwecke zu zeitraubend ist, empfiehlt sich eine kompaktere Form der Auswertung. Diese kann mit einer tabellarischen Übersicht über den befragten Lebensabschnitt des Interviewten und ihrer Parallelisierung mit Ereignissen des öffentlichen und politischen Lebens beginnen.[25] In der Auswertungsphase wird die vom Zeitzeugen erzählte und die durch andere Quellen eruierbare Geschichte kontrastiert.[26] Geschichtsdidaktisch gesehen ist daher gerade die Auswertungsphase ein besonders fruchtbarer Augenblick, da sie den sogenannten „Enttypisierungs-

---

[21] *Sauer*, Geschichte unterrichten 199; vgl. *Dittmer*, „Außerdem hatten wir uns …“ 4-9; *Koerber*, Wie man Zeitzeugen auswählt 25-28.

[22] Vgl. *Wierling*, Oral History 237; *Bergmann/Rohrbach*, Chance Geschichtsunterricht 68.

[23] *Henke-Bockschatz*, Oral History 21.

[24] *Henke-Bockschatz*, Frage- und Dokumentationstechnik 32.

[25] Vgl. *Henke-Bockschatz*, Oral History 24; *Sauer*, Geschichte unterrichten 202.

[26] Vgl. *Lange*, Methoden der Gesprächsführung 29.

schock" eröffnet, d.h., die „Erfahrung, wie gering die Affinität des Erzählten zu dem ist, was man aufgrund der Vorinformationen oder vielleicht auch der Vorurteile von dem Zeitzeugen erwartet hatte."[27]

3. Oral history/Zeitzeugenbefragung in der Kirchengeschichtsdidaktik

Spätestens Mitte der 1980er Jahre begann die Rezeption von Oral History auch in der Kirchengeschichtsdidaktik. Godehard Ruppert wies 1984 für den Religionsunterricht darauf hin, dass

> „diese Form der forschenden Tätigkeit ... neben fachlichen Qualifikationen ein hohes Maß an Einfühlungsvermögen, an menschlichen Fähigkeiten [erfordert]: Das ‚Interview' der Oral-History-Forschung besteht nicht nur aus strukturierten, sondern auch aus offenen Gesprächsanteilen. [... Es ist folglich] nicht gleichgültig, wessen Lebensläufe Gegenstand der Untersuchung sind, vielmehr geht es darum, Lebensläufe von Personen aufzugreifen, deren Sozialisationssituationen vergleichbar sind. So kann dann auch ein individueller Erfahrungshorizont durchaus eine kollektive Erfahrung ausdrücken."[28]

Darüber hinaus sei Oral History geeignet, den korrelativen Anspruch des Religionsunterrichts zu unterstützen:

> „Der Schüler bringt sich, sein Interesse und die Rekonstruktion der eigenen Lebensgeschichte in eine Konfrontation ein mit in der Regel älteren Menschen und deren authentischen Positionen; ... Oral History präsentiert Lebenswissen nicht in Form ‚toten Materials', sondern lebendigen Dialogs. Die Methodik der Befragung kann somit formal und inhaltlich das ‚Frage-Antwort-Wechselgeschehen' der Korrelation realisieren."[29]

Darüber hinaus bietet die Einbeziehung von Oral History in den Religionsunterricht Möglichkeiten für das Entwickeln eines rücksichtsvollen und liebenden Umgangs miteinander und damit für das ethische Lernen. Darauf verweist Korherr mit seiner Forderung, dass sich Oral History im Rahmen religiöser Bildung von ihrer Verwendung in der allgemeinen Geschichtsforschung unterscheiden müsse. Dies drücke sich u.a. durch eine besondere Atmosphäre aus, die durch Toleranz, Liebe, Verständnis und Interesse geprägt sein müsse.[30] Im Anschluss daran sieht Bernhard Gruber geradezu die Möglichkeit, „mittels Oral History ein am vierten Gebot orientiertes Richtziel des Religionsunterrichts induktiv anzustreben."[31]

---

27 *Henke-Bockschatz*, Oral History 24.

28 *Ruppert*, Geschichte ist Gegenwart 145.

29 Ebd. 149.

30 Vgl. *Korherr*, „Oral History" 197.

31 *Gruber*, Kirchengeschichte als Beitrag 75.

Insgesamt gesehen interpretiert Gruber Oral History als einen Sonderfall der Geschichtserzählung im Rahmen kirchengeschichtlicher Sequenzen des Religionsunterrichts, bei dem die Schüler/innen gerade durch die subjektive Perspektive der „Geschichtserzählungen" der Interviewpartner erfahren können, dass „Geschichte auch das ist, was Erinnerung aus ihr macht ... Allein das Zustandekommen dieser von Grele so bezeichneten ‚Erzählung in Gesprächsform' verdeutlicht den narrativen Charakter historischer Erkenntnis, wenn die Konstitution des Geschichtsbewußtseins und zugleich von ‚Geschichte' als Inhalt dieses Bewußtseins vom Interviewpartner gleichsam mitorganisiert und miterlebt werden kann."[32] Soll dies gelingen, muss der Einsatz von Oral History im Religionsunterricht insbesondere hinsichtlich der Zielrichtung der Befragung auch den Schüler/innen deutlich sein. Nur so lässt sich ein Abgleiten ins Beliebige verhindern und methodisch kontrollieren. Daher sind Arbeitsaufträge wie etwa die Befragung der Eltern und Großeltern zu deren Firmung oder auch Impulse wie „sich über eine Wallfahrt erzählen lassen" zu unpräzise und verleiten „geradezu zu allgemeinem und letztlich nichtssagendem Plaudern."[33]

Damit dies nicht geschieht, kann mit Heidrun Dierk auf die Bedeutung von Biographien für den Religionsunterricht allgemein und für die Kirchengeschichtsdidaktik im Besonderen hingewiesen werden. Unter Bezugnahme auf Christine Looks stellt sie heraus, dass die Befragung von Zeitzeugen mehr ist als eine pure Verlebendigung von ansonsten „trockener" geschichtlicher Vergewisserung. Für den Religionsunterricht ergeben sich so Lernchancen „zunächst aus den Möglichkeiten, dass die Schüler/innen selbst diese Biografien (religiös) deuten können, dann vor allem aus der identifikatorischen oder kritischen Rezeption fremder Lebensentwürfe."[34] In diese Richtung argumentiert auch Konstantin Lindner, wenn er im Rahmen seines Plädoyers für biografisch akzentuierte Zugänge zur Kirchengeschichte u.a. den Oral-History-Ansatz empfiehlt. So läge es bei Themen der jüngsten Kirchengeschichte nahe, „über die Rezeption von schriftlich, ikonisch oder haptisch zugänglichen Zeugnissen hinaus Eindrücke und Erfahrungen von noch lebenden Zeitzeugen zu erfragen. Die interaktive, dialogische Auseinandersetzung mit kirchengeschichtlicher Vergangenheit wird in diesem Moment praktisch, die Re-Konstruktion von Kirchengeschichte ‚live' miterlebbar."[35]

Letztlich nehmen die genannten kirchengeschichtsdidaktischen Beiträge den bereits von Godehard Ruppert formulierten Grundsatz auf, dass ein Gespräch mit älteren Personen die Chance berge, „zu erfahren und zu verstehen, wie Menschen in bestimmten Situationen und unter bestimmten Um-

32 Ebd. 72f.; vgl. *Grele*, Ziellose Bewegung 195-220.

33 *Gruber*, Kirchengeschichte als Beitrag 78; vgl. *Korherr*, „Oral History" 197.

34 *Dierk*, Kirchengeschichte elementar 417.

35 *Lindner*, In Kirchengeschichte verstrickt 294.

ständen in besonderer Weise ‚evangelisch', befreit durch Erlösung, die Freiheit eines Christenmenschen gelebt haben."[36]

4. Beispiele für die Berücksichtigung von Oral History-Elementen beim kirchengeschichtlichen Unterrichten

4.1 Zeitzeugenbefragung zur Katholischen Kirche in der DDR und zur Zeit der politischen Wende

Trotz der geringen Wochenstundenzahl des Religionsunterrichts können Elemente der Zeitzeugenbefragung auch in den regulären Wochenablauf integriert werden. Im Katholischen Religionsunterricht einer 11. Klasse an einem Gymnasium in Halle (Saale) gestaltete die Religionslehrerin eine Unterrichtseinheit für kirchengeschichtliche Fragestellungen mit didaktisch aufbereiteten und reduzierten Elementen der Oral History zum Thema „Die Katholische Kirche in der DDR und zur Zeit der politischen Wende". Dafür wurden vier aufeinanderfolgende Doppelstunden verwendet. Für die Kommunikation der zur Verfügung gestellten Materialien wie auch für die der Arbeitsergebnisse der Stunden, der entstandenen Materialien und Quellen sowie der angefertigten Schülerarbeiten wurde online ein Dropbox-Ordner eingerichtet, zu dem die Lehrerin und die Mitglieder der Lerngruppe Zugang erhielten.

Aufgrund des beschränkten zeitlichen Rahmens traf die Lehrerin die Vorentscheidung, nur einen einzigen Interviewpartner in den Unterricht einzuladen, den sie zudem selbst ausgewählt hatte. Es handelte sich dabei um den Pfarrer einer katholischen Gemeinde der Stadt Halle (Saale), der in den 1980er Jahren geweiht wurde.

Als Hausaufgabe zur ersten Doppelstunde erhielt die Lerngruppe Texte aus historischen Sach- und Lehrbüchern zum Thema, die im Unterricht in arbeitsteiliger Gruppenarbeit besprochen und zusammengefasst wurden.[37] Ziel war es, eine quellengestützte Übersicht über den zur Untersuchung anstehenden Zeitraum zu erstellen und Thesen sowie Anfragen zu formulieren, die auf OH-Folien zusammengestellt und im Plenum besprochen wurden.

In der zweiten Doppelstunde ging es zunächst darum, einen gemeinsamen Fragenkatalog für das Interview zu erstellen. Zugleich wurde mittels eines Arbeitsblattes die Interviewgestaltung selbst thematisiert.[38] Dabei stan-

---

36 *Ruppert*, Geschichte ist Gegenwart 151.

37 Vgl. Texte u.a. aus: *Malycha*, Geschichte der DDR; *Maser*, Die Kirchen in der DDR; *Schilling*, Thema DDR.

38 Vgl. *Henke-Bockschatz*, Frage- und Dokumentationstechnik 32; *Lange*, Methoden der Gesprächsführung 29f.

den Fragetechnik, Methoden der Gesprächsführung und die Perspektivität von Zeitzeugenberichten im Zentrum. Auf dieser Grundlage wurden typische Gesprächssituationen in Form eines Rollenspiels simuliert. Die Stunde schloss mit der Entwicklung und Zusammenstellung von acht Interviewfragen bzw. -impulsen.

Für die eigentliche Zeitzeugenbefragung waren die ersten 45 Minuten der dritten Doppelstunde reserviert. Sie wurde mit Zustimmung des Befragten aufgezeichnet und als mp3-Datei im Dropbox-Ordner hinterlegt. Die anschließenden 45 Minuten dienten dem Austausch über das Gehörte innerhalb der Lerngruppe und einem ersten Vergleich mit den Daten aus der ersten quellentextbezogenen Doppelstunde. So wurden einzelne Themenbereiche entwickelt, die vertieft werden sollten und von jeweils einem Mitglied der Lerngruppe als Hausaufgabe in Essay-Form zu bearbeiten waren. Dabei musste die Perspektive der Historikertexte mit der des Zeitzeugeninterviews in Beziehung gesetzt werden. Die Essays wurden vor der nächsten Doppelstunde in der Dropbox abgelegt.

Die vierte Doppelstunde war geprägt durch Austausch, Kommentierung und gegebenenfalls Berichtigung der erstellten Essays. Dabei wurde auch die Perspektivität von Zeitzeugeninterviews überhaupt reflektiert.

4.2 Projekt „Erlebte Geschichte" von Kölner Zeitzeuginnen und -zeugen: ein Reservoir von Zeitzeugenvideos zur NS-Zeit

Das 1988 von der Stadt Köln gegründete NS-Dokumentationszentrum zur Erforschung der Geschichte des Nationalsozialismus in Köln (NSDOK) und sein Förderverein haben im Rahmen des Projekts „Erlebte Geschichte" Interviews mit älteren Kölner Einwohnerinnen und Einwohnern geführt, die sich insbesondere auf die Zeit zwischen 1933 und 1945 bezogen. Auf diese Weise entstand ein im Internet zugängliches Video-Archiv, das thematisch mittels eines Stichwortregisters aufbereitet ist und daher auch Interviewausschnitte zu Fragen der Kirchengeschichte leicht zugänglich macht. Es ist eine reichhaltige Fundgrube für einen lebendigen, personalisierten und regionalisierten Zugang zur Geschichte der 1930er und 1940er Jahre, die dann nach den Regeln der Oral History als Quellen für den Religionsunterricht erschlossen werden kann.

Die Zeitzeugen berichten über das tägliche Leben in Familie, Schule, Berufsausbildung und Freizeit während der NS-Zeit in Köln ebenso wie über ihr Erleben von politischen und anderen Großereignissen. „Darüber hinaus geben die Interviewten Auskünfte über ihre Einstellungen und Verhaltensweisen während der NS-Zeit sowie über den Umgang mit der Vergangenheit nach 1945. Das Erzählspektrum reicht hierbei von teils noch heute nachwirkender Begeisterung bis hin zu traumatischen, oft bis heute fortwirkenden

Verfolgungserlebnissen."[39] Alle Interviews sind als Filme im Internet abrufbar und durch weitere Materialien wie Fotografien und Dokumente ergänzt. Ihre Aufbereitung nach Themen und Stichworten bietet die Möglichkeit, mehrere Zeitzeugeninterviews miteinander in Beziehung zu setzen und damit einen mehrperspektivischen Blick auf die Zeit des Nationalsozialismus in Köln zu werfen, der zugleich verdeutlicht, dass die Erinnerungen von Zeitzeugen keine Rekonstruktion einer „wahren" Vergangenheit darstellen.[40]

Literatur

Adam, Gottfried u.a. (Hg.): Didaktik der Kirchengeschichte. Ein Lesebuch und Studienbuch, Münster 2008.

Bergmann, Klaus/Rohrbach, Rita: Chance Geschichtsunterricht. Eine Praxisanleitung für den Notfall, für Anfänger und Fortgeschrittene, Schwalbach/Ts. 2005.

Brüggemeier, Franz J.: Traue keinem über sechzig? Entwicklungen und Möglichkeiten der Oral History in Deutschland, in: Geschichtsdidaktik 9 (1984), (Themenheft „Oral History"), 199-210.

Brüggemeier, Franz J.: Aneignung vergangener Wirklichkeit. Der Beitrag der Oral History, in: Voges, Wolfgang (Hg.): Methoden der Biographie und Lebenslaufforschung, Opladen 1987, 145-169.

Dehne, Brigitte: Zeitzeugenbefragung im Unterricht, in: GWU 54(2003), 440-451.

Dierk, Heidrun: Kirchengeschichte elementar. Entwurf einer Theorie des Umgangs mit geschichtlichen Traditionen im Religionsunterricht, Münster 2005.

Dittmer, Lothar: „Außerdem hatten wir uns einen ‚Modell-Vertriebenen' vorgestellt". Erfahrungen aus dem Schülerwettbewerb Deutsche Geschichte, in: Geschichte lernen 13(2000), 4-9.

Falkson, Susanne: „Warum sollte Herr B. denn nicht die Wahrheit sagen?" Probleme und Chancen eines Oral-History-Projektes in der Sekundarstufe I, in: Lässig, Simone/Pohl, Karl H. (Hg.): Projekte im Fach Geschichte. Historisches Forschen und Entdecken in Schule und Hochschule, Schwalbach/Ts 2007, 136-160.

Geppert, Alexander C.T.: Forschungstechnik oder historische Disziplin? Methodische Probleme der Oral History, in: GWU 45(1994), 303-323.

Gruber, Bernhard: Kirchengeschichte als Beitrag zur Lebensorientierung, Donauwörth 1995.

Grele, Ronald J.: Ziellose Bewegung. Methodologische und theoretische Probleme der Oral History, in: Niethammer, Lutz (Hg.): Lebenserfahrung und kollektives Gedächtnis. Die Praxis der „Oral History", Frankfurt/M. 1985, 195-220.

Henke-Bockschatz, Gerhard: Frage- und Dokumentationstechnik, in: Geschichte lernen 13(2000), 32f.

Henke-Bockschatz, Gerhard: Oral History im Geschichtsunterricht, in: Geschichte lernen 13(2000), 18-24.

Henke-Bockschatz, Gerhard: Zeitzeugenbefragung, in: Mayer, Ulrich u.a. (Hg.): Handbuch Methoden im Geschichtsunterricht, Schwalbach/Ts. ^{2}2007, 354-369.

[39] *NS-Dokumentationszentrum Köln*, Erlebte Geschichte, in: http://www.eg.nsdok.de/default.asp [abgerufen: 11/2012].

[40] Vgl. ebd.

Herbert, Ulrich: Oral History im Unterricht, in: Geschichtsdidaktik 9(1984), 211-219.

Holl, Waltraud: Geschichtsbewußtsein und Oral History. Geschichtsdidaktische Überlegungen, in: Vorländer, Herwart (Hg.): Oral History. Mündlich erfragte Geschichte, Göttingen 1990, 63-82.

Kellbach, Judith: Geschichtsbilder und Zeitzeugen. Zur Darstellung des Nationalsozialismus im bundesdeutschen Fernsehen, Münster 2008.

Koerber, Rolf: Wie man Zeitzeugen auswählt und mit ihnen umgeht, in: Geschichte lernen 13(2000), 25-28.

Korherr, Edgar J.: „Oral History" als Methode des Kirchengeschichtsunterrichts, in: CpB 98(1985) 196f.

Lange, Dirk: Methoden der Gesprächsführung. Interaktions- und Kommunikationsübungen, in: Geschichte lernen 13(2000), 29-31.

Lindner, Konstantin: In Kirchengeschichte verstrickt. Zur Bedeutung biographischer Zugänge für die Thematisierung kirchengeschichtlicher Inhalte im Religionsunterricht, Göttingen 2007.

Looks, Christine: Biographien als Gegenstand von Religionsunterricht (Europäische Hochschulschriften, Reihe 11, Pädagogik 535), Frankfurt/Main u.a. 1993.

Malycha, Andreas: Geschichte der DDR (Informationen zur politischen Bildung 312), Bonn 2011.

Maser, Peter: Die Kirchen in der DDR (Deutsche Zeitbilder), Bonn 2000.

Moller, Sabine: Befragungen, in: Günther-Arndt, Hilke (Hg.): Geschichtsmethodik. Handbuch für die Sekundarstufe I und II, Berlin 2007, 180-185.

NS-Dokumentationszentrum der Stadt Köln, Erlebte Geschichte, in: http://www.eg.nsdok.de/default.asp [abgerufen: 11/2012].

Oral History Association: 2000 Oral History Evaluation Guidelines, in: http://www.oralhistory.org/about/principles-and-practices/oral-history-evaluationguidelines-revised-in-2000/ [abgerufen: 11/2012].

Ritchie, Donald A. (Hg.): The Oxford handbook of oral history, Oxford 2011.

Ruppert, Godehard: Geschichte ist Gegenwart, Hildesheim 1984.

Ruppert, Godehard/Schwillus, Harald/Lindner, Konstantin: Kirchengeschichte im Religionsunterricht (Theologie im Fernkurs. Religionspädagogisch-katechetischer Kurs, Lehrbrief 15), Würzburg 2008.

Sauer, Michael: Geschichte unterrichten. Eine Einführung in die Didaktik und Methodik, Seelze-Velber [3]2004.

Schilling, Thorsten u.a.: Thema DDR – vor dem Mauerfall/nach dem Mauerfall (Magazin der Bundeszentrale für politische Bildung 29), Bonn 2008.

Schneider, Gerhard: Transfer. Ein Versuch über das Behalten und Anwenden von Geschichtswissen, Schwalbach/Ts. 2009.

Siegfried, Detlef: Zeitzeugenbefragung. Zwischen Nähe und Distanz, in: Dittmer, Lothar/Siegfried, Detlef (Hg.): Spurensucher. Ein Praxisbuch für historische Projektarbeit, Weinheim u. a. 1997, 50-66.

Stöckle, Frieder: Zum praktischen Umgang mit Oral History, in: Vorländer, Herwart (Hg.): Oral History. Mündlich erfragte Geschichte, Göttingen 1990, 131-158.

Welzer, Harald u.a.: „Opa war kein Nazi". Nationalsozialismus und Holocaust im Familiengedächtnis, Frankfurt/Main 2002.

Wierling, Dorothee: Oral History, in: Bergmann, Klaus u.a. (Hg.): Handbuch der Geschichtsdidaktik, Seelze-Velber [5]1997, 236-239.

Verzeichnis der Autorinnen und Autoren

Berner, Alexander
Lehrkraft für besondere Aufgaben an der Ruhr-Universität Bochum; Forschungsschwerpunkte: Geschichte der Kreuzzüge, Geschichte der niederrheinischen Landesgeschichte, Geschichte religiöser Norm und Devianz.

Dierk, Heidrun
Professorin für Evangelische Theologie und Religionspädagogik an der Pädagogischen Hochschule Heidelberg; Forschungsschwerpunkte: Kirchengeschichte (vor allem Reformationsgeschichte), Kirchengeschichtsdidaktik, Genderstudies.

Hoffmann, Andreas
Professor für Historische Theologie an der Universität Siegen; Forschungsschwerpunkte: Cyprian von Carthago, Augustinus von Hippo, Gnosis.

Holzem, Andreas
Professor für Mittlere und Neue Kirchengeschichte an der Eberhard-Karls-Universität Tübingen; Forschungsschwerpunkte: Religion und Kriegserfahrungen, Genese religiöser und sozialer Ordnungen, Katholische Konfessionalisierung.

Jung, Martin
Professor für Historische Theologie (Kirchengeschichte, Dogmen-, Theologie- und Konfessionsgeschichte sowie Ökumenische Theologie) an der Universität Osnabrück, Institut für Evangelische Theologie; Forschungsschwerpunkte: Reformation, Pietismus, Christen und Juden.

König, Klaus
Akademischer Oberrat am Lehrstuhl für Didaktik der Religionslehre, für Katechetik und Religionspädagogik an der Katholischen Universität Eichstätt-Ingolstadt; Forschungsschwerpunkte: Geschichte im Religionsunterricht, Musik in religiösen Lernprozessen, Religionsunterricht und Religionskultur.

Lindner, Konstantin
Professor für Religionspädagogik und Didaktik des Religionsunterrichts an der Otto-Friedrich-Universität Bamberg; Forschungsschwerpunkte: Didaktik der Kirchengeschichte, Wertebildung im Religionsunterricht, Biographisches Lernen.

Lutterbach, Hubertus
Professor für Christentums- und Kulturgeschichte an der Universität Duisburg–Essen; Forschungsschwerpunkte: Kinder und Christentum, Bedeutung der Christentumsgeschichte für das Verstehen der Gegenwart, Christliche Lebensgemeinschaften und -entwürfe.

Padberg, Lutz E. von
Professor am Historischen Institut der Universität Paderborn/Freie Theologische Hochschule Gießen; Forschungsschwerpunkt: Mission und Christianisierung im Frühmittelalter.

Pilvousek, Josef
Professor für Kirchengeschichte des Mittelalters und der Neuzeit an der Universität Erfurt; Forschungsschwerpunkte: Zeitgeschichte, besonders Geschichte der katholischen Kirche in der DDR, Kirchengeschichte des Spätmittelalters und der Reformation.

Pöpping, Dagmar
Wissenschaftliche Mitarbeiterin bei der Forschungsstelle für Kirchliche Zeitgeschichte in München; Forschungsschwerpunkte: Militärseelsorge im Zweiten Weltkrieg, Kirche im Kontext von Politik und Gesellschaft nach 1945, Die Generation der 45-er.

Riegel, Ulrich
Professor für Religionspädagogik und Praktische Theologie an der Universität Siegen; Forschungsschwerpunkte: Religiosität von Schüler/inne/n, empirische Analyse von Prozessen religiösen Lehrens und Lernens.

Schuster, Susanne
Wissenschaftliche Mitarbeiterin am Lehrstuhl Kirchengeschichte (Institut für Spätmittelalter und Reformation) an der Eberhard-Karls-Universität Tübingen; Forschungsschwerpunkte: Reformation, Pietismus und lutherische Orthodoxie, Frömmigkeitsgeschichte.

Schwillus, Harald
Professor für Religionspädagogik und Katechetik mit Schwerpunkt Didaktik des Katholischen Religionsunterrichts an der Martin-Luther-Universität Halle-Wittenberg; Forschungsschwerpunkte: Kommunikation von Religion und Theologie in musealen Kontexten, Religion im Spannungsfeld von Kultur und spirituellem Tourismus, Kirchengeschichte im Religionsunterricht.

Voltmer, Rita
Wissenschaftliche Angestellte am Lehrstuhl für Geschichtliche Landeskunde an der Universität Trier; Forschungsschwerpunkte: Stadtgeschichte, Hexenverfolgungen in Spätmittelalter und Früher Neuzeit, Historische Kriminalitätsforschung.